中小企业管理系列丛书

中小企业市场开发五日通

主　编　陆少俐
副主编　贾应贤　周　萍

经济科学出版社

图书在版编目（CIP）数据

中小企业市场开发五日通/陆少俐主编.—北京：经济科学出版社，2007.7

（中小企业管理系列丛书）

ISBN 978-7-5058-6424-5

Ⅰ.中… Ⅱ.陆… Ⅲ.中小企业-市场营销学 Ⅳ.F276.3

中国版本图书馆 CIP 数据核字（2007）第 096489 号

中小企业管理系列丛书

编审委员会

主　　任：杨国良
名誉主任：马洪顺
副 主 任：张忠军　曲荣先
委　　员：王世忠　张　敏　路纯东　单忠杰
　　　　　黄　成　徐建华　张福雪　宋伟滨
　　　　　王秋玲

主编人员

主　　编：王乃静
副 主 编：张忠军　曲荣先
审稿专家：卢新德　周泽信　孟　扬　王益明
　　　　　刘保玉　王家传　李秀荣　刘　泽
　　　　　徐晓鹰

总　序

提高中小企业现代管理水平的重要举措

　　改革开放以来特别是近几年来，我国中小企业迅猛发展，已经成为国民经济发展的重要组成部分，成为经济增长和就业率提高的主要动力，成为加快我国社会主义和谐社会建设的重要推动力量。第一，中小企业在许多行业和领域具有明显的优势。目前，中小企业已占到全国企业总量的90%以上。在纺织、食品、塑料、仪器仪表等行业中，中小企业销售收入占到同行业的80%以上。在外贸领域，中小企业以其灵活的经营方式更显出独特优势。第二，中小企业已成为大企业发展不可或缺的重要组成部分。随着高新技术的发展和特大型、超大型企业的出现，越来越需要众多专业性强的中小企业与之配套，形成工艺专门化、产品多元化的企业组织结构，为大企业的发展提供服务。第三，中小企业在解决劳动就业方面发挥着越来越重要的作用。我国人口众多而资源相对短缺，就业压力大。原来作为就业主渠道的国有大中型企业，随着改革的不断深化和现代化管理水平的不断提高，已难以再吸收更多的人就业，加快发展中小企业就成为扩大就业的现实选择。第四，中小企业在推动市场经济发展中越来越显现出强大的生命力。通过发挥"船小好掉头"的优势，利用各种新技术、新材料、新方法、新工艺，积极开发新产品，较好地适应了市场多样化的要求，反过来又促进了中小企业自身的发展。

　　"十一五"乃至今后一个时期，是我国中小企业快速发展的战略机遇期。一个全方位、多层次、宽领域对外开放，全面参与国际竞争的新格局已经展现，广大中小企业发展的政策环境、经营理念、管理方式、运作模式均已发生根本性的变化，对经营管理人员素质也提出了新的更高的要求。一方面，中小企业快速成长，更加依赖于中小企业科技的进步和劳动者素质的提高；另一方面，由于诸多方面的原因，中小企业的整体素质和经营管理水平与大企业特别是国有大企业相比还有不小的差距。因此，加大中小企业经营管理人员培训力度，进一步提高中小企业整体管理素质和水平，推进广大中小企业的健康成长和可持续发展，已成为加快经济结构调整，转变经济增长方式的一项战略举措。

中共中央《干部教育培训工作条例（试行）》明确提出，要"大规模培训干部，大幅度提高干部素质"。中共中央《2006～2010年全国干部教育培训规划》又进一步规定，企业经营管理人员要"加强政治理论培训和职业道德教育，加强政策法规培训和现代企业管理知识及能力的培训"，"努力培养造就一支具有战略思维能力和现代企业经营管理水平、具有开拓创新精神和社会责任感的企业经营管理人员队伍"。为了认真贯彻落实中央"人才强国"的战略部署，进一步推动中小企业经营管理人员教育培训工作，我们组织一批专家教授和实际工作者，在认真调查研究的基础上，精心编写了这套中小企业管理系列丛书。丛书编写突出了时代特点，坚持了管理创新，强化了案例教学，体现了针对性、实用性、新颖性和前瞻性。我相信，这套系列丛书的推出，对于更好地开展中小企业经营管理人员教育培训工作，进一步提高广大中小企业的现代管理素质和整体管理水平，打造一批开拓型、创新型的优势中小企业，必将起到十分重要的作用。

山东省工商业联合会会长
山东经济学院副院长　王乃静
博士生导师
2007年6月6日　于济南

目录

第一篇 基础篇

第一章 市场营销基本知识 / 3
- 一、科学地理解市场营销 ………………………………………… 5
- 二、全面理解市场营销 …………………………………………… 7
- 三、市场营销学研究什么 ………………………………………… 11
- 四、市场营销在企业中的职能与作用 …………………………… 13

第二章 顾客时代的营销理念 / 23
- 一、企业营销思想的演变 ………………………………………… 24
- 二、现代营销观念的要点及其应用 ……………………………… 27
- 三、顾客导向时代的新理念 ……………………………………… 30

第二篇 分析篇

第三章 关注市场营销环境 / 43
- 一、研究市场营销环境的意义 …………………………………… 44
- 二、营销环境分析的内容 ………………………………………… 48
- 三、如何趋利避害 ………………………………………………… 55

第四章 追踪顾客购买行为 / 61
- 一、识别市场与需求 ……………………………………………… 63

二、消费者购买行为 …………………………………………………… 66
三、产业购买行为分析 ………………………………………………… 71

第五章 收集分析市场情报 / 80

一、市场调研类型 ……………………………………………………… 81
二、市场调研过程 ……………………………………………………… 82
三、现场资料收集方法 ………………………………………………… 84
四、怎样进行抽样 ……………………………………………………… 86
五、怎样进行问卷设计 ………………………………………………… 89
六、调查资料研究分析和调研报告的撰写 …………………………… 91
七、怎样做市场预测 …………………………………………………… 92

第三篇 谋略篇

第六章 选择定位目标市场 / 103

一、市场细分的依据 …………………………………………………… 108
二、目标市场选择 ……………………………………………………… 111
三、市场定位方法 ……………………………………………………… 115

第七章 谋划市场竞争方略 / 124

一、竞争者分析 ………………………………………………………… 125
二、竞争者的战略战术 ………………………………………………… 129
三、拟定市场营销组合策略 …………………………………………… 132
四、4P 及其营销理论发展 …………………………………………… 136

第四篇 谋术篇

第八章 产品策略 / 143

一、整体产品对营销管理者的启迪 …………………………………… 144
二、产品组合策略 ……………………………………………………… 145

目 录

　　三、产品生命周期的挑战 …………………………………… 147
　　四、怎样开发新产品 ………………………………………… 150
　　五、品牌管理与包装抉择 …………………………………… 152

第九章　定价策略　／162

　　一、定价依据与程序 ………………………………………… 164
　　二、选择定价目标 …………………………………………… 165
　　三、选择定价方法 …………………………………………… 166
　　四、定价策略 ………………………………………………… 169
　　五、价格变动 ………………………………………………… 175

第十章　分销策略　／181

　　一、认识分销渠道 …………………………………………… 183
　　二、中间商 …………………………………………………… 185
　　三、分销渠道抉择 …………………………………………… 187
　　四、如何管理分销渠道 ……………………………………… 189
　　五、产品实体流通 …………………………………………… 193

第十一章　促销策略　／202

　　一、整合营销传播 …………………………………………… 204
　　二、广告 ……………………………………………………… 205
　　三、营业推广 ………………………………………………… 210
　　四、公共关系 ………………………………………………… 213

第十二章　人员推销策略　／222

　　一、什么是人员推销 ………………………………………… 223
　　二、人员推销程序与策略 …………………………………… 225
　　三、电话约见方法与技巧 …………………………………… 229
　　四、顾客异议处理策略 ……………………………………… 230
　　五、推销人员管理 …………………………………………… 232

第五篇　管理篇

第十三章　加强市场营销管理 / 241
一、市场营销管理 …………………………………………… 243
二、拟定市场营销计划 ……………………………………… 245

第十四章　监控市场营销活动 / 263
一、建立市场营销组织 ……………………………………… 266
二、实施市场营销控制 ……………………………………… 270

第六篇　拓展篇

第十五章　跻身国际市场 / 283
一、国际营销机遇分析 ……………………………………… 287
二、进入国际市场的方式 …………………………………… 290
三、跻身国际市场的策略 …………………………………… 292

第十六章　强化服务营销 / 301
一、服务及其特征 …………………………………………… 303
二、树立服务营销理念 ……………………………………… 305
三、运用服务营销组合策略 ………………………………… 307

第十七章　发展网络营销 / 318
一、网络营销能做什么 ……………………………………… 319
二、怎样做网络营销 ………………………………………… 324
三、通过第三方网站建立网上专卖店 ……………………… 327

参考文献　/ 336
后记　/ 340

第一篇

基础篇

第一章

市场营销基本知识

◆ **本章学习目标**

阅读和学完本章后，你应该能够：
◇ 全面理解市场营销的含义
◇ 认识市场营销在企业中的地位与作用
◇ 掌握从事市场营销工作的必备知识

开篇案例

市场营销≠广告促销

托尔斯泰曾经说过：幸福的家庭都是相似的，不幸的家庭各有各的不幸。但企业的情况刚好相反，成功的企业各有各的绝活，而失败的企业却是相似的：他们都从根本上失去了自己的顾客基础或市场基础。秦池的情况似乎更特殊，因为当它正辉煌的时候，实际上已经掘下了失败的陷阱。然而，我们在这里并不想批判秦池，因为秦池的领导人具有企业家最可贵的挑战精神，令人钦敬；而是要从秦池的大胆实践中探索企业经营的规律，使秦池所付出的代价化为中国企业家们的共同财富。

秦池作为临朐县的一个小酒厂，其发家靠的是有针对性的广告促销，其辉煌是中央电视台标版广告的中标。如果时间停留在1996年10月，或者当时临朐县将该酒厂以高价卖掉（当时一家资产评估机构曾将秦池估值10亿元以上），那么，秦池便是中国商战史上成功的经典。因此许多人往往以为秦池的问题出在第二次中央电视台标板广告投标上。实际上，这只是事物的表象。1996年秦池中标并在市场上获得前所未有的辉煌成绩本身就使秦池处于一个两难境地。如果秦池酒厂没有参与第二次中标，那么其销售量肯定会直线下降（孔府宴已是前车之鉴）。对于一个富有挑战精神的企业家来说，这不仅意味着企业的死亡，实际上也意味着企业家生命的终结，这是绝对不可接受的。而再次中标的结局也就是我们今天所看见的。因此，1996年的中标创造了表面上的辉煌，实际上形成了隐蔽的陷阱。

广告不能构成企业的核心能力，广告是促销，不等于市场营销。那么，什么是市场营销？

我们知道，伴随着中国经济改革与发展，市场营销学作为一门新兴学科引入我国已经近30年。30年来，市场营销理论与方法的研究，经过了从传播普及到深入研究以及广泛应用时期。实践证明，市场营销学科对促进我国经济发展，推动企业健康成长，做出了巨大的贡献。市场营销策略与方法的广泛应用使得我国涌现出一批诸如海尔、TCL、长虹、伊利、蒙牛等优秀的民族企业，这些企业是市场营销理论成功应用的典范。但市场营销到底是什么，它从哪里开始？对于从事市场营销研究的人来说，也许这个问题很简单，但是对于90%以上的中国企业，尤其是对中小企业来说，这个看似非常简单的问题，却从来没有认真思考过，更没有在企业界达成共识，所以对市场营销普遍存在着一些误解。基于历史原因，中国的绝大多数企业家都是在计划经济的环境中成长起来的，他们并没有接受过市场经济和市场营销方面的系统教育或培训，可以说，到目前为止，绝大多数中国企业还停留在"推销状态"，还没有进入真正的"营销状态"。因此，从理论上弄清市场营销的含义、市场营销学的来龙去脉，对于指导中小企业正确地做出市场营销决策、科学地进行市场营销活动至关重要。企业应如何理解市场营销？这是我们市场营销管理者应该首先需要弄清的基本问题，本章就从这一基本问题开始讨论。

第一章 市场营销基本知识

一、科学地理解市场营销

(一) 市场营销产生的客观基础

市场营销理论于20世纪初诞生在美国。它的产生是美国社会经济环境发展变化的产物。19世纪末20世纪初，美国开始从自由资本主义向垄断资本主义过渡，社会环境发生了深刻的变化。工业生产飞速发展，专业化程度日益提高，人口急剧增长，个人收入上升，日益扩大的新市场为创新提供了良好的机会，人们对市场的认识开始发生变化。所有这些变化因素都有力地促进了市场营销思想的产生和市场营销理论的发展。

市场营销思想的产生是自发的，是人们在解决各种市场问题的过程中逐渐形成的。直到20世纪30年代，人们才开始从科学的角度来解释这门学科。市场营销思想的出现对现代社会和经济产生了重大影响。它给予成千上万的企业以指导，为企业市场营销计划的制定提供了依据，同时有力地推动了中间商社会地位的提高。学者们总结了社会化大生产条件下成功生产经营者的经验，探讨了其经营企业的市场营销新思想，并将市场营销思想理论化，进而使之成为一门独立的学科即市场营销学，该学科成为当时商业大学培养方案的中心课程。市场营销思想还改变了人们对社会、市场和消费的看法，形成了新的价值观念和行为准则。

(二) 动态认识市场营销

什么是市场营销？有些人对它片面理解，把市场营销等同于推销和广告、促销，这是很片面的，因为它们仅仅是市场营销的某种职能。为弄清市场营销的确切含义，必须考察市场营销一词的演变。

我们知道，市场营销产生于20世纪初。百年来市场营销一词随着企业市场营销实践活动的发展而演变。随着时代的变迁，学者们从不同角度对"市场营销"进行界定，大致有三种观点。

1. 把市场营销定义为企业推销和促销的职能。20世纪30年代，以美国为代表的学者认为"市场营销是大规模地推销的理论与实践"。

2. 把市场营销定义为工商企业的业务活动或产品交换活动，该项活动是在产品的生产活动结束时开始，中间经过若干次产品交换、推销和广告宣传、仓储、运输等业务活动，至商品送到消费者或用户手中就结束。

"二战"后至60年代，美国市场营销协会认为"市场营销是引导货物和劳务从生产者流转到消费者或用户所进行的一切企业活动"。

3. 20世纪80年代后很多观点认为，现代企业市场营销应该包括企业与市场有关的整个业务经营活动。这就是说，不仅包括企业引导货物和劳务从生产者流转到消费者手中这一段企业经济活动过程，而且包括企业的售后服务活动（负责维修、担保等，收集顾客使用产品后的意见，把这种信息反馈到企业的有关部门，作为市场营销研究、产品开发的参考，等等）和产前活动（如市场营销调研、市场选择、产品设计、定价）等。可见，在现代市场经济条件下，企业某种产品的市场营销活动过程比这种产品的流通过程更长。

（三）市场营销新释义

菲利普·科特勒认为："市场营销是个人和群体通过创造、提供出售并同别人交换产品和价值，以获得其所需所欲之物的一种社会和管理过程。"理解这一定义，须把握以下四个要点。第一，市场营销是一种社会和管理过程，是一切面向市场的个人和组织参与的活动过程。第二，市场营销的目的是满足消费者的需求和欲望。第三，交换是满足需求和欲望的惟一方式，从而构成市场营销的核心。只有通过交换来换取所需所欲之物的活动才是市场营销活动。第四，市场营销活动过程能否顺利进行，取决于个人和群体创造的产品和价值满足顾客需求的程度和交换过程管理水平的高低。

以上释义，使我们澄清了对市场营销一词的片面认识。首先，市场营销不等于推销或销售，因为销售关心的是如何完成当年的销售任务，把已经生产出来的产品卖出去，而市场营销关心的是企业在未来几年的市场上能卖什么，应当推出什么样的产品，如何激发潜在消费者的需求。其次，市场营销不等于广告，因为广告是向市场宣传企业的产品，是为销售企业产品的宣传，只是市场营销的一个方面，在市场经济条件下，尽管很重要，但广告仅仅是众多宣传手段当中的一种，广告在市场营销中的比重充其量也就是1/10。再者，市场营销不等于促销，可以说促销是在广告的基础上增加了公共关系、终端促销、媒体软文配合等因素，比简单的广告宣传上升了一个层次，考虑得更周全一些。但是由于绝大多数促销策划都是在产品问世之后（或者快要生产出来的时候）才开始的，所以这就决定了它的局限性，因为很多概念已经不能改了，产品特性也基本上固定了，只能挖空心思找"卖点"，效果自然打折扣。最后，市场营销不等于整合营销传播，因为整合营销传播还是关注产品市场宣传这个环节，强调如何有效地与用户沟通，只不过涉及面更广，是多种宣传形式组合的概念而已。

二、全面理解市场营销

（一）需要、欲望和需求

人类的各种需要和欲望是市场营销活动的出发点，企业从事市场营销活动，必须弄清和区分需要、欲望、需求三个基本概念。需要是人类自身本能感受到的匮乏状态、人们为了生存，需要衣、食、住所、安全、归属、受人尊重。这些需要存在于人的生理状态及人类生存环境中，非社会和营销者所创造。人们不可能创造需要，只能调查了解其存在的意义，并以此作为营销活动的出发点。欲望是指人们想得到满足上述基本需要的具体物品的愿望，它包括满足生理需要的食物、衣服等；满足社会需要的友谊和尊重；满足自我价值的知识等。它是个人因受不同文化环境影响而产生的对基本需要的特定追求。需求是具有一定购买能力的欲望。当对某种产品有购买能力且有意愿时，欲望则成为需求。比如有很多人都想买一辆"奔驰"车，但只有少数人真正有能力买且愿意购买。因此，企业不仅要衡量有多少个人拥有追求该产品的欲望，更重要的是须评估真正有能力且有意愿购买的实际人数。

可见，需要、欲望、需求是一组相互关联又相互区别的概念。需要是一种客观存在，欲望是需要的具体化，需求是一定条件下的欲望。这就回答了人们对市场营销的非议"营销人员创造需要"和"营销人员劝说人们购买并不想要的东西。"事实上营销人员并不创造需要，因为需要在没有营销活动的时候就已存在。营销人员的任务是通过社会上的一些影响力量，影响消费者的欲望。比如他们向消费者指出，一辆"世纪星"汽车可以满足人们对社会地位的需要，但营销人员并未创造社会地位的需要，只是指出某种特定的产品如何满足其需要而已。营销者只能以提供给目标顾客的产品更具吸引力、更具购买性、更具使用性等方式来影响需求。

（二）产品、服务

人们靠产品来满足其需要与欲望。市场营销认为，产品是指用来满足顾客需求和欲求的物体。产品包括有形与无形的、可触摸与不可触摸的。有形产品是为顾客提供服务的载体。无形产品或服务是通过其他载体，诸如人、地、活动、组织和观念等来提供的。当我们感到疲劳时，可以到音乐厅欣赏歌星唱歌（人），可以到公园去游玩（地），可以到室外散步（活动），可以参加俱乐部活动（组织），或者接受一种新的意识（观念）。服务也可以通过有形物体和其他载体来传递。市场营销者切记销售产品是为了满足顾客需求，如果只注意产品而忽视顾客需求，就会产生"市场营销近视症"。营销者必须对产品有完整的理解才能保证实现满足顾客需求的目的。

（三）效用、成本和满意

消费者选择所需产品，是根据对满足其需要的每种产品的效用进行估价而决定的。效用是消费者对产品满足其需要的全部效能的估价。产品全部效能的标准如何确定？例如消费者A到某地所选择的交通工具，可以是摩托车、汽车、火车、飞机等。这些可供选择的产品构成了产品的选择组合。又如消费者A要求满足不同的需求，即速度、安全、舒适及节约成本，这些构成了其需求组合。这样，每种产品有不同能力来满足其不同需要，支付的成本也不相同。消费者A要决定一项最能满足其需要的产品。为此，将最能满足其需求到最不能满足其需求的产品进行排列，从中选择出最接近理想的产品，它对顾客效用最大，如顾客到某目的地所选择理想产品的标准是安全、速度，他可能会选择火车。顾客选择所需的产品除效用因素外，产品价格高低亦是因素之一。如果顾客追求效用最大化，他就不会简单地只看产品表面价格的高低，而会看每一元钱能产生的最大效用，如一部好汽车价格比自行车昂贵，但由于速度快、修理费少、相对于自行车更安全，其效用可能大，从而更能满足顾客需求。效用是顾客对产品满足其需要的整体能力的评价，消费者的购买决策是建立在效用与成本两项都满足的基础之上，其购买决策的基本原则是选择用最少的货币支出换取最大效用的产品或服务。

（四）交换、交易

人们通过自给自足或自我生产方式，或通过偷抢方式，或通过乞求方式获得产品都不是市场营销，只有通过等价交换，买卖双方彼此获得所需的产品，才产生市场营销。交换是指通过提供某种东西作为回报，从别人那里取得所需物品的行动。交换是一个过程，交易是这个过程的一个事件。交易是交换的基本组成单位，是交换双方之间的价值交换。交换是一种过程，在这个过程中，如果双方达成一项协议，我们就称之为发生了交易。交易通常有两种方式：一是货币交易，如甲支付800元给商店而得到一台微波炉；二是非货币交易，包括以物易物、以服务易服务

第一章 市场营销基本知识

的交易等。可见，交易是交换的基本组成部分。交易是指买卖双方价值的交换，一项交易通常要涉及几个方面：至少两件有价值的物品；双方同意的交易条件、时间、地点；还有维护和迫使交易双方执行承诺的法律制度。为了使营销活动顺利进行，企业必须认真研究交换过程的每一个环节，必须建立交易记录档案，并且按产品价格、顾客地位和其他一些特定的变量进行分类处理。这有利于企业巩固开拓市场和管理销售人员。同时，为了促使交易成功，营销者必须分析参与交换双方各自希望给予什么和得到什么，如果双方的条件完全一致或部分一致，交易就有了基础。可见，交易成功是建立在交换各方寻找一致条件的前提——谈判过程完成的。此过程是交换方创造价值的过程，涉及从推销谈判开始，到协商、协议、完成交易行为这些主要环节的基本理论，因而构成市场营销的重要内容。

（五）关系、市场营销网络

为使企业获得较之交易营销更多的利益，就需要关系营销。关系营销是市场营销者与顾客、分销商、经销商、供应商等建立、保持并加强合作关系，通过互利交换及共同履行诺言，使各方实现各自目的的营销方式。与顾客建立长期合作关系是关系营销的核心内容。与各方保持良好的关系要靠长期承诺和提供优质产品、良好服务和公平价格，以及加强经济、技术和社会各方面联系来实现。关系营销可以节约交易的时间和成本，使市场营销目的从追求每一笔交易利润最大化转向追求各方利益关系的最大化。

关系营销一方面使有关各方建立了经济、技术和社会方面的纽带关系，另一方面减少交易成本和时间成本，在最佳状况下使交易可以每次都要协商变为惯例化。处理好企业同顾客关系的最终结果是建立起市场营销网络。

市场营销网络是指企业同与之建立起牢固的互相信赖的业务关系的所有利益攸关者构成的网络。该网络成员有：顾客、员工、供应商、分销商、零售商、广告代理人、大学科学家和其他人。在该网络中，企业可以找到战略伙伴并与之联合以获得一个更广泛更有效的地理占有。借助该网络，企业可以在全球各地市场上同时推出新产品并减少由于产品进入的时间滞后而被富有进攻性模仿者夺走市场的风险。这样，竞争不是在公司之间而是在整个网络之间进行。一个建立起更好关系网络的公司其财源会滚滚而来。

（六）市 场

交换引出市场概念。市场有多层含义，在不同场合下应作不同理解，否则界定不清易产生误解，甚至导致工作失误。我们认为，应从以下两个角度审视市场的含义。

1. 市场随着交换经济的迅猛发展而扩展。"市场"一词的本意是指商品交换的场所，这种认识着眼于商品交换的空间条件。而经济学家从揭示经济实质角度解释市场，认为市场是商品经济范畴，是商品内在矛盾的表现，供求关系的反映，或者是商品交换关系的总和。这不是本书讨论的范畴。

2. 市场随着企业营销活动的发展而细分化。我们知道，现代市场营销是以顾客需求为起点，以满足顾客需求为终点的一种企业市场营销活动过程。从企业营销角度考察市场有三种观点。

其一，市场是有需求愿望和货币支付能力的消费者群体。这一观点显示了买方市场构成的三个要素：人口，购买力，购买动机。

其二，市场是指某一产品的实际购买者和潜在购买者的全体。这是企业在对其产品进行销售市场测定时提出的定义。

其三，市场是由那些具有特定的欲望和需求，并且愿意和能够通过交换来满足这种欲望或需要的全部潜在顾客组成。因此，一个市场的大小就取决于那些表示有某种需要并拥有使别人感兴趣的资源，而愿意以这种资源来换取其需要的东西的人数。这是科特勒在阐述市场营销核心概念时对市场一词所作的最精辟的释义，因为它揭示了构成现实市场最基本的一些要素，这些基本要素是：第一，参与交换活动的当事人，包括生产经营者和消费者。第二，消费者必须具备的条件是有需要、购买力及意愿。第三，生产经营者必须具备生产供给能力，即在适当的时间，适当的地点，以适当的价格、适当的方式将适当的产品提供给适当的消费者。这些要素是企业在理解市场营销的内涵，选择目标市场时最富实用性的解释，不仅具有理论意义且有重要的实践指导意义。

（七）营销、营销者与潜在顾客

通过对以上与市场营销相关的一系列概念分析，我们对营销有了更全面、深刻、清晰的认识。简言之，市场营销是指以满足人类需要、欲望为目的，通过市场变潜在交换为现实交换的活动。如果一方比另一方更主动、积极地寻求交换，我们就把前者称为营销者，后者称为潜在顾客。潜在顾客是指有潜在意愿和能力进行交换价值的人。营销者可以是卖方，也可以是买方，如果买卖双方都在积极寻求交换，就把双方称为营销者，并将这种情况称为双边营销。

第一章 市场营销基本知识

三、市场营销学研究什么

（一）市场营销学是一门应用学科

有人对市场营销学的学科性质产生疑问，也有人质疑市场营销学是不是一门科学，现就此问题做如下讨论。

1. 市场营销是艺术，市场营销学是科学。关于市场营销是科学还是艺术的问题，国内外学术界、企业界持有不同的见解。一种观点认为市场营销学不是一门科学，而是一门艺术。他们认为，工商管理（包括市场营销学在内）不是科学而是一种教会人们如何作营销决策的艺术。另一种观点认为，市场营销学既是一门科学，又是一种行为和艺术。这种观点认为，管理（包括市场营销学）不完全是科学，也不完全是艺术，有时偏向科学，有时偏向艺术。当收集资料时，尽量用科学方法收集和分析，这时科学成分比较大，当资料取得以后，要作最后决定时，这时艺术成分就大一点，由于主要是依据企业领导者的经验和主观判断，这时便是艺术。两种不同观点，主要原因是把市场营销同市场营销学混同起来了。我们认为，市场营销是企业的经营、销售活动过程，这一过程既讲策略又讲求艺术。市场营销学则是对近百余年来西方工商企业市场营销经验的科学总结及理论上的高度概括，从而反映了现代化大生产及商品经济高度发达条件下工商企业市场营销活动的普遍规律，因此它是一门科学。它阐明了一系列基本概念、基本原理和方法。市场营销学的理论与方法能够指导国内外企业市场营销活动在瞬息万变的市场中健康地开展。

2. 市场营销学的属性。市场营销学作为一门科学产生于20世纪初。市场营销学的产生与发展反映了高度发达的商品经济条件下工商管理者认识市场、寻找市场、适应市场、开拓市场的紧迫性，当时只是试图了解和研究经济学家忽略或过分简化的某些问题。例如，经济学家试图通过供求曲线解释食品价格，而市场营销学家则对导致最终价格及消费水平的复杂过程展开研究，包括农民决定种植何种作物，选择哪些种子、肥料、设备，如何将农产品卖给收购站，收购站如何转卖给农产品加工厂，生产加工出来的食品如何经由批发商、零售商卖给消费者。上述过程涉及到多种市场营销职能，包括各种不同层次上的购买、销售、集散、分类、储藏、运输、风险承担以及融资等。所有上述活动的总体效益都在最终价格上得到了反映。

市场营销学致力于更详尽地研究流通机构与流通过程的运行机制，并对于探索消费者及供应商行为这一课题颇感兴趣，而不像经济学家那样将一切简单地归结于效用及利润极大化。因此，市场营销学更多地吸收现代心理学、社会学、人类学的优秀研究成果。现在，市场营销学已不再是经济学的一个分支，而是一门重要的应用科学。它是对百余年来工商企业营销实践经验的科学总结及在理论方面的高度概括与升华。现代营销学应属于管理学的范畴，它是一门建立在经济科学、行为科学、现代管理学、计算机科学等多学科理论基础之上的应用科学。其研究对象是以满足消费者需求为中心的企业市场营销活动过程及其规律性，即研究如何从适应和满足消费者的需求欲望出发，有计划地组织企业的整体活动，创造、传递消费者满意的产品和服务，并通过交换实现消费者满意及实现企业预期营销目标的循环过程与规律。

3. 市场营销学的特点。市场营销学的特点是经验性、科学性、综合性、应用性。经验性是指市场营销学的全部内容几乎都是成功企业营销经验的总结。科学性是指尽管市场营销学是成功企业的经验总结，但不是企业营销实例的堆积，而是对近百余年来（特别是战后）西方工商企业营销实践经验的科学总结及理论上的高度概括，从而反映了社会化大生产条件下企业营销活动的规律性。综合性是指市场营销学是各门学科的交叉与结合。应用性是指市场营销学的一切理论都来源于实践，在实践中不断充实、丰富和发展，反过来它又能有效地指导实践。研究市场营销学的目的就是通过对市场营销活动的研究为企业实现最终的营销目标提供有效的策略和方法。

（二）市场营销学研究的内容

1. 市场营销学研究哪些问题。基于市场营销学是一门应用学科，它所探讨的是以消费需求为中心的企业营销活动过程及其规律性，故消费需求贯穿于企业营销活动的始终，为此就要研究分析消费者欲望、需求及其形成、影响因素，满足方式；研究供应商如何满足并影响消费者的欲望和购买行为；研究辅助完成交易行为，从而满足消费者欲望的机构及其活动。这些问题是完善市场营销系统，提高消费者福利的关键。

2. 市场营销学研究的主要内容。由上可知，现代营销学主要研究企业如何在动态市场上有效地管理市场营销活动、提高经济效益、求得生存和发展、实现经营目标的循环过程及其规律。根据营销活动的主要内容，市场营销学研究的主要内容必然是围绕消费需求中心而展开的营销基本理论与方法、营销战略与策略、营销管理与控制问题。全书共分为六篇。

基础篇。主要包括市场营销的基础知识，现代营销思想的形成及发展。

第一章　市场营销基本知识

分析篇。主要有消费者市场与组织市场分析，市场营销环境分析及市场营销研究方法等内容，研究分析制约企业营销活动的各种环境因素，追踪购买者的行为规律，探讨市场调查研究和市场需求预测的方法。

谋略篇。在市场分析的基础上，正确地选择适合企业经营的目标市场，对企业的生存与发展举足轻重，这就要选好市场，定准市场，同时要研究制定赢得目标市场成功的竞争战略与战术，本篇安排两章讨论了这些内容。

谋术篇。这是围绕企业在目标市场上如何实施可控的营销策略取得成功的核心篇。这部分内容就每个营销可控策略：产品策略，价格策略、分销策略、促销策略的具体内容进行了阐述。

管理篇。包括市场营销管理过程，市场营销计划的拟定与营销组织的设计控制内容。主要阐述了企业为保证营销活动的成功而应在计划、组织、控制等方面采用相应的措施与方法。

拓展篇。该篇阐述市场营销理论的延伸。包括中小企业如何跻身国际市场，强化服务营销以及发展网络营销。既体现市场营销基本原理在其他领域的延伸与应用，又突出本书前瞻性的特点。

四、市场营销在企业中的职能与作用

（一）市场营销在企业中地位的变迁

市场营销在企业所处的地位是随着人们对市场营销的认识而不断转变的。最初，销售职能与市场营销职能处于平等的地位，被认为与其他部门同等重要，图1-1a。随后在市场需求不足的情况下营销者强调销售职能比其他职能更为重要，图1-1b。更有一些热衷于市场营销的人认为，营销应是企业的主要职能，因为没有顾客也就无所谓企业。他们把营销作为中心功能，而其他企业职能则是营销的支持性功能（如图1-1（c）所示）。这种观点激怒了其他部门的经理，他们不愿意把自己的部门看做是为营销服务的。聪明的营销者圆满地解决了这个问题。他们把顾客而不是营销置于企业的中心，企业必须以顾客为导向开展工作，而且所有职能性部门都必须协同工作，以便更好地为顾客服务，使顾客需要得到满足，（如图1-1（d）所示）。最后，一些营销者指出，市场营销是连接市场需求与企业反应的桥梁，要想正确地判断和有效地满足顾客的各种需要，就必须把营销置于企业的中心位置，（如图1-1（e）所示）。

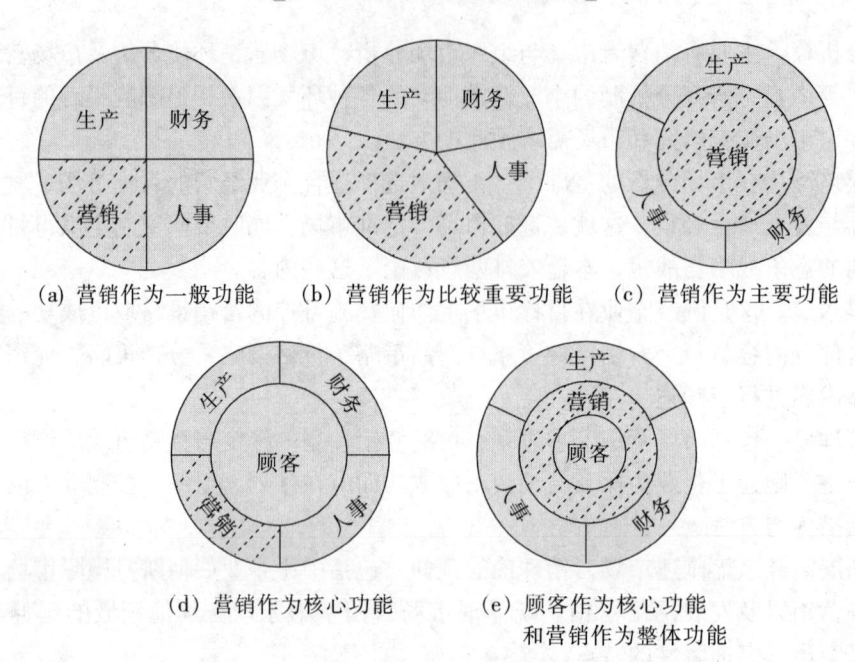

(a) 营销作为一般功能　　(b) 营销作为比较重要功能　　(c) 营销作为主要功能

(d) 营销作为核心功能　　(e) 顾客作为核心功能和营销作为整体功能

图 1-1　营销在公司中地位作用的演变

（二）市场营销的功能

市场营销作为企业的一种职能活动，有四项基本功能：

1. 发现和了解消费者的需求。现代市场营销观念强调市场营销应以消费者为中心，企业也只有通过满足消费者的需求，才可能实现企业的目标。因此，发现和了解消费者的需求是市场营销的首要功能。

2. 指导企业决策。企业决策正确与否是企业成败的关键，企业要谋得生存和发展，很重要的是做好经营决策。企业通过市场营销活动，分析外部环境的动向，了解消费者的需求和欲望，了解竞争者的现状和发展趋势，结合自身的资源条件，指导企业在产品、定价、分销、促销和服务等方面做出科学的决策。

3. 开拓市场。企业市场营销活动的另一个功能就是通过对消费者现在需求和潜在需求的调查、了解与分析，充分把握和捕捉市场机会，积极开发产品，建立更多的分销渠道及采用更多的促销形式，开拓市场，增加销售。

4. 满足消费者的需要。满足消费者的需求与欲望是企业市场营销的出发点和中心，也是市场营销的基本功能。企业通过市场营销活动，从消费者的需求出发，并根据不同目标市场的顾客，采取不同的市场营销策略，合理地组织企业的人力、财力、物力等资源，为消费者提供适销对路的产品，搞好销售后的各种服务，让消费者满意。

(三) 市场营销与企业职能

在市场经济体系中，企业存在的价值在于它能否有效地提供满足顾客需要的商品。因此，管理大师彼得·德鲁克指出，顾客是企业得以生存的基础，企业的目的是创造顾客，任何组织若没有营销或营销只是其业务的一部分，则不能称之为企业。"企业的基本职能只有两个，这就是市场营销和创新。"这是因为：

1. 企业作为交换体系中的一个成员，必须以顾客的存在为前提。没有顾客，就没有企业。

2. 顾客决定企业的本质。只有顾客愿意花钱购买产品和服务，才能使企业资源变成财富。企业生产什么产品并不是最重要的，顾客对他们所购物品的感觉及价值判断才是最重要的。顾客的这些感觉、判断及购买行为，决定着企业的命运。

3. 企业最显著、最独特的功能是市场营销。企业的其他功能，如生产功能、财务功能、人事功能，只有在实现市场营销功能的情况下，才是有意义的。因此，市场营销不仅用"创造产品或服务的市场"标准将企业与其他组织区分开来，而且将营销作为企业的核心职能，不断促使企业将营销观念贯彻于每一个部门。

在现实中，许多企业尽管对市场营销及其方法颇为重视，但并未把它作为企业核心职能全面贯彻。如一些经理认为营销就是"有组织地执行销售功能"。他们着眼于用"我们的产品"，寻求"我们的市场"，而不是立足于顾客需求、欲望和价值的满足。事实上，市场营销并不等于销售。市场营销的核心是清楚地了解顾客，并使企业所提供的产品适合顾客需要。不做好这一工作，即使拼命推销，顾客也不可能积极购买。因此，企业尽管也需要做销售工作，但市场营销的目标却是要减少推销工作，甚至使得销售行为变得多余。

(四) 市场营销的作用

1. 市场营销对企业发展的作用。使一个企业杰出经营的原因是什么？这个问题是引起国内外企业界及学术界普遍关注的问题。国内有几家电冰箱厂同国外某企业合资生产，国内消费者对电冰箱的爱好、生产冰箱所耗费的原材料成本以及销售价格差距不大，但个别电冰箱厂销售量下降，经济效益差，另外一些电冰箱厂则销售量日益上升，经济效益好。原因何在？经调研，我们发现，根本差异在于市场营销观念及相应的市场营销组合策略。成功的企业有一套明智的经营原则，即有强烈的顾客意识（持久不懈地接近顾客），强烈的市场意识及推动广大职工为顾客生产优质产品的本领。美国著名的IBM公司是巧妙应用市场营销观念及营销策略的成功典范。IBM总经理罗杰斯说过："在IBM公司，每个员工都在推销……当你走进纽约IBM大厦或世界各地办事处时，你都会产生这种印象。"有人问，IBM销售什么产品？他回答："IBM公司不出售产品，而是出售解决方法。"市场营销虽然不是企业成功的惟一因素，但是关键因素。美国著名管理学家德卢克曾指出：市场营销是企业的基础，不能把它看做是单独的职能。从营销的最终成果，亦即从顾客的观点看，市场营销就是整个企业。企业经营的成功不是取决于生产者，而是取决于顾客。当今，市场营销已成为企业经营活动首先考虑的第一任务，这一点在发达市场经济国家显得尤为突出。对美国250家主要公司高级管理人员进行调查后发现，公司的第一任务是发展、改进及执行竞争性的市场营销策略；第二任务是"控制成本"；第三任务是"改善人力资源"。大部分企业的高级管理人员来自市场营销部门，比如美国克莱斯勒汽车公司总裁艾可卡便是来自营销部门。

随着国际经济一体化的发展，各国均卷入国际市场竞争的洪流。哪家公司能最好地选择目标市场，并为目标市场制定相应的市场营销组合策略，哪家公司就成为竞争中的赢家。总之，从微观角度看，市场营销是联结社会需求与企业反应的中间环节，是企业用来把消费者需求和市场机会变成有利可图的公司机会的一种行之有效的方法，亦是企业战胜竞争者、谋求发展的重要方法。

2. **市场营销对社会经济发展的作用**。马克思主义理论认为，生产是根本，生产决定交换、分配、消费几个环节。消费对生产具有反作用。没有生产就没有可供交换的东西，市场营销人员只能销售那些已由生产厂商已生产出来的东西。可见，生产者创造了形式效用。但是，在市场经济社会中，没有市场营销，生产者的产品就不可能适销对路，也不可能自动传递到广大消费者手中。从宏观角度看，市场营销对社会经济发展的主要作用是解决社会生产与消费之间的七大矛盾。

（1）生产者与消费者在空间上的分离。这是指产品的生产与消费在地域上的距离，它是由诸多因素造成的。从工业品看，由于各国的地理条件、自然资源、交通情况及工业布局不同，加之各国资源特点、国力水平以及经济发展目标的差异而实行不同的产业政策，如在一定时期内重点扶植某些产业，延缓或抑制某些产业的发展，造成各国工业生产往往按行业集中于某一地区，而工业品的用户则分布于全国各地乃至全世界，这样，必然造成工业品生产者与工业品用户在地域上的分离。至于工业品消费者，更是散居于全国各地乃至世界各地，因而工业消费品生产者与消费者在地区上的矛盾更加突出。

从农产品看，农产品的生产与消费在空间上亦发生矛盾。一方面，农产品由分散在全国广大农村的农民进行生产，另一方面，农产品的消费者分散于全国乃至世界各地，因此，农产品生产与消费存在着突出的空间矛盾。

如何解决上述矛盾呢？由宏观市场营销机构执行市场营销职能，把产品从产地

第一章 市场营销基本知识

运往全国乃至世界各地，以便适时适地将产品销售给广大用户。从此意义上讲，市场营销创造了地点效用。

（2）生产者与消费者在时间上的分离。这是指产品的生产与消费者对产品的消费在时间上的差异。它是由工业品及农产品生产周期的特征及消费者的消费特点引起的。工业品是常年生产，但广大消费者因自然条件的制约，使其消费呈现出不同的状况，对某些工业品是常年消费，但对某些工业品是季节性消费。农产品生产具有明显的季节性，但对农产品的消费却是常年进行的。产品生产与消费在时间上的差异，要求宏观市场营销机构向工厂或农民收购产品，并对产品进行加工、分级和储存，以不断保证广大用户的需求。

（3）生产者与消费者在信息上的分离。随着商品经济的进一步发展，市场随之不断扩大，生产者与消费者在空间上的分离加深，市场信息的分离也随之扩大。由于市场范围突破了原来狭窄的地区交换，扩大至全国乃至世界范围，生产者与消费者从原来的直接交换变成通过中间商的间接交换，生产者与消费者已不能直接相互了解和掌握自己所需产品的市场信息。这种生产与消费信息的分离，要求宏观市场营销机构进行市场营销调研，并通过广告媒体传递市场信息。

（4）生产者与消费者在产品估价上的差异。由于生产者与消费者处于不同的地位及追求不同的利益目标，因此对产品的估价迥然不同。生产者从事经营活动的目的是追求利润，要求产品价格必须在成本价格之上才能盈利，所以，企业对产品的估价是以获利为标准的。至于商品价格在何种水平，利润水平多高，则取决于市场竞争状况及消费者的需求程度。

消费者则多半从产品的经济效用及自己的支付能力来估价产品。这样，生产者与消费者对产品估价差异性较大，存在着生产者对产品估价过高及消费者对产品估价过低的矛盾。因此，除了企业通过改善经营管理，提高技术，降低成本及合理定价外，还需要宏观市场营销机构通过广告媒体宣传，改变消费者的估价观念，缩小生产者与消费者对产品估价的差异。

（5）生产者与消费者在商品所有权上的分离。在商品经济社会中，商品生产者对其产品具有所有权，但他们生产这些产品的目的不是为了获取使用价值，而是为了价值，为了利润；广大消费者需要这些产品，但对这些产品不拥有所有权，这就产生了生产者与消费者对产品所有权的分离。因此，需要特定的宏观市场营销机构组织商品交换，帮助生产者在把产品转到消费者手中的同时，实现产品所有权的转移。

（6）生产者与消费者在产品供需数量上的差异。随着社会主义市场经济及国际经济一体化的发展，国内市场及国际市场竞争日趋激烈，各企业为了在竞争中占据有利地位，纷纷扩大自身的生产规模或组建企业集团，竞争从个别企业之间小规模的较量变成大企业集团之间的大规模的抗衡。大规模企业或企业集团能够充分发挥规模经济效益，即进行大批量生产和销售，降低成本，提高市场占有率。但是，广大消费者均以家庭为单位进行消费，多数小企业也是小批量生产及小批量购买，只有少数大型企业实行大批量生产及大批量集中购买，但又需要多品种的原材料。这样，产生了生产者大批量生产产品与用户小量消费及零星购买的矛盾。因此，需要特定宏观市场营销机构向企业进行采购、分级及分散地销售产品。

（7）生产者与消费者在产品花色品种供需上的差异。随着市场经济的发展及市场竞争的加剧，许多企业都想方设法实行专业化生产以降低成本，提高经济效益，或通过专业化生产满足某个目标市场顾客的需求，以提高其市场竞争力。然而，广大消费者随着其个人收入不断提高，对产品的需求呈多样化趋势。显然，企业实行专业化生产，仅能满足消费者的某种需求。因此，要求特定宏观市场营销机构向各企业广泛采购、分级、加工，并将各种产品销售给广大消费者。

总之，从宏观角度看，市场营销对于适时、适地、以适当价格把产品从生产者传递到消费者手中，求得生产与消费在时间、地区的平衡，从而促进社会总供需的平衡起着重大的作用。同时，市场营销对实现我国现代化建设，发展我国各领域的经济，起着巨大的作用。

综上所述，市场营销工作是当今企业 CEO 值得关注的大事，是企业全部决策中的基本决策。

本章小结

市场营销是个人和群体通过创造并同他人交换产品和价值，以满足需求和欲望的一种社会过程和管理过程。其核心概念是交换，基本目标是满足需求和欲望。市场营销是企业最重要的职能。市场营销作为一门学科于 20 世纪初形成于美国，经过漫长的发展历程，不断充实提高和创新，现在已经成为具有系统理论、策略和方法论的一门现代管理学科。现代市场营销学主要内容包括：市场营销哲学观念的演变、市场环境分析、市场购买行为分析、市场调研与预测、市场细分化、目标市场决策、市场定位、市场竞争战略、市场营销组合策略、营销组织与管理、国际市场营销以及发展中的服务营销和网络营销。学习、研究市场营销学，对于迎接新世纪的各种挑战、促进经济快速健康成长、促进企业发展具有重大理论意义和现实意义，因而也是当今中小企业 CEO 值得关注的大事，是企业全部决策中的基本决策。

第一章 市场营销基本知识

▶ 思考题

1. 市场营销的科学含义是什么？
2. 为什么说市场营销是科学也是艺术？
3. 市场营销的职能作用是什么？
4. 市场营销对我国经济发展及企业成长的重要贡献是什么？
5. 为什么说市场营销是企业 CEO 的头等大事？

▶ 案例应用

提起国酒茅台，中国人都有一种特殊的感情。1915 年，茅台酒代表中国民族工商业进军巴拿马万国博览会并荣获殊荣，从此跻身世界三大蒸馏名酒行列，奠定了中国白酒在世界上的地位，亦将其自身确立为中国白酒之至尊。新中国成立后，茅台酒又被确定为"国酒"，一直处于中国白酒领头羊地位的茅台酒，更因其在日内瓦会议、在中美、中日建交等外交活动中发挥了独特作用而蜚声海内外。改革开放后，茅台酒业获得长足发展，自 1985 年至 1994 年又在国际上荣获多项荣誉。茅台酒厂在全国同类企业中率先跨入国家特大型企业行列。

（一） 中国贵州茅台酒厂集团

中国贵州茅台酒厂集团即中国贵州茅台酒厂（集团）有限责任公司是贵州省政府确定的 22 户省现代企业制度试点企业之一。1996 年 7 月，贵州省政府批复同意贵州茅台酒厂改制为国有独资公司，更名为中国贵州茅台酒厂（集团）有限责任公司，同时，以该公司为核心企业组建企业集团，并命名为中国贵州茅台酒厂集团。全国白酒行业惟一的国家一级企业，全国优秀企业（金马奖），全国驰名商标第一名，是全国知名度最高的企业之一。贵州茅台酒与苏格兰威士忌、科涅克白兰地同列为世界三大名酒。自 1915 年巴拿马万国博览会获得国际金奖以来，连续 14 次荣获国际金奖，并获得"亚洲之星"、"国际之星"包装奖、出口广告一等奖，蝉联历次国家名酒评比之冠，是中华人民共和国国酒。

企业分布在北京、上海、海南、深圳等地，分别从事酒店业、包装材料制造、内外贸易等跨行业经营管理；先后开发了 43%（V/V）、38%（V/V）、33%（V/V）茅台酒、汉帝茅台酒、茅台女王酒、茅台不老酒、贵州醇、贵州特醇、茅台醇等系列产品，形成了多品开发、多种经营、多元发展的新格局，各项经济技术指标均呈两位数增长。1994 年，茅台酒厂质量管理一次性通过 GB/T19002—ISO9002

质量体系认证，在白酒行业中率先与国际质量标准接轨；1995年，在美国纪念巴拿马万国博览会金奖80周年名酒品评会上，茅台酒再次夺得特别金奖第一名。

（二）质量求生存，管理出效益

改革开放以后，与其他许多传统品牌一样，茅台酒遇到了老牌子如何跟上飞速发展的新形势的问题，首先是如何对待产品质量。在产品质量问题上，茅台酒确定并坚持了"质量第一，以质促效"的方针。在这个方针指导下，茅台人从三个方面诠释"质量"：

1. 质量就是企业的长远效益。领导班子对此保持高度共识。茅台酒是世界名酒，中国的国酒，自从1915年夺得巴拿马万国博览会金奖后，在海内外市场上一直是"奇货可居"，"皇帝女儿不愁嫁"，特别是在市场经济中，在茅台的金字招牌下，只要企业愿意增加产量，就意味着随时可增加效益。但是，集团党委书记兼董事长季克良和总经理袁仁国说："面对来自市场的各种诱惑，国酒人始终头脑清醒。茅台酒之所以近百年金牌不倒，创造出如此的市场信誉度，根本原因即在于其拥有卓尔不群的品质。酒是陈的香，如果目光短浅，丢掉这个根本去杀鸡取卵，无疑最终反过来会葬送企业长远效益。"

2. 质量先于产量、效益和发展速度。强烈的质量意识已渗入每个国酒人的血脉。近20余年间，茅台集团生产能力由原来不足千吨攀升至5 000余吨，但是，产品必须经过5年以上的酿造窖藏周期才能出厂的规定，以及相应的质量否决制却不折不扣地得以执行。每道工序、每一环节的质量都要与国酒、"中国第一酒"的身份地位相符合。当产量、效益、发展速度与质量发生矛盾时，都要服从于质量。茅台酒厂借助于现代化的科学仪器，从辅助材料、原材料、半成品到成品；对几十个项目要作科学严密的分析检验，使每一个项目都符合产品质量要求的指标。与此同时，不丢掉在长期实践中形成和传授下来的品评茅台酒的绝招，使用"眼观色，鼻嗅香，口尝味"的传统方法，凭人的感觉器官检验产品质量。现代科学检测手段与专家品评绝招相结合，恰似给茅台酒质量检测上了双保险。

3. 质量的稳定和提高需要创新。茅台人很重视先进质量管理方法和手段的引进、创新。早在20世纪80年代中期，茅台酒厂就引进了日本全面质量管理办法，一改长期以来主要靠师傅把质量关的管理方法为全体员工都参与，经过全员培训，规范操作程序和操作工艺，使质量有了全面提高。继80年代中期推广了全面质量管理方法，90年代又通过了ISO9000国际标准产品和质量保证体系认证，结合企业特点建立起一套行之有效的质量检评制度。迄今，集团一直坚持每年按季度作内部质量审核，每年主动接受权威质量保证机构的审核。生产工艺基本上变成机械化、现代化的操作；同时，发挥技术中心的作用，大量更新科研管理设备，加大科

第一章 市场营销基本知识

技成果转化力度，为产品质量的稳定、提高，提供了坚实的基础。

（三）及时转观念

从1997年开始，白酒市场格局发生了新的变化，形成了多种香型、多种酒龄、不同酒度、不同酒种并存，各种品牌同堂竞争、激烈争斗的格局，我国酒业的生产也进入了前所未有的产品结构大调整时期，啤酒、葡萄酒等发展迅猛，风头甚劲。一批同行企业异军突起，后来居上，产量和效益跃居同类企业前列；同时，消费者消费习惯也发生了改变，传统的白酒生产面临着严峻的挑战。面对这种市场经济条件下严峻的竞争现实，白酒产量总体过大等因素的影响，全国白酒行业市场情况呈现了总体下滑的趋势，到1998年形势更加严峻，1~7月，茅台酒全年销售任务只完成33％。酒还是那个酒，但前所未有的困难却蓦然而至，根子到底在哪里？关键时刻，茅台酒厂集团领导班子进行了大调整。一次次决策会议上，领导班子成员展开了热烈的讨论，最后得出的结论让人并不轻松：排除宏观因素不说，就企业内部的微观原因而言，还是在于上上下下思想解放不够，观念还没有真正转变到市场经济的要求上面来，整个运作方式、思维模式事实上依然处于计划经济的状态。如果这种自以为"皇帝女儿不愁嫁"的状态没有及时而根本的改变和突破，企业的未来将会非常危险。就这样，以季克良带头的领导班子将大部分的时间都花在了市场调研上，马不停蹄地跑遍了全国许多有代表性的地方，一方面为自己"洗脑"，吸收新鲜气息，一方面寻求市场决策的突破口。稍后不久，一系列大气魄的面向市场的举措便在茅台酒厂集团接踵出台了。首先的一项举措是大力充实销售队伍，在全厂范围内公开招聘了一批销售员，经过一个月的培训，迅速撒向全国各地。紧接着，集团就破天荒地在全国10个大城市开展了多种形式的促销活动，季克良等领导带头出现在商场、专柜，亲自宣传自己的产品，一下拉近了与消费者的距离，效果极佳。半年的奋斗下来，年终盘点，茅台酒厂（集团）公司本部不但弥补了上半年的亏空，而且全年实现利税4.41亿元，销售收入8.16亿元，比上年又有大幅度的上升。

（四）该出手时就出手

然而，"在有些人眼里，茅台酒这块金字招牌，却成了块不吃白不吃的肥肉"，茅台酒厂集团董事长季克良道出了茅台人内心深处的苦衷。自1984年在武汉发现第一批假茅台酒起，茅台酒成了我国最早一批被侵害的名酒。随着市场经济体制的逐步建立，茅台酒所遭受的商标、企业名称等知识产权的侵犯也呈现出不同的演变趋势：80年代，市场刚刚启动，各种直接盗用茅台酒包装、打茅台酒牌子的"茅台酒"横行于市，以致造成了人们爱茅台而不敢买茅台的恶劣局面，"假茅台"成了茅台酒厂集团的心腹大患。进入90年代以后，茅台酒厂集团依靠各级政府支持，加大打击假冒的力度，并理顺销售渠道，采用一系列防伪技术，使得假冒"茅台"猖獗的气焰得以有效遏制。但是，不法分子又"暗度陈仓"，改而在"侵权"上作文章，打起了茅台商标的"擦边球"，并纷纷由"阵地战"转为"游击战"，公开转入地下，省内转向省外，由固定制售转向流动产销，制造商、经销商相互勾结，打一枪换一个地方，需要什么牌子就包装什么，日益狡猾。茅台酒厂集团法制处负责人称，"李鬼"暗箭难防，已成为茅台酒最可怕的敌人。集团副总经理戴传典向会议作的报告，将不法商贩的种种侵权现象作了如下归纳：其一，侵犯"茅台"注册商标专用权；其二，伪造带有"茅台"二字的企业名称，或者把未经工商登记的名称使用在产品包装装潢上，用以误导消费者；其三，仿冒茅台酒包装外观图形；其四，在宣传上有意进行误导，如某些企业生产的产品，将茅台酒厂集团全貌作为广告照片印在酒盒上；其五，玩书法游戏，如产品名称取名与"茅台"十分相近等，包装上再刻意写成接近"茅台"的字样。面对假冒侵权产品对茅台酒厂集团权益的侵害和市场的蚕食，季克良忧心忡忡："假冒侵权产品不根除，老祖宗千年留下的国宝，就可能要毁在我们这代人手中。""如果任其发展下去，就会断送我国的民族工业。"总经理袁仁国如是说。为了最大限度击退假冒侵权；为了保护名牌、保护企业和消费者的合法权益，茅台酒厂积极主动地打假，抓大案要案，同时大力协助各地工商、公安部门打假。在打假的同时，防假方面走出了几大步：第一步用激光防伪，第二步使用条码，第三步进口日本瓶子，第四步进口意大利瓶盖，第五步不惜高代价采用美国3M的防伪技术。茅台酒厂集团每年为此的花费都在千万元以上。

▶ 问题

1. 贵州茅台酒与苏格兰威士忌、科涅克白兰地同列为世界三大名酒。自1915年巴拿马万国博览会获得国际金奖以来，连续14次荣获国际金奖，并获得"亚洲之星"、"国际之星"包装奖、出口广告一等奖，蝉联历次国家名酒评比之冠，是中华人民共和国"国酒"。其原因何在？

2. 如何看待茅台酒厂转变观念？对此你有什么建议？

3. 假如你是茅台酒厂的老总，面对严峻的市场形势，应如何考虑茅台酒厂的发展战略？

第二章

顾客时代的营销理念

❖ **本章学习目标**

阅读和学完本章后,你应该能够掌握:
◇ 不同时代企业营销思想的特征
◇ 现代营销思想的要点是什么
◇ 怎样贯彻顾客导向时代的营销理念

开篇案例

三个业务员营销理念差异

美国一家制鞋公司要寻找国外市场。公司派了一个业务员去非洲的一个岛国,让他了解一下能否将公司的鞋销售给他们。这个业务员到非洲后待了一天,发回一封电报:"这里的人不穿鞋,没有市场。我即刻返回。"公司又派出了另一名业务员,第二个业务员在非洲待了一个星期,发回一封电报:"这里的人不穿鞋,鞋子市场很大,我准备把本公司生产的鞋卖给他们。"公司总裁得到两种不同的结果后,为了了解更真实的情况,于是又派了第三个业务员。该业务员到非洲后待了三个星期,发回一封电报:"这里的人不穿鞋,原因是他们脚上长有脚疾,他们也想穿鞋,不过不需要我们公司生产的鞋,因为我们的鞋太窄。我们必须生产宽鞋,才能适合他们对鞋的需求。这里的部落首领不让我们做买卖,除非我们借助于政府的力量和公共活动搞大市场营销。我们在该市

> 场需要投入大约 1.5 万美元。这样我们每年能卖大约 2 万双鞋,在这里卖鞋可以赚钱,投资收益率约为 15%。"
>
> 三个业务员对市场做出了不同的判断,反映了他们的营销指导思想的差异,企业从事市场营销活动应该确立何种营销思想?怎样贯彻这一思想?这是本章将要学习的内容。

一、企业营销思想的演变

企业营销思想是企业经营活动的指导思想,是一种商业哲学或思维方法。是企业领导人在组织和谋划企业的营销管理实践活动时所依据的指导思想和行为准则,也是高层管理者如何处理企业、顾客和社会三者利益时所持的态度、思想和观念。无论是西方国家企业或我国企业经营哲学思想演变都经历了由"以生产为中心"转变为"以顾客为中心",从"以产定销"变为"以销定产"的过程。企业经营哲学的演变过程,既反映了社会生产力及市场趋势的发展,也反映了企业领导者对市场营销发展客观规律认识深化的结果。这从美国企业经营哲学思想的演变可窥见一斑。

(一) 生产观念

生产观念是一种古老的经营哲学。其主要表现是"我能生产什么,就卖什么"。

生产导向最适合需求比较单一、选择性较小而同质性较高的产品。不过,一旦不同部门生产的同样产品在质量上出现很大差异,而消费者又开始关注和比较产品质量时,生产导向便无法适应新的竞争环境了。因而,企业经营哲学不是从消费者需求出发,而是从企业生产出发。

(二) 产品观念

产品观念也是一种较早的企业经营观念。这种观念认为,消费者会欢迎质量最优、性能最好和功能最多的产品。因此，企业的任务是在抓生产的同时致力于制造优良产品并经常加以改进，其特点是"生产优质的产品"。

这是因为产品观念的广泛应用是生产导向的阶段性成果之一，就是使市场上产品数量得到了较大增加，对生产者来讲，生产再多产品也能卖出去的好时光似乎在渐渐消逝。所以这些企业认为只要产品好就会顾客盈门，因而经常迷恋自己的产品，而未看到市场需求的变化。这种观点必然导致"一孔之见"的市场营销近视，甚而导致经营的失败。

（三）推销观念

推销观念表现为"我卖什么，顾客就买什么"。就是不问消费者是否真正需要，不择手段地采取各种推销活动，把商品推销给消费者。

这种观念虽然比前两种观念前进了一步，开始重视广告术及推销术，设立推销部门在组织上予以保证，但其实质仍然是以生产为中心的一种营销指导思想。推销观念仍存在于当今的企业营销活动中，如对于顾客不愿购买的产品，往往采用强行的推销手段。由于这种急迫的强销心理，所以在"推销导向"阶段，尽管生产者对消费者不得不刮目相看，敬若上宾，但对消费者内心更为深层的需求还是处于漠然和忽视的状态，销售中只关注如何吸引消费者来购买，或者"货物出门概不负责"，因而对消费者还没有做到真正的关心。

（四）市场营销观念

市场营销观念认为，要达到企业目标，关键在于确定目标市场的欲望与需求，并比竞争者更有效能和效率地满足消费者的需求。可见，市场营销观念是以企业的一切行为都要以市场的需要作为出发点，即："顾客需要什么，就生产和卖什么"，而又以满足市场的需要为归宿的。市场营销观念基本上包括两个方面：消费者导向和竞争导向。消费者的需求是市场营销活动的起点及中心。市场营销的任务在于认清消费者的需求，开发产品以满足市场需要。然而，企业为了长久生存而仅提供消费者需要的产品，尚不足以确保成功，产品本身还必须具备竞争能力。只有这样，自己生产的产品才能在市场上立足，不致被淘汰。否则，他们就会自食苦果，甚至遭受灭顶之灾。市场营销观念包括：认清消费者的需求；激起和满足消费者的欲望；制造能销售的产品；以消费者为主体；以管理机制做保证。

对于企业生产管理人员来说，树立市场营销观念十分重要。所谓树立市场营销观念，就是要把消费者的需要及欲望作为市场营销的起点。或者，把消费者当做市场营销体系中的主人，企业一切工作的努力都是为了满足消费者。只有满足消费者，才能真正实现公司组织的目标。公司利润的多少取决于其产品对消费者的满足度，要实现这一目标，就必须从营销管理机制上予以保证。

总之，市场营销观念的出现，不仅使企业经营哲学发生了根本性变化，也使市场营销学发生了一次革命，还使企业管理机制发生重大变革，即营销部门成为经营决策中心。

以市场营销为导向的公司包括以下宗旨：

（1）消费者是中心。消费者是企业活动的起点和归宿，没有消费者，企业就无法生存。企业一切努力在于满足、维持及吸引消费者。

（2）注重市场营销的主要功能。确认消费者需要及欲望，将消费者意见及偏好有效地与其他部门沟通，并通过与其他部门合作的方式，努力达到满足及服务消费者的目的。

（3）不能忽视其他部门。在观念及组织权责上，市场营销部门的功能并不大于其他部门的功能。其他部门听从及支持市场营销部门，是因为市场营销部门更能较好地传达消费者的需求和更直接地面对消费者。

（4）要有整合性的市场营销观念。市场营销部门必须具备持续的、系统的策略，并与其他部门保持密切合作，发挥公司整体性的最大力量，这样才能确保生意上的成功。

一般来说，许多企业并不是一开始就以市场营销为导向的，通常是随着竞争环境的改变而逐渐发展起来的。也有的公司在开始时是以市场营销为导向的，但是由于满足于已经取得的成就，不求进步，使原有的市场营销手段不再适应新的竞争环境。当新的竞争对手出现时，这些公司只有销售对策，却无新的市场营销策略，不得不以失败而告终。

当一个经济组织转换成以市场营销为导向的企业时，必须注意观念的沟通，避免部门之间的冲突。要对各部门主管，给予适当的教育宣传，使他们明确市场营销的意义和用途，从而加强各部门之间的整体配合，以实现企业的目标。

（五）社会市场营销观念

社会市场营销观念是对市场营销观念的修改和补充。因为市场营销观念回避了消费者需要、消费者利益和长期社会福利之间隐含的冲突。解决这一矛盾要求有一种新的观念来修正或取代市场营销观念，比较典型的是生态营销观念、以社会为中心代替以消费者为中心、系统中心观念。这些观点可归类为"社会市场营销观念"。

第二章　顾客时代的营销理念

该观念认为，企业的任务是确定各个目标市场的需要、欲望和利益，并以保护或提高消费者和社会福利的方式，比竞争者更有效、更有利地向目标市场提供能够满足其需要、欲望和利益的物品或服务。这种观念是市场营销观念的进一步发展，它要求管理者在制定市场营销政策时能权衡三方面的利益，即企业利润、消费者需要的满足和社会利益的兼顾。因此，在社会市场营销观念下企业营销思想的要点应当为：企业满足消费者的欲望和需求，应该符合消费者和社会的长远利益，保护或增加消费者福利和社会福利，企业应寻求两者的一致。企业应该把满足消费者需要和发挥本企业的优势很好地结合起来，建立新的平衡，从而保证社会资源与企业资源的有效利用。企业不仅仅是被动适应和满足消费需求，更重要的是应主动参与社会需求的设计，设计新的生活方式，用最新的科学技术改造、指导、创造消费。这也是企业的社会责任。

上述五种企业经营观，其产生和存在都有其历史背景和必然性，都是与一定的条件相联系、相适应的。经营观念的演变的五个阶段是以商品经济高度发达的美国企业为背景介绍的，反映了20世纪80年代国外企业为了求得生存和发展，所从事的市场营销活动在指导思想上不断深化认识的过程。但是，必须指出的是，由于诸多因素的制约，当今美国企业不是都树立了现代市场营销观念。事实上，还有许多企业仍然以产品观念及推销观念为导向。

二、现代营销观念的要点及其应用

我们把五个阶段的观念归为两类，一类为传统的营销观，包括生产观念、产品观念、推销观念；另一类称为现代营销观，包括市场营销观念和社会市场营销观念。以下我们所讨论的问题是：两大类观念有什么不同？现代营销思想有哪些要点？现代营销思想是否得到了贯彻执行？

（一）两类营销观念的特点

传统营销观与现代营销观的本质区别在于：传统营销观采取由内向外的顺序，即营销活动出发点是从企业现有产品开始，其目的是把企业的产品推销（卖）出去获得利润，并重点采用大量推销、促销的方法来实现其目的。现代营销观采取由外向内的顺序，即营销活动的出发点是顾客需求，同时围绕顾客需求从事营销活动，其目的是从顾客需求满足中获取利润，并通过组织企业整体市场营销活动实现最终目标。可见，两大类营销观念不仅营销起点和终点明显不同，而且在实现目的所采用的方法手段都有着显著的差异。

(二) 现代营销观念的要点

现代营销思想基于五大要点,它们是目标市场、顾客需要、整合营销、赢利能力、社会责任。

1. 目标市场。企业不可能在每个市场经营和满足各种需要,甚至也不可能在一个大的市场内做好工作,即使是再强大的公司,比如国际商用机器公司,也不可能最好解决每位计算机顾客的需要。因此,现代营销观念首先要求企业辨明目标市场,当一个企业能仔细辨明他们的市场范围时就可以取得最好的成绩,如果对每一目标市场都能制订出恰如其分的营销方案,就可以取得更好的营销效果。

2. 顾客导向。企业即使辨明了其目标市场,也不能说贯彻了顾客导向。现代营销理念要求企业在辨明目标市场后,能从顾客的观点来界定顾客需要。事实上,真正认清顾客需要并非容易,因为顾客的需要太复杂。经常是有些需要表明了,有些需要没有表明,有些是真正的需要,有些是隐藏的需要,还有些是愉悦的需要,等等。营销者应看到,任何一项购买决策都涉及一些相互替代的属性和特性,如果管理部门不深入调查顾客就不会知道顾客的互换选择。如购买者喜欢安全、式样好、高效能且价格便宜的汽车,而这些优点不可能集中于一辆车上。因此,汽车设计者必须在仔细地了解顾客相互替代需要内容的基础上做出选择。总之,营销管理者必须对顾客要求做出反应,以满足顾客真正的需要。

还须认识到,从顾客的观点界定顾客需要,更注重的是目标顾客满意度,因为企业每一时期的销售基本上来自两种顾客,新顾客和老顾客。而保持顾客比吸引顾客更重要。保持顾客的关键是顾客满意。一个健康公司的主要标志是其顾客满意指数高并持续上升。顾客满意是公司未来利润的最佳指示器。

3. 整合营销。整合营销包含两方面的含义,首先各种营销职能或手段的整合:推销人员、广告、产品管理、营销调研等等必须彼此协调,即必须从顾客的观点出发彼此协调使用这些营销手段,以满足顾客需要。通常把这一层次的整合营销称为外部营销。第二,内部力量的整合,当企业所有部门都能为顾客利益服务时亦即意味着实现了整合营销的第二层含义。企业要贯彻市场营销观念,必然要建立起新的体现市场营销观念的组织机构,以保证其正常运行。在新的市场观念下,营销部门必须与企业其他部门很好协调,企业各个部门都以满足消费者需求为目标去安排自身的工作任务,建立一个以市场营销部门为核心部门的整体系统,市场营销部门担负各部门之间的协调工作,运用市场营销观点制定企业的营销计划。当市场营销只有一个部门时,是难以开展工作的,只有当所有员工都重视他们在使顾

第二章 顾客时代的营销理念

客满意上所发挥的作用起的影响时才能开展工作。通常把这层意义上的整合营销称为内部营销——成功地雇佣、培训、激励员工很好地为顾客服务。为了激励公司所有部门的团队精神，企业既要进行外部营销，又要进行内部营销。实际上，只有搞好内部营销才能搞好外部营销。这种营销新思想必然带来公司内部组织结构的变化。内部营销和外部营销之间是相互协调的关系，公司做好内部营销是为了更好地给外部营销打好基础，其最终目的也是更好地满足顾客需求。因此，公司经理们在竭尽全力为"顾客至上"努力的同时，应当为公司的员工们也提供优质的服务。

要实现整合营销，必须加强营销管理，建立科学的营销管理程序。要从满足消费者需求这个目标出发，把市场营销研究伴随于企业营销活动的始终，并在此基础上，建立一套系统的营销管理程序。主要内容包括计划、执行与控制三部分。

4. 赢利能力。这是指企业营销的利润观。现代营销观念的目的在于帮助组织达到其目标——不是力求利润本身，而是把获得利润当作做好工作的副产品，亦即寻找一种比竞争者更有利的方法来满足人们多种多样的需要。现代营销观的利润观强调寻求利润的方法和手段应科学、正当，不是为了先看到利润再去想办法，而是先寻求满足人们多种需要的方法，这不是说营销者对利润漠不关心，完全相反，他们高度致力于分析各种营销机会的利润潜力。

5. 社会责任。社会责任是企业一种营销管理义务，企业作为社会大系统的一个基本组织单位，其人才、物力资源取自于社会，利润来源于社会，同时对社会理应有所回报。为了实现可持续发展战略，企业有责任、有义务保证和促进企业利益服从社会整体利益。企业在其营销活动中，要有社会责任感，应主动承担起社会责任来，必须考虑社会与道德伦理问题，例如把治理污染、提高公民教育水平和维护社会道德规范等问题纳入企业营销管理之中，从社会整体利益出发，兼顾企业员工、消费者，社会公众乃至国家利益，创造提供消费者与社会满意的产品与服务，这样才有利于企业的长期发展，并实现社会可持续发展。如果企业在营销活动中为了追求自身的经济利益，见利忘义，以损害社会利益为代价谋取暴利，违背了社会公德，不仅会受到社会的谴责与惩罚，而且最终会被社会所淘汰。

(三) 现代营销思想的应用

大多数企业都是在形势逼迫下才真正领悟或者接受现代营销观念的。有五种原因会导致企业将现代营销观念放在中心位置并予以贯彻执行：

(1) 销售额下降。当企业销售额下降时它们便拼命挣扎，开始寻找答案。(2) 销售额增长缓慢。销售额增长率缓慢也会推动公司去寻觅新的市场。它们认识到要成功地判断、评价和选择各种新机会，必须掌握营销专门技能。(3) 购买模式发生变化。许多公司意识到，顾客需求的急速变动加剧了市场环境的变动，为了继续为买者提供有价值的东西，便需要掌握更多的营销技术。（4）竞争激烈。自命不凡的公司可能突然遭到营销有方公司的袭击，从而不得不学习营销，应付挑战。（5）营销费用增加。一些企业也许发现它们在广告、促销策略、营销研究、顾客服务等方面的开支正在失去控制，于是管理部门才意识到该是借助于营销功能的时候了。

在向现代市场营销导向转化过程中，一个企业将面临三个障碍，组织的抵制、对营销学习的缓慢和迅速遗忘的营销原则。

组织内部的控制。一个企业内部的其他部门特别是制造和研究开发部门不愿看到营销有什么建树，因为这会威胁到他们在组织中的地位，市场营销对其他部门的威胁的特征见第一章图1-1（b）。

学习缓慢。尽管存在着许多方面的抵制，企业最终还是在各自的组织中建立了营销部门。公司总经理对营销职能给予热情公开的支持；确立了新的工作位置，聘用了外来的营销专家，管理部门的主要人员参加了工商管理培训班，以便进一步了解营销；营销预算大幅度增长；采用了营销计划和控制制度。但是即使采取了上述步骤，真正理解市场营销含义进展得十分缓慢。

迅速遗忘。即使在一个组织中建立了营销部门，并有了营销成功的经验，管理者还必须同一种遗忘营销基本原则的强大倾向作斗争。例如美国几个大公司在20世纪50年代和60年代进入欧洲市场，希望凭借其精美的产品和卓越的营销获得惊人的成功。但其中一些公司失败了，其重要的原因是它们忘记了营销的准则——熟悉你的目标市场，并知道如何去满足他。美国没有根据这些市场的需要重新设计产品和广告，而是把现有的产品原封不动地搬进这些市场，导致了失败。例如通用面粉中带着它的贝蒂克罗克糕饼配制料进入英国市场，然而为时不久就被迫退出了市场。它的天使饼干和恶魔糕点对于英国的家庭主妇显得异国情调太浓了。许多潜在顾客觉得像贝蒂克罗克包装纸上所画的那些好看的糕饼一定很难制作。美国营销者忽略了国与国之间甚至在欧洲国家之间的重要文化差异。

三、顾客导向时代的新理念

20世纪90年代，全球经济环境剧变，企业正面临着异常激烈的竞争，在这种背景条件下，企业必须考虑如何赢得顾客并战胜竞争者的战略问题——在满足顾客需要使顾客满意方面做好工作。而要使顾客满意，需要创新营销理念并贯彻实施。

第二章 顾客时代的营销理念

（一）顾客让渡价值

让渡价值是指顾客总价值与顾客总成本之间的差额。顾客总价值是指顾客购买某一产品与服务所期望获得的一组利益。它主要包括：产品价值。即由产品的性能、特征、质量、式样等所产生的价值。这是顾客需要的中心内容，也是顾客选购商品的首要因素。所以，它是决定顾客总价值大小的主要因素。服务价值。即伴随产品实体的出售企业向顾客提供的各种附加服务。一般说来，服务项目越多越周到，服务价值越高。人员价值。即企业员工的经营思想、知识水平、业务能力、工作效率，以及应变能力等所产生的价值。

形象价值。就是企业及其产品在社会公众中形成的总体形象所产生的价值，如企业产品、包装、商标等产生的价值。

顾客总成本。指顾客在购买某种产品或接受某种服务时的总支出。顾客总成本主要由以下成本构成：货币成本，即购买商品或服务时所支付的货币额，这是总成本中的主要部分。时间成本，即顾客在购买过程中所耗费的时间价值。如等候时间、路途时间、服务时间等。精力成本和体力成本，即顾客在购买过程中精力和体力的支出。顾客在购买过程中首选的商品或服务是让渡价值最大的那些商品或服务。因此，企业在营销活动过程中，要让顾客满意，就必须尽力使让客价值最大化，一切有利于让渡价值最大化的营销策略组合都是企业所应当采用的。

企业在以让渡价值为指导思想开展市场营销工作的过程中，应当注意以下几点：第一，顾客是把购买总价值和总成本的各个要素作为整体看待的，其中某一项价值最大或成本最低不一定能吸引顾客。因此，企业也必须把购买总价值和总成本的各要素作为整体对待，着眼于总价值最大或总成本最低，相应地采取各种营销策略。第二，让渡价值的大小受顾客总价值和顾客总成本两个因素的影响，因此，必须从两个方面努力，以增加让渡价值。第三，不同顾客对顾客总价值和总成本中各因素的重视程度不同，不同时期顾客对产品价值的要求也不一样，因此，企业应区别对待，针对不同顾客群体的特点，有针对性地设计与增加顾客总价值，降低顾客总成本。第四，追求让渡价值最大化会导致企业成本增加，利润减少。因此，企业在实际运营中应掌握一个合理的界限，而不应片面追求让渡价值最大化。

（二）顾客满意

顾客是以购买产品满意与否接受企业让渡价值的。购买者在购后是否满意取决于与这位购买者的期望值相关联的供应品的功效。一般来说，满意是指一个人通过对一个产品的可感知效果与他的期望值比较后所形成的愉悦或失望的感觉状态。这就表明了满意水平是可感知效果和期望值之间差异的函数。如果效果低于期望，顾客就会不满意，如果可感知效果与期望相匹配，顾客就满意；如果效果超过期望，顾客就会高度满意或欣喜。

顾客期望的形成是建立在他过去的购买经验、朋友和同事的影响以及营销者与竞争者的信息和承诺等基础上的。如果营销者将期望值定得太高，顾客很可能失望。另一方面，如果将期望值定得很低，就无法吸引足够的购买者。

企业要在当今市场取得成功，必须把握顾客的期望、可感知效果以及顾客满意，也要了解竞争者的有关情况。还需探索了解顾客满意程度的方法，具体有建立投诉制度，进行顾客满意度调查，佯装购物者以及分析流失的顾客，等等。在以顾客为导向的公司看来，顾客满意既是目标也是工具。顾客满意率高的企业确信他们的目标市场深知这一点。海尔集团的产品已连续多年获得"消费者满意第一"的荣誉，这一事实的宣传有助于该企业销售更多的产品。目前海尔产品已经覆盖了近200个国家和地区，一个重要的原因就是海尔实现并宣传了一流的顾客满意。

企业在做好顾客满意工作时要把握两点。第一，以顾客为中心寻求创造顾客满意，但不追求顾客满意最大化。第二，在衡量顾客满意方面应注意全面认识顾客对公司实绩的评价，因为不同顾客在定义所谓满意时的标准不一样，另外，经理和推销员可以操纵顾客满意率高低，不能低估他们的作用。

（三）价值链与价值让渡系统

在顾客让渡价值和满意的重要性既定的前提下，企业用什么来生产价值和转让价值呢？这就需要引进价值链和价值让渡系统概念。

价值链，是指一个企业在设计、生产、销售、配销和生产辅助过程中所进行的一系列价值创造活动的集合。企业要生存发展，必须为企业的股东和其他利益相关者创造财富，我们可把企业创造价值的过程分解为从原材料采购，设计生产、营销、科技开发、人力资源管理等一系列互不相同，又相互联系的经济活动，或者称为"增值活动"，其总和即构成企业的价值链。价值链把企业创造价值和产生成本的活动分解为在战略上相互关联的9项活动。其中，来料储运、生产运作、成品储运、产品销售与售后服务是5项基础活动，采购、技术开发、人力资源管理与企业基础管理是4项支持性活动，它们贯穿于5项主活动中。

公司成功不仅取决于每个部门做得如何，还取决于不同部门之间如何协调。通常，公司各部门强调部门利益最大化，而不是公司和顾客的利益最大化。各个部门都高筑壁垒，致使优质顾客服务的提供被耽误了。解决这一问题的途径，就要加强

第二章　顾客时代的营销理念

对核心业务过程的平滑管理，其中大部分涉及跨职能部门的投入与合作。核心业务程序有新产品实现过程，存货管理过程，订单——付款过程，顾客服务过程。那些强大的公司，就是在管理这些核心业务过程中具有较高能力的公司。

为了成功，企业还需要超越其自身价值链，进入供应商、分销商和最终顾客价值链中寻求优势，我们把企业价值链向外延伸，形成一个由供应商、分销商和最终顾客组成的价值链，称之为价值链让渡系统。这就是说，创造顾客高度满意，需要价值链让渡系统成员的共同努力。因此，许多企业致力于与其价值让渡系统上其他成员合作，以改善整个系统的绩效，提高竞争力。

（四）吸引与保持顾客

如上所述的核心问题，是企业如何加强与最终顾客之间的联系和提高顾客忠诚度，这需要从以下几方面着手分析。

（1）关注顾客流失率，并采取措施降低流失率。首先要确定顾客保持率，然后找出导致顾客流失的不同原因，再找出那些可以改进的地方；估算失去不该失去的顾客时所导致的利润损失；最后计算降低流失率所需要的费用。

（2）保持顾客。调查显示吸引一个新顾客所耗费的成本大概相当于保持一个现有顾客的5倍。它需要更多的精力和费用去劝导那些满意的顾客从他们目前的供应商那里转换到本公司。而大多数的营销理论和实践往往集中在如何吸引新的顾客而不是在保持现有的顾客方面。强调创造交易而不是关系，讨论的焦点往往集中在售前活动和销售活动本身，而不是售后活动。但是，今天越来越多的公司正日益认识到保持现有顾客的重要性。

有两种途径可以达到保留顾客的目的。一种是设置高的转换壁垒。当顾客改变供应商将涉及较高的资金成本、较高的搜寻成本、老主顾折旧的丧失，等等时，顾客可能就不太愿更换供应商。另一种是保持顾客的好方法就是提高顾客满意。这样如果竞争者只是简单地采用低价或一些拉客的小花招，便很难争取到顾客。这种提高顾客忠诚度的方法为关系营销。

（3）关系营销是关键。如前所述，所谓关系营销就是把营销活动看成是一个企业与消费者、供应商、分销商、竞争者、政府机构及其他公众发生互动作用的过程，其核心是建立和发展与这些公众的良好关系。关系营销与传统的交易营销相比，它们在对待顾客上的不同之处主要在于：①交易营销关注的是一次性交易，关系营销关注的是如何保持顾客；②交易营销较少强调顾客服务，而关系营销则高度重视顾客服务，并藉顾客服务提高顾客满意度，培育顾客忠诚；③交易营销往往只有少量的承诺，关系营销则有充分的顾客承诺；④交易营销认为产品质量应是生产部门所关心的，关系营销则认为所有部门都应关心质量问题；⑤交易营销不注重与顾客的长期联系，关系营销的核心就在于发展与顾客的长期、稳定关系。关系营销不仅将注意力集中于发展和维持与顾客的关系，而且扩大了营销的视野，它涉及的关系包含了企业与其利益相关者发生的全部关系。

关系营销的本质特征可以概括为以下几个方面：(1) 双向沟通。在关系营销中，沟通应该是双向而非单向的。只有广泛的信息交流和信息共享，才可能使企业赢得各个利益相关者的支持与合作。(2) 合作。一般而言，关系有两种基本状态，即对立和合作。只有通过合作才能实现协同，因此合作是"双赢"的基础。(3) 双赢。即关系营销旨在通过合作增加关系各方的利益，而不是通过损害其中一方或多方的利益来增加其他各方的利益。(4) 亲密。关系能否得到稳定和发展，情感因素也起着重要作用。因此关系营销不只是要实现物质利益的互惠，还必须让参与各方能从关系中获得情感的需求满足。(5) 控制。关系营销要求建立专门的部门，用以跟踪顾客、分销商、供应商及营销系统中其他参与者的态度，由此了解关系的动态变化，及时采取措施消除关系中的不稳定因素和不利于关系各方利益共同增长因素。此外，通过有效的信息反馈，也有利于企业及时改进产品和服务，更好地满足市场的需求。

企业要提高顾客的忠诚度，发展忠诚的顾客，必须理解在吸引与保持顾客活动中的各个环节，并力争在各个环节努力做好工作，给予顾客最高的满意。

(五) 测试可盈利顾客的能力

关系营销涉及吸引、发展并保持同顾客的关系，而企业又不可能吸引所有的顾客，也不应追求和满足每一位顾客，而是要吸引有利可图的真正顾客。关系营销的中心原则也是创造真正的顾客，这些"真正的顾客"是能给企业带来盈利的顾客，它是指能不断产生收入流的个人、家庭或公司，其收入应超过企业吸引、销售和服务、竞争顾客所花费可接受范围内的成本流。值得注意的是这里强调的是长期收入和成本，不是一笔交易所产生的利润。这里，盈利能力强调了顾客的终身价值，而不是指一次特定交易的利润。影响顾客盈利能力的因素有很多，包括需求性质和大小、顾客的讨价还价能力、顾客的价格敏感度、顾客的地理位置和集中度，等等。

那么，企业的盈利能力取决于什么呢？取决于三个因素：企业的价值创造能力、内部运作以及竞争优势。而企业的利润与价值创造能力，内部运作和竞争优势这三者成正比关系。企业不但要有创造高的绝对价值的能力，也要有相对于竞争者在足够低成本上的价值优势。竞争优势是指企业在一个或几个方面的成绩使竞争者

第二章 顾客时代的营销理念

无论是现在还是将来都无法比拟的优势，公司要着眼于建立持久的竞争优势，已成功地带动高的顾客价值与满意，它将导致高质量的重复购买和使公司获得高利润率，顾客评价企业价值的一个主要因素是产品与服务是否有高质量。值得企业重温的歌词是：从来就没有什么救世主，也不靠神仙皇帝，要创造人类的幸福，全靠我们自己……这是企业在创造价值实现顾客满意中应牢记的颠扑不破的绝对真理。

（六）实施全面质量营销

一个公司如果仅仅依赖其营销部门，它的营销是很难见效的。世界上最伟大的营销部门也没有办法弥补劣质产品或服务，青岛海尔集团 2001 年进入世界家电十强，实现"国际化海尔"目标的成功，并非仅仅归功于其营销总部的努力，而是 1984 年，张瑞敏在全厂职工大会上当众砸毁 76 台有质量问题的冰箱，唤醒全体职工的质量意识，并为实现"要干就干最好的"理念，齐心协力，拼搏奋战，创造出高质量产品，赢得国内外顾客信赖的结果。

通用电器公司董事长说过：质量是我们维护顾客忠诚度的保证，是我们对付外国竞争最有力的武器，是我们保持增长和盈利的惟一途径。可见，当今企业对产品和服务质量的重视。只有好的产品才能在目标市场上取得优势。企业要在竞争中立足，必须实施全面质量营销。

美国质量管理学会为质量新定义：质量是一个产品或服务的特色和品质的总和，这些品质特色将影响产品去满足各种明显的或隐含的需要的能力。显然，这是顾客导向的质量定义。顾客有一系列的需要、需求和期望。当所售的产品和服务符合或超越了顾客的期望时，销售人员就提供了质量。一个能在大多数场合下满足顾客需求的公司就是优质公司。

这里更强调"适用质量"。区分适用质量和性能质量是很重要的。一辆"奔驰"车所提供的性能质量比丰田车高，它行使平稳，快速，经久耐用，等等。但是如果奔驰和丰田分别满足了它们各自的目标市场的期望，那么我们就说两种车提供了相同的适用质量。

全面质量是创造价值和顾客满意的关键。全面质量是每个人的工作，正如营销是每个人的工作一样。越来越多的公司重视"全面质量营销"战略，并通过任命一位"质量副总裁"专门负责全面质量管理，以实现全面质量营销。TQM 要求有关质量营销改进的条件如下：质量必须为顾客所认知；质量必须在公司每一项活动中体现出来，而不仅仅是在公司的产品中；质量要求全体员工的承诺；质量要求高质量的合作伙伴；质量必须不断改进；质量改进有时需要总体突破；质量未必要求更高成本；质量是必要的，但不必是充分的；质量驱动并不能挽救一个落后产品。

在以质量为中心的企业，营销经理承担两项责任。一是营销经理必须参与制定旨在帮助公司通过全面质量管理并获胜的战略和政策。二是他们必须在生产质量之外传递营销质量。每项营销活动——营销调研、推销员培训、广告、顾客服务等等，都必须高标准执行。

营销人员必须在帮助企业向目标顾客提供高质量商品与服务时发挥一些重要作用。第一，营销者在正确识别顾客的需要和要求时承担着重要责任。第二，营销者必须将顾客的要求正确地传达给产品设计者。第三，营销者必须确保顾客的订货正确而及时地得到满足。第四，营销者必须检查顾客在有关如何使用产品方面是否得到了适当的指导、培训和技术性帮助。第五，营销者在售后还必须与顾客保持接触，以确保他们的满意能持续下去。第六，营销者应该收集顾客有关改进产品和服务方面的意见，并将其反映到公司各有关部门。当营销者做了上述一切后，他们就是对全面质量管理和顾客满意做出了自己的贡献。

全面质量管理还意味着营销人员不仅要花精力和时间改善外部营销，还要改善内部营销。当产品或服务不尽如人意时，营销者必须像顾客那样表示不满。营销人员必须成为顾客的看门人或保护人，营销必须坚持的准则是"给顾客最好的解决"。

● 本章小结

企业营销思想是企业经营活动的指导思想，是一种商业哲学或思维方法。也是企业领导人在组织和谋划企业的营销管理实践活动时所依据的指导思想和行为准则，也是高层管理者如何处理企业、顾客和社会三者利益关系时所持的态度、思想和观念。营销思想贯穿于企业市场营销活动始终，它不仅影响企业营销活动顺利开展，且对企业生存发展具有决定性的意义。无数西方国家企业或我国企业经营实例都表明了这一点。

企业经营哲学的演变过程，既反映了社会生产力及市场趋势的发展，也反映了企业领导者对市场营销发展客观规律认识的深化结果。现代企业经营思想的演变经历了生产观念、产品观念、推销观念、市场营销观念、社会市场营销观念五个阶段。

20世纪90年代，全球经济环境剧变，企业正面临着异常激烈的竞争，在这种背景条件下，企业必须考虑如何赢得顾客并战胜竞争者的战略问题——在满足顾客需要使顾客满意方面做好工作。美国市场营销学教授菲利普·科特勒认为，要使顾客满意，需要树立让客价值的营销理念指导企业的营销活动。这是对市场营销管

第二章 顾客时代的营销理念

理指导思想的新发展，它对于指导工商企业全面设计与评估自己产品的价值，通过增加顾客总价值，降低顾客总成本，从而为顾客提供更多的"让渡价值"，使顾客获得更大限度的满意，进而提高企业产品的市场竞争能力具有重要意义。

▶ 思考题

1. 为什么说企业营销思想对企业兴衰举足轻重？
2. 企业营销思想是如何演变的？各阶段对营销指导的意义是什么？
3. 现代营销思想的特点与要点是什么？比较你所在企业的营销思想是否明确？
4. 贯彻顾客导向时代的新理念意义何在？怎样实施？

▶ 案例应用

TCL 的营销管理哲学

1998 年，TCL 集团以其总资产 58 亿元，销售额 108 亿元，实现利润 8.2 亿元的业绩，在全国电子行业排行表上跃居前五名。回顾 17 年前由 5 000 元财政贷款起家的成长历程，这个地方国有企业集团的高层决策者体会到建立并贯彻一套适应市场经济要求的经营理念，是公司生存和发展的关键。

TCL 的经营理念包括两个核心概念和四个支持性概念。两个核心概念是：

为顾客创造价值的观念。他们认为，顾客就是市场，只有为顾客创造价值，赢得顾客的信赖和支持，企业才有生存和发展的空间。为此，公司明确提出"为顾客创造价值，为员工创造机会，为社会创造效益"的宗旨，将顾客利益摆在首位。每上一个项目，都要求准确把握顾客需求特征及其变化趋势，紧紧抓住四个环节：不断推出适合顾客需要的新款式产品；严格为顾客把好每个部件、每种产品的质量关；建立覆盖全国市场的销售服务网络，为顾客提供产品终身保修；坚持薄利多销，让利与消费者。

不断变革、创新的观念。他们认为，市场永远变化，市场面前人人平等，唯有不断变革经营、创新管理、革新技术的企业，才能在竞争中发展壮大。为此，他们根据市场发展变化不断调整企业的发展战略和产品质量与服务标准，提高经营水平。近几年来，集团除推出 TCL 致富电脑、手提电话机、健康型洗衣机和环保型电冰箱等新产品外，对电视机、电话机等老产品每年也各有近 20 种不同型号新产品投放市场，并几乎都受到青睐。

在具体的营销管理工作中，集团重点培育和贯彻了四项支持性观念：

中小企业市场开发五日通

1. 品牌形象观念。将品牌视之为企业的形象和旗帜、对消费者服务和质量的象征。花大力气创品牌、保品牌，不断使品牌资产增值。

2. 先进质量观念。以追求世界先进水平为目标，实施产品、工艺、技术和管理高水平综合的全面质量管理，保证消费者利益。

3. 捕捉商机，贵在神速的观念。他们认为，挑战在市场，商机也在市场，谁及时发现并迅速捕捉了它，谁比竞争对手更好地满足消费者需要，谁就拥有发展的先机。

4. 低成本扩张观念。认为在现阶段我国家电领域生产能力严重过剩，有条件实行兼并的情况下，企业应以低成本兼并扩大规模，为薄利多销奠定坚实基础。1996年，TCL以1.5亿港元兼并香港陆氏集团彩电项目；以6 000万元人民币与美乐电子公司实现强强联合。仅此两项，就获得需投资6亿元才能实现的200万台彩电生产能力，年新增利润近2亿元。

TCL集团在上述观念指导下，建立了统一协调、集中高效的领导体制，自主经营、权责一致的产权机制，灵活机动、以一当十的资本营运机制，举贤任能、用人所长的用人机制，统筹运作、快速运转的资金调度机制。依据目标市场的要求，TCL投入上亿元资金，由近千名科技人员建立了三个层次（TCL研究院，数字技术研究开发中心，基层企业生产技术部）的战略与技术创新体系，增强自由和新技术的研究开发能力，以此抢占制高点，拓展新产品领域。

20世纪90年代初，TCL集团在以通讯终端产品为主拓展到以家电为主导产品的同时，强化了以"主动认识市场、培育市场和占有市场"为基本任务的营销网络建设。集团在国内建立了7个大区销售中心、31家营销分公司、121家经营部和1 000多家特约销售商，覆盖了除西藏、台湾地区之外的所有省份，在俄罗斯、新加坡、越南等国家建立了销售网络。

1990年以来，TCL集团快速成长。全集团销售额、实现利税年均增长速度分别为50%和5%。

▶ 问题

1. TCL集团是如何处理顾客、企业和社会三者之间的利益关系的？
2. 分析TCL集团秉持的是何种营销观念及其经营理念。

麦当劳运用市场营销观念

麦当劳公司作为快餐汉堡包零售商，是一流的市场营销商，其14 000家快餐

第二章　顾客时代的营销理念

店分布于全球 79 个国家，整个系统年销售额达到 30 多亿元。每天由 1 900 万顾客经过著名的金色双拱标志，每年多达 96% 的美国人在麦当劳用餐。现在，麦当劳每秒销售 145 只汉堡包。这一销售业绩应归功于其强劲的市场营销定位，即：麦当劳知道怎样为顾客服务，以及怎样随消费者欲望的变化而进行调整。

麦当劳的市场营销哲学完全浓缩于其座右铭 QSCV 之中，这四个字母分别代表质量、服务、洁净与价值。顾客走进窗明几净的餐厅，来到友好的柜台服务员面前，很快便可以点到一份可口的快餐。店里没有让青少年聚集的自动电话机或电话，也没有烟灰缸或报纸架。所以，去麦当劳是一家子的事，对孩子特别有吸引力。

麦当劳已掌握了为消费者服务的艺术，并细心把基本原理教给其职员和特许经销商。麦当劳通过不断的顾客调查来监督产品和服务质量，并且不遗余力的改进汉堡包生产方法以简便操作、降低成本、加快服务以及带给顾客更多的价值。除了这些努力之外，每一家麦当劳快餐店还通过社区参与和服务项目来成为附近地区的一份子。

在其位于美国以外的 4 700 家快餐店中，麦当劳仔细的根据当地的口味和习惯来制定菜单。在日本供应玉米汤和叉烧汉堡，在罗马有通心粉色拉，在巴黎有配以葡萄酒和现场钢琴音乐的麦乐系列汉堡包。在牛被视为神圣的印度，麦当劳卖蔬菜汉堡包而不是牛肉汉堡。麦当劳在莫斯科开出第一家快餐店时，就很快赢得了俄国消费者的青睐。但是，为了在这个新市场达到其高水准的顾客服务标准，不得不克服一些巨大的障碍。它必须把麦当劳那些经受过时间考验的做事方法教授给供应商、职员甚至顾客。公司还在汉堡包大学中培训俄国经理，并要求 630 名新职员中的每一位都要接受 16~20 小时的基本知识培训。麦当劳还必须培训消费者，因为绝大多数莫斯科市民从来没见过快餐店。在莫斯科开业的第一天，麦当劳为 700 名莫斯科孤儿举办开业聚会，并把开业当天的全部收益捐献给莫斯科儿童基金会。结果，这家新的莫斯科快餐店营造了一个非常成功的开端。

麦当劳对消费者的注重以使其成为世界上最大的快餐服务组织。现在，她已赢得了 20% 的美国快餐业务，并正迅速地向全球扩张。

▶ 问题

1. 你认为麦当劳市场营销观念的核心思想是什么？
2. 麦当劳在保持和吸引顾客方面有何独到之处？

第二篇

分析篇

第三章

关注市场营销环境

❖ 本章学习目标

阅读和学完本章后，你应当能够：
◇ 了解营销环境的构成及对营销活动的影响
◇ 掌握企业营销环境分析的内容与基本方法
◇ 明确企业面对环境机会与威胁应采取的对策

开篇案例

成功合资，化解危机

近几年，具有规模和制造成本优势的国内彩电业，在进军国际市场时，面临研发力量薄弱、贸易壁垒、目标市场的品牌知名度低、营销渠道不健全等问题，特别是研发力量薄弱、贸易壁垒两大问题，让国内彩电企业在彩电技术升级浪潮和国际市场中遭遇了重大挫折。

2003年11月，TCL集团与汤姆逊集团签署合作备忘录，拟由双方共同投入电视机和DVD资产，设立合资公司，TCL集团持有其67%股份。该合资公司将被打造成为全球最大的彩电厂商。TCL集团将会把其在中国大陆、越南及德国的所有彩电及DVD生产厂房、研发机构、销售网络等业务投入新公司；而汤姆逊则会将所有位于墨西哥、波兰、泰国的彩电生产厂房、所有DVD的销售业务以及所有彩电及DVD的研发中心投入新公司。

> TCL—汤姆逊公司成立后，其全球彩电销量将达1 800万台，而2002年全球彩电冠军三星的业绩是1 300万台。2003年11月4日，TCL集团与法国汤姆逊举行彩电业务合并重组协议。而美国当地时间11月24日，美国商务部初步裁定中国一些电视机生产厂商向美国市场倾销其产品，已圈定的长虹、TCL、康佳、厦华4家强制调查对象都被认定存在倾销，倾销价差为27.94%~45.87%。这个裁定，对其他几家的打击是致命的，特别是长虹，它占据了国内出口到美国彩电份额的半数以上。但TCL却因为兼并，不仅不会受损，反而是最大的受益者，它填补了其他企业留下的市场空白。通过合资，在技术上，为TCL带来了世界最先进的"第五代背投"，在国际市场的抢占上，TCL已经成功化解了美国、欧盟的反倾销危机和专利危机。可以说，TCL与汤姆逊集团的合资是一次中国企业应对国际市场政治、法律环境的示范，对国内企业具有借鉴意义。
>
> 该案例充分证实了营销环境对企业营销活动的重大影响，关注并研究企业内外部营销环境的变化，是营销管理的主要任务之一。

任何企业的营销活动都不可能脱离周围的环境而孤立进行。外部环境因素和企业自身的因素相辅相成，共同作用，制约着企业的营销活动。企业营销人员必须全面、准确地认识市场营销环境及其变化的趋势，相应制定并不断调整营销策略，自觉地利用市场机会，防范可能出现的威胁，才能确保在竞争中立于不败之地。

一、研究市场营销环境的意义

（一）营销环境的含义

市场营销环境是指对企业的市场和营销活动产生影响和冲击的不可控制的行动者和社会力量。根据营销环境对企业营销活动发生影响的方式和程度的不同，可以

第三章 关注市场营销环境

将营销环境分为两大类：即营销的微观环境和营销的宏观环境。

营销的微观环境是指对企业服务其顾客的能力构成直接影响的各种组织，包括供应商、营销中介者、顾客、竞争者、各种公众及企业内的其他部门等，如图 3-1 所示。

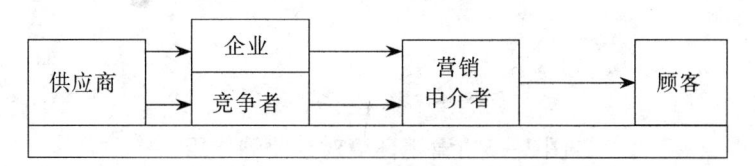

图 3-1 市场营销微观环境

营销的宏观环境是指间接影响企业营销活动的不可控制的大范围的社会力量，包括政治、法律、人口、经济、自然生态、技术、以及文化等因素，如图 3-2 所示。

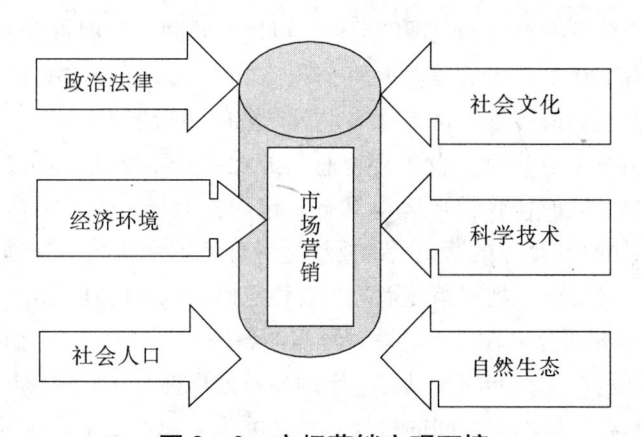

图 3-2 市场营销宏观环境

微观环境直接影响与制约企业的营销活动，多半与企业具有或多或少的经济联系，也称直接环境；宏观环境一般以微观环境为媒介去影响与制约企业的营销活动，在特定场合，也可直接影响企业的营销活动。宏观环境又被称为间接营销环境。宏观环境与微观环境之间不是并列关系，而是包容与从属关系。微观环境受宏观环境大背景的制约，宏观环境借助于微观环境发挥作用，宏观环境因素与微观环境因素共同构成多因素、多层次、多变化的企业市场营销环境的综合体。

这里可以用图 3-3 来直观地反映企业与营销环境之间的关系。

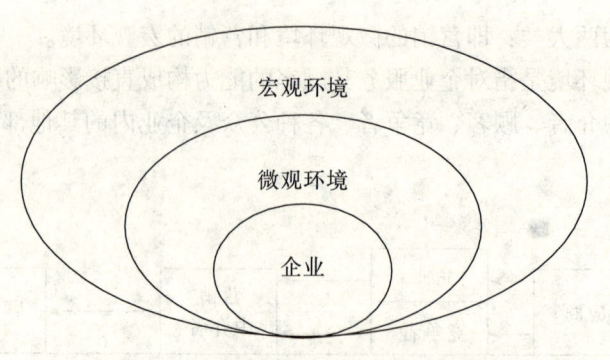

图 3-3 营销环境对企业的作用

（二）市场营销环境的特征

1. 不可控性与企业的能动性。影响市场营销环境的因素是多方面的，也是复杂的，并表现出一定的不可控性。但企业面对营销环境并非是无能为力和束手无策的，完全可以充分发挥自己的主观能动性，以避开威胁，利用机会。以生产缝纫机驰名全世界具有 130 年历史的美国胜家公司，由于市场环境的变化，1986 年转向航天产业，现在它的销售额有 80% 来自航天产业的高新技术产品。

2. 动态性与相对稳定性。营销环境总是处在一个不断变化的过程之中，它是一个动态的概念。同时，营销环境也具有一定的相对稳定性，可谓"变化是绝对的，静止是相对的"。企业的营销活动既要适应环境的变化，不断地调整和修正自己的营销策略，又要认识到营销环境的相对稳定性，以及时捕捉市场机会。

3. 关联性与相对分离性。市场营销环境的各因素不是孤立的，而是相互依存、相互作用和相互制约的，同时又具有一定的相对分离性与相对独立性。因此，要充分注意与认识到各环境因素之间的这种二重性关系。如青岛港以前只是一个无名小港，然而一次灾难带来了转机。1995 年 1 月 17 日，日本阪神发生了大地震，整个大阪码头陷于瘫痪。而此时受难最重的是中国远洋国际集团，因为大阪是中远的重要中转站。青岛港意识到中远此时一定急于寻找新的中转站，自己的机会来了。青岛港立即打报告给中远，最终达成协议。2 月 9 日，万分感激的中远和青岛港签署协议，青岛港成为国内第一家集装箱中转站。

4. 客观性与认识上的差异性。市场营销环境的差异性不仅表现在不同的企业受不同环境的影响上，而且表现在同样一种环境因素的变化对不同企业的影响也不相同上。同时，不同企业对同一环境因素及其变化所产生的影响也会有不同的认识与理解。

（三）市场营销环境分析的意义

营销环境对企业的发展至关重要，全面认识营销环境，监测、把握各种环境力量的变化，对于企业审时度势、扬长避短地开展营销活动具有重要意义。

1. 分析研究营销环境因素，是企业制订营销战略和策略的前提和基础。企业营销活动所需的各种资源，如资金、信息、人才等都需要在环境的许可下取得，企业生产经营的产品或服务也需要符合环境的要求，才有生命力。如很多国家的洗衣机在巴基斯坦销售情况不太理想，但海尔的洗衣机在巴基斯坦非常受欢迎，主要原因海尔的洗衣机最符合当地的市场需求，海尔经周密的市场调查发现，巴基斯坦平均一家有12口人，而且巴基斯坦的成年男子都穿白色的大袍子，这些大袍子放到普通的洗衣机里，根本无法转动，针对这一环境因素，海尔为当地顾客研制出双动力，一次可以洗12公斤衣服的加重洗衣机，受到了顾客的欢迎。可见，侦测环境、审时度势是企业制订营销战略和策略的前提，也是企业成功的起点。

2. 关注研究营销环境因素，才能使企业及时发现营销机会，取得竞争优势和差别利益。环境因素经常处于不断变化之中，营销环境的变动可能会滋生出对企业有吸引力的领域，这就给企业带来了发展的机会，企业只有善于捕捉环境机会，才能更好地生存与发展。如：日本精工表在中东国家销售时考虑到这些国家伊斯兰教中的礼拜时间，专门在手表上增加了做礼拜报时的新功能，成为当地的畅销产品。中秋佳节中国人喜欢吃月饼、送月饼，但传统月饼重油、重糖、太腻，越来越不受欢迎。有些企业针对这一现象及时推出雪月饼，既满足了消费者传统节日的需要，同时又在月饼市场销售的竞争中通过提供差别利益而取得有利的竞争地位。

3. 分析研究营销环境因素，可以使企业及时预见环境威胁，将危机减到最低程度。营销环境在变化中也会出现不利于企业生存和发展的因素，由此形成对企业的挑战，如果企业不及时采取有效措施规避风险，威胁的出现必然会导致企业营销的困难。

瑞士钟表业的兴衰充分说明了这一问题。电子表问世之前，瑞士钟表业基本垄断了世界钟表市场。电子表刚刚问世时，价格很贵，样子也很笨重，瑞士钟表业因此对这新生事物嗤之以鼻，不予发展，而是继续生产他们的机械表，为此他们付出了惨痛的代价，到今天他们在艰苦努力以后也只不过恢复了一部分市场。

2003年4月，由于"非典"的干扰，各种品牌商用汽车的销售都呈下滑的趋势，奥铃汽车公司面对这一环境威胁，及时采取措施规避风险，化"非典"危机为发展契机。提出5月15日~6月15日期间，凡购买奥铃汽车用户，都可以得到中国泰康保险公司的"10"万元非典保险。这一健康营销创意的实施使销售业绩不降反升，4月份的销售量是3月份的3倍，创造奥铃在北京市场销售史上最好的销售成绩。

二、营销环境分析的内容

（一）营销宏观环境分析

宏观环境是造成市场机会和环境威胁的主要力量，它引导企业营销活动的大方向。而且，不仅对企业的营销产生影响，还会影响其他各种微观主体。宏观环境因素主要包括人口、经济、自然、科技、政治法律、社会文化等。

1. 人口环境。市场是由具有购买欲望和购买能力的人组成的，人口是构成市场的基本因素，因此，人口状况自然成为企业营销人员关注的首要环境因素。从影响消费需求的角度看，人口环境分析可以从以下几个方面入手：

（1）人口数量及增长速度。人口数量及增长速度是决定市场规模和潜在容量的基本因素。在其他条件相同的情况下，总人口越多，市场容量就越大，企业营销的市场就越广阔。但同时也应注意到，人口的迅速增长，也会带来自然资源及食物供给等方面的巨大压力，而给营销带来威胁。

（2）人口结构。分析人口结构主要应考虑性别结构、年龄结构、家庭结构、民族结构、城乡结构和地区分布等六个方面内容。

人们的性别不同，不仅在需求上存在较大差别，而且在购买习惯与购买行为上也存在很大的差别。如女性需要化妆品，从而生产化妆品的企业主要以女性为目标市场；男性需要烟、酒，生产烟、酒的企业则主要以男性为目标市场；由于女性多操持家务，大多数日用消费品由女性采购，因此，很多家庭用品都可纳入女性市场。

不同年龄段的消费者对商品和服务的需求也不相同。如婴儿需要奶粉、尿布，儿童需要糖果、玩具，青少年需要书籍、文具，老人则需要医药保健等，由此形成了各具特色的市场。随着社会的发展，物质、文化生活水平的提高、医疗卫生事业的发展，人均寿命大大延长，人们生育观念的转变，人口出生率下降，在总人口中，老年人所占的比例将逐渐增大，从而老年人用品的需求量也将随之不断增加，将形成一个庞大的"银发市场"。按有关国际组织的规定，一个国家65岁以上老人占该国人口总数的7%以上，这一国家便为老龄化国家。

第三章　关注市场营销环境

家庭是商品采购的基本单位。一个国家、一个地区拥有的家庭数及每个家庭成员的多少，都对企业营销活动有着很大的影响。如家庭数目多，对家具、家电的需求量必然就大；随着家庭人数的减少、家庭规模的小型化发展，小型炊具市场规模将越来越大，而大型炊具市场将日渐萎缩。我国家庭规模趋于小型化也是较明显的一个趋势。

居住在不同地区的人，由于地理位置、气候条件、自然资源、风俗习惯的不同，不仅存在着不同的需求，而且在购买习惯与购买行为方面也存在着差别。比如北方与南方的差别，城市与农村的差别。

2. 经济环境。从企业营销的角度看，经济环境最主要的构成要素是社会购买力。它甚至是影响市场的最重要因素，因而也是制约和影响企业营销活动的关键因素。对企业营销者而言，对经济环境的关注需着重分析以下与购买力密切相关的因素：

(1) 消费者个人收入。消费者购买力源于其收入。消费者个人收入指城乡居民从各种来源所得的收入。我们往往以城镇居民家庭人均年收入、农村居民家庭人均年纯收入等指标来反映。

考察消费者的个人收入，不能仅看货币收入，还要看实际收入。实际收入就是货币收入对通货膨胀的剔除。当然，如果存在通货紧缩的情况，实际收入则会超过货币收入。从一个较长的时期来看，对消费者消费行为产生影响的根本因素还是实际收入。

对测量市场需求更有意义的指标是个人可支配收入和个人可任意支配收入。个人可支配收入指个人收入减去缴纳税收和其他经常性转移支出后，所余下的实际收入，可用作消费或储蓄。个人可任意支配收入则指个人可支配收入扣除衣食住等基本生活开支后剩余的部分，它是影响消费需求变化的最活跃的因素。这部分收入越多，人们的消费水平就越高，企业营销的机会也就越多，特别是对那些经营与享受和发展相关的产品和服务的企业。

由于经济发展的阶段性以及地区差异性，企业在分析收入因素时不能简单了事，需要研究不同时期、不同地区、不同阶层消费者收入水平的变化，从而为选择目标市场和有针对性地开展营销活动提供指导。

(2) 消费者支出模式。消费者收入在很大程度上影响着其支出模式和消费结构。德国统计学家恩斯特·恩格尔通过研究发现：家庭收入越低，人们用于食物的支出在家庭收入中所占的比重越大；反之，则越小。随着家庭收入的提高，人们用于食物支出的比重会下降，而用于教育、卫生、娱乐等服务的支出比重会上升。即一个家庭收入越少，其支出中用于购买食物的比例越大，此即为恩格尔定律。食物支出占消费总支出的百分比即恩格尔系数。可见，一个国家或地区消费者的恩格尔系数较低,意味着提供非生活必需品特别是服务的行业和企业有着较好的市场机会。

对消费者支出的分析有助于了解消费者一定时期内的消费支出结构及购买行为模式及特点,有助于企业做出有针对性的营销决策。

(3)消费者的储蓄与信贷。消费者的可支配收入与储蓄的增减变动密切相关。如果在一定时期内居民的储蓄增加,则意味着当期的购买力减少;反之,则会增加当期的购买力。以我国为例,虽然人均可支配收入不高,但储蓄率却很高。这虽然意味着国内市场潜量巨大,但当期的购买力却受到极大抑制。据中国人民银行统计,从1998~2002年的5年间,我国城乡居民储蓄存款余额增长达62.7%,平均每年递增17.1%,而同一时期GDP的年均增长只有7.7%,两相比较,差了9.4个百分点。

消费者信贷的变化也会影响购买力。消费者信贷实际上是把未来收入用于当期消费。因此,信贷对购买力的影响与储蓄对购买力的影响呈相反的方向。如果能够获得消费信贷,意味着当期的购买力增加,从而给企业营销带来更大的机会。我国近几年商品房和轿车需求的快速增长与国家住房和汽车信贷政策的启动以及银行消费信贷的发展不无关系,而当国家要抑制住房需求虚高时,紧缩信贷政策便应声而出。

3. 政治和法律环境。企业营销活动总是在一定的政治与法律环境下运行的。政治环境引导着企业营销活动的方向,法律环境则为企业规定经营活动的行为准则。政治与法律相互联系,共同对企业的市场营销活动产生影响和发挥作用。

(1)政治环境。政治环境指影响企业营销活动的外部政治形势,包括国家政局的状况以及政府所制定的方针政策。如果政局稳定,人们安居乐业,就会给企业创造出良好的营销环境。相反,政局不稳,社会矛盾尖锐,秩序混乱,必然影响企业的经营和经济发展。尤其当企业进行跨国营销活动时,一定要考虑东道国政局变动和社会稳定情况可能造成的影响。

此外,国家的人口政策、能源政策、物价政策、财政政策、金融与货币政策等,都会对企业的营销活动带来影响。例如,国家降低利率,征收个人收入调节税等政策,都会对社会购买力产生一定的影响;而实行高的产品税(如对香烟、酒等)则可以抑制消费者的消费需求。

(2)法律环境。法律环境是指国家或地方政府所颁布的各种法规、法令和条例等,它是企业营销活动的准则。企业只有依法进行各种营销活动,才能受到国家法律的有效保护。对于从事国际营销活动的企业来说,不仅要遵守本国的法律制度,还要了解和遵守国外的法律制度和有关的国际法规、惯例和准则。

4. 社会文化环境。社会文化环境指一定社会形态下形成的宗教信仰、价值观念、消费习俗、道德规范、审美观念等被社会公认的各种行为规范的总和。分析社

第三章　关注市场营销环境

会文化环境主要应从认识体系、宗教信仰、风俗习惯和文化禁忌等方面入手。

(1) 价值观念。价值观念是指人们对社会生活中各种事物的态度和看法。在不同的国家或民族之间，甚至是同一国家或民族的不同群体之间，人们的价值观念可能有很大的差异，而不同的价值观念会影响人们的消费需求和消费行为。

(2) 宗教信仰。宗教影响着信教人们的消费需求与消费行为，特别是在一些信奉宗教的国家里，其影响更大。为了增加营销的有效性，企业必须了解各种宗教兴什么、忌什么，并生产与销售符合宗教信仰、符合宗教习惯的产品。如伊斯兰教不仅忌食猪肉，而且还禁用猪皮、猪油等与猪有关的产品。

(3) 风俗习惯。风俗习惯一般是指世代相袭固化而成的一种风尚。不同国家之间、同一国家不同地区、不同民族之间，往往存在着不同的风俗习惯，从而人们在生活方式、消费偏好、饮食习惯、穿着打扮等方面也常常是大相径庭。企业开展市场营销活动，必须了解各地的风俗习惯，根据不同地区、不同民族的风俗习惯开展有针对性的营销活动。

(4) 文化禁忌。禁忌是犯忌讳的话和行为。营销活动过程中，需要注意，切不可违反某一国家，某一群体，特别是目标市场顾客群的文化禁忌。不同的国家或多或少都存在着一些文化禁忌。如日本忌讳绿色，认为绿色不吉利，忌荷花图案；美国人忌13和星期五；英国人忌用人像做商品装潢等。

总之，任何消费者都是生活在一定的社会与文化环境中，生活在不同文化环境的人们，有着不同的消费习惯和特点，企业在营销活动中只有"入乡随俗"，认真研究目标市场顾客群的文化背景，"投顾客所好"才能顺利实现预定的营销目标。否则会导致不必要的损失。如2004年9月《国际广告》杂志刊登一则名叫"龙篇"的立邦漆广告作品，广告中一条龙在光滑的立邦漆面滑落，此内容引起媒体与公众的极大争议；2004年12月6日，引起中国人争议的耐克广告片——"恐惧斗室"，因涉嫌"亵渎中国风俗习惯"，被国家广电总局要求停播。

5. 科技环境。"科学技术是第一生产力"，当代科学技术的发展对经济建设和人类生活的影响作用越来越大。科技环境不仅直接影响企业内部的生产和经营，同时还与其他环境因素互相依赖、相互作用。每一种新技术的应用，都会给一些行业或企业带来新的市场机会，同时也会给另一些行业或企业带来威胁。因此企业应密切关注科技环境的新变动，及时应用新技术，不断更新原有产品，满足消费者需求。此外，新技术的发展也会引起人们的消费观、价值观及企业营销策略的变化。

6. 自然环境。自然环境是指营销者所需要或受营销活动所影响的自然资源。自然环境是企业赖以生存的基本环境，自然环境的优劣不仅影响到企业的生产经营活动，而且会影响到一个国家或地区的经济结构、经济发展和人口环境等。当前企业应当特别关注以下自然因素的变化。

（1）某些自然资源短缺或即将短缺。地球上的资源包括无限资源、可再生有限资源和不可再生资源。目前，这些资源不同程度上都出现了危机。比如石油这一重要的不可再生的能源资源，已成为未来经济发展的障碍。石油、天然气、煤炭、铁矿等资源开采成本的大幅度上升，必然对下游产业和企业的发展带来威胁。但是对于那些积极开展研究与开发新能源、新材料和节能降耗技术与产品的企业来说，则有着广阔的前景。

（2）环境污染趋于严重。随着现代工业的进一步发展，环境污染问题日趋严重，已经引起全世界人民的广泛重视，各国政府也加强了对环境保护的立法。这样一方面限制了那些污染性行业的发展；但另一方面也带来了两种营销机会：一是为治理污染的技术和设备提供了营销的机会；二是为不破坏生态环境的新的生产技术、包装方法及环保型产品，创造了营销机会。

（3）许多国家对自然资源管理的干预日益加强。我国虽然从总体上说算得上自然资源丰富的国家，但人均资源拥有量却不高。加之粗放型的经济增长方式，更加剧了经济发展与资源短缺的矛盾。随着工业化和城镇化的发展，我国的环境污染日趋严重。这些都给企业营销带来了新的压力，促使企业在营销活动中奉行绿色营销理念，恪守营销道德，维护社会利益。

（二）微观环境分析

微观环境影响企业服务目标市场的能力及营销组合策略。微观环境中的各类参与者与企业构成协作、竞争、服务、监督等关系。与宏观环境相比，微观环境对企业市场营销的影响更为直接。适应微观环境，关乎企业营销的成败。

1. 企业内部条件。企业是由多种职能部门和多个管理层次组成的集合体。企业开展营销活动要充分考虑到企业内部的环境力量。企业本身包括最高管理层、市场营销部门和生产、采购、财务等其他职能部门。市场营销部门在制定和执行营销计划时，必须获得企业最高管理层的批准和支持，并与其他部门搞好分工协作。只有企业内各部门协调一致，共同服务于企业总的营销目标，营造出良好的微观环境，才能取得良好的经营业绩。

2. 供应商。供应商是影响企业营销的微观环境的重要因素之一。供应商是指向企业提供生产产品和服务所需资源的企业或个人。供应商提供的资源在品种、规格、数量、质量上是否符合企业生产的要求，以及资源的价格、供货时间、供应商的资信等都直接关系着企业营销工作的成败与效果。对企业来说应选择那些能保证质量、交货及时、供货条件好和价格低廉等因素实现最佳组合的供应商。同时应尽可能选择几家供应商，以避免对某一家供应商的过分依赖，并与供应商建立长期的

第三章 关注市场营销环境

供销关系，以便在及时供货、价格等方面享受优待。

如戴尔（DELL）公司诞生于1984年。短短20年内，戴尔就由一家名不见经传的小公司发展成为国际计算机市场的霸主。2001年，戴尔从康柏（COMPAQ）手中夺得了全球PC老大的称号，市场占有率高达26.9%。对于戴尔的成功，似乎人们看到的就是它直接与客户接触，按照客户的需求组装电脑，然后出货。一切看起来十分简单。但是在这直销的背后，有着太多只有戴尔才能做到的支撑环节。

客户发出指令后不到1分钟，戴尔公司装配厂的电脑控制中心就会收到订货信息，然后向配件供应商预定有关零部件，并在收到零部件后直接指示流水线投入生产。巨大的厂房可以容纳5个足球场，而其零部件仓库却不超过一间普通卧室那么大。工人们根据订单每3分钟组装出一台PC。戴尔的库存零部件摆放时间不超过两个小时，产品库存量不到1周。

因此，低成本和高速度的配件供应与装配系统，而非是直销模式，才是戴尔真正的核心竞争力所在。

3. 营销中介。营销中介是指协助企业促销、销售和分配其产品给最终购买者的企业或个人。营销中介主要包括中间商、物流配送、营销服务和金融中介等机构。企业在营销过程中，必须处理好同这些中介机构的合作关系。

（1）中间商。中间商是协助企业寻找顾客或直接与顾客进行交易的商业企业。中间商可以分为经销商和代理商两类，经销商又可分为批发商和零售商两类。

中间商是企业开拓市场的重要力量，企业与中间商的关系是一种合作关系，除直接销售外，企业要开拓市场，要解决生产集中和生产分散的矛盾，必须通过中间商的协助才能快速打开市场局面。

如海尔的"走出去"战略呈现多赢局面，但并不是说海尔进军海外之路一帆风顺。海尔刚刚在美国建厂的时候，美国人根本不认识海尔，打开美国市场谈何容易。1990年海尔高薪聘请了美国人迈克成为海尔美国区的总裁，迈克认为，要让美国人认识海尔，事半功倍的方法是让海尔进入美国最大的连锁超市沃尔玛。沃尔玛在全美国有2 700多家连锁店，每家都摆满了来自世界各地的名牌产品。让沃尔玛接受一个陌生的品牌非常困难，整整两年时间，迈克甚至没有机会让沃尔玛看一眼海尔产品。直到有一天，他想出了一个好办法，他在沃尔玛对面竖起了一个海尔的大广告牌，这样沃尔玛的高层每天在休息的时候都能看到海尔。功夫不负有心人，终于有一天，沃尔玛的采购高层对这个海尔产生了兴趣，开始约见海尔代表。进入沃尔玛之后，海尔的产品从最初的一两种发展到现在的近十种。

（2）物流配送机构。物流配送机构是指协助制造商储存产品或负责把产品从原产地运送到销售地的企业。主要包括仓储企业和运输企业。企业的生产基地一般是集中的，而消费者则有可能分散在全世界，解决这个问题一般来说有三种方案：

买方完成（取货）、卖方负责（送货）和第三方物流。第三方物流提供机构是一个为企业提供物流服务的组织，它们并不在供应链中有一席之地，仅是第三方，但通过提供一整套物流活动来服务于供应链。企业对物流配送企业的依赖性将日渐加强。

（3）营销服务机构。营销服务机构主要有营销调研公司、广告公司、传播媒介公司和营销咨询公司等，范围比较广泛。他们帮助生产企业推出和促销其产品到恰当的市场。在现代，大多数企业都要借助这些服务机构来开展营销活动，如请广告公司制作产品广告，依靠传播媒介传播信息等。企业选择这些服务机构时，须对他们所提供的服务、质量、创造力等方面进行评估，并定期考核其业绩，及时替换那些不具有预期服务水平和效果的机构，这样才能提高经济效益。

（4）金融中介机构。金融中介机构包括银行、信用公司、保险公司和其他协助融资或保障货物的购买与销售风险的公司。在现代经济生活中，企业与金融机构有着不可分割的联系，因此，企业必须与金融中介机构建立密切的关系，以保证企业资金需要的渠道畅通。

4. 顾客。企业营销以满足顾客需要为中心，顾客是企业产品或劳务所服务的对象，也是影响企业营销的重要力量，任何企业的产品和服务，得到了顾客的认可就赢得了市场。现代市场营销学按照顾客特点将企业的顾客划分为以下5种类型：

（1）消费者市场。这是由为了个人消费而进行购买的个人和家庭所构成的市场。

（2）生产者市场。这是由为了生产其他产品及劳务以赚取利润而购买产品与服务的个人和企业所构成的市场。

（3）中间商市场。这是指由为了转卖、取得利润而进行购买的批发商和零售商所构成的市场。

（4）政府市场。这是指购买产品及服务以提供公共服务或把这些产品及服务转让给其他需要他们的人，即为履行政府职责而进行购买的政府机构所构成的市场。

（5）国际市场。具体又可分为国外的消费者、生产者、中间商、政府机构等市场。

上述5种不同的市场，在需求特点、购买行为等方面各不相同。具体的市场需求规模、市场占有率、发展速度也有所不同。因此，关于不同顾客的营销策略要有其差异性和针对性。

5. 公众。公众指对企业生存与发展具有实际的或潜在的利害关系或影响力的一切团体和个人。企业面临的公众主要由金融机构、媒体、政府机构、社团、社区居民、一般公众、企业内部公众等组成。公众对企业的态度会对企业的营销活动产生巨大的影响，它既可能有助于增强企业实现营销目标的能力，也可能妨碍这种能力，所以企业必须采取一定的措施，成功地处理与主要公众的关系，争取公众的支

第三章　关注市场营销环境

持和偏爱，为自己营造和谐宽松的社会环境。

6. 竞争者。企业产品进入一定的市场范围，其销量大小和市场占有率的高低，不仅取决于自身产品的适销程度，而且取决于其他企业向该市场投入的同类产品和替代产品的适销程度，即哪个企业的产品更适合市场需要，更具有顾客让渡价值，或对顾客更具有吸引力，更有竞争力。

从顾客做出的购买决策过程来分析，任何企业向目标市场销售其产品时，都面临以下类型的竞争者。

（1）愿望竞争者。愿望竞争者，是指提供不同产品以满足消费者不同需求的与企业构成竞争关系的众多企业。消费者的需要是多方面的，但很难同时满足，在某一时刻可能只能满足其中的一个需要。消费者经过慎重考虑做出购买决策，往往是提供不同产品的厂商为争取该消费者成为现实顾客竞相努力的结果。因此，从最广泛意义上说，生产不同产品、满足消费者不同需求的企业间存在着竞争关系。

（2）平行竞争者。平行竞争者，是指提供不同产品以满足人们同一种需求的与企业构成竞争关系的众多企业。例如，消费者为锻炼身体准备购买体育用品，他要根据年龄、身体状况和爱好选择一种锻炼的方式，是买羽毛球拍和羽毛球，还是买游泳衣，或是买钓鱼竿，这些产品的生产经营者的竞争，将影响消费者的选择。从较广泛意义上说，满足人们同一种需求的所有企业间都存在着竞争关系。

（3）形式竞争者。形式竞争者，是指提供满足消费者同一需要不同形式的同一种产品的与企业构成竞争关系的众多企业。同一产品，规格、型号不同，性能、质量、价格各异，消费者将在充分收集信息后做出选择。如购买彩电的消费者，要对规格、性能、质量、价格等进行比较后再做出决策。

（4）品牌竞争者。品牌竞争者，是指提供满足消费者同一需要的同种形式的不同品牌产品的与企业构成竞争关系的众多企业。如生产同一规格各种品牌彩色电视机的企业之间就属于品牌竞争者。

企业通过分析消费者如何做出购买决策，了解谁是主要竞争者，在全方位研究竞争者的基础上，采取有针对性的营销对策，以求在市场竞争中取胜。

三、如何趋利避害

市场营销环境对企业营销的影响可以分为两个方面：一类是环境威胁；另一类是市场营销机会。任何企业都面临着若干环境威胁和市场机会。对企业营销环境的分析和评价，始终是营销者制定营销战略、策略和计划的依据。高明的营销者总是严密地监视和及时预测相关环境的发展变化，善于分析、评价和鉴别由于环境变化造成的机会与威胁，以便采取相应的态度和行为。

（一）掌握环境分析的方法

构成某一企业营销环境的诸因素及其变化，有的可能给该企业带来市场营销机会，有的可能给该企业带来环境威胁。企业必须对市场营销环境提供的机会与带来的威胁进行全面的分析、评价。企业营销管理者可以通过下列三种矩阵分析法来分析评价营销环境。

1. 威胁—损失矩阵分析法。我们利用环境威胁—损失矩阵图来分析评价市场营销环境诸因素及其变化给企业带来的环境威胁。图3－4中横坐标表示环境威胁出现的可能性的大小；纵坐标表示威胁的影响程度，即威胁一旦出现后会给该企业带来的损失的大小。

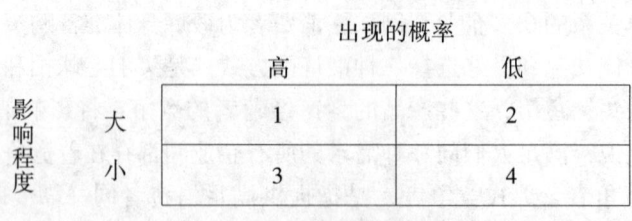

		出现的概率	
影响程度		高	低
	大	1	2
	小	3	4

图3－4　威胁分析矩阵

对于区域1，威胁出现的可能性很大；而且一旦威胁出现，给企业带来的损失就特别巨大，很有可能是灭顶之灾，企业应予以特别重视；

对于区域2，威胁出现的可能性不大，但一旦出现威胁，损失很可能也是惨重的，因此企业也应注意其发展变化趋势；

对于区域3，威胁出现的可能性很大，不过就算威胁出现，给企业带来的损失也不会很大，因而企业应予以一般注意；

对于区域4，威胁出现的可能性很小，而且就算威胁出现，也不会给企业带来太大的损失，企业可以暂时不予考虑。

运用上述方法，对营销环境诸要素及其变化给该企业带来的威胁进行分析、评价，可准确地发现企业面临的环境威胁，找到主要威胁之所在，便于企业有重点采取适宜对策。

2. 机会—收益矩阵分析法。利用机会—收益矩阵图来对市场机会进行分析评价，图3－5中横坐标为营销机会出现的可能性的大小；纵坐标表示该营销机会对企业营销活动的影响程度，即机会一旦出现可能给企业带来的利益的大小。

第三章 关注市场营销环境

	成功的可能性	
	大	小
潜在的吸引力 大	1	2
潜在的吸引力 小	3	4

图 3-5 机会分析矩阵

对于区域1,机会出现的可能性很大,而且一旦机会出现,企业如能成功利用该机会,则能给企业带来极大的收益,企业应该重点考虑,尽量争取;

对于区域2,机会出现的可能性不大,但一旦机会出现,企业如能及时有效利用,也会给企业带来可观的收益,企业应尽量创造条件,利用该机会;

对于区域3,机会出现的可能性很大,但就算这个机会出现,也不会给企业带来太大的收益,企业应该一般考虑;

对于区域4,机会出现的可能性很小,而且机会利用后给企业带来的收益也不会太大,企业可以暂时不予考虑。

运用上述方法,对营销环境诸因素及其变化给该企业带来的营销机会进行分析与评价,可以准确地找到企业面临的最有赢利潜力和最有可能出现的市场营销机会,以便企业找到主攻方向。

3. 威胁—机会综合分析法。环境变化在给企业带来机会的同时,在机会的背后也常常隐藏着威胁,企业在面临环境威胁的同时,在威胁背后也常常孕育着机会。因此,企业还需要对营销机会和环境威胁进行综合比较与分析,面对威胁与机会水平不等的各种处境,企业应该采取不同的对策。

如图3-6所示,横坐标表示威胁水平的高低,纵坐标表示机会水平的高低,根据所处营销环境不同,可以将企业或企业的业务划分为4种类型。

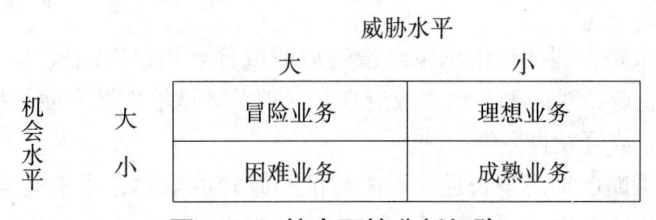

	威胁水平	
	大	小
机会水平 大	冒险业务	理想业务
机会水平 小	困难业务	成熟业务

图 3-6 综合环境分析矩阵

理想型企业。处于机会水平高,而且威胁水平低环境下的企业或业务属理想型企业或业务。理想型企业要考虑到机不可失,机会难得,好景不长,甚至转瞬即逝，必须抓住机遇，迅速行动；否则，丧失战机，后悔莫及。

冒险型企业。处于机会水平高、威胁水平也高环境下的企业或业务属冒险型。面对高利润与高风险，既不宜盲目冒进，也不应迟疑不决，坐失良机；应全面分析自身的优势与劣势，扬长避短，创造条件，争取突破性的发展。

成熟型企业。处于机会水平低，威胁水平也低环境下的企业属于成熟型企业或业务。对于成熟型业务，可作为企业的常规业务，用以维持企业的正常运转，并为开展理想型业务和冒险型业务准备必要的条件。

困难型企业。处于机会水平低而且威胁水平高环境下的企业或业务属困难型企业或业务。困难型企业要么努力改变环境，走出困境或减轻威胁，要么痛下决心，快刀斩乱麻，立即转移，摆脱无法扭转的困境，寻求新的出路。

（二）企业营销对策

1. 面对市场机会的对策。
（1）慎重选择、及时利用主要机会。把环境机会转变为有利可图的企业机会，从而保证企业能长期稳定地发展。
（2）准备条件，适时利用次要机会。是对某些在一定时期内不会发生重大变化的机会，而企业利用机会的各种条件又暂时缺乏时，可以积蓄力量。一旦条件成熟，再加以利用。
（3）条件缺乏，果断放弃市场机会。
2. 面对环境威胁的对策。企业对环境威胁的分析，目的在于采取对策，避免不利因素带来威胁。企业应对环境威胁一般采取三种不同的对策：
（1）反抗策略，即企业利用各种不同手段，限制不利环境对企业的威胁作用，或者促使不利环境向有利方面转化。如中国造纸企业面临外国造纸公司以超低价格抢占市场的环境威胁下，联合向政府有关部门提出反倾销起诉，扭转了经营的不利局面。
（2）减轻策略，即调整市场策略来适应或改善环境，以减轻环境威胁的影响程度。如造纸企业针对国家和地方政府森林保护及环境治理等方面的相关规定，从国外进口原浆，或开发再生纸品种。
（3）转移策略，即对于长远、无法对抗和减轻的威胁，采取转移到其他的可以占领并且效益较高的经营领域或干脆停止经营的方式。如2000年11月15日，我国下发通知：禁止含有PPA的药品销售。11月16日，中美史克公司接到天津市卫生局暂停通知，于是立即成立危机管理小组，发布攻关纲领：坚决执行政府法令，通知经销商和客户立即停止康泰克的销售，取消相关合同。2001年9月底，

第三章 关注市场营销环境

不含 PPA 成分的新康泰克上市。

本章小结

市场营销环境是存在于企业营销部门外部不可控制的因素和力量，是影响企业营销活动及其目标实现的外部条件，环境的基本特征有：不可控性与企业的能动性、关联性与相对分离性、客观性与认识上的差异性。营销管理者应采取积极、主动的态度能动地适应营销环境。对宏观营销环境的分析包括人口、经济、自然、政治法律、科学技术、社会文化环境。对微观环境分析包括企业内部、供应商、顾客、竞争者和公众等方面。按环境对企业营销活动的影响，可分为威胁环境与机会环境，前者指对企业营销活动不利的各项因素的总和，后者指对企业营销活动有利的各项因素的总和。机会和威胁矩阵是一个良好的分析工具，通过环境分析和评估，企业可以把握住最好的市场机会，回避最大的环境威胁，从而趋利避害地开展营销活动。

▶思考题

1. 分析市场营销环境的意义何在？
2. 竞争者和消费者对企业营销活动产生怎样的影响？
3. 宏观环境如何影响企业的营销活动？
4. 你认为目前我国空调行业发展受哪些因素影响？
5. 试用机会和威胁矩阵剖析一个营销实例。

▶案例应用

老人公寓　火热的"朝阳"市场

目前，我国房地产业经历宏观调控后进入了盘整期，虽然总体上价格有所回落，但营销又凸显不畅，而一些功能性房产如老人公寓却异军突起，呈供不应求之势。

2004 年刚入夏，杭州"在水一方"社区推出一家老人公寓，共有 50 个床位。尽管每月的收费不菲，连床位费带护理费每月 1 000～1 500 元，但仍被一抢而空，许多老人为住不进去而扼腕叹息。

中小企业市场开发五日通

为什么老人公寓会出现"供不应求"的现象？据调查主要有以下几点原因：

一是我国老龄化社会提前来临，各方面设施供给不足。比如，杭州现有60岁以上老人89.6万，占全市人口13.94%。而目前杭州城乡各类社会福利养老机构只有234家，床位数8 447张，床位占老年人口数比例仅为94.27张/万人，与国家要求沿海发达城市140张/万人的目标还差几十张！

二是人们的生活观念发生了很大变化。中国传统家庭主张几代同堂，如今不同了，许多老人要寻找自己的新生活。

三是许多老人既不想成为子女的累赘，也不想为子女"打工"，成为变相的"家庭保姆"。"银发"世界虽然商机无限，利益空间颇丰，但钱也不是好赚的。记者通过调查发现一个奇特现象：在杭州等地，公办的老人公寓或其他养老机构，床位都爆满，想挤都挤不进去，而民办的老人公寓则门庭相对冷落，空床率比较高。

据了解，在杭州申办老人公寓的民营企业虽然很多，但能通过审批的却不多，而真正开工建设的更寥寥无几，到目前已经开业的只有7家，许多还在观望之中。这开业的7家大多也是收支不平衡，难以维持。

"松龄苑"老人公寓是杭州较早开业的一家民营老人公寓。公寓建筑面积约4 600平方米，拥有标准单人房、双人房、三人房共75套，床位143张，房内配备电视、空调、电话、独立卫生间、阳台等生活设施，是杭州市内档次较高的老年公寓，周围环境优雅，与近万平方米的公园接壤，是一所园林化格局的"老年生活健康馆"。但是2003年开业后，平均入住率不到25%。目前只住了43位老人。据了解，其他6家民营老人公寓的情况与"松龄苑"大致相当，入住率不到20%。

"夕阳无限好，只是近黄昏"，由于准入门槛较高，开放度不够，加上政策环境不公平，造成了杭州市众多民企对投资民营养老机构持观望态度，许多游闲资金进不来，形成了一个"怪圈"：一方面国家对养老机构投入不足，现有设施适应不了老龄化社会需求；另一方面，大量游资闲置在外，不能为老龄社会作贡献。

浙江银发实业发展有限公司的企划总监余先锋建议，可以像医院管理那样把养老机构分成营利性和非营利性两种，分别实行不同的政策。非营利性福利机构主要由政府来举办，主要是满足"三无"老人的生存问题；而营利性养老机构，完全可以放开市场，充分让民间投资介入，实行市场化操作。他同时告诫同行，介入老人公寓要慎重，要有冷静的思考，实施理性的投资。

▶ 问题

1. 投资老年公寓市场面临哪些机会和威胁？
2. 有关企业可以采取那些营销对策以抓住机会，避开威胁？

第四章

追踪顾客购买行为

◆ **本章学习目标**

阅读和学完本章后,你应该能够:
◇ 识别市场的类型与特征
◇ 明确营销管理任务,打开购买者黑箱
◇ 追踪顾客购买行为,加强营销针对性

开篇案例

　　在丰田公司的所有口号中,最重要的一个是"不断改善",丰田公司始终如一地将一点一滴的琐事做得尽善尽美。Tercel 是丰田公司在美国市场上销售的最小的微型汽车,虽然这个型号的汽车并不能给公司带来太多利润,丰田公司还是努力进行了改善。1991 年新款 Tercel 轿车与它的上一代四开门微型轿车相比,行驶更快速、乘坐更舒适、噪音更小、重量更轻,但价格却保持不变,仍然低于 8 000 美元。丰田公司的这种汽车比通用汽车公司的新款 Saturn 便宜 100 美元,比其他竞争性轿车便宜 1 600 美元左右。

　　有一位专家将丰田公司的战略称为"英寸式快速攀升":一小步一小步地前进,只要坚持不懈,很快就会遥遥超出你的竞争对手。通过在 14 个月内引进 6 种全新轿车,丰田公司一举抢占了日本汽车市场 43% 的份额。1990 年,丰田公司在美国市场销售了超过一百万辆的轿车和汽车,将其在美国市场第四位的排名向上提升了许多。在世界市场上丰田公司排名第三。在世界汽车工业中丰田公司的营业利润最高，巨额财富使得丰田公司不得不做更多的金融投资。丰田公司拥有超过220亿美元的流动资金，足够把福特和克莱斯勒两个汽车巨子买下，还有50亿美元的节余。

简单地讲，该公司在质量、生产和效率方面冠居全球。在丰田公司汽车制造厂中生产的各种类型汽车，其精密性是其他厂商所无法比拟的。丰田公司生产的豪华型高级轿车，具有与奔驰轿车同样的品质，但劳动成本只为奔驰轿车的1/6。丰田公司开创了即时生产管理，并始终保持开创者的领先地位。丰田公司与它的供应商保持着非常密切的关系，对采购的产品有极其严格的工程技术规格要求。

丰田公司开发出了循环质量管理系统，使工人也可参与讨论改善他们工作环境的途径，避免被称之为3D'S情况的发生，即工厂工作的危险性、污秽性和吃力性。丰田公司投资7.7亿美元用以改善员工住房、增设餐厅、营建新的娱乐设施。在产品装配线上，质量管理并不是以零次品率为目标，而是以丰田公司的另一句口号为"生产最好的产品，给予消费者需要的一切"。由于每个人对他的前一个工序来讲，就像是前一工序产品的消费者，因此他自动变成质量控制监测员。当一件产品传送到他面前时，如果质量不合格，影响正常装配的话，他就会拒绝接受该产品。

丰田公司的工程技术系统保证一种新款汽车从概念设计到展厅成品，在不到3年的时间里就可完成，而同样的工作在美国需要5年。这大大节俭了成本，并且使得丰田公司可以根据市场趋势的变化，及时快速调整生产。从这种快速反应中获得的收益，反过来又可以供给其他调整，形成良性循环。丰田公司之所以能更迅速地获得先进技术和设计，原因正如一名管理者分析的那样"我们更接近消费者，因此新设计、新想法酝酿的时间更短"。公司的主要工程师，对于新产品从设计制造到营销都负完全的责任和权力，并且他们与经销商和消费者有直接的联系。而美国公司的新产品项目经理则很少有这种控制权力，与经销商和消费者也几乎没有直接的联系。

第四章　追踪顾客购买行为

在丰田公司的生产系统管理中，只有接到经销商的定单，才会生产零部件和汽车成品。在下定单时，经销商通常会保留一部分工厂生产能力。这一系统效率非常高，消费者购买一辆依定单生产的汽车只需一个星期到十天，而不是几个月。

丰田公司是全世界最好的汽车制造商，因为它接近消费者。"我们已经了解到一般性大众产品是不足的"，丰田公司设计中心总经理说道，"在21世纪，消费者将使更多的产品个性化，以便更多地反映个人不同的需要"。胜利者将是那些用有特色、有个性的商品成功地满足广大消费者个性化需求的公司。

丰田公司的成功在于它"更能接近消费者"。丰田的经验给企业的营销思考是：在激烈的市场竞争中，深入研究市场，剖析需求，追踪顾客购买行为，焉能赢得市场。本章将讨论如何追踪消费行为，探讨购买规律的内容。

一、识别市场与需求

市场是企业市场营销活动的出发点和落脚点，顾客需求是企业营销活动的中心。顾客需求通过两类市场呈现出来。

（一）消费者市场

消费者市场又称最终消费者市场、消费品市场或生活资料市场，是指个人或家庭为满足生活需求而购买或租用商品的市场，是起决定作用的市场。消费者市场是现代市场营销理论研究的主要对象，它有五个基本特点：

1. 购买者众多，需求多样，要求企业应根据不同的消费者需求开发其需要产品。

2. 市场分散，成交次数频繁，但交易数量零星。消费者市场的购买者不仅需求多样，并且需求分散、一次购买量小、频次多，所以应采取适宜的销售渠道和比较多的中间商。

3. 需求富有弹性。由于购买者更多地受到消费者个人因素，诸如文化修养、欣赏习惯、收入水平等方面的影响；产品的花色多样、品种复杂，产品的生命周期短；商品的专业技术性不强，替代品较多，因而商品的需求量对价格变动比较敏感。

4. 非专家购买，可以诱导。消费品市场的购买者大多缺乏相应的商品知识和市场知识，其购买行为属非专业性购买，他们对产品的选择易受广告、宣传影响，可诱导性较强。

5. 购买力流动性强。由于消费者的需求复杂，供求矛盾频繁，加之随着城乡交往、地区间的往来的日益频繁，旅游事业的发展，国际交往的增多，人口的流动性越来越大，购买力的流动性也随之加强，因此，企业要密切注视市场动态，提供适销对路的产品，同时要注意增设购物网点和在交通枢纽地区创设规模较大的购物中心，以适应流动购买力的需求。

（二）产业市场

产业市场又称工业品市场或生产资料市场，它是指为满足工业企业生产，以及其他产品的需求而提供劳务和产品的市场。产业市场的需求者分布在农业、林业、渔业、采矿业、制造业、建筑业、运输业、通讯业、公共事业、金融业、服务业。

与消费者市场相比，产业市场为满足其需要也要承担购买者角色、制定购买决策等。然而，产业市场在市场结构与需求、购买单位性、决策类型与决策过程及其他各方面，又与消费者市场有着明显差异。产业市场具有以下特征：

1. 产业市场购买者数量少，购买规模大。在消费者市场，购买者是消费者个人或家庭，购买者必然为数众多，规模很小。在产业市场，购买者绝大多数都是企业单位，购买者的数目比消费者市场少得多，购买的规模却大得多。由于企业的主要设备若干年才买一次，原材料、零配件则根据供货合同定期供应。为了保证本企业生产的顺利进行，企业总是要保证合理的储备，因此，每一次总是批量采购，而且在产业市场上的绝大部分产品都是由少数几个买主购买。同时，由于资本和生产集中，许多行业的产业市场都由少数几家或一家大公司的大买主所垄断。例如，美国固特异轮胎公司在产业市场上的购买者主要是通用汽车公司、福特汽车公司、克莱斯勒汽车公司和美国汽车公司；在消费者市场，它的购买者是1亿多汽车所有者。

2. 产业市场购买者往往集中在少数地区。在我国，工业客户主要集中在东北、华北、东南沿海一带。

3. 产业市场需求是引申需求。产业购买者对产业用品的需求，归根结底是从消费者对消费品的需求引申出来的。例如，兽皮商将兽皮卖给制革商，制革商把皮革卖给制鞋商，制鞋商把皮鞋卖给批发商，批发商把皮鞋转卖给零售商，零售商将皮鞋销售给消费者。

4. 产业市场的需求缺乏弹性。产业购买者对产业用品和劳务的需求受价格变动的影响较小。例如，汽车生产者不会因为汽车轮胎的涨价而少购进轮胎。造成这种现象的主要原因是因为产业市场的需求取决于其生产工艺过程与生产过程的严格性、连续性特点，企业在短期内不可能很快变更其生产方式和产品种类。

5. 产业市场的需求是波动的需求，产业购买者对于产业用品和劳务的需求比消费者的需求更容易发生变化。在现代市场经济条件下，工厂设备等资本货物的行情波动会加速原料的行情波动。如上所说，产业市场的需求是"引申需求"。消费者需求的少量增加能导致产业购买者需求的大大增加。

6. 专业人员购买，由于产业用品特别是主要设备的技术性强，企业通常都雇有经过训练的、内行的专业人员，负责采购工作。企业采购主要设备的工作较复杂，参与决策的人员比消费者市场也多，决策过程更为规范，通常由若干技术专家和最高管理层组成采购委员会领导采购工作。

7. 直接购买，产业购买者往往向生产者直接采购所需产业用品（特别是那些单价高、有高度技术性的机器设备），而不通过中间商采购。

8. 互惠，产业购买者往往这样选择供应商："你买我的产品，我就买你的产品"，这种习惯的做法叫互惠。

9. 产业购买者往往通过租赁方式取得产业用品，机器设备、车辆、飞机等产业用品单价高，通常用户需要融资才能购买，而且技术设备更新快，因此企业所需要的机器设备等有越来越大的部分不采取完全购买方式，而是通过租赁方式取得。

（三）如何管理需求

企业营销活动以顾客需求为中心，管理顾客需求很重要。显然，营销管理亦即需求管理。营销管理可看做是选择目标市场并与其建立盈利性客户关系的一门艺术和科学。因此，营销管理涉及对需求进行管理，而对顾客需求管理又反映在上述市场类型中。既然产业市场的需求最终是由消费者市场派生的需求，那么分析市场需求是营销管理的重要任务。

有人认为营销管理就是为企业当前的产品找出足够数量的顾客，该观点有很大的局限性。任何组织对产品都有一种适当的需求水平。在不同时期需求水平是不同的，有时需求量可能为零，有时需求量可能适当，有时需求量可能没有规律或是需求过量。营销管理就是要寻求适当的方式来影响需求的水平、时机和构成，以便实现组织目标。因此，营销管理就是需求管理，表 4-1 列出了 8 种需求形态特征及营销管理的任务。

表 4-1　　　　　　　　需求状况与营销管理任务

需求形态	需求特征	营销管理任务
负需求	对产品不喜欢或想法躲避	扭转性营销策略
无需求	顾客不感兴趣产品或服务	刺激性营销策略
潜在需求	现有产品不能满足消费者的强烈需求	开发性营销策略
下降需求	顾客的需求下降	创造性的再营销策略
不规则需求	需求波动,时超时负	协调性营销策略
充分需求	顾客满意,供求平衡	维持性营销策略
过量需求	产品供不应求	降低性营销策略
有害需求	对消费者身心健康造成危害	停止营销、反击性营销策略

二、消费者购买行为

购买行为形成有一系列生理、心理和社会活动过程,是购买动机和购买活动的总和,分析购买行为应从如下着手。

(一) 窥视消费者购买行为模型

消费者每天都要做出购买决策,但要知道消费者为什么购买却并不容易——答案往往隐藏在消费者心里。

营销人员关注的核心问题是:消费者对公司采取的各种营销策略,会有什么样的反应。研究的起点是图 4-1 展示的刺激—反应模式。此图表明营销及其他刺激因素共同进入了购买者的"黑箱",并产生反应,而营销人员必须弄清"黑箱"里面的发生的情况。

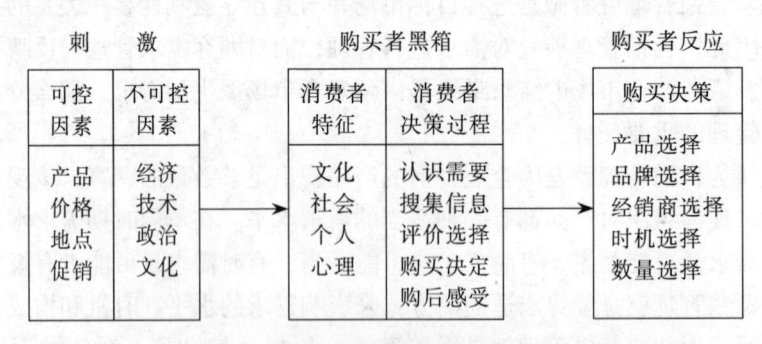

刺　　激		购买者黑箱		购买者反应
可控因素	不可控因素	消费者特征	消费者决策过程	购买决策
产品 价格 地点 促销	经济 技术 政治 文化	文化 社会 个人 心理	认识需要 搜集信息 评价选择 购买决定 购后感受	产品选择 品牌选择 经销商选择 时机选择 数量选择

图 4-1　购买者行为模型

第四章 追踪顾客购买行为

市场营销刺激因素由四个"P"组成：产品、价格、分销和促销。其他刺激因素主要存在于购买环境之中，包括：经济、技术、政治和文化。所有这些因素一并进入购买者的"黑箱"，在那里转换成一组可以观测的消费者反应，即对产品进行选择，对品牌进行选择，对经销商进行选择，以及决定购买时间和购买数量。

营销人员需要了解在这"黑箱"中，刺激因素如何转化成为消费者反应，包括两个方面：一是购买者的特征将影响他如何接受外界环境的刺激并做出反应；二是指购买者的决策过程本身影响其购买行为。

（二）影响消费者购买行为的因素

消费者的购买行为受文化、社会、个人和心理特征的强烈影响。多数情况下，营销人员不能控制这些因素，但却必须考虑这些因素。我们将以一个消费者为例来说明这一点。假设王先生是一个已婚的硕士，在一家外企任市场部经理。他准备买一辆小轿车，以方便工作和生活，他的背景将会影响他对小轿车品牌的评价和选择。影响消费者行为的因素如图4－2所示。

经济因素	社会因素	个人因素	心理因素	
个人收入 产品性能 价格 边际效用	文化 亚文化 社会阶层 参照群体 家庭	年龄 职业角色和地位 生活方式 个性和自我概念	动机 感知 学习 信念和态度	消费者

图4－2 影响消费者购买行为的因素

（三）购买中的角色扮演

就许多产品而言，识别购买者是相当容易的。然而，还有一些产品所涉及的决定往往由不止一人所组成。以家用汽车的选择为例，也许购买新车的提议出自儿女，购买何种类型的汽车来自朋友的推荐，汽车的结构由丈夫提供选择，妻子则对汽车的外表有明确的要求。在妻子的赞同下，也许由丈夫做出购车的最终决定。然而，新车的最终使用者可能是妻子而不是丈夫。因此，区别人们在一项购买决策过程中可能扮演的不同角色是非常重要的课题。

发起者：发起者是指首先提出或有意想购买某一产品或服务的人。

影响者：影响者是指其看法或建议对最终决策具有一定影响的人。

决策者：决策者是指在是否买、如何买、哪里买等方面购买决策中做出完全或部分最后决定的人。

购买者。购买者是指实际采购人。

使用者。使用者是指实际消费或使用产品或服务的人。

（四）购买行为类型

消费者购买一块肥皂、一包方便面、一台电视机和一辆汽车时，其行为之间存在很大差异。价格越昂贵、复杂的购买决策，包含越多的购买决策参与者，购买者考虑的越慎重。图4-3显示了根据购买者的介入程度与品牌之间差异程度，确定的四种类型的消费者行为。

		购买者介入程度	
		高度介入	低度介入
品牌间差异程度	差异程度大	复杂的购买行为	寻求品牌的购买行为
	差异程度小	减少失调的购买行为	习惯性的购买行为

图4-3 消费者购买行为类型

1. 习惯性购买行为。消费者产生需要即想买到产品的购买行为。只要网点方便、备足货源即可。

2. 寻求多品牌的购买行为。消费者低介入购买，但喜欢更换品牌的购买行为。企业应该通过摆满货价，并使用提示性促销手段刺激顾客进行新品牌的选择。

3. 减少失调购买行为。尽管消费者不追求品牌之间的差异，但须高度参与购买过程。为了挑选符合自己意愿的价格昂贵、质量上乘的产品，尚须承担一定的风险。然而购买后，买者有时会产生一种不协调感，于是他会去了解更多的信息，以减少其不协调感。可见，营销策略与有效沟通对这种购买行为的重要性就是在于增强消费者的购买信念，减少不协调感。

4. 复杂购买行为。当消费者专心致志地购买、并比较各个品牌差异时就是复杂购买行为。

（五）购买决策过程

每一消费者在购买某一商品时，均会有一个决策过程，只是因所购产品类型、购买者类型的不同而使购买决策过程有所区别，但典型的购买决策过程一般包括以下几个方面：

1. 认识需求。购买过程从消费者对某一问题或需要的认识开始，内在的和外部的刺激因素都可能引起这种需求。营销人员需要去识别引起消费者某种需要和兴趣的环境，同时还应该研究消费者不同需求或问题的类型，这些需求或问题是怎样造成的，它们是怎样引导到这种特定产品的。

2. 收集信息。当消费者产生了购买动机之后，便会开始进行与购买动机相关联的活动。营销人员最感兴趣的是消费者需要的各种主要信息来源，以及每种信息对今后的购买决策的相对影响。消费者信息来源可分为四种：首先是个人来源，包括家庭、朋友、同事、熟人等；其次是商业来源，包括广告、推销员、经销商、产品包装、展览等；第三是公共来源，包括大众传播媒体的相关报道；第四是经验来源，包括处理、检查和使用产品的经验等。

上述四种信息来源中，商业信息最为重要，从消费者角度看，商业信息不仅具有通知的作用，而且一般来说具有针对性、可靠性，个人和经验来源只能起验证作用；而对企业来说，商业信息是可以控制的。消费者可以通过商业信息的渠道了解本企业的产品，进而购买本企业的产品。

3. 选择判断。当消费者从不同的渠道获取到有关信息后，便对可供选择的品牌进行分析和比较，并对各种品牌的产品做出评价，最后决定购买。

消费者对收集到的信息中的各种产品的评价主要从以下几个方面进行：

（1）分析产品属性。产品属性即产品能够满足消费者需要的特性。消费者会把计算机看成是储存能力、图像显示能力、软件的适用性等一系列属性的集合，这些都是消费者感兴趣的产品属性，但消费者不一定对产品的所有属性都视为同等重要。市场营销人员应分析本企业产品应具备哪些属性，以及不同类型的消费者分别对哪些属性感兴趣，以便进行市场细分，对不同需求的消费者提供具有不同属性的产品，既满足顾客的需求，又最大限度地减少因生产不必要的属性所造成的资金、劳动力和时间的耗费。

（2）建立属性等级。即消费者对产品有关属性所赋予的不同的重要性权数。市场营销人员应更多地关心属性权重，而不是属性特色。

（3）确定品牌信念。消费者会根据各品牌的属性及各属性的参数，建立起对各个品牌的不同信念，比如确认哪种品牌在哪一属性上占优势，哪一属性相对较差。

（4）形成理想产品。消费者的需求只有通过购买才能得以满足，而他们所期望的从产品中得到的满足，是随产品每一种属性的不同而变化的，这种满足程度与产品属性的关系，可用效用函数描述。

（5）做出最后评价。消费者从众多可供选择的品牌中，通过一定的评价方法，对各种品牌进行评价，从而形成对它们的态度和对某种品牌的偏好。在这一评价过程中，大多数的消费者总是将实际产品与自己的理想产品进行比较。

4. 购买决定。在对100名声称年内要购买A牌家用电器的消费者进行追踪研究以后发现，只有44名实际购买了该种产品，而真正购买A牌家用电器的消费者只有30名。因此，只让消费者对某一品牌产生好感和购买意向是不够的，真正将购买意向转为购买行动，期间还会受到两个方面的影响。

（1）他人的态度。消费者的购买意图，会因他人的态度而增强或减弱。他人态度对消费意图影响力的强度，取决于他人态度的强弱及他与消费者的关系。一般说来，他人的态度越强、他与消费者的关系越密切，其影响就越大。例如丈夫想买一大屏幕的彩色电视机，而妻子坚决反对，丈夫就极有可能改变或放弃购买意图。

（2）意外的情况。消费者购买意向的形成，总是与预期收入、预期价格和期望从产品中得到的好处等因素密切相关的。但是当他欲采取购买行动时，发生了一些意外的情况，诸如因失业而减少收入，因产品涨价而无力购买，或者有其他更需要购买的东西，等等，这一切都将会使他改变或放弃原有的购买意图。

5. 购后行动。产品出售以后，营销人员的工作并没有结束。这是因为消费者在购买产品之后会体验某种程度的满意感和不满意感。消费者对产品是否满意，将影响到购买后行为。决定消费者满意或不满意的因素是消费者的期望值与产品可觉察性能。以S表示满意度；E表示期望值；P表示产品可觉察性能。它们之间有如下的关系，即 $S = f(E, P)$。如果产品符合期望甚至超出期望，消费者对商品的满意度也会很高；反之如果与期望不符，消费者对商品产生抱怨。对产品的满意或不满意感会直接影响以后的购买行为，满意程度高的商品，在以后的购买中，重复购买的可能性就高，而且消费者还会积极向其他人说明该产品的实际感受和好处，正如营销人员所说的那样"满意的顾客是我们最好的广告"。而对产品有不同程度的抱怨的消费者的反应则截然不同。他们会尽量减少不和谐感，因为人的机制存在着一种在自己的意见、知识和价值观之间建立协调性、一致性或和谐性的驱使力。具

第四章 追踪顾客购买行为

有不和谐感的消费者可以通过放弃或退货来减少不和谐,也可以通过寻求证实产品价值比其价格高的有关信息来减少不和谐感。市场营销人员应采取有效措施尽量减少购买者买后不满意的程度,并通过加强售后服务、保持与顾客联系、提供使他们从积极方面认识产品的特性等方式,以增加消费者的满意感。

研究和了解消费者的需要及其购买过程,是市场营销成功的基础。市场营销人员通过了解购买者如何经历引起需要、寻找信息、评价行为、决定购买和买后行为的全过程,就能发现消费者购买中存在的问题,并且获得许多线索;通过了解购买过程的各种参与者及其对购买行为的影响,就可以为其目标市场设计有效的市场营销方案。

三、产业购买行为分析

产业购买行为分析主要涉及4个问题:产业购买者做出什么样的购买决策?谁参与购买过程?什么是影响产业购买者最主要的因素?产业购买者是如何制定他们的购买决策的?

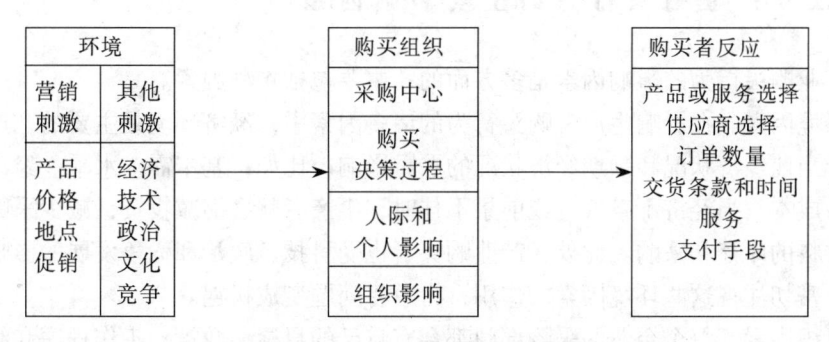

(一) 产业购买行为

1. 产业购买行为模型,如图4-4。

环境		购买组织	购买者反应
营销刺激	其他刺激	采购中心	产品或服务选择
产品 价格 地点 促销	经济 技术 政治 文化 竞争	购买决策过程 人际和个人影响 组织影响	供应商选择 订单数量 交货条款和时间 服务 支付手段

图4-4 产业购买行为模型

如同消费者购买一样,对产业购买行为的营销刺激也包括4P:产品、价格、分销和促销。其他刺激包括主要的环境力量:经济、技术、政治、文化和竞争。这些刺激进入组织中,就会产生购买者的反应:产品或服务的选择;供应商的选择;

订单的数量；配送和服务以及付款条件。为了设计有效的营销战略，营销人员必须了解购买组织在将刺激转化为购买反应的过程中，发生了什么变化。在产业购买组织内部，购买活动由两部分组成：一是购买中心，由涉及购买决策过程的所有人组成；二是购买的决策过程，与外部环境因素的影响一样，内部因素、人际关系和个人因素对购买中心和购买决策过程同样具有影响。

2. 产业购买过程中的参与者。一个企业除了专职的采购人员之外，还有其他人员也参与购买决策过程。在产业组织购买中，把所有参与组织购买决策制定过程的个人和单位称之为采购中心。采购中心包括所有在购买决策过程中发挥作用的组织成员。这些成员能够产生以下任何作用：

（1）使用者。组织中将使用产品或服务的成员。很多情况下，使用者提出购买并帮助界定产品规格。

（2）影响者。这是直接或间接影响购买决策的成员。在众多的影响者中，企业内部的技术人员和外部的咨询机构是重要的影响者。

（3）购买者。指具体执行采购决定的成员。他们拥有选择供应商和协商购买条件的正式的权力，其主要任务是交易谈判和选择供应者。

（4）决策者。指拥有选择或批准最终供应商的正式或非正式的权力的成员。在通常的采购中，购买者就是决策者。

（5）控制者。指控制信息流向外界的成员，例如采购代理（电话员、技术人员、秘书等）有权阻止供应商的推销人员与使用者和决定者见面。

（二）产业购买行为的主要影响因素

产业购买行为的影响因素是多方面的，主要包括4种因素。

环境因素。在影响生产者购买行为的诸多因素中，经济环境是主要的。产业购买者受当前经济状况和预期经济状况的严重影响，比如，基本需求水平、经济前景和货币成本。当经济不景气，或前景不佳时，生产者就会缩减投资，减少采购，压缩原材料的库存和采购。此外，产业购买者也受科技、政治和竞争发展的影响。营销者要密切注视这些环境因素的作用，力争将问题变成机遇。

组织因素。每个企业的采购部门都会有自己的目标、政策、工作程序和组织结构。产业市场营销者应了解并掌握企业购买者内部的采购部门在它的企业处于什么地位——是一般的参谋部门，还是专业职能部门；它们的购买决策权是集中决定还是分散决定；在决定购买的过程中，哪些部门参与最后的决策，等等。只有对这些问题做到心中有数，才能使自己的营销有的放矢。

人际因素。这是企业内部人事关系的反映。工业品购买决策，是由公司各个部

第四章 追踪顾客购买行为

门和各个不同层次的人员组成的"采购中心"做出的。"采购中心"的成员由产品使用者、质量管理者、采购者、销售者、财务主管者、工程技术及高层管理人员等组成。生产资料营销人员必须了解用户购买决策的主要人员、他们的决策方式和评价标准、决策中心成员间相互影响的程度等,以便采取有效的营销措施,获得用户的光临。

个人因素。尽管产业市场购买行为是理智购买活动,但参加采购决策的毕竟是一个具体的人,每个人在做出决定和采取行动时,都会带有个人的动机、理解和偏好,都不可避免地受到个人情况的影响,诸如年龄、收入、教育程度、专业、职位、个性以及对风险态度。因此,市场营销人员应了解产业市场采购员的个人情况,以便采取"因人而异"的营销措施。

(三)产业购买决策过程

产业市场购买者也要做出购买决策。产业购买决策过程的长或短,由产业购买行为类型的不同而确定。

1. 产业购买行为分类。直接重购,是一种简单的购买类型。在此情况下,购买者只需要日常决策,重复订货,属于惯例化购买行为。为了节省时间,采购代表常提议启用自动重复订货系统。没有选中的供应商也会积极准备或创造条件以伺机中选。

修正重购是指购买者期望修改产品规格、价格、条款或是重选供应商的行为。这种类型比直接重购涉及较多的参与者,购买过程中的阶段也相对多。在供应商争夺买主的状况下,被选中的供应商会倍感紧张和压力,他们将会竭尽全力留住客户。未被选中的供应商也会提供优惠条件,寻找新业务机会。

新购是指第一次购买某种产品或服务的企业。这种为完成新任务的而购买的行为最复杂,因为购买者必须在产品规格、供应商情况、价格寻找、付款条件、订货量、交货时间和服务约定等方面分别进行决策,故购买决策过程的阶段最多,要经过八个阶段。

2. 产业购买决策过程分析。新任务采购类型的产业购买过程最复杂,一般包括八个阶段。

(1)认识需要。认识需要是在认识问题的基础上产生的。当企业认识到某问题或需要可以通过获得一种特定的产品或服务得到满足时,购买过程就开始了。问题或需要的提出,可以由内部刺激引起,也可以由外部刺激引起。对此,产业市场营销人员应经常提醒客户潜在的问题,并展示自己的产品如何解决之。

(2)描述需要。认识到需要后,购买者接下来要描述基本的需要。即确定所需要产品项目的特点和数量。对标准项目,这一过程不存在问题。而复杂的项目,购买者需要和工程技术人员、用户、咨询人员共同合作商定项目的条件。合作小组可能会权衡产品的可靠性、耐久性、价格以及其他方面的属性的重要性。在这个阶段,机智的产业营销人员可以帮助购买者弄清需要,并提供有关产品信息。

(3) 说明产品项目。这一步,采购组织要说明产品项目。即指定专家小组,对所需品种的规格、型号、功能等技术指标作具体分析,并做出详细的技术说明,供采购人员作参考。专家小组由专业技术人员组成,对产品作技术分析采用价值分析法。价值分析是美国通用电器公司采购经理迈尔斯1947年发明的。1954年美国国防部开始采用价值分析技术,并改称为价值工程。其公式为:

$$V(价值) = F/C$$

公式中的F(功能)是指产品的用途、效用、作用,也就是产品的使用价值;C为成本或费用。"V"是指某一产品的"功能"与其"成本"之间的比例关系。企业通过对某一产品的价值分析,明确某产品可能产生的经济效益,从而为采购者选购产品作指南。

可见,价值分析实际上是发挥产品项目最大的效用的同时又节约资源的一种降低成本的方法。

(4) 物色供应商。这一步是寻找供应商。为了选购满意的产品,购买者可依据工商企业目录、计算机网络查询供应商,也可以通过电话查询,物色服务周到产品质量高、声誉好的供应商。越来越多的公司转向通过国际互联网寻找供应商。供应商要设法把自己的名字列在主要商业目录上,同时在市场上树立良好的声誉。销售人员应注意那些搜寻供应商的企业,并让他们考虑自己的公司。

(5) 征求建议。对已经物色的多个候选供应商,购买者邀请他们提交供应建议书,供应商一般仅送一份目录或派个销售员回应。对价值高、价格贵的产品,购买者则会要求每个可能的供应商写出详细的说明,并提供书面方案或正式文件。为了答复购买者对供应方案的征集,产业营销人员必须精通市场调查研究、书写和销售计划等工作。书面方案不仅是技术文件,也应是营销文件,它应力求全面反映市场情况,既实事求是又别出心裁、鼓舞人心,还能形象地表达所推销产品的优点和特性,力争在众多的竞争者中获得成交。

(6) 选择供应商。这一阶段主要是审查确定供应商。在收到供应商的有关资料后,采购中心将根据资料选择比较满意的供应商。遴选供应商的条件:产品质量和服务,即时送货,公司的道德行为,诚信沟通,有竞争力的价格,维修和服务能力,技术支持和建议,地理位置,业绩历史及声誉。购买决策中心会根据这些条件对供应商进行评估,并选择最好的供应商。

(7) 制定常规订货程序。采购中心选定供应商后,需要拟定常规订货程序,

第四章 追踪顾客购买行为

包括购买者与选择的供应商之间最后订单所列举的各项条款及执行条款。之后，采购经理开订货单给选定的供应商以履行供货程序。

（8）检查履行情况。产品购进后，购买者还会及时向使用者了解其对产品的评价，考查各个供应商的履约情况，并根据了解和考查的结果，决定今后是否继续采购某供应商的产品。同时，对本次购买活动进行总结。为此，供应商在这个阶段的工作是注意购买者考虑的因素，要加强追踪调查和售后服务，保证自己能让客户满意，以赢得采购者的信任，保持长久的供求关系。

本章小结

市场是企业市场营销活动的出发点和落脚点，顾客需求是企业营销活动的中心。顾客的需求通过市场呈现出来，因此必须先识别市场类型，了解需求的特征。然后针对不同市场类型、需求特征以及购买行为的特点拟定相应的营销策略。

消费者市场是由为个人消费而购买或取得商品和劳务的全部个人和家庭组成。组织市场指为满足工业企业生产其他产品的需求而提供劳务和产品的市场。产业市场属于组织市场类，它与消费者市场构成了两种主要的产品市场，是企业营销的重要对象。

消费者购买行为研究是指研究个人、集团和组织究竟是怎样选择、购买、使用和处置商品、服务、创意或经验的，以满足他们的需求和欲望。消费者购买行为研究主要从由谁购买，购买什么，为何购买，谁参与购买，怎样购买，何时购买，何地购买等内容。

工业品的购买，是由企业采购中心中的成员以组织的名义进行购买。而企业的"采购中心"一般由下列五种人组成：使用者、影响者、采购者、决定者、控制者。影响生产者购买行为的各种因素概括为四个主要因素：即环境因素、组织因素、人际因素和个人因素。在产业市场购买的类型中，新任务采购型的购买过程最复杂，关注购买中的各阶段，是保证产业市场营销活动得以顺利进行的关键。

▶ 思考题

1. 生产者市场与消费者市场的主要区别何在？
2. 企业如何管理8种不同的市场需求形态？
3. 简述消费者行为的一般模式。影响消费者购买行为的因素有哪些？
4. 消费者购买行为类型有哪些？消费者购买决策过程分析对企业营销的意义

何在？

5. 什么是采购中心，其作用是什么？

6. 试述影响产业购买行为的因素，如何运用这些因素开展有效的营销活动？

7. 产业购买决策过程需要经过哪些阶段？哪几个阶段最重要？为什么？

8. 从惟一的供应商那里购买商品同从联合供应商那里购买商品相比较而言，前者具有哪些优点和缺点？

▶ 案例应用

鹏展环保科技有限公司

鹏展科技有限公司位于江苏省宜兴环保科技园内该公司成立于1995年，主要产品是用于监测水处理厂泵站运行情况的水流监测系统。经过近四年的发展，鹏展公司已成为年销售额上亿元的环保型高科技公司。总经理李卓凡与其他经理人员协商，决定让公司立足江苏市场，向上海市场进军，并把上海两家水处理厂作为拓展上海市场的突破口，为保证公司拓展策略的成功实施，可行性方案的制定迫在眉睫。

一、公司的产品——水流监测系统

鹏展环保科技有限公司的主要产品是水流监测系统：专门为监测和控制加压水流而设计的一套计算机硬件及软件。加压水流通常指那些由市政水处理部门或工厂企业进行存储、处理的饮用水及污水。

水流监测系统安装在每一个泵站。一般情况下，泵站之间间隔较远，通过在地理位置上分散的饮用水或排污系统的使用者连接。水流监测系统在其中发挥着重要的作用，它可以同时控制4个泵的启动、停转和报警工作，监测存储池的水平面和可利用的容量，检查泵的性能及耗能情况，记录水流经泵的速度，甚至能够测量进入存储池的降雨量，及时调整泵的运作并在必要的时候启动报警装置。每一个水流监测系统能够很容易地与主机相连，这样就能进行泵站的遥控及生成用于预测泵的运行状况的大量图、表等信息。

水流监测系统在熟练程度、快速反应能力及成本等方面具有人工监测所无法比拟的优越性。只需要一个管理人员就可以通过计算机终端来监测泵的运行情况并向每一个泵站发送命令，既节约成本又节省时间。

鹏展环保科技有限公司的技术人员与水处理厂的水处理工程师一起设计并安装系统。在如何使用系统方面对水处理工程师及操作人员进行培训，并提供全天候的

第四章 追踪顾客购买行为

咨询服务。如果需要，公司将派出人员协助水处理厂解决系统出现的问题。一套水处理监测系统的价格在15万元左右，可同时监测4个泵站的运行。

二、水监测系统的顾客

水监测系统的顾客可分为两大类：市政水处理厂和工业企业的水处理部门。市政处理厂一般具有4~12个泵站，每个泵站由一个或多个泵组成。泵间歇式运转。除非安装类似的水监测系统，否则泵的运行情况需要由一个或多个操作人员每天花费7个多小时对每个泵站进行一次或两次的现场监测。操作人员测量有关存储池的指标、记录泵的运转时间，有些时候还需要做有限的保养和维修工作。很多工业企业也需要存储大量的水和处理大量的污水。工业企业水处理与市政水处理厂相比除规模较小外，其他方面都比较类似。

无论市政水处理厂还是工业企业的水处理部门都希望水监测系统精确、可靠，这是最为关注的两个方面。除此之外，它们还希望监测系统容易使用、运行经济以及提供常规的服务和维护。价格通常不是用户们主要考虑的问题。只要价格制定得合理，用户对产品的实际运行效果比对产品的价格更感兴趣。

鹏展公司通过市场调查认为市场对水监测系统的需求在未来10年内将保持强劲的势头。市场需求主要体现在为新建泵站以及对老泵站已有的粗糙、简单的监测系统进行替换。泵站原有的监测系统需要操作人员不断地巡视，这种巡视在安装类似于鹏展公司的系统后显得十分不必要。但很多经理人员认为解雇或重新安排那些监测人员是非常困难的事情；一些经理人员很保守，认为即使安装了新系统也需要操作人员的现场监测。

大多数用户认为鹏展公司的产品是市场上最好的，他们觉得其他公司的产品在可靠性与准确性方面很难与鹏展公司的产品相比。一些专家也认为竞争对手没能体现出鹏展产品在设计上的娴熟及弹性，用户对该公司所表现出来的有关水处理方面的知识深感满意。其他竞争对手缺乏相关的知识和经验，而且把水监测系统作为一项副业来做并认为市场太小以至于不值得付出太多的努力。

三、鹏展公司的战略

鹏展公司的战略思想是：提供技术先进的设备用于监测水处理厂的泵站运行。这一战略强调为用户及潜在用户在设计、提供水监测系统及相关服务时保持经常性的沟通。该公司也为自身是一个年轻的、富有活力的、没有官僚习气的公司而感到骄傲。公司的员工充满热情地工作，经常性地就有关工作问题进行沟通和交流，公司上下均以顾客及其满意作为公司发展的驱动力。

目前，公司已占据了江苏水监测系统市场90%的份额，但公司显然不以此为满足。李总经理经过与公司相关人员进行多方面的协商之后，决定进军上海市场。为保证拓展新市场的成功，公司委派上海新生代调研公司进行市场调查。市场调查的对象是50位来自上海市政水处理厂及工厂企业水处理部门的管理人员及工程师，形式为深度访谈，问题包括：

你所在的单位在监测泵站时使用什么系统？目前使用的监测系统有效吗？节约成本吗？你希望监测系统具有哪些特征？在选择监测系统时由谁做出决定？对鹏展公司的监测系统有何意见？

调查的结果是大部分被调查对象认为：目前的监测系统比较老旧，需要配备专门的人员进行监测；目前的监测系统需要不断地维护才能起到较好的监测作用，由于维护及操作人员的费用不菲，监测成本比较昂贵；对水监测系统的性能要求是可靠、准确、操作方便、运行经济；一般情况下，监测系统的购买由水处理工程师和相关部门的管理人员共同决定，但如果涉及到裁减或者安置因安装新系统而导致的剩余人员则需要由高层管理人员决定；鹏展公司的水监测系统比较先进，但大多数人觉得机器并不可靠，因此还需配备专门的操作人员。很多被调查对象还表示如果公司更换旧的监测系统时，会考虑鹏展公司的产品。

四、鹏展公司拓展市场所遭遇的问题

市场调查的结果令人鼓舞，这更坚定了鹏展公司进军上海市场的信心和决心，在李总的亲自指挥下，市场部开展了一系列的营销活动：向各潜在用户发送产品目录、召开商品展示会、进行人员销售等。半个月之内，有关潜在用户意向的反馈就源源不断地传回江苏总部。其中上海一家正在兴建中的曹泾污水处理厂对公司的产品表现出一定的兴趣。该厂属于市政工程，专门处理居民区排放的生活污水，日处理量达5 000吨，共有12个泵站，属于大型水处理厂。当然，由于以往没有购买类似产品的经验，曹泾污水处理厂对采购水监测系统的态度比较谨慎，特组成了15人采购中心，对包括鹏展公司在内5家公司生产的水监测系统进行采购招标。另外，上海益智生物制药厂有意用较为先进的系统替换原有的系统，因此希望鹏展公司能够给予一定的信息及技术上的支持和帮助。鹏展公司派专人与生物制药厂水处理部门的有关人员进行接触，发现他们有几方面的顾虑：①水监测系统的性能究竟如何？②采用新系统而导致操作人员剩余的问题如何解决？③一旦系统出现问题，总部在江苏的公司是否能够迅速并及时地提供服务？

李总与市场部、技术部经理人员开会协商，一致认为应该尽量争取这两个顾客以作为进入上海市场的突破口，为保证进入成功的可能性市场部应尽快地制订出营销方案。

第四章 追踪顾客购买行为

▶ **问题**

1. 你认为鹏展公司将本案例中提及的两家企业作为产品进入上海市场的突破口这一决策是否正确？请说明理由。
2. 从组织购买类型的角度来看，曹泾水处理厂属于哪种类型？鹏展公司应采取怎样的营销策略？
3. 你认为曹泾水处理厂的15人采购中心由哪些成员组成？采购中心一般具有怎样的特点？起怎样的作用？
4. 从组织购买类型来看，益智生物制药厂属于哪种类型？鹏展公司应采取怎样的营销策略？

第五章

收集分析市场情报

❖ **本章学习目标**

阅读和学习完本章后，你应该能够：
◇ 了解各种类型的市场调研及所能解决的问题
◇ 知道进行市场调研的工作阶段和各阶段的主要工作任务
◇ 知道进行市场调研的主要方法及使用过程
◇ 知道市场调研中的基本定量分析
◇ 知道市场预测的定性方法之一：德尔菲预测法
◇ 知道两种市场预测的定量方法：移动平均法和指数平滑法

开篇案例

众所周知，康师傅方便面是时下中国首屈一指的品牌，但其创始人在获得成功之前也有过惨痛的失败教训。中国台湾的魏氏四兄弟本是继承父业从油坊起家的，在台湾也毫无名气，老四魏应行1988年来到大陆想在食用油行业打拼出一片天地。当时他看到大陆的食用油几乎全是散装零卖，于是推出了桶装"顶好清香油"，并且在电视上大做广告，但事与愿违，产品滞销，落了个赔本赚吆喝。原因在于那时中国人购买力低，阳春白雪虽好，却非平民百姓所能消受得起，而魏应行求功心切，未把准市场的脉就匆忙推出自以为

第五章　收集分析市场情报

人们会欢迎的产品，失败自不可免。接下来又开发了"康莱蛋酥卷"和另外一种蓖麻油，还是外甥打灯笼——照旧，最后把带来的1.5亿元新台币几乎赔了个精光。就在魏应行已经灰心，准备打道回府时，却意外地在火车上发现，火车上的旅客对自己从台湾带来的一种桶装方便面十分感兴趣，很多人询问他从哪里可以买到，这让他发现了新的机会。然而这次他吸取了以前的教训，不再像前两次那样鲁莽行事了，而是作了充分的市场调研。首先他调查了大陆方便面市场的情况，当时大陆方便面市场处于两极分化的状况，一极是国产的，几毛钱一袋，便宜但质量差；另一极是进口的，五六元一碗，质量虽好但太贵，从调查发现二三元左右的中档产品是可以为消费者接受的。另一方面他对人们喜欢何种口味的方便面也不敢妄加臆测，而是在北京、天津等地历时4个多月，对上万人进行口味测试，发现大陆人口味偏重，且偏爱牛肉，才最终确定生产"红烧牛肉面"。从商品的命名上，也是迎合那时北方人通常见面称呼别人为师傅的习惯，而取了健康的康字为姓，另外还设计了一个动画人物为品牌形象，于是康师傅现身于平民百姓之家。这一次终于让魏氏兄弟反败为胜，赚了个盆满钵溢，一跃成为方便面第一品牌。

从这个例子可以看出市场情报的重要性，而如何获取市场情报则是营销调研的任务。

一、市场调研类型

做任何事情都必须先有一个目标，然后才能确定满意的方案，市场调研也是如此。有时市场调研的目标十分具体，如确定一种新产品的价格，或一种新产品是否受到消费者的欢迎，有时市场调研目标相对宽泛，如对汽车行业的市场现状进行描述。不同的目标要求不同类型的市场调研。市场调研主要有三种类型：探索性、描述性和因果性市场调研。

（一）探索性市场调研

某公司生产经销一次性尿布，经营状况一直不错，但去年市场份额下降了，公司经营者想知道是怎么回事，只能猜测。估计可能的原因有：经济衰退的影响；广告支出减少了；销售代理效率低；消费者的习惯改变了，等等。而要采取措施不能靠猜测，必须通过调查研究加以确定，但如果对所有上述原因都作一番详尽的调查，则费时费力费钱，所以有必要先作一个预备性的调查研究，找出最有可能的原因再进行详细调研，这种预备性调研叫探索性市场调研。

在情况不明时，为找出问题症结或明确深入调研的内容和重点所进行的调查研究就是探索性调研，多为正式调查前的预调查。

（二）描述性市场调研

描述性市场调研是对问题各变量的历史和现状做客观而准确地描述，通常会以初始假设作指导。主要回答的问题是：当前的现状是什么样子，在过去不同历史时期中是什么样子，在不同的区域中是什么样子，是如何演变成这种样子的。一般对"什么样子"都会预先作一猜想或假设，然后通过调研进行证实。

例如：要想了解彩电消费者当前对彩电的需求特点，具体地讲，想知道需要并想购买平板彩电的有多少，想购买 32 吋彩电的有多少，想购买 37 吋彩电的有多少，在大城市中有多少，在中小城市中有多少，在乡村有多少等。可事先做一个假设或猜想：购买平板彩电的家庭主要集中在大、中城市，有购买欲望并有购买能力的家庭占家庭总数的一成。然后可通过描述性调研加以证实或证伪。

（三）因果性市场调研

因果性市场调研是为确定原因和结果之间关系进行的调研。主要回答为什么的问题，而且常用实验法进行调研。例如想了解打折销售对销售收入的影响，打折的折扣率就是原因，销售收入额就是结果，二者之间有没有关系，有何种关系，可通过因果性市场调研来加以了解。

二、市场调研过程

与市场经济相伴的市场调研工作已开展了一百多年，也逐渐总结出了一些成熟

第五章　收集分析市场情报

的工作程序和方法，对市场调研来说，其工作程序也大致固定了，经验证明，按照这些程序开展调研工作会少走弯路，收到事半功倍的效果。一般来说，市场调研需经过五个阶段。

（一）明确调研问题

这一阶段的主要任务是：确认要调研的问题，了解问题的背景情况，确认进一步调研的必要性，最后把管理者的决策问题转化为调研问题，必要时须辅以非正式调研。主要任务是为调研工作确定一个合适的目标。

明确调研问题的第一个重要作用是使决策者和调研者统一意见。调研的发起者是营销的决策者，决策者为什么需要调研，因为他缺少决策所必需的信息。所以首要的问题是决策者先清楚自己需要什么样的信息，需要信息的详细程度、广泛程度、综合程度有多大，信息需要以什么方式表述出来。调研工作要做得好，首先信息需要者（即决策者）要向信息获取者（即调研者）交代清楚任务。另一方面调研者也要正确领会决策者的意图，即决策者需要的是什么样的信息，应该以什么方式表述出来。这就像上级要让下级出色地完成任务，首先要准确地向下级交代任务，下级要准确地理解上级的意图，在这一过程中出现了误解，上级会对下级的行为和绩效不满意，下级会觉得自己费力不讨好。

但是决策者和调研者所处的位置不一样，知识和经验不一样，所受的训练不一样，对市场的熟悉程度不一样，所关心的利益不一样，所以常常会出现对调研问题的看法不一样。有不同的看法不要紧，麻烦往往出在不一致的看法没有澄清，而误认为看法一致，这样所导致的结果很可能是决策者认为调研者工作不认真，花了冤枉钱，而调研者则抱怨决策者对自己的劳动成果不重视，不懂行，不知道如何使用所获得的信息。要想避免这种情况，明确调研问题是必要的。

明确调研问题的第二个重要作用是找准要调研的问题，不要花了很大力气去做调研，获得了一些对解决问题用处不大的信息。很可能决策者和调研者的看法是一致的，但所提出的信息需求对决策来说并不是必需的，这会导致很大的浪费，而且还可能错失良机。

无论从哪一方面讲，明确问题都需要决策者和调研者进行积极而坦诚的沟通。有些信息，决策者并不清楚其获取的难易程度及其对决策的有用程度，只是凭直觉笼统地提出了需求，而调研者又往往自己对收集什么样的信息最拿手，就建议决策者收集什么样的信息，双方没有进行反复和深入的沟通和探讨，就匆忙做出调研的决定，结果就是其始也易，其终也难。

所以在明确问题时越慎重，决策者和调研者的认识越一致，对决策问题需要什么样的信息认识越充分,对最后的调研结果也就会越满意。要做到其始也难,其终也易。

(二) 设计调研方案

这一阶段的主要任务是选择调研类型和调研中所使用的方法,如果涉及抽样调查,则需要确定抽样方法、抽样数量,还要选择数据收集的方式,初步选定数据处理方法,根据所选定的工作内容制定调研计划,确定调研预算,并最终形成调研策划书或调研计划。以上各种选择和决定都要以实现调研的目标为前提,而目标就是上一阶段中所提出的信息需求。在实现调研目标的前提下,再考虑时间、人员、费用等的优化和分配。

(三) 收集资料

按照调研设计阶段所定的方案,进行资料收集工作。有的资料是已经以文字形式存在的,如别人的调研报告,各种机构所发布的公开数据等,这叫二手资料,有的可免费得到,有的可以购买。也有的资料存在于被调查对象的大脑中,需要直接询问才能得到,这叫现场资料收集。

(四) 分析资料

按照调研设计阶段所定的方案进行资料分析和研究,以得出结论。分析既有利用计算机进行的数据分析,也有分析人员凭经验和大脑的分析进行的综合分析工作。这一阶段的工作决定了对所收集的数据资料的利用能深入到什么程度。

(五) 撰写并提交调研报告

根据分析的结果起草调研报告,向调研委托人做报告,提交调研报告并获得委托人的认可。为了不断总结并提高调研工作的质量,在报告提交并获得认可后还应该进行总结并追踪报告的使用情况,获得反馈,以便改进将来的调研工作。

三、现场资料收集方法

二手资料的收集较简单,本书不拟叙述,下面将着重介绍几种现场资料收集的方法。

（一）访问法

访问法是通过直接询问被调查者而获得数据资料的。按照不同的访问方式，又可分为个人访谈、电话访谈、焦点小组访谈，通过书面问卷进行访谈等不同的方式。

1. 个人访谈。访问员和单个被访问者面对面交谈，访问员按照问卷所列的问题及顺序进行提问，记录被访问者的回答，并直接填入问卷中。访问地点较为灵活，可在被访者家中、办公室、路边或商业区。所使用的问卷一般结构性较强，即多数问句的答案是选择、填空或排序，也会有少量自由回答的问题，但回答均较简单，不需长篇解释。

2. 个别深度访谈。与个人访谈类似，但不是用结构化的问卷向受访者提问，而是以自由交谈的方式获得资料。这种访谈方式对访问员的要求特别高，一般用于预调查或探索性调研。

3. 电话访谈。与个人访谈类似，但访问员是通过电话与被调查者交谈以完成问卷填写的。

4. 焦点小组访谈。选择若干被调查对象组成一个被访谈的小组，在主持人的主持下，小组成员围绕某一主题或观念进行深入讨论，了解和理解人们心中的想法及原因。主持人与被调查者，被调查者与被调查者之间都有很强的互动性。

5. 书面问卷法。调查者与被调查对象没有直接接触，没有当面交谈，对被调查对象的询问是通过书面问卷进行的，按问卷的发放和回收不同又分邮寄问卷法、留置问卷法和报刊问卷法。

邮寄问卷法是将印好的调查问卷，邮寄给被调查者，让被调查者填写后寄回。

留置问卷法是访问员把问卷当面送达被调查者，说明填写要求并作适当解释，过一定时间再由访问员上门收回。

报刊问卷法是在报纸或杂志上刊登问卷，让有兴趣者填写后寄回。选择合适的报刊是成功的关键。

（二）观察法

根据调研目的有组织有计划地以人体感官或仪器观察并记录被调查对象的行为、活动、反应或现象，以获取资料。观察法可观察到被调查对象的自然反应，真实客观，但需要的费用高、时间长，观察时间和空间受限，有的现象无法观察或只看到表面现象。

（三）实验法

调查者有目的地通过改变或控制一个或几个市场影响因素的实践活动，来观察市场现象在这些因素影响下的变动情况，以此认识市场现象的本质和发展变化规律。下面以一个例子说明实验法是如何工作的。

假设某公司在调整产品配方前对新配方是否受顾客欢迎，能否增加销售量心中无数，所以决定通过实验调查确定新配方的销售效果。首先要做实验假设，即新配方能增加销售量。然后选择两组相似的商店作为实验对象，每一组都有三个商店，其中一组称作实验组，另一组称控制组。确定实验期两个月，在第一个月内，实验组和控制组都卖原配方产品，第二个月内实验组改卖新配方产品，控制组仍卖原配方产品。经过两个月的实验期后，得到表5-1的结果。

表5-1

	第1个月的销售量	第2个月的销售量	两个月销量之差
实验组	2 000	3 000	1 000
控制组	2 050	2 400	350

控制组第2个月尽管没有卖新配方的产品，销售量也增加了350单位，这反映了配方以外的因素的影响，我们也可以同样认为，实验组销售量增加的1 000单位中，有350单位也应归于配方以外的因素的影响，所以应该从1 000单位中除去，才能真正反映配方的影响。因此新配方使销售量增加了1 000 - 350 = 650（单位）。这就肯定了我们最初的假设。

除了以上的资料收集方法外，还可以在全球互联网上收集资料，详见第十七章。

四、怎样进行抽样

调查时一般会使用抽样调查，抽样调查是按一定步骤从所研究对象全体（称为总体）中抽取一部分（称为样本）做调查、观察，获取数据资料，并以此推断总体的情况。按照抽样遵从程序的不同可分为多种抽样方法，总起来说分两大类，即随机抽样和非随机抽样。在调研的计划阶段，需要选择一定的抽样方法。

（一）随机抽样

随机的意思是没有规律，也就是抽取哪一个被调查者进行调查是无规律的，让人无法猜测。抽奖就是最常见的随机抽样的例子，从 100 万人中抽出 5 人为一等奖，不管采用什么方法，都不能有任何规律，都不能让人猜出谁将会被抽出。采用随机抽样可以使被调查群体中每一个被调查者被抽中的机会均等，因此抽出的样本对总体的代表性会更好，另外随机抽样方法有成熟的数学理论为基础，能够计算抽样调查的误差。常见的随机抽样也有 3 种，即简单随机抽样、分层随机抽样和整群随机抽样。

1. 简单随机抽样。对全体被调查对象总体不作任何有意的划分，直接按随机原则抽取单个对象组成样本，这样的随机抽样叫简单随机抽样。

如果要抽取的被调查对象不多，也就是说样本容量不大，可以采用抽签法，就像摇奖一样。如果要抽取被调查对象较多，抽签法会很麻烦，很费时间，这时可用随机数表代替抽签，或用计算机进行随机抽样，这里不再详细介绍了。

对于可定量表示的调查结果，如某种产品的需要量，常计算其平均值，然后把平均值推广到总体中以估计总体的指标值。例如要调查某种食品在某地区的年总需要量，为简单计假设该地区总人口为 100 人，抽样的样本容量为 5，采用简单随机抽样，抽取 5 人进行调查，对所抽取 5 人的调查结果分别为 30、26、32、28、34 千克，平均值为：

$(30+26+32+28+34)/5=150/5=30$（千克）

把平均值推广到总体中，所有 100 人都是每人每年需要 30 千克，则 100 人的总需要量为：30 千克 ×100＝3 000 千克。

抽样数量的确定也可按照数学理论进行推算，一般来说，在所要求的可信度和抽样调查误差一定的条件下，如果总体内部的个体之间差异越大，所需要的抽样数量也越大；在总体内个体之间的差异一定的条件下，所要求的可信度越高和抽样调查的误差越小，所需要的抽样数量也越大。

2. 分层随机抽样。如果总体中的个体之间差异很大，则上述简单随机抽样的抽样调查误差会较大，或者说如果要保证一定的可信度和抽样调查的误差，需要较大的样本容量。这也意味着需要付出更多的调查成本，这时可用分层随机抽样来代替简单随机抽样。

分层随机抽样是先找出对所调查的指标有影响的因素，按照影响因素对总体内所有的抽样对象进行分类，每一类叫一层，然后在每一层中进行简单随机抽样。具体做法这里不作介绍。但要注意分层的原则：使每一层内的抽样对象尽可能相似，使层与层之间的抽样对象差异较大。否则分层与简单随机抽样就没有差别了。如在调查对某种商品的需要量时，以家庭可支配收入作为影响因素，因为收入越高就越可能购买。可按收入的高低对所有被调查家庭进行分层，低收入家庭作为一层，中收入家庭作为一层，高收入家庭作为一层，然后分别在低收入、中收入和高收入层中进行简单随机抽样。

3. 整群抽样。有时对某一群体进行集中调查比较方便，费用也低，这时可采用整群抽样法。这也是先把总体进行分类，但不是按影响因素来分类，而是要分得每一个类都与总体十分相似，这样每一类都可看做是总体的一个完整代表，并且类与类之间也十分相似。这样划分的类叫群。然后按简单随机抽样法从所划分的群中抽取一定数量的群作为样本，最后对所抽出的群进行普查。例如一个学校中对学生的调查可用简单随机抽样法抽出若干班级，再对所抽出的班进行普查。再如在一个居民区中用简单随机抽样法抽出若干座居民楼，再对所抽出的楼内的住户进行普查。在分群时除了要使群与总体要相似，群与群之间要相似之外，还要注意群不要过大，也要注意使群中成员在地域上比较集中，容易进行调查。

（二）非随机抽样

随机抽样在抽取哪一个被调查对象进入样本时，没有调查者主观意愿的成分，而非随机抽样则含有调查者主观意愿的成分在内。非随机抽样一般都比随机抽样简便易行，但无法进行抽样误差的计算，可信度也无从说起，所以调查结果提供的信息量也较少。

1. 任意抽样。也称偶遇抽样或方便抽样，由调查者根据抽样的方便与否任意选取样本进行调查，这里任意是与有意相对的，即不要有意选择的意思。常见的街头拦截调查就是任意抽样，因为选择哪一个被调查对象进行调查由访问员自己决定，也可以看做是主观随机抽样。

2. 判断抽样。也叫有意抽样或目的抽样。由调查者根据自己的经验、调查目的和调查指标凭主观判断选择被调查对象，判断依据是选取有代表性或比较典型的个体作为调查对象。选择时要尽量选取"平均型"或"大多数型"，而避免"极端型"。例如在调查消费者对某一款时装的意见时，采用判断抽样，就应该有意选择穿着入时的年轻人作为调查对象，因为只有他们才是真正的消费对象，如果选择穿着保守的老年人进行调查，显然是徒劳无功的。

五、怎样进行问卷设计

问卷是调查中很重要的一种工具,而对问卷中包含哪些问句,包含什么类型的问句,包含多少个问句,都需要作慎重的考虑,而不能随意确定,问卷设计就是要合理地确定问句、问句的排列、问句答案的形式等。

(一) 问句的类型

常见的问句有以下类型:
1. 开放式问句。
开放式问句没有任何回答的提示,由被调查者自由回答。如:
你为什么买海信牌的彩电?＿＿＿＿＿
这种问句适用性很广,无论什么情况都可以使用。这种问句对被调查者没有限制和提示,更有助于被调查者独立思考,另外这种问句可以得到较深层次的结果。
2. 选择回答式问句。
在问句后预先列出一系列备选的答案,让被调查者选择最适合自己情况的答案。有的问句只能选择一项,称为单选问句,如:
你的年龄多大?
□<20　□20~29　□30~39　□40~49　□50~59　□60或60以上
也有的可以选择多项,称为多选问句,如:
你为什么买海信牌的彩电?
□价格低　　　□质量高　　　□本地有服务机构　　　□图像好
□保修好　　　□可签服务合同　　□其他原因
3. 量表问句。
答案中的选择项是某种标度值,调查人们对某一对象或事件的态度时常用这种问句。
(1) 基本形式:如:
你常用录像机录制节目供以后观看吗?
□从不　　　□偶尔　　　□有时　　　□经常
(2) 程度评级式。
让被调查者对所列出的对象评分或分等级,等级可用数字或文字。如:
请您给下列洗衣粉评分,分五等:好用(5分);较好用(4分);一般(3

分);不太好用(2分);不好用(1分)。

品牌名称	品牌1	品牌2	品牌3	品牌4	品牌5
得分					

4. 对备选项进行排序的问句。

让被调查对象对所列出的选项进行排序,对多个对象进行比较时常用这种问句。如:

您购买彩电时对下列因素怎样考虑,请按重要程度从大到小排一下顺序。

图像清晰;　　音质好;　　外形漂亮;　　寿命长

若需要排序的项目较多时,可让被调查者选三个或五个最重要的项目进行排序。

(二) 设计问句的注意事项

问句设计得不好,会造成被调查者的误解,或选择错误的答案,或无法选择,因此在设计问句时不要过于随意,应该慎重。一般应注意以下事项:

1. 使用简单的词汇。

一般人们对简单词汇的理解一致性强,不容易出现误解,简单词汇也便于文化程度较低的被调查者阅读。

2. 避免模糊的词及问题。

有些词汇含义不十分清晰,如"经常"的意思是每周一次还是每天一次,不同人解释不同,应具体些,如"一周一次"、"一天一次"等。还有"最近"等也类似。

3. 避免引导性问题。

不要让问题本身的用语暗示被调查者应该怎样回答,特别是不要用带有褒义或贬义的词,而要使用中性的词。如:

某公司一向坚持质优价廉的政策,该公司最近推出的某产品也是这样吗?

□ 是　　　□ 否　　　□ 不能确定

前半句"某公司一向坚持质优价廉的政策"的说法就有引导性。

4. 避免复合问句。

如果一个问句的完整答案必须有包含两方面,而且被调查者很容易赞成其中一方面而反对另一方面,这时被调查者会感到难以回答。如:

你如何评价 XYZ 样品展销活动中的价格和便利性?

这实际是对价格和便利性两方面进行评价，若对价格满意而对便利性不满意，就很难回答。这时应该拆分为两个问题来问。

（三）问卷的整体设计

1. 问卷应分成哪几部分。

（1）说明词：调研组织及访问者的自我介绍，说明调查目的及重要性，此项调查对被查者有什么好处，消除被调查者的顾虑，请求被调查者合作，必要的礼貌和感谢用语。

（2）必要的填写说明：让被调查者自行填写时，对如何填写应作较详细的说明。

（3）收集资料的问句部分：包含主要的问句，这是问卷的主体部分。

（4）有关样本分类必需的特点的问句，也叫甄别性问句，如收入、住址、职业、受教育程度等，在资料分析时可能会按不同收入水平分别分析，这时必须要有收入资料，其余类此。

（5）记录调查访问作业的部分：完成调查的访问员的编号，访问时间、地点、访问持续了多长时间等，这些项目可帮助调查的组织者对调查过程进行质量监控。

2. 问卷的印刷和外观设计。

主要使问卷看起来正规、庄重、美观，并便于携带或发送。

六、调查资料研究分析和调研报告的撰写

如果把调研比作产品生产，调研报告就是最终展现在信息需要者面前的产品，调研报告直接决定了别人所感到的质量好坏。这是对调研工作的组装和包装，应充分重视。

（一）调查资料的整理

现场收集来的调查资料一定存在一些错误和纰漏，因此首先需作必要的整理，以剔除错误和纰漏。有的错误可通过适当的方法加以更正，而有的错误则无法更正，如果这些错误数据影响较大，则只能剔除或进行补充调查。

1. 现场控制。现场控制是在资料收集的同时所进行的资料编辑和处理工作，包括对每一份问卷和观察记录进行检查，进行必要的改正。其目的是使原始数据满

足某些最低限度的质量要求。现场控制一般由访问员自身或管理监督访问员的督导员进行，有如工厂中的操作工的自检或车间质量检查员的检查。

2. 集中处理。彻底、严格和仔细地审查已完成的数据收集表，并决定如何处理数据，这项工作需要专门的人员进行。集中处理工作主要包括：鉴别资料的真实性、准确性和适用性，按照规定的标准对资料进行归类，对原始数据进行编码，淘汰不适用和无价值的资料。

（二）调查资料的分析

用各种分析工具对所获得的资料进行分析，以得出调查结论。

（三）调研报告的结构

调研报告的结构如下：

1. 封面和目录。
2. 经理要览：经理要览是报告中的核心部分之一，是可以独立阅读而不需正文支持的部分，以满足经理快速了解调研的结果。包括的内容应有：调研目的、研究问题及指导研究的假设，每一研究问题的发现，结论和行动策略的建议。
3. 简介：其详略程度视情况而定，主要内容有：调研背景说明，对某些读者不熟悉的术语进行定义和解释，简要介绍调研问题的历史和现状，对调研问题进行描述。
4. 正文：包括研究方法、抽样方法、收集资料的方法、统计检验方法、资料处理和分析方法及结果及调查结果的局限性。应尽量使用图表使报告更加简洁明晰。
5. 结论和策略建议：问题定义中每个问题都要有相应的结论，无法做出结论也要有说明，所提出的策略建议要可行，说明理由，并可证明调研的价值。
6. 附录：包括过于复杂、详细、专业化和正文中并非绝对必需的内容。如问卷和观察记录副本，过于技术化或过于冗长的图表及计算机输出内容。

七、怎样做市场预测

不管哪一种市场调查，主要针对的是市场的现状和历史，而对未来一般只是作较为概括的叙述。但对营销决策来说，更重要的是市场未来的发展和趋势，对市场未来发展和趋势的详细研究是市场预测的任务。市场预测是依据市场历史和现状，以经验和一定的预测技术，对市场发展未来趋势进行预计、测算和判断，得出合乎逻辑的结论的活动过程。市场预测是信息处理活动，预测中所需要的信息多依赖于市场调研。

（一）市场预测的类型

1. 按预测期长短分类。按预测期的长短一般分为三类：第一类是短期预测：一般不超过 1 年，资料易收集，结果较准确，需要时间较短，直接用于日常经营决策；第二类是中期预测：一般 1 年以上 5 年以下，难度高于短期，常见于市场潜力预测等；第三类是长期预测：一般 5 年或以上。难度最高，用于企业远景规划。

2. 按预测方法的性质分类。按预测方法的性质可分为两类：第一类是定性预测，主要靠人的经验和分析能力做出预测；第二类是定量预测，使用定量预测的数学方法进行预测。

（二）定性预测

所谓定性预测是指预测者依靠熟悉业务知识、具有丰富经验和综合分析能力的人员与专家，根据已掌握的历史资料和直观材料，运用个人经验和分析判断能力，对事物未来发展做出性质和程度上的判断，然后，再用适当的方法综合各方面意见，作为预测未来的主要依据。下面介绍专家意见法，专家意见法又分专家会议法和德尔菲方法，专家会议法由选定的专家以讨论会的方式做出预测，这里不予介绍，主要介绍一下德尔菲方法。

所谓德尔菲方法是以匿名方式，对一组专家进行多轮征询，每轮都让其独立做出预测，最后进行综合分析，确定预测结果。这一方法是美国的兰德公司首先提出的，可以合理地集中各位参与预测专家的预测意见。德尔菲预测主要经过三个阶段。

（1）准备阶段。选择和邀请 10～30 位专家，设计含有预测问题的征询问卷。

（2）征询阶段。把征询问卷发给专家，由专家在互不通气的情况下做出预测，填写到问卷上，然后收集专家的预测结果，一般第 1 次专家的意见会很不一致，预测结果差异比较大，因此把专家预测的结果进行处理，然后反馈给专家作参考，让专家做第二次预测，这样反复进行，一般经 3 到 4 轮，专家意见会收敛到比较集中的程度，即可停止。

（3）通过综合处理得到预测结果。对专家最后一次预测的处理结果就是预测结果。常见的处理方式是取各位专家的平均预测结果作为最终结果。

德尔菲方法的第一个特点是匿名性,即各专家互不见面,因此每一专家权威程度的大小和专家说服力的强弱对其他专家没有心理影响,确保每一专家的预测都是独立做出的;第二个特点是多轮预测,并且每轮预测之间都要把上一轮的预测结果反馈给专家,作为下一轮预测的参考资料,这样能确保每一专家都及时了解其他专家的预测结果;第三个特点是以量化方法整理专家的预测结果。

德尔菲方法常用于长期预测,例如市场长期变化趋势、技术发展趋势等。

(三) 定量预测

定量预测是根据历史的数据,建立数学模型,并对模型进行求解,对预测对象未来发展变化的趋势进行量的分析和描述,最后给出预测结果。下面简要介绍两种最简单的定量预测法:简单移动平均法和指数平滑法。

1. 简单移动平均预测法。人们会凭经验和直觉感到,用过去的平均结果作为未来的预测值是有道理的,例如在预测下一月的销售量时,以过去 4 个月的平均销售量作为下个月销售量的预测值。但问题是取几个月进行平均比较合适,因为越陈旧的数据对未来的关系会越小,因此用很多过去的数据进行平均并不是一个好主意。例如在上面的预测中,以过去 10 年的月平均销售量作为下个月的预测值效果不会比过去 4 个月的平均销售量更好,所以人们想到可以固定参与平均数据的个数 n,这叫移动平均期,每当增加一个新数据时就丢弃一个最陈旧的数据,始终使参与平均的数据个数为 n。下面以一个例子来说明移动平均预测法的应用。

表 5-2 中第 2 行是某商品连续 8 个月的销量,以移动平均期 $n=4$ 预测 9 月份销量。

表 5-2

月 份	1	2	3	4	5	6	7	8	9
实际销售量	1 340	1 280	1 520	1 400	1 580	1 370	1 750	1 500	
预测值 ($n=4$)					1 385	1 445	1 467.5	1 525	1 550

因为 $n=4$,前 4 个月的平均值是 5 月的预测值,因此 5 月预测值为:(1 340 + 1 280 + 1 520 + 1 400)/4 = 1 385;从 2 月到 5 月的平均值为 6 月的预测值:(1 280 + 1 520 + 1 400 + 1 580)/4 = 1 445;以后都做类似的计算,最后 5 到 8 月的平均值为 9 月的预测值:(1 580 + 1 370 + 1 750 + 1 500)/4 = 1 550。上述计算结果见表 5-2 中的第三行。

第五章 收集分析市场情报

用不同移动平均期 n 会得到不同预测结果，因此 n 的选择是很重要的。不管 n 如何取，移动平均法只是一种短期预测方法，在上例中，只有知道了 8 月的实际值才能预测 9 月的销售量，对 10 月的销售量无法预测，因为不知道 9 月的实际销售量。

2. 指数平滑预测法。指数平滑预测法与移动平均法有点类似，也是以过去的历史数据预测未来的情况。不过对历史数据数量的要求更少，只需要最后一期的数据即可。仍然以上面例子来说明如何用指数平滑法进行预测。

像移动平均法需要移动平均期一样，对指数平滑法也需要一个叫做平滑指数的数，记作 α，α 的取值范围是 0 到 1 之间的一个小数。下一期的预测值由两部分相加而得到，一部分是当前期的实际值乘以 α，另一部分是当前期的预测值乘以 $1-\alpha$，实际上未来预测值是由当前期的实际值和预测值以不同的比例混合而成的，而 α 就是当前实际值在预测值中所占的比率。用指数平滑法预测上例中的结果见表 5-3，第 3 行是 $\alpha=0.3$ 时的计算结果。

表 5-3

月 份	0	1	2	3	4	5	6	7	8	9
实际销售量	<u>1 340</u>	1 340	1 280	1 520	1 400	1 580	1 370	1 750	1 500	
预测值 ($\alpha=0.3$)	<u>1 340</u>	1 340	1 340	1 322	1 381.4	1 387.0	1 444.9	1 422.4	1 520.7	1 514.5

表 5-3 中增加了一列标为 0 的月，这是因为计算 1 月的预测值需要知道上一月的实际销售量和预测销售量，但 1 月以前就没有数据了，所以没法进行计算，这时需要预估 1 月之前一个月的实际值和预测值，常用 1 月实际值作为 1 月之前一个月（0 月）的实际值和预测值，即 0 月列中带下划线的值 1 340，它等于 1 月的实际销售量，这叫初始值记作 S_0。

当平滑指数 $\alpha=0.3$ 时，1 月预测值：$0.3\times1\,340+(1-0.3)\times1\,340=1\,340$；2 月预测值：$0.3\times1\,340+(1-0.3)\times1\,340=1\,340$；3 月预测值：$0.3\times1\,280+(1-0.3)\times1\,340=1\,322$；以后也做类似的计算，最后得到 9 月的预测值：$0.3\times1\,500+(1-0.3)\times1\,520.7=1\,514.5$。

以上简要地介绍了一些获取市场情报的方法，这只是一个简要的介绍，真正操作起来还需要很多专业性很强的工作，而且真正使用的方法也远不止以上介绍的这些。有兴趣的读者可以参看其他有关市场调研和预测的书籍。

● 本章小结 ●

本章着重讨论了如何收集分析市场信息的问题，这是营销中面临的首要问题，本章集中讨论了以下几方面的问题。

1. 市场调研主要包括探索性市场调研、描述性市场调研和因果性市场调研三种。

2. 市场调研过程包括明确调研问题、设计调研方案、收集资料、资料分析、撰写和提交调研报告五个阶段。

3. 现场资料收集的主要方法。第一类是访问法，这又包括个人访谈、个人深度访谈、电话访谈、焦点小组访谈和问卷法；第二类是观察法；第三类是实验法。

4. 怎样进行抽样的问题。抽样分为两大类，一是随机抽样，又可分为简单随机抽样、分层随机抽样和整群抽样；二是非随机抽样，又可分为任意抽样和判断抽样。

5. 介绍了怎样进行问卷设计的问题。首先是问句有哪些类型，其次是问句设计中应注意的事项，最后是问卷整体设计的问题。

6. 调研资料的研究分析和调研报告的撰写问题。对所收集的调研资料，首先要进行整理以剔除错误和无效的问卷及问句，其次要进行各种分析，最后经过综合分析才能撰写调研报告。

7. 怎样做市场预测的问题。市场预测大致可分为短期、中期和长期预测，也可分为定量和定性预测。在定性预测中主要介绍了德尔菲方法，这是一种专家预测方法，主要用于长期预测和趋势的分析预测等。在定量预测中主要介绍了简单移动平均和指数平滑预测法，这是两种简单而常用的短期预测方法。

▶ 思考题

1. 市场调研有哪几种类型，各有什么用途？
2. 市场调研过程有几个阶段，每个阶段的主要任务是什么？
3. 用于现场收集资料的访问法有哪几种？
4. 假设某餐馆的一些老顾客来光顾的频率逐渐降低，初步猜想是因为邻近的一家餐馆刚刚进行了装修，改善了卫生条件和服务态度所致，但并不能十分确定。该餐馆想通过调研来确定是否是这一原因。请你为其设计一份问卷。
5. 为估计某品牌食用油每户每月的食用量，从10 000户家庭中以简单随机抽

第五章 收集分析市场情报

样法调查25户,从样本得到平均每户每月的食用量为3.2公斤,总体中每户每月的需求量是多少?每月的总需求量是多少?

6. 分层随机抽样和整群抽样的不同之处有哪些?

7. 德尔菲预测方法适合做什么预测?该方法的特点是什么?

8. 下表是某种商品连续6个月的价格,请用移动平均法预测第7个月的价格,设给定移动平均期为4个月。

月份	1	2	3	4	5	6
价格	105	108	114	105	109	124

9. 用指数平滑法对第10题中给出的数据,重新预测第7个月的价格,设给定平滑指数为0.4。

▶ 案例应用

9月份空调热销刚过,某空调企业做了一次规模较大的市场调研。调研前先回顾了以前做过的调研活动,总结起来主要教训是:第一,目标不明确;第二,所获信息不真实、不全面,决策中难以应用;第三,聘请专业调研公司做,费用高。针对教训首先明确了目标:总结过去一年营销政策落实情况和营销业绩,与竞争者进行对比,并预测下年市场趋势。出于成本和效率的考虑,确定范围为重庆地区,调研由本公司一名曾参加过调研的产品设计师和两名有丰富实践经验的策划师主持。调研前做了大量准备工作。首先是根据调研目标确定信息需求及相应的被调查对象。要收集的信息及被调查对象被划分为六类。

(1) 与当地市场相关的产品信息:市场上的产品现状;本企业产品的知名度、美誉度和竞争力;主要竞争对手产品的竞争力;通过纵横比较找出与主要竞争对手在产品策略上的相对优势;预测产品发展趋势。相应的被调查对象为当地的业务员和销售经理、促销员、经销商、售后服务人员、消费者。

(2) 与当地市场相关的价格信息:消费者买空调的主要价格范围;本企业产品和竞争品牌各自的价格优势;通过纵横比较推算产品价格的升降幅度;消费者和经销商对本企业产品的心理价位。相应的被调查对象为消费者、促销员、经销商和业务员。

(3) 与当地市场相关的销售渠道信息:本企业和各主要竞争者销售网络资源的数量和质量;各主要渠道商的主推品牌(以销量和市场占有率衡量);主要渠道商的规模大小、潜质、信誉以及有无合作前景;去年公司营销政策的落实情况,如承诺的年终奖金、返利是否及时、完全兑现，如未兑现，原因何在；对经销商的促销活动、广告宣传、展台制作等支持力度多大，还有何遗留问题。相应的被调查对象为业务员和经销商。

(4) 与当地市场相关的促销信息：产品上柜和陈列情况；售点广告放置；业务员和促销员销售能力；促销活动频率和效果。相应被调查者为促销员、业务员、经销商、消费者。

(5) 与当地市场相关的服务信息：本企业安装结算费和维修费的兑现程度及时效性；主要竞争对手售后服务政策的竞争力；本企业和竞争者服务人员的服务态度和服务质量；维修备件准备情况；所开展与服务有关的促销或义务活动。相应被调查对象为消费者、促销员、业务员和售后服务人员。

(6) 竞争对手信息：前五类中与竞争对手有关的信息。相应被调查对象为业务员、促销员、经销商、售后服务人员和消费者。

调查方式确定为问卷调查、座谈会、实地考察和上门拜访，这与以往以问卷调查、电话拜访为主差异很大，而且许多调查都分配给下面的销售分公司去做。资料收集时间为5天，一天用于售后服务人员、经销商和促销员座谈会，其余4天实地考察和上门拜访。

为方便调查设计了五种问卷，分别针对业务员、促销员、经销商、售后服务人员和消费者。每种问卷少于40题，自由回答题不超过3，要求被调查者填写真实姓名和联系方式以便后期核对。对不同被调查对象采取不同问卷发放形式。对售后服务人员、业务员和促销员的调查问卷在座谈会上发放并回收；参加座谈会的经销商当场完成问卷，未参加座谈会的经销商在上门拜访时完成；消费者调查主要靠当地分公司和售后服务人员完成，具体说来，市区分公司在周末举行现场促销活动和社区活动，借此时间可完成大部分问卷调查，剩余部分由维修点工作人员完成。而且对问卷发放和回收进行了多次演练。

抽样也按不同对象进行，包含业务员10人、促销员30人、经销商30家（市区10家，周边20家）、消费者250人（市区150人，周边100人）。

对座谈访问准备了详细的座谈提纲，包括将要探讨的问题、座谈主题、焦点、谁先讲话、讲什么内容。还准备了赠送礼品。

确定实地考察内容：促销员能力和态度、展台陈列和售点广告摆放、商家是否主推。

确定应重点拜访的经销商，并事先与分公司协调好，什么时候拜访，该提哪些问题。

提前准备好各种辅助工具和必备资料，如记录册、通讯和交通工具、相机、提包等。

第五章 收集分析市场情报

通过公司总部与分公司协商，明确各参与人员和单位的职责。

由于事前做了充分准备工作，所以实际调查过程很顺利，经过一星期的现场调查就完成了资料收集的任务。最后经5天的昼夜加班，进行资料汇总和分析，得出调研结论。

此次市场调研为公司制定新的营销政策提供了坚实的基础和支撑，获得公司领导的一致认同。而此次调研总支出尚不足8 000元。

▶ 问题

1. 请分析一下自行组织调研和聘用专业调研公司的优缺点。
2. 请设计一份针对消费者的问卷，注意包含所有应从消费者收集的信息资料。
3. 实地考察应到什么地方去考察？应该观察哪些内容？
4. 针对调研目标，你认为在调研中还有哪些可改进的工作？

第三篇

谋略篇

第六章

选择定位目标市场

❖ 本章学习目标

通过本章的学习,你应该能够:

◇ 熟悉消费者市场和产业市场的细分标准,并能够在实践中根据需要对某类市场进行细分

◇ 明确目标市场战略的类型,了解不同的目标市场战略的利弊及适用条件

◇ 了解各种市场定位的方法

开篇案例

一向以创新出众的招商银行,在竞争日趋激烈的今天,为实现战略转型,加强零售业务,以期再创佳绩。2005年,在我们的协助下,进一步细分客户,推出"伙伴一生"金融计划,对零售产品和服务进行整合。我们为招行"伙伴一生"金融计划进行了系统的规划设计,以鲜明独特的形象隆重推出,并采用整合传播手段进行全面推广。

在这一项目中,我们将招行的零售客户进行细分,将客户群踏入工作后的人生分为几个阶段,分别为初涉社会阶段、成家立业阶段、养儿育女阶段、事业有成阶段、安享晚年阶段。相应地,它根据各个阶段的生活形态特点、理财需求、投资风格,有针对性地提供不同的金融产品和服务。

在为人生各个阶段所提供的具体产品和服务方面,我们以零

售银行部现有的产品和服务为主，进行全面的产品整合，"打包"推出，具有非常强的针对性和适用性。

"伙伴一生"金融计划的推出，是国内银行业的一个创举，具有历史性的意义。

此前，国内商业银行几十年来都是"以财富的多寡来区分客户"，往往"嫌贫爱富"。这一做法对有钱人全面照顾、服务周到，而让普通客户感到受到忽视而不满。

我们从"关爱"客户的角度出发，创造性地根据客户所处不同人生阶段，针对性地提供相应服务，体现了银行对客户的关爱，从而更为科学、有针对性、更为人性化。

事实上，每个人从踏入社会工作后有一个成长与发展的过程，个人的财富也有一个从少到多、不断积累的过程。更重要的是，在人生所处的不同阶段，生活形态有所差别，理财需求、投资风格会有明显的不同，因此所需要的金融产品和服务是不同的，服务渠道也有所区别。以创新见长的招商银行准确把握住了这一点，率先在国内银行中推出这一计划，具有非常强的针对性和适用性。

"伙伴一生"金融计划的推出，顺应了这一客户细分的趋势，在业界是一个突破性的创举。它体现了招商银行关爱客户、人性化的一面，体现了招商银行一贯的"因您而变"的理念，更是招商银行经营战略转型的重要一步！

"伙伴一生"金融计划的推出，突显出招商银行对零售银行业务的重视，也是招商银行战略转型中的重要一步。

2006年3月底，招商银行在北京举行新闻发布会，隆重推出"伙伴一生"金融计划。不久后，在招商银行全国400多个营业网点可以看到海报和宣传单页，网站广告、户外路牌、报纸广告也紧跟推出。2006年，招商银行将"伙伴一生"金融计划作为一个重点项目进行推广，足见招商银行对它的重视。

人的一生，是一个成长的过程。招商银行"伙伴一生"金融计划，像是一个伙伴，伴随着客户的成长，给他们关怀、鼓励和悉心照顾，让他们在人生旅程中，处处感受到它所带来的关爱。

第六章 选择定位目标市场

如何细分客户？根据客户群踏入工作后的生活形态特点不同，我们将客户群分为以下五个阶段：初涉社会阶段、成家立业阶段、养儿育女阶段、事业有成阶段、安享晚年阶段。

那么，如何给客户群一个直观的命名？经过多次的创意和讨论，我们将各阶段客户群分别命名为炫彩人生、浪漫人生、和美人生、丰硕人生和悠然人生。这一组命名，非常直观。

为便于日后推广，我们根据各阶段人群的心理和理财需求，分别创作了各阶段的广告语。分别为：

炫彩人生：炫彩青春，因我更精彩。

浪漫人生：浪漫生活，因我更真情。

和美人生：和美家庭，因我更幸福。

丰硕人生：丰硕成果，因我更辉煌。

悠然人生：悠然岁月，因我更逍遥。

以上系列广告语紧扣各阶段段客户群的特点，体现了招行对他们的关心，向他们准确地诉求他们所关心的利益点，针对性强、结构工整、诉求准确，形成一个完美的组合。

如何为处于不同人生阶段的客户群量身定做产品和服务？

在"伙伴一生"金融计划中，我们将招商银行现有零售银行业务进行有机整合，具有非常强的针对性和适用性。考虑到人生不同阶段其生活形态有所差别，理财需求、投资风格会有明显的不同，因此所需要的金融产品和服务是不同的，服务渠道也有所区别：

对于刚刚踏入社会、刚参加工作的客户群（处于炫彩人生阶段）来说，他们一般为18~25岁未婚的年轻人。群体特征表现为年轻、有活力、对新生事物有强烈的兴趣，追求时尚，对自己和未来充满信心，喜欢结交朋友，经济收入比较低，但花销大。他们的投资风格是风险承受力较低，投资活动较少。理财需求以转账、汇款需求较多，对刷卡购物的方式比较接受。针对这一阶段的人群，招商银行"伙伴一生"金融计划为他们推出居家服务、储蓄融资方面分别提供刷卡消费、网上支付、自助缴费、网上转账汇款、定期定额、教育学资贷款、信用卡循环授信等服务，以及 15 万安心无忧健康及保障计划 C、5 万的安享人生两全保险（分红型）自选保障计划，还特别倾情奉献个性化产品及增值服务——QQ 一卡通。在服务渠道方面，针对年轻人容易接受新鲜事物的特点，鼓励他们使用电话银行、手机银行、网上银行、自助银行这些更方便的服务渠道。

对于事业上小有成就、成家立业阶段的客户群（处于浪漫人生阶段）来说，他们一般为 23～30 岁的人。正谈婚论嫁，经济收入增加而且生活稳定，乐观自信、积极向上，为提高生活质量往往需要较大的家庭建设支出，如购买一些较高档的用品、贷款买房。有一定风险承受能力，更加注重投资收益。以温和进取型投资风格为主。招商银行"伙伴一生"金融计划为他们推出个人住房按揭贷款、个人汽车消费贷款、信用卡循环授信、信用卡免息分期付款、信用卡调高临时额度、预借现金等融资业务，为便于他们投资，提供了银证通、开放式基金等产品，以及个性化产品——溢财通，并开通财富账户、95555 出行易等电子银行服务。

而对于养儿育女阶段的客户群（处于和美人生阶段）来说，他们一般为 28～40 岁的三口之家。群体特征表现正是家庭和社会的中流砥柱，经济上渐具实力，逐渐成为中高管层管理人员，处于家庭成长期，孩子是家庭的中心，一切都以孩子为优先考虑，重视成长教育和文化环境，培养孩子是家庭的一项重要支出，着手准备子女教育、投资增值计划，他们以进取型投资风格为主，投资品种多样化。针对这一阶段的人群，招商银行"伙伴一生"金融计划为他们推出特色储蓄、居家服务、融资业务、投资业务方面分别提供教育储蓄、结汇/购汇、境外汇款、通知存款、自助缴费、代理扣款、教育学资贷款、住房循环授信、个人汽车消费贷款、自助贷款、信用卡循环授信、开放式基金、外汇买卖、银证通、本外币理财计划等服务，以及"一张保单保全家"的 10 万安享人生两全保险（分红型）自选保障计划，还特别倾情奉献个性化产品及增值服务——留学金融服务套餐。

而对于事业有成阶段的客户群（处于丰硕人生阶段）来说，他们一般为 38～55 岁中老年人士，子女已成年自立，有了自己的

第六章 选择定位目标市场

生活空间，处于家庭成熟期。自身的工作能力、工作经验、经济状况都达到高峰状态，成为中高层，事业达到高峰，生活压力逐渐减轻，开始为退休生活和保持健康做准备。他们的投资风格更加注重投资风险，以均衡型投资风格为主。针对这一阶段的人群，招商银行"伙伴一生"金融计划为他们特别推出在特色储蓄、居家服务、融资业务、投资业务等针对性的服务外，面向"金葵花"客户专门推出白金品质的尊贵服务，包括"一对一"的理财顾问、优越专属的理财空间、丰富及时的理财资讯，以及最高等级的全国漫游服务：快易理财服务、"金葵花"贵宾登机服务、星级酒店预订和VIP服务、远程医疗紧急救援服务、预订机票、天气交通咨询服务、免费临时保管箱服务、应急取款、紧急挂失、免费手机短信或E-mail理财秘书通知服务等，甚至是白金信用卡的顶级服务，包括一卡双币全球通行的多重享受、全球上万家特约商户倾情奉献的贵宾待遇、全球全领域知名企业精心营造的国际化生活、全球24小时白金贵宾服务。

对于安享晚年阶段的客户群（处于悠然人生阶段）来说，他们一般为55岁以上的老年人士，他们对生活没有太高的要求，但希望过得悠闲而丰衣足食、身体健康，享受生活乐趣……针对这一阶段的人群，招商银行"伙伴一生"金融计划为他们推出存折、存单、汇入汇款等服务，以凭证式国债、开放式基金、本外币理财计划等稳健型的投资方式，让他们在兼顾安全性的同时，使财富跟随资本市场趋势获得稳健增长。另外，度身定造10万的放心理财（万能型）自选保障计划，还特别倾情奉献个性化产品及增值服务——医疗健康计划，让他们晚年过得安康快乐、悠闲逍遥！

我们可以看到，"伙伴一生"金融计划为人生不同阶段的客户群提供了有针对性、差异化的产品和服务。这种客户的差异化管理，体现了招商银行因您而变的理念，将更好地为客户提供高质量的服务，提高客户的满意度。

"伙伴一生"金融计划的推出，只是个开始。完成这一项目的

> 前期规划工作，招商银行感到非常满意，他们表示，作为 2006 年的一个重点项目，将通过电视、报纸、户外等媒体资源，以强化产品和服务来进行宣传。相信不久以后，随着招商银行这一项目推广的展开，招商银行将加快战略转型的步伐，零售银行业务将有更大的发展！

一、市场细分的依据

（一）市场细分的客观性

1. 市场细分的含义。所谓市场细分，指企业根据消费者对产品的需求欲望、购买行为与购买习惯的差异，把整个市场划分为两个或更多个消费者群体，从而确定企业目标市场的过程。每一个需求特点大体相同的消费者群叫做一个细分市场，或称作一个子市场。市场细分的概念，是美国市场营销专家温德尔·史密斯在总结企业根据顾客的不同需求组织生产的经验而在 1956 年提出来的，此后受到了广泛重视和普遍应用，成为企业市场营销战略的一个核心内容。

2. 市场细分的基础。市场细分和目标营销的客观基础，首先在于市场需求的差异性，以及由此决定的购买者动机和行为的差异性。市场需求的差异性取决于社会生产力发展水平、市场商品供应的丰富程度以及消费者的收入水平，除了对某些个别的同质商品外，消费者的需求总是各不相同的，这是由个性、年龄、地理位置、文化背景、职业等方面的差异所决定的，这些差异，在社会经济落后、商品匮乏和人们收入微薄的时候，并不明显。例如，在 20 世纪 80 年代以前的我国市场上自行车供应紧张、名牌车凭票购买，消费者只要能买到一辆名牌车就很满足了，不在意其型号与颜色。制造厂家在市场供不应求情况下只顾扩大产量，也不重视开发新产品。然而，当社会经济发展到一定程度，市场供应比较充足，社会购买力也提高了的时候。需求的差异性便日益鲜明地呈现出来，"多年一贯制"的老产品则日益受到冷落。这种严峻的市场形势迫使厂家纷纷研究市场，分析市场，改变营销战略。于是大量新产品相继推出。例如，上海凤凰牌自行车适应不同层次的需要，于 1991

第六章 选择定位目标市场

年推出了6个新品种（运动车、山地车，儿童车等）。花色也越来越丰富多彩。

其次，市场细分和目标营销的客观基础还在于市场需求的相似性。从整体上看人们的消费需要是千差万别的，然而在这种差别之中由包含某种共性，例如，我国消费者对饮料的需要多喜食乳酸菌类饮料，青年人偏爱可乐、啤酒，中老年人多好饮茶，即在某类消费者群体中会有某种共性。这种交叉中的相似性和差异性就使市场具有可聚可分的特性，为企业按一定标准细分市场从而选择自己目标市场，提供了客观可能性。

（二）市场细分的标准

市场细分是建立在市场需求差异性基础上的，因而形成需求差异性的因素，就可以作为市场细分的标准和依据，由于市场类型不同，如对消费者市场和对生产者市场细分的标准也有所不同。

1. 消费者市场细分的标准。消费者市场上的需求是千差万别的，影响因素也是错综复杂的，对消费者市场的细分所依据的标准一般来说可概括为四大类：地理环境、人口状况、消费者心理和消费者行为，每个方面又包含了一系列的细分因素。

（1）地理细分。按地理环境细分就是根据消费者生活的地理环境来细分市场，这是一种传统的细分方法。地理环境包括地理区域（国家、地区、南方、北方、城市、乡村等）、地形，气候、人口密度、生产力布局、交通运输和通讯条件等。由于地理条件的不同，会形成不同的消费习惯和偏好，消费者的需求就会有差异。如由于气候的原因，北方居民对冬衣的需求时间较长，数量也较多，而南方居民则需要更多的春夏服装；饮食口味上各地的差异也很大，如我国有"南甜、北咸、东辣、西酸"之说。同时，市场潜量和营销费用也会因地理位置的不同而有所不同。

按照地理因素进行市场细分较为明显、比较容易衡量和运用，它基本上是一个相对稳定的静态因素，但却不是影响消费者需求的惟一因素，同一地理环境里的消费者也常有不同的需求和行为。因此，还必须考虑其他因素。

（2）人口细分。所谓人口细分，就是企业按照人口变量进行细分。人口变量包括消费者的年龄、性别、职业、收入、教育、家庭生命周期、社会阶层、国籍、宗教、种族等。按人口因素细分市场是市场细分的一个极重要的依据和标准。

（3）心理细分。按照消费者心理进行细分就是根据消费者的生活态度、个性、购买动机、消费习惯进行划分，从而可把消费者划分为不同的群体。

（4）行为细分。所谓行为细分，就是企业按照消费者购买或使用某种产品的时机、消费者所追求的利益、使用者情况、消费者对某种产品的使用率、消费者对品牌（或商店）的忠诚程度、消费者待购阶段和消费者对产品的态度等行为变量来细分消费者市场。

2. 产业市场细分的标准。产业市场的细分标准，有一些与消费者市场细分标准大体相同，如追求利益、使用者情况、使用程度、对品牌的信赖程度、使用者对产品的态度等，比有所不同，一是购买者是产业用户，二是其购买决策是由有关专业人员做出，一般属于理性行为，受感情因素影响较少。因此，产业市场细分的标准，应增加新的变量：

（1）最终用户。在产业市场，不同的最终用户对同一种产品追求的利益不同。企业分析产品的最终用户，就可针对不同用户的不同需求制订不同的对策。例如，电子元件市场细分为军用市场、民用工业市场和商业市场等，他们各有不同的需求重点。军事用户要产品质量绝对可靠，供应准确及时，对价格不甚在意；民用工业用户要求质量良好，服务周到、价格适中；商业用户则特别重视价格，对质量要求一般。针对上述不同要求，企业应采取不同的营销组合策略。

（2）用户规模。企业在细分产业市场时，可将用户分为大客户、中客户、小客户三类。一般来说，大客户数目少但购买额大，对企业的销售市场有举足轻重的作用，应予以特别重视，可保持直接的经常的业务关系，对小客户则一般不直接供应，而通过中间商销售。

（3）参与购买决策的成员的个人特点。指购买决策成员的年龄、受教育程度、社会经历及所担负的职务等，以及由上述因素所带来的购买心理和购买行为的不同。

（4）用户的购买状况。主要指购买者的购买能力、购买目的、购买方式、购买批量、付款方式、采购制度和手续等。

（5）用户所处的地理位置。包括所在地区、气候、资源、自然环境、生产力布局以及交通运输和通讯条件等。

在大多数情况下，产业市场不是依据单一变数细分，而是把一系列变数结合起来进行细分。例如，某铝制品公司的市场可按三组变数进行三个层次的宏观细分（见图6-1所示）。第一步：先按最终用户细分为汽车制造业、住宅建筑业、容器制造业三个市场，然后选择其中一个子市场作为企业的目标市场，假定该公司选择住宅建筑业为目标市场；第二步：按产品用途再细分为半成品原料、建筑构件、活动房屋三个市场，假定选择建筑构件为目标市场；第三步：按用户规模分为大、中、小客户，假定选择了大客户为目标市场；最后，还要进行微观细分，即按寻求利益重点的不同，把大型客户分为重视价格、重视服务和重视质量三类，假定该公司一向以优质服务见长，则可选择注重服务的大客户为自己的目标市场。

第六章 选择定位目标市场

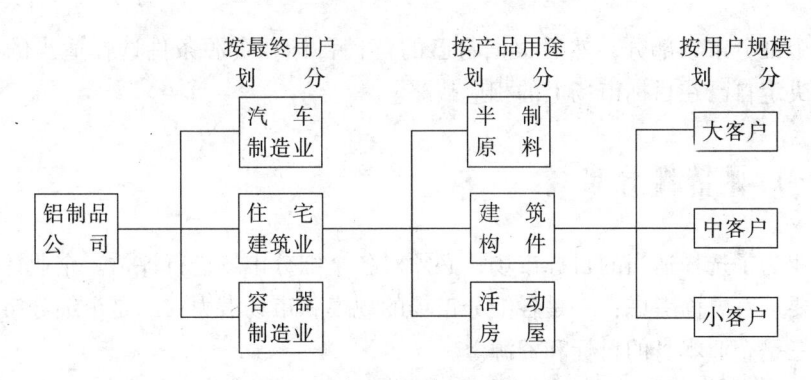

图 6-1 用多变量细分产业市场

（三）市场有效细分的条件

对不同行业、不同类型的企业来说，实行市场细分必须具备一定条件。否则，不一定能够形成有效的细分市场，很可能徒劳无功，得不偿失。市场有效细分的条件有：

1. 可衡量性。指用来细分市场的依据和细分后的市场是可以衡量的。确定的细分依据必须清楚明确，容易辨认；各细分市场之间有明显的区别，在细分市场内有容易识别的人员。有些细分变量难以衡量和测算，不能作为细分的依据。

2. 可占领性。指细分后的市场是企业可以利用现有的人力、物力、财力去进入和占领的。市场细分是为确定目标市场服务的市场细分部分必须是企业有可能进入并占有一定份额的，否则就没有现实意义。

3. 有价值性。有价值性指细分后的市场有值得占领的价值。即细分后的市场要有适当的规模和发展潜力，适应企业发展壮大的需要。细分后的市场规模与营销费用密切相关，市场范围太小，其营销费用的比例会扩大；反之，其营销费用则缩小。如果容量太小，销量有限，则不足以成为细分依据。

4. 稳定性。市场细分所划分的子市场必须具有相对稳定性，以便企业可以长期有效地占领该市场。这意味着企业在占领该细分市场后的相当长时期内不需改变，有利于企业制订较长时期的营销战略，减少营销风险，使企业取得稳定发展。

二、目标市场选择

市场细分的目的是为了选择目标市场。在市场细分的基础上，企业首先要认真评估各个细分市场部分，然后根据自己的营销目标和资源条件选择适当的目标市场，并决定自己在目标市场上的相应战略。

（一）评估细分市场

企业为了选择适当的目标市场，必须对各个细分市场进行评估。企业评估细分市场主要从三方面考虑：一是各细分市场的规模和市场潜力；二是个细分市场的吸引力；三是企业本身的目标和资源。

1. 市场规模和潜力。首先要评估细分市场有没有适当的规模和潜力。所谓适当规模是相对于企业的规模和实力而言的。较小的市场相对于大企业，不值得涉足；而较大的市场相对于小企业，又缺乏足够的资源来进入，并且小企业在大市场上也无力与大公司竞争。

市场增长潜力的大小，关系到企业销售和利润的增长，但有发展潜力的市场常常是竞争者激烈争夺的目标，这又减少了它的获利机会。

2. 市场的吸引力。所谓吸引力主要指长期获利率的大小，一个市场可能具有适当规模和增长潜力，但从获利观点来看不一定具有吸引力。决定整体市场或细分市场是否具有长期吸引力的有五种力量：现实的竞争者、潜在的竞争者、替代产品、购买者和供应者。企业必须充分估计这五种力量对长期获利率所造成的威胁和机会。

如果某个市场已有为数众多、实力强大的竞争者，该市场就失去吸引力；如果某个市场可能吸引新的竞争者加入，他们将会投入新的生产能力和大量资源，并争夺市场占有率，则这个市场也没有吸引力；如果某个市场已存在现实的潜在的替代产品，这个市场就不具有吸引力；如果某个市场购买者的谈判能力很强或正在加强，他们强求降价，或对产品和服务苛求不已，并强化卖方之间的竞争，那么，这个市场就缺乏吸引力；如果企业的供应者——原材料和设备供应商、公用事业、银行等，能够随意提高价格或降低产品和服务质量，或减少供应数量，该市场就没有吸引力。

3. 企业本身的目标和资源。有些市场虽然规模适合，也具有吸引力，但还必须考虑：第一，是否符合企业的长远目标，如果不符合，就不得不放弃；第二，企业是否具备在该市场获胜所必要的能力和资源，如果不具备，也只能放弃。

（二）市场选择战略

企业在对细分市场进行评估之后，就要决定采取何种战略进入目标市场。所谓

第六章　选择定位目标市场

目标市场，就是企业决定要进入的那个市场部分，也就是企业拟投其所好，为之服务的那个顾客群（这个顾客群有颇为相似的需要）。在现代市场经济条件下，任何产品的市场都有许多顾客群，他们各有不同的需要，而且他们分散在不同地区。因此，一般来说，任何企业（即使是大公司）都不可能很好地满足所有的顾客群的不同需要，为了提高企业的经济效益，企业必须细分市场，并根据自己的任务目标、资源和特长，等等，权衡利弊，决定进入哪个或哪些市场部分，为哪个或哪些市场部分服务。可供企业选择的目标市场战略主要有三种：

1. 无差异性目标市场战略。无差异性目标市场营销战略是指企业在市场细分之后，不考虑各子市场的特性，而只注重于市场的共性，决定只推出单一产品，运用单一的市场营销组合，力求在一定程度上适合尽可能多的顾客的需求（如图6－2所示）。这种战略的优点是产品的品种、规格、款式简单，有利于标准化与大规模生产，有利于降低生产、存货、运输、研究、促销等成本费用，取得规模效益。其主要缺点是单一产品要以同样的方式广泛销售并受到所有购买者的欢迎，这几乎是不可能的。特别是当同行业中如果有几家企业都实行无差异市场营销时，在较大的子市场的竞争将会日益激烈，而在较小的子市场需求将得不到满足。由于较大的子市场内的竞争异常激烈，因而往往是子市场越大，利润越小。这种追求最大子市场的倾向叫做"多数谬误"。因此，采取无差异目标市场战略需要满足一定的条件。这些条件是：一是企业具有大规模生产线，能够进行大规模生产；二是有广泛的分销渠道，能把产品送达所有的消费者；三是产品质量好，在消费者中有广泛的影响。

企业的市场营销组合 ⟶ 市场

图6－2　无差异性目标市场战略

2. 差异性目标市场战略。差异性目标市场战略是指企业在市场细分的基础上，决定同时为几个子市场服务，设计不同的产品，并在渠道、促销和定价方面都加以相应的改变，以适应和满足各个子市场上消费者的需要，从而占领多个细分市场为企业的目标市场（如图6－3所示）。

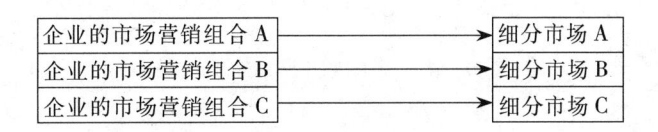

企业的市场营销组合 A ⟶ 细分市场 A
企业的市场营销组合 B ⟶ 细分市场 B
企业的市场营销组合 C ⟶ 细分市场 C

图6－3　差异性目标市场战略

差异性目标市场战略是企业间激烈竞争的产物。在激烈竞争的市场条件下，企业为了提高自己的适应能力和应变能力，减少营销风险，便采取多品种、小批量的生产，以满足不同消费者的需求，扩大产品的销售量，从而提高企业的竞争力和市场占有率。差异性目标市场战略多为大企业所采用，通过多样化的产品线和多样化的分销渠道，通常会使企业的总销售额增加；而且，如果企业的产品同时在几个细分市场上占优势，就会提高消费者对企业的信任感，从而提高重复购买率。差异市场营销的主要缺点是由于采取多品种、小批量的生产销售，会使企业的生产成本和市场营销费用（如产品改进成本、生产成本、管理费用、存货成本、促销成本等）增加。有些企业曾实行了"超细分战略"，即许多市场被过分地细分，而导致产品价格不断增加，影响产销数量和利润。于是，一种叫做"反市场细分"的战略应运而生。反细分战略并不反对市场细分，而是将许多过于狭小的子市场组合起来，以便能以较低的价格去满足这些市场的需求。由此可见，采取差异化市场营销策略究竟差异到什么程度，需要权衡利弊得失再做出决策。如果将市场分得过细，提供的产品过多，效益出现递减，结果反而得不偿失。

一般认为，企业采取差异化市场营销策略必须满足以下条件：（1）企业的人力、物力、财力比较雄厚，能进行多品种生产；（2）企业的技术水平、设计能力能够适应多品种生产的要求；（3）企业的营销管理人员水平较高，能适应多种市场的要求；（4）产品销售额的提高大大高于营销费用增加的比例。

3. 集中性目标市场策略。集中性目标市场策略又叫密集性目标策略，是指企业集中所有力量，以一个或少数几个性质相似的子市场作为目标市场，试图在较少的子市场上占较大的市场占有率。实行集中市场营销的企业，一般是资源有限的中小企业，或是初次进入新市场的大企业。由于服务对象比较集中，对一个或几个特定子市场有较深的了解，而且在生产和市场营销方面实行专业化，可以比较容易地在这一特定市场取得有利地位。因此，如果子市场选择得当，企业可以获得较高的投资收益率。其具体做法是：在市场细分的基础上，选择营销对象比较集中的细分市场，实行专业化生产和销售，用一种营销手段满足该市场上消费者的需求。如图6-4所示。

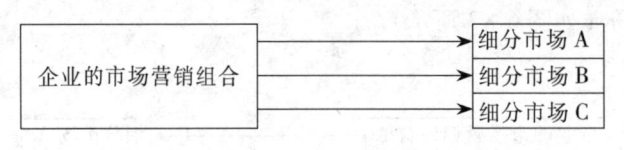

```
┌─────────────────┐      → 细分市场 A
│  企业的市场营销组合  │  →  → 细分市场 B
└─────────────────┘      → 细分市场 C
```

图6-4 集中性目标市场战略

但是，实行集中性目标市场战略的优点是：第一，可以提高企业在一个或几个细分市场上的占有率。采用该战略，由于企业销售的对象集中，因而对市场有较全面地了解，使产品容易满足消费者的需求。第二，可以降低成本和减少销售费用。在采用该战略的情况下，企业可以实行专业化经营，也有较大的风险性，因采取该策略的情况下，企业的市场实行专业化，批量大，可以集中力量搞设计，因而成本可以降低；同时，单一经营也可以减少销售费用。第三，可以使企业创名牌，增加销售量，提高利润率。因为产品单一，可以集中力量搞设计，工艺水平和劳动者的熟练程度都可以提高，可以使企业市场出质量良好的名牌产品，满足消费者需要。同时，采用这种战略需要的人力、物力和财力都较其他战略为少，比较容易占领市场，因而是中小企业的首选战略。

采用这种战略的缺点是风险较大。由于这种战略所确定的目标市场范围比较狭窄，一旦市场情况突然变坏，如消费者的需求发生变动，或者出现强有力的竞争对手，企业有可能立即陷入困境。因而，企业实行这种战略要作好应变准备，加强风险意识。首先应对市场认真进行调查研究，找准方向；同时，应具备出奇制胜的专门人才或专门技术，足以吸引细分市场上的目标顾客。否则，就不适宜采用这种战略。

三、市场定位方法

企业在市场细分的基础上，选择并确定了自己的目标市场，这仅仅是为企业划定了营销范围，还没有确定本企业在目标市场上的位置。因此，在确定了企业的目标市场后，接下来面临的课题就是市场定位。

（一）市场定位的含义

竞争是无处不在的，任何一个市场都不会是一家企业独霸的天下，在同一市场上存在着许多同一品种产品的竞争。因此，企业为了使自己生产或销售的产品获得稳定的销路，就必须在多方面为自己的产品培养一定的特色，树立一定的品牌形象，以求在顾客心目中形成一种特殊的偏爱，这就是市场定位问题。市场定位战略是企业根据自己的力量和目标顾客的要求，为本企业在目标市场上确定位置的谋略。

定位理论是 20 世纪 70 年代由美国学者艾·里斯和杰克·特劳特首先提出来的。随着社会经济的发展和科学技术的进步，社会经济进入了一个产品爆炸、广告爆炸、信息爆炸的时代。而人们接受信息的容量是有限的，这就要求必须为本企业及其产品寻找一个合适的位置,使目标顾客更容易发现和接受,这就是"定位"。定位概念提出后,受到企业界和理论界的高度重视,有人甚至把20世纪70年代叫做"定位年代"。

(二) 市场定位的步骤

企业的市场定位工作一般应包括三个步骤:一是调查研究影响市场定位的因素,确认目标市场的竞争优势所在;二是选择自己的竞争优势和适当的定位战略;三是准确地传播企业的定位观念。

1. 调查研究影响定位的因素。适当的市场定位必须建立在市场营销调研的基础上,首先需要了解有关影响市场定位的各种因素。由于许多同类产品在市场上品牌繁多,各有特色,广大顾客都有自己的价值取向和认同标准,企业要想在目标市场上取得竞争优势和更大效益,就必须在了解购买者和竞争者两方面情况的基础上,确定本企业在市场上的适当位置。因此,定位理论是以企业和竞争者的产品各在顾客心目中的地位为出发点的。

2. 选择竞争优势和定位战略。企业通过与竞争者在产品、促销、成本、服务等方面的对比分析,了解自己的长处和短处,从而认定自己的竞争优势,进行恰当的市场定位。例如,以生产中低档手表为主的丹东手表工业公司,认识到自己无力与大企业名牌手表厂家相抗衡,因而避开大城市而选择乡镇市场为目标市场,提出"走下铁路上公路,离开城市到农村"的营销战略,树立起适合农村消费者偏好的产品形象,确立了自己的产品定位,因而获得连续三年利税有较大幅度增长的好成绩,这就是正确地选择定位战略的结果。

3. 准确地传播企业的定位观念。企业在做出市场定位决策后,还必须大力开展广告宣传,把本企业的定位观念准确地传播给潜在购买者,要避免因宣传不当在公众心目中造成误解。比如在顾客心目中没有统一明确的认识,对同一产品或同一服务项目,有人认为是高档的,有人认为是低档的,这就是由于定位宣传失误所致,这将会给企业形象和经营效果造成不利影响,营销者应注意防止。

(三) 市场定位的方法

市场定位是围绕企业与产品在消费者心目中的独特优势展开的。为使消费者迅速认知本企业及其产品,必须采用科学的定位方法。常用的定位方法包括:

1. 压倒优势定位法。压倒优势定位法,是通过向消费者传递那些几乎无可争辩的竞争优势来建立市场领导者地位的定位方法。

第六章 选择定位目标市场

压倒优势可能来自许多方面，如先进科技、正统产品、发明领先以及综合实力最强等。IBM 在美国电脑主机市场上占有 70% 的市场份额，建立这一霸主地位根源于它先进的科学技术和巨大的人才优势，更重要的是它将这种压倒优势最先建立于顾客心目中。"只有可口可乐，才是真正可乐"，这可能是可口可乐公司在软饮料市场上确立其领导者地位的根本。这一诉求最先进入人们的心智，调动并加强了可口可乐在人们心目中的良好印象；借助它，人们对各种可乐类饮料有了辨别。"我们发明了此产品"，这是施乐复印机、拍立得照相机赢得市场领导者地位的真正强大的刺激力量。综合实力往往可以通过企业排名得以体现。企业在较大范围内如全球市场或全国市场取得较好的名次，可能导致消费者确认这一企业在较小范围市场上实际的领导者地位。

2. 功效定位。功效定位法就是通过突出产品适应消费者需求的某些独特功效来确立其市场位置的定位方法。

不同产品有不同的功效。在不同的产品类别中，企业可以发展的独持功效也大不相同。例如，小轿车可以是豪华、宽敞、价高，也可以是经济、小巧、价低；可以是省油，也可以高速；可以是赛车特点，也可以是特别便于操作。究竟以哪种功效定位，关键要看哪种功效能真正适应消费者欲求和心理。

独持功效在科技迅速发展的今天往往不能保持太久。要保证运用功效定位成功，企业就必须密切关注市场，不断选择并培育发展独持优势。

3. 产品形象定位法。产品形象定位法是将一个产品品牌的特点综合起来，使其象征某类人物或事物，让消费直接受这种象征性并使品牌在消费者心目中树立一个永不磨灭的形象的定位方法。

人们愿意对事物加以联想，那些恰当的、有意义的联想会轻易进入人们的心智，甚至永志不忘。产品形象定位法正是利用联想规律，将枯燥、平淡的品牌特性附着于一个适当的形象上，传递给消费者并使这一形象深深印在消费者心中，达到定位目的。

4. 产品种类分离定位法。产品种类分离定位法，指企业根据产品或服务的特性将此产品从相近产品种类中分离出来，以满足消费者对这一产品的需求，并为自己确立一个独持位置的定位方法。

产品种类分离定位法可以使产品避开某一产品种类内部激烈的竞争，后来居上，甚至与最强大的竞争者平分市场。但是，这需要具备两个条件：一是分离出来的市场要有足够大的开发潜力；二是分离必须彻底，产品要有特色，要有供消费者识别辨认的特点。

5. 竞争对抗定位法。竞争对抗定位法，是指一个有竞争实力但知名度不高、在市场上尚未取得一个稳定地位的产品，与一个已在市场上建立起领导者地位的产品直接对抗，以吸引消费者的关注，从而在市场上取得有利位置的定位方法。

该方法的实质不是通过直接对抗一举打败竞争者来跃居领导者地位，而是通过与市场领导品牌直接对抗，吸引消费者的关注，用比单纯依靠本产品自身力量更短的时间在消费者心目中占领一个较为有利的位置。竞争对抗定位法需要企业的巨大财力支持，而且风险很大，所以企业一定要慎用。

6. 比附定位法。比附定位法是指拿自己的产品或服务比附服务者的位置，以便在消费者心目中为自己确立一个有利位置的方法。

比附定位法与竞争对抗定位法有共同之处，即两者都是借助领导者或市场地位优越的竞争对手的声誉引起消费者对本企业产品的关注。但具体方法不同，比附定位法是通过比附领导者的位置，承认己不如人，获得消费者的信任与支持，从而取得一个较为有利的市场位置。比附定位法避开正面的直接对抗即可获得有利的市场地位，这一优势日益引起更多企业的青睐。

7. 产品使用者定位法。产品使用者定位法，即企业通过明确指出其产品适用者并借助使用者代表进行劝说，达到吸引目标消费者从而在市场上定位的方法。

一方面功效定位广告的大量使用，造成品牌功效的混乱并使功效定位趋于无效。另一方面，某些产品的独特功效出现在许多方面，同时突出多种功效造成广告表现的困难。在这种情况下，企业常借助产品使用者定位法进行有效定位。广告通过适当的使用者代表创造一种意境，使厂商与目标消费者达成自然沟通，实现定位。

采用产品使用者定位法进行定位时应具备三个条件：（1）使用者的人口、心理或行为特征应十分集中。如果存在两个或两个以上的使用者类型，这种定位方法将难以达到预定目标。（2）产品使用者代表要选择适当。这是广告表现上能否实现有效沟通的关键。（3）产品提供的利益明显，足以吸引适用者。

8. 特殊使用时机定位法。特殊使用时机定位法，是一种通过开发产品的新用途并运用处于市场空位的特殊使用时机或使用场合进行定位的方法。尽管今天在产品种类中发展出各种品牌，但是，由于消费者需要和欲求多种多样、变化多端，市场上总存在未被满足的消费者需求，许多品牌总面临着某些可利用的特殊使用时机或使用场合。这些就成为特殊使用时机定位法存在的坚实基础。

该定位方法是通过开发产品的新用途来满足新的细分市场的需要。如果相关工作做得好，企业会比较容易进入消费者空白的心智，占据一个位置。所以，这是一种有很大应用价值的定位方法。

使用这一定位方法应注意如下问题：（1）寻找的特殊使用时机或场合的市场潜力应足够大，否则便不值得在此定位。（2）推出定位观念的同时，必须花大力气激发消费者的欲求，擦亮消费者的心智。（3）产品品质，应和定位观念相吻合。

9. 质量—价格比较定位法。在选购产品时，顾客常常将质量与价格在心理上

第六章 选择定位目标市场

进行衡量,并以豪华高档、大众化或低档等概念来综合评价产品,这就是质量—价格比较定位法的市场基础。

如果将质量与价格分成高低两个档次,组合后产品分成四大类或者说市场被分成四种位置,如图6-5所示。

价格	低质高价	高质高价
	低质低价	高质低价

低　　　　　　　　高
质　量

图6-5　质量与价格组合定位

(1) 低质高价位。这是消费者不愿接受的产品,是一个危险位置,企业应避免进入。

(2) 低质低价位。这是某些消费者愿意接受的产品,是一个比较艰辛的位置。但因为常有市场空隙,所以这一位置对某些厂商还是很有吸引力的。

(3) 高质低价位。这是竞争力最强的产品在市场上占据大众化的位置。因为可以大量销售,所以被许多厂商认为是市场上最理想的位置,因而竞争也特别激烈。

(4) 高质高价位。这是购买力很强的消费者愿意接受的产品,占据着市场上豪华高档的位置。

◎ 本章小结 ◎

本章从战略的高度,阐述市场选择中的市场细分、确定目标市场战略和市场定位等内容。随着市场经济的发展和科学技术的进步,消费者的需求在不断变化,企业要保证自己的产品适销对路,并获得一个理想的市场占有率,就必须正确选择目标市场。

▶ 思考题

1. 市场细分的标准有哪些?
2. 有效细分布场的条件有哪些?
3. 目标市场营销战略有哪些?选择进行时应考虑哪些因素?

4. 怎样评估细分市场？目标市场战略的类型及选择依据有哪些？
5. 市场定位的方法有哪些？

▶ 案例应用

×××乐园属于新兴的野外拓展运动场地，开业前一年，因为乐园的名气不大，市场开拓不力，所以，一直是惨淡经营。2004年，乐园的老板确定了以提升品牌知名度带动客流量，促进销售额的发展思路，并且计划投入重金，进行品牌宣传。

在这种情况下，笔者进入该乐园，在经过充分调查之后，进行市场细分，确定目标消费群，进行有效的品牌宣传与活动策划。运用两手抓的原则：一手抓品牌宣传，一手抓市场开拓。在这种新思路的策略运营几个月后，乐园的游客流量大大增加，并且逐步扩大了珠三角的市场份额。

品牌分析

×××乐园属于新兴拓展运动项目的景区，是旅游市场新的切入者。自2003年进入市场，凭借其项目的创新性、游客的主动参与性、游乐项目的趣味性，吸引着众多的都市人群、莘莘学子，单人前来乐园游乐的达7次以上，目标市场定位正确。随着人们生活水平的提高，选择外出旅游的人群会越来越多，旅游市场的容量大，从这几点来看，×××乐园的市场前景非常广阔，也非常乐观。

×××乐园品牌属性最显著的特点就是"笑"，寓教于乐、在笑声中放松身心，调整心态，这是所有游玩者认知的共性。其品牌标识中文朗朗上口，易记，易联想，并且与乐园项目相吻合，这有利于品牌的塑造与宣传。经考察与提炼，×××品牌乐园诉求功能有这几点：强健体魄、寓教于乐、青少年素质教育的培训基地；释放压力、调整心态、都市人群塑造团队精神的活动场所。

乐园的运动项目重在主动参与，让游客从参与中获得满足、获得快乐，这符合现今消费者的需求，所以，该乐园的市场份额相当大。其运动项目取得国家专利权，属专利性的独创项目，市场仿制、雷同的几率相对较低。这样，乐园运动项目与其他旅游景点严格区分开来，有利于品牌的专一性，以及对品牌的宣传，提升品牌形象。

经过一年多的经营，×××乐园已具备了一定的资金、人才、管理经验、媒体宣传策略的优势，并且地理位置、硬件条件良好。虽属旅游市场新的进入者，但凭借其以上几点优势，可以迅速占据市场，扩大市场的份额。

第六章 选择定位目标市场

品牌现状

1. 品牌知名度低。前期×××乐园虽有广告投入，但属零星的投放，没有系统性，没有整体的规划，并且广告宣传没有抓住重点，没有特色。因此，市场的冲击力不大，其品牌没有在消费者心目中留下深刻的印象，并且影响其旅游消费的行为。在旅游市场，品牌知名度的高低在一定程度上直接影响销售额。因此，品牌知名度低是×××乐园发展的一大障碍。

2. 市场认知度低。品牌时代，消费者选购消费品时，首先考虑的就是品牌的知名度，以及其产品在市场上的具体表现。×××乐园目前品牌知名度低，没有形成良好的品牌的美誉度、认知度，所以，没有培育忠诚的消费者。只能借助零星的广告与同行的口碑来拉动销售，这样的发展模式对品牌的塑造极为不利。因此，目前的工作重点，应放在品牌的提升，塑造品牌的知名度上。

品牌定位

细分市场以及独特的销售主张（USP），是现今消费市场营销策略的特点。在认真考察×××乐园的运动项目，以及细分消费群体之后，×××乐园的品牌重新定位为：

1. 青少年身心成长的素质教育培训基地。目标人群：大、中、小学生。消费习性：具有较高的消费能力，容易接受新事物，对野外运动项目具有浓厚兴趣。如宣传力度强，突出品牌特色，这一人群将成为×××乐园的消费主体。

2. 都市白领释放压力调整心态的阳光会所。目标人群：都市繁忙的白领一族。消费习性：消费能力强，平时工作繁忙、压力大，难得有释放的机会，因此，×××乐园是其理想的游乐园地，抓住这一消费群体，对扩大市场份额，具有战略意义。

宣传策划

1. 宣传媒体：

（1）主流媒体：《羊城晚报》、《广州日报》和《南方日报》。

（2）辅助媒体：《南方都市报》、《新快报》、《信息时报》、《文化娱乐周刊》、《可乐生活》、《旅游界》、《精诚旅讯》以及珠三角周边地区的媒体。

2. 宣传方式：

（1）文章：占宣传的80%，主要塑造品牌。

（2）平面广告：占宣传的10%，主要针对旅游旺季或重大活动。

（3）印刷品（单张、海报）：占宣传的5%，配合重大活动。

(4) 户外与灯箱广告：占宣传的5%，主要塑造品牌。

3. 宣传策略：

(1) 宣传重点时期：暑假、五一、十一、春季、夏季。

(2) 宣传方式：系统性，连续性，从品牌塑造、项目介绍、游客心理、素质教育几个方面入手。

(3) 一个项目与一个产品，都有其进入期、成长期、高峰期、衰退期的四个生命周期。在不同的时期，广告的侧重点各有不同。在产品的进入期，主要是向人们告之有这个产品与品牌；在成长期广告宣传是培育品牌的忠诚顾客。目前，×××乐园品牌还是处于市场的进入期，因此，这一时期的广告主要是告之消费者，有这个乐园，有这些项目，以及去此游乐带来什么样的收获。这是目前的宣传重点。

(4) 宣传广告语：×××，锻炼人的乐园！

(5) 选择媒体方式：以平面媒体为主，DM邮递媒体为辅，配以其他的宣传方式（如户外广告、灯箱、宣传海报等）。

活动策划

目前，按照乐园的经营状况与经营规模来看，还没有达到每个时期都能举办活动，因此，在综合考虑乐园的实际情况之后，我们将把精力放在这几个时期上。

1. 五一、十一旅游黄金周活动策划：

(1) 市场特征：五一、十一黄金周是每个商家必争的一个销售高峰期时期，各种促销手段、打折方式层出不穷，消费者在这个时期，面临着多样多种的选择。所以，这个时期的策划活动必须是新颖的，独创性的，才能吸引消费者的目光。

(2) 人群特征：有充裕的时间、精力、财力，来考虑选择是否旅游、购物。

(3) 目标群：都市人群。

2. 学生夏令营活动策划：

(1) 市场特征：暑假是学生难得的休整时期，作为整天埋在书堆中的学子来说，这是一个非常宝贵的自由支配时间的时期；但作为家长来说，却是忧喜参半的时期，喜是看到忙碌的孩子，终于有了休息的时间，尤其这个时期，自己的孩子缺乏老师的管制，造成孩子无所事事，可能会走上歧途。如果在这个时期能组织一些有意义的活动，作为孩子、作为家长，都会支持！

(2) 人群特征：有充足的时间，有一定的消费能力。

(3) 目标群：放假的学生。经过以上前期的策划之后，确定了×××乐园的工作重点与宣传重点，以此为行动的指南，务求严格执行。因为，一个策划方案能否成功实施，并达到预期的目标，是要靠细节的执行来完成的。因此，我们的每项

第六章 选择定位目标市场

任务都制定了详细计划，明确分工，责任到人，力求把每个细节都做到最完善，才能使这个方案具有生命力。在方案具体实施之后，终于达到了预期的目标，也使乐园在 2004 年呈现一片生机，步入快速发展之路。

▶ **问题**

1. 简述该乐园的市场定位如何？
2. 评价该乐园的宣传策划和活动策划。
3. 你有什么更好的策划建议？

第七章

谋划市场竞争方略

❖ 本章学习目标

阅读和学完本章后,你应该能够:
◇ 学会识别竞争者
◇ 明确不同竞争地位企业的竞争战略
◇ 掌握市场营销组合是企业赢得目标市场竞争成功的法宝

> **开篇案例**
>
> 　　20世纪80年代后期,美国咖啡市场被食品总公司、雀巢和宝洁这三家咖啡公司所控制,为争夺市场份额,价格战此起彼伏,消费者把喝咖啡视为日常生活的例行公事,并通过比较价格、折扣券及品牌等理性化因素来决定购买。结果是造成行业低增长及利润微薄。鉴于这种状况,星巴克公司抛弃传统的把咖啡视为功能性产品的思维,为咖啡注入一些情感因素,采用咖啡吧这种有别于传统罐装售卖的新形式,通过给顾客提供休闲和社交的场所,而使喝咖啡成为一种"情感体验"。同时,由于其价格合理,星巴克无须借助广告,便实现了5倍于行业平均利润的奇迹。
> 　　Body Shop化妆品店是化妆品行业从情感导向转为功能导向最成功的例子。它通过简化包装材料、减少各种形式的魅力广告和降低价格等情感因素,增添消费者所关注的天然成分、使用健康等理性因素,从而创造了一个令人耳目一新的化妆品市场。

第七章　谋划市场竞争方略

以上案例，其意义不在于它提出了一种创新模式，而在于它改变了企业的认识角度。这对于企业跳出传统的产业竞争范式，改变传统的依靠聚焦竞争者、打败对手的争夺市场方式，开辟更广阔更富有价值的市场空间提供了不同的思维视角。一个公司当前的和潜在的竞争对手范围是相当广泛的。公司的主要竞争对手是谁？如果你想知道谁是你当前的竞争对手，那么你需要了解客户在决定购买之前，一般会去看多少产品以及哪些产品。

然而，在现代激烈竞争的买方市场上，仅仅了解这些是不够的，企业为了制定有效的营销战略，还必须了解竞争者，分析研究竞争者，制定应对竞争者的战略战术。

一、竞争者分析

竞争者分析包括首先识别和分析竞争者，然后选择作为进攻对象的竞争者和予以回避的竞争者。

识别企业的竞争者 → 评估竞争者 → 选择攻击或回避的竞争对手

图 7-1　分析竞争者的步骤

（一）识别竞争者

企业实际的和潜在的竞争者范围是广泛的，这就要从多视角来识别竞争者。

1. 从行业的角度来识别竞争者。中国有句古话对行业内部的竞争做了高度概括，即"同行是冤家"。其内涵是说，相同行业之间存在着竞争关系，有时竞争激烈，表现为你死我活，使经营相同产品的企业之间结下怨仇。其实，从行业的角度来说，行业竞争者还包括提供某类彼此属于密切替代品的众多企业。所谓密切替代品，通常是指具有高度需求交叉弹性的产品。如果一种产品的价格提高会引起另一种产品的需求增大，那么这两种产品即为密切替代品，如肉、蛋、鱼等。

（1）相同产品的所有企业。第一，相同产品相同价位的企业。在世界市场日益一体化的今天，不同企业生产相同产品，而市场定价又相同，彼此之间是无可争议的竞争关系。比如，长虹、康佳、TCL等家电企业，产品相同，技术含量接近，售价更是难分高低，因而彼此之间相互为竞争者。可口可乐与百事可乐长期以来争夺几乎完全相同的消费者，双方当然是竞争者的关系。美国的百威啤酒与我国的青岛啤酒价格在扣除高额关税后基本相同，因此彼此也是竞争者的关系。

第二，相同产品不同价位的企业。不同企业只要生产相同产品，尽管价格不同，竞争强度会在某种程度上减弱，但依然会有竞争，购买意愿介于不同价格之间的消费者会在某种因素的影响下出现动摇，使相同产品不同价格的企业之间成为竞争者。比如，奔驰汽车与我国的捷达、桑塔纳、富康等根本不在一个价位，国内一汽集团的奥迪、上海汽车的别克等高档汽车与天津的夏利、重庆的长安等虽然也不在一个价位，但彼此之间也是竞争者，因为有支付能力又有购买意愿的消费者会在多家中选择。

（2）类似产品的所有企业。第一，类似产品相同价位的企业。不同企业间的产品虽然不同，但功能、用途类似，同样可以争夺一部分消费者或顾客，因而也可以构成竞争关系。比如，水果饮料、咖啡、茶叶都是饮料，价格也比较接近，这几类企业都是竞争者，因为咖啡等可以改变人们的饮茶习惯，导致饮茶人数减少。

第二，类似产品不同价位的企业。不同企业之间生产完全不同的产品，并不等于就没有竞争，不同产品只要在某一方面相关联，就可能相互替代，成为竞争关系。比如，豆制品、猪肉、鸡蛋、鱼虾本来不是相同产品，似乎不会产生竞争。实际上，这些都是重要的食品，彼此完全可以替代，所以这些产品的经营者之间也是竞争关系。

2. 从顾客的角度来识别竞争者。由于顾客支付能力和时间的有限，服务于相同顾客群的不同企业之间也会彼此相互争夺顾客，形成竞争。世界驰名的奔驰汽车与宝马是竞争者；所有的汽车生产厂商之间都是竞争者；摩托车、飞机甚至自行车厂商都是汽车厂商的竞争者。一言以蔽之，所有提供"代步行走"服务的生产企业都是竞争者。从行业竞争的观点看，可口可乐把百事可乐、七喜和其他软饮料企业视为竞争者，如果从市场的角度来看，凡能解决消费者"渴"问题的生产企业，包括各种果蔬饮料、冰茶饮料、矿泉水等生产企业都是竞争者。

从顾客角度来识别竞争者，可以开拓企业识别竞争者的视野，使其看到现实中存在着的更多的、实际的和潜在的竞争者，并激励其制定出更为长远的策略性市场规划。因此，企业不能仅仅把与本企业有直接竞争关系的企业视为竞争者，应该从广义上界定竞争者，避免"竞争者近视症"。一般说来，对企业竞争者进行最有效的识别时，往往需要将行业角度和顾客角度结合起来进行分析。

第七章　谋划市场竞争方略

（二）分析评估竞争者

识别出主要竞争者后，企业应该回答：竞争者的目标是什么？竞争者采用什么样的战略？各类竞争者有什么样的优势和劣势，并且它们对企业可能采取的行动将会有什么反应？

1. 明确竞争者的目标。每个竞争者的目标都不是单一的。企业需要知道竞争者在盈利性、市场份额增长、现金流、技术领先、服务和其他目标的相对权重。明确竞争者的目标组合能揭示出该竞争者是否对目前的状况满意，以及它会如何对不同企业的竞争行动做出反应。例如，一个追求成本领先的企业将会对竞争者的降低成本的生产性突破做出激烈的反应，而对相同竞争者的广告增长的反应就不会那么激烈。

2. 识别竞争者的战略。一个企业的战略与另一个企业的战略越相像，这两个公司的竞争就会越激烈。在绝大多数行业里，可以根据竞争者所采取的战略而把它们分成不同的群体。一个战略群体就是行业内的一组企业在既定的目标市场上遵循相同或相似的企业的组合。例如，在电器行业，长虹、TCL、康佳等家电企业属于相同的战略群体。

通过识别战略群体，我们可以得到一些很重要的启示。例如，如果一个企业进入某个战略群体，那么该群体中的其他成员则成为它的主要竞争者。假设某企业进入了家电战略群体，与长虹、TCL、康佳等企业竞争的话，它只有建立超过这些竞争者战略优势才能获得成功。

3. 分析竞争者的优势和劣势。营销人员需要认真评估各个竞争者的优势和劣势，以便解决关键问题：竞争者能够做什么？企业应该收集每一个竞争者在最近几年中的目标、战略和业绩等方面的数据。

企业通常通过二手数据、个人经验和传闻来了解竞争者。企业也可以通过与顾客、供应商和经销商接触获得的第一手资料分析竞争者的优势和劣势。或者，企业可以参照其他企业进行标杆瞄准。也叫基准法，即将本企业的产品和生产流程与竞争者或者是别的行业里的领先企业相比较以寻求改进质量和业绩的方法。基准法已经成为公司提高竞争优势的一个很有力的工具。

4. 判断竞争者的市场反应模式。仅仅了解竞争者的目标、战略、优势和劣势，对解释其可能的行为以及对本企业降价、促销和新产品推介等活动的反映来说是远远不够的。营销经理必须深刻理解竞争者的思维模式。

有四种基本的竞争者反应模式。（1）从容型竞争者。（2）选择型竞争者。（3）强劲型竞争者。（4）随机型竞争者。判断竞争者的反应模式，有助于企业选择和确立行动时机。

很多企业都避免与宝洁公司正面交锋,而是寻找那些比较容易打击的对象,因为它们知道宝洁公司会对挑战做出猛烈的反击。

在某些行业里,竞争者们维持一种相对和谐的关系,而在另外一些行业里,它们则经常发生战争。知道主要竞争者的反应模式,公司就有可能知道什么是进攻竞争者最有效的方式,以及什么是保持公司目前地位的最有效的方式。

(三) 选择竞争对策

企业必须针对竞争者的反应状态,做出与哪些竞争者展开最有力的竞争决策。对抉择的竞争者是攻之还是避之,企业应该量力并同时考虑三种情况而行。

1. 强弱竞争者。企业可以把弱竞争者作为自己攻击的目标,这样做可以使企业投资少、节省时间,但获得的利益也有限,同时对提高企业竞争能力意义也不大。如果企业把竞争目标定为强竞争者,一来可以给自己施加压力,磨炼、提高自己的能力。二来可以攻击强竞争者的某些弱点,获取部分竞争优势;倘若竞争成功,则会得到很大的收益。企业必须把精力集中于几类竞争者中的一类。

2. 远近竞争者。企业也可以考虑与竞争者的远近程度选择竞争对策。近竞争者与本企业经营状况最相像,大多数企业会与近竞争者竞争,而不是与远竞争者竞争。但同时也应当避免"摧毁"一个近竞争者。因为这样做,既可能会成功地打击一个近竞争者,又可能会招来更难对付的竞争对手。

〔案例〕

在20世纪70年代末期,博士伦向其他隐形眼镜制造商发起猛攻,并取得巨大成功。但是,这迫使弱竞争者把自己卖给了强生这样的大公司。因此,博士伦面对的是强竞争者——它喝下了自己酿造的苦酒。强生公司收购了威视特公司,一个年销售额仅有2 000万美元的小公司。有了强生公司的雄厚财力作后盾,小而敏捷的威视特研制并向市场推出了其革命性雅而乐——一次性抛弃型隐形眼镜。一位分析师说:"雅而乐迅猛的推出速度、强生公司大笔投入的新颖广告,把巨人企业博士伦甩在身后……看着别人鸿运当头。"到1992年,威视特公司已经成为抛弃型隐形眼镜市场中的头号企业,占据了整个美国隐形眼镜市场的大约25%。而博士伦公司还在挣扎之中。在这个例子中,成功地打垮一个近竞争者却造就了更强大的竞争者。

3. "好""坏"竞争者。竞争者的存在会带来几种战略利益,公司可以从竞争者处受益。竞争者有助于扩大总需求;它们可以分摊一部分市场和产品开发成本,并且促成技术规范化;竞争者可能服务于那些有吸引力不大的细分市场,或者促进

第七章 谋划市场竞争方略

产品差异化水平提高。

但是，并不是所有竞争者的都是有益的。一个行业经常是既包含行为端正的好竞争者又包含带有破坏性的坏竞争者。好竞争者按照行业规范运作，而坏竞争者则常常是违反行业规范，它们竭力购买而不是赢得市场份额，冒更大的风险，导致整个行业震荡。区别好坏竞争者的意义是，好竞争者往往会期望塑造出一个由行为端正的好竞争者组成的行业。精明的企业应该支持行为端正的好竞争者，而将进攻的炮火瞄准那些破坏性的坏竞争者。所以，有观点认为，战略联盟就是由那些希望塑造行业规范的公司发起的。

（四）设计竞争性智能系统

企业需要知道有关竞争者的信息类型，故必须收集、分析、分发和使用这些信息。收集竞争性信息是需要花费大量金钱和时间的，每个企业应该以符合成本效益的方式设计自己的竞争性智能系统。

竞争性智能系统首先确定哪些是非常重要的竞争性信息以及获得这些信息的最佳途径是什么。然后，该系统就会持续不断地从实地（销售人员、渠道、供应商、市场研究公司、行业协会、网站）和公开发表的数据（政府的公开信息、讲话和文章）中收集信息。该系统会检查这些信息的信度和效度，解释信息的含义，并以适当的方式把信息组织起来。最后，它会把关键的信息发送给相关的决策者，并能响应经理们对竞争者信息的查询。

有了这套系统，公司的经理们能及时得到有关竞争者的信息，无论是以电话的方式、电子邮件的方式、张贴板、新闻信件还是报告的方式。另外，如果经理们需要解读竞争者的某一次突发行动，或者想知道竞争者的优势和劣势，或者想知道竞争者会对公司计划的行动做出怎样的反应的时候，他们可以随时查询该系统。

二、竞争者的战略战术

（一）竞争战略的基本类型

1. 总成本领先战略。总成本领先战略是一个企业在行业内以最低的成本取得领先地位。即将生产和分销等方面的成本力求降到最低，以确保自己能够把价格定得比竞争者低并且赢得巨大的市场份额。为此，不仅要建立高效的大规模生产设施，在经验积累的基础上降低生产成本，而且要最大限度减少研究开发、服务、推销和广告等费用。

获得成本最低的地位通常要求做到：有较高的市场份额、原材料供应有保证、产品的设计便于批量生产；需保持几个相关性高的产品线以分散成本；有很高的前期资本投入以创立大批量生产、高市场份额和规模效益；成本领先后所获得的高利润应再投资于先进设备以便继续保持领先地位。

2. 差别化战略。差别化战略是将企业提供的产品或劳务差别化，在行业中树立起具有独特性的东西。差别化可在许多方面创造出来：技术特点、性能特点、品牌特点、独特的顾客服务和销售渠道等等。一个企业可在上述一方面或几方面具有差别化特点。差别化不是完全忽略成本，但低成本不是根本的战略目标。

3. 专一化战略。专一化战略又称市场集中化战略，是指企业集中攻取某一顾客群或细分市场。成本领先和差别化战略是在全行业范围内实现其战略目标，而专一化战略则是围绕着更好地为某一特殊目标服务这个中心建立起来的。该战略的前提思想是：企业业务的专一化，能使企业以更高的效率和更好的效果为某一狭窄的生产服务，从而超过在较广阔范围内竞争的对手们。其结果是，通过满足特殊对象的需要，而实现差别化或实现低成本，或是二者兼得。

（二）居于不同地位企业的竞争战略

企业应当先确定自己在目标市场上的竞争地位，然后根据自己的市场定位选择适当的营销战略和策略。划分企业市场竞争地位的方法，最常见的一种是市场份额法，根据企业产品在同类市场上占有份额的不同，可将企业的竞争地位分为四种类型：市场领导者、市场挑战者、市场跟随者和市场补缺者。处于不同地位的企业要制定适合于自己的竞争战略。

1. 市场领导者战略。所谓市场领导者，是指在相关产品的市场上市场占有率最高的企业。一般说来，大多数行业都有一家企业被公认为市场领导者，它在价格调整、新产品开发、配销覆盖和促销力量方面处于主导地位。它是市场竞争的导向者，也是竞争者挑战、效仿或回避的对象。如美国汽车行业的通用公司，电脑行业的IBM，软饮料行业的可口可乐公司以及快餐业中的麦当劳公司等。

这些市场领导者的地位是在竞争中自然形成的，但不是固定不变的。企业必须随时保持警惕并采取适当的措施。市场领导者为了维护自己的优势，保持自己的领导地位，通常可采取三种策略：一是设法扩大整个市场需求；二是采取有效的防守措施和攻击战术，保护现有的市场占有率；三是在市场规模保持不变的情况下，进一步扩大市场占有率。

第七章 谋划市场竞争方略

2. 市场挑战者战略。在行业中名列第二、三名等次要地位的企业称为亚军公司或者追赶公司。这些亚军公司对待当前的竞争情势有两种态度，一种是向市场领导者和其他竞争者发动进攻，以夺取更大的市场占有率，这时他们可称为市场挑战者；另一种是维持现状，避免与市场领导者和其他竞争者引起争端，这时他们称为市场追随者。市场挑战者如果要向市场领导者和其他竞争者挑战，首先必须确定自己的战略目标和挑战对象，然后再选择适当的进攻策略。

3. 市场跟随者战略。在行业中处于第二位的公司未必都向市场领导者挑战。因为这种挑战会遭到领导者的激烈报复，最后可能无功而返，甚至一败涂地。因此，除非挑战者能够在某些方面赢得优势——如实现产品重大革新或是配销有重大突破，否则，他们往往宁愿追随领导者，而不愿对领导者贸然发动攻击。这种"自觉并存"状态在某一行业的现象很普遍。在这些行业中，产品差异化的机会很小，而价格敏感度却很高，很容易爆发价格竞争，最终导致两败俱伤。因此，这些行业中的企业通常形成一种默契，彼此自觉地不互相争夺客户，不以短期市场占有率为目标，以免引起对手的报复。跟随策略有三类：（1）紧密跟随。这指跟随者尽可能地在各个细分市场和营销组合领域仿效领导者。（2）有距离的跟随。这指跟随者在目标市场、产品创新、价格水平和分销渠道等方面都追随领导者，但仍与领导者保持若干差异。（3）有选择的跟随。这指跟随者在某些方面紧随领导者，而在另一些方面又自行其是。

此外，还有一种特殊的跟随者在国际市场上十分猖獗，即"冒牌货"。这些产品具有很大的寄生性，它们的存在对许多国际驰名的大公司是一个巨大的威胁，已成为新的国际公害，因此必须制订对策，以清除和击退这些"跟随者"。

4. 市场利基者战略。有些行业中的小企业，它们专心致力于市场中被大企业忽略的某些细分市场，在这些小市场上通过专业化经营来获取最大限度的收益。这种有利的市场位置就称为"利基（Niche）"，而所谓市场利基者，就是指占据这种空缺位置的企业。

（1）利基者的特征。一般来说，一个理想的利基具有以下几个特征：①有足够的市场潜量和购买力。②市场有发展潜力。③对主要竞争者不具有吸引力。④企业具备有效地为这一市场服务所必需的资源和能力。⑤企业已在顾客中建立起良好的信誉，足以对抗竞争者。

（2）利基者的战略。进取利基的主要策略是专业化。①按最终用户专业化，即专门致力于为某类最终用户服务。例如书店可以专门为爱好或研究文学、经济、法律等的读者服务。②按垂直层次专业化，即专门致力于为生产——分销循环周期的某些垂直的层次经营业务。如制铝厂可专门生产铝锭，铝制品或铝质零部件。③按顾客规模专业化，即专门为某一种规模（大、中、小）的客户服务。许多利基者专门为大公司忽略的小规模顾客服务。④按特定顾客专业化,即只对一个或几个主要客户服务。如美国一些企业专门为西尔斯百货公司或通用汽车公司供货。⑤按地理区域专业化,即专为国内外某一地区或地点服务。⑥按产品或产品线专业化,即只生产一大类产品,如日本的YKK公司只生产拉链这一类产品。⑦按客户订单专业化,即专门按客户订单生产预订的产品。⑧按质量与价格专业化,即选择在市场的底部(低质低价)或顶部(高质高价)开展业务。⑨按服务项目专业化,即专门提供一种或几种其他企业没有的服务项目。如美国一家银行专门承办电话贷款业务,并为客户送款上门。⑩按分销渠道专业化,即专门服务于某一类分销渠道,如生产适用超级市场销售的产品。

(3) 市场利基者要承担较大风险,因为利基者本身可能会枯竭或受到攻击,因此,在选择市场利基时,营销者通常选择两个或两个以上的利基,以确保企业的生存和发展。不管怎样,只要营销者善于经营,小企业也有机会为顾客服务并赢得利润。

三、拟定市场营销组合策略

企业在既定的目标市场上分析了竞争者的战略战术后,就要完成市场营销战略的另一部分内容——制定市场营销组合策略。

(一) 市场营销组合的内容

市场营销组合是1964年由美国哈佛大学鲍敦教授提出的重要概念。他认为一个以"市场导向"为指导思想的营销管理者,其任务就是有效地设计和实现各种市场营销手段的最佳组合。从这个角度讲,营销经理既是决策者,更是艺术家。

所谓市场营销组合是指企业在既定的目标市场上,对可以控制的市场营销变量(产品、价格、渠道、促销)进行最佳组合,使它们综合地发挥作用,以实现企业的营销战略目标。营销组合主要内容如下:

产品,包括质量、设计、性能、式样、品牌、包装、规格、服务、保证、退货等。

价格,包括目录价格、折扣、折让、付款期限、信用条件等。

地点,包括渠道、市场覆盖区域、市场位置、存货、运输等。

促销,包括广告、人员推销、销售促进、公共宣传、直接营销等。

（二）市场营销组合的特点

市场营销组合的特点是：

1. 可控性。企业的市场营销活动要受到多种因素的影响。有些因素是企业可以控制的，有些则不能控制。市场营销组合因素对企业来说都是"可控因素"。

2. 多层性。市场营销组合是一个复合结构。4P之中的每个P又各自包含若干小的因素，形成各个P的亚组合，因此，市场营销组合是至少包括两个层次的复合结构。企业在确定市场营销组合时，不但应求得4P之间的最佳搭配，而且要注意安排好每个P内部的搭配，使所有这些因素达到灵活运用和有效组合。

3. 多变性。营销因素组合并不是固定不变的静态组合，而是变化多端的动态组合。一方面，只要其中有一个因素变动，就会引起整个组合的变动，出现一个新的组合。其次，瞬息万变的市场环境也是引起营销组合变动的重要原因。

4. 整体性。市场营销组合的各种因素，不是孤立地、单一地发挥作用，而是围绕企业营销目标所构成的各个因素相互配合、协同作战、综合地发挥作用的整体，只有突出综合性地发挥全面作用，才能更有效地进入和占领目标市场。

5. 竞争性。企业的市场营销组合必须有强烈的竞争意识，即制定市场营销组合策略时，要考虑如何参与竞争，并在竞争中取得优势。

6. 艺术性。企业在目标市场上确定市场营销组合时，应灵活多变。营销理论如何联系实际，营销实践经验如何结合科学方法有效地应用，从而确定出切实可行的营销结合方案，对营销管理者来说，既是科学，更是艺术。正像一位营销经理所言，设计并选择一个最佳的营销组合，应当像一个高级烹调师，善于将各种各样的原料和配料巧妙地配置成美味佳肴，而不只是把各种原料拼凑成一个杂烩。这就是说，最佳的营销组合必须注意各因素之间的配合协调。

（三）市场营销组合的作用

从某种意义上说，现代营销管理就是以市场营销组合决策为主要内容。因此要明确市场营销组合策略的重要作用。

1. 市场营销组合是企业等制定市场营销战略的基础。营销战略是企业为实现自身长期的营销目标而制定的行动规划，主要由企业的营销目标与营销组合的各因素协调组成。企业在市场调查和分析的基础上，选定目标市场以后，就要根据目标市场上消费者的需求特点和企业的经营实力以及竞争者的战略，确定产品策略、价格策略、分销渠道策略和促销策略及整体的市场营销组合策略，从而保证目标市场营销的成功。为此,市场营销组合作为营销战略的基础,既要将四个因素综合运用,又要根据产品和市场环境的特点,通盘考虑重点使用某一个或某几个因素,制定相应的营销战略。

2. 营销组合是保证企业营销目标实现的必要条件。市场营销组合是不仅营销战略的基础,也是保证企业营销目标得以实现的必要条件。这就是说,市场营销组合若制定运用得当,就有利于进入和开拓目标市场,从而实现企业预期的战略营销目标,若制定运用不当,则会一着棋走错,全盘皆输。日本电视机成功地打入中国市场的营销组合策略可作为这方面的实例。1979年,欧洲的电视机厂商和日本厂商都想打入中国市场。欧洲厂商考察后发现,中国虽然人口多,但收入太低、市场潜力不大,认为5年之内难以形成一定的家电产品市场,结果贻误了时机。而日本厂商更了解市场的潜力,认为中国消费者虽然收入水平较低,但有积攒财富的习惯,对于500元左右的小屏幕黑白电视机有一定的购买力和购买欲望,于是,日本厂商根据中国市场的特点,运用营销组合,敲开了中国市场的大门。

3. 市场营销组合是企业竞争取胜的有效手段。营销组合是市场竞争策略的重要内容。在市场经济条件下,竞争异常激烈,掌握有利的竞争手段或工具,是取得竞争胜利的关键。竞争中的企业,谁也不可能长期拥有全面的优势,竞争对手之间,无论实力大小,都有自己的优势和劣势。企业要想在竞争中取胜,就要做到知己知彼,扬长避短,有效地、灵活地实施最佳营销组合策略。市场营销组合的因素中包含了市场竞争的全部手段,企业应根据自身的资源条件和优势,在顾客分析、竞争者分析、资源分析的基础上,巧妙灵活地运用营销组合的各个因素,做到既突出重点又有整体配合,使企业提供的产品和服务比竞争对手更适合消费者需要,从而赢得市场竞争的胜利。

4. 市场营销组合是协调企业内部工作的纽带。现代营销观念指导下的企业,其营销活动的出发点是消费者需求,归宿点是满足消费者的需求。实现这一宗旨,企业内部各部门工作要统一协调成为一个整体系统,彼此互相分工协作,共同满足目标市场的需求,才能达到企业的既定目标。另外,在市场上,买主对一种产品的需求是整体需求,企业必须以适当的产品,适当的价格,在适当的时间和适当的地点,进行整体营销才行。可见,满足消费需求不只是营销部门的职责,而要涉及企业的生产、财务、人事等各个部门。这就要求各部门做好协调工作,而市场营销组合就是协调各部门活动的纽带。

5. 市场营销组合有利于合理分配企业的营销费用预算。企业的营销费用预算,通常是以一定营销目标的预期利润为根据的。总的营销预算确定以后,如何对影响营销组合的各因素进行预算分配,是一个十分复杂的问题。在一般情况下,企业各部门都强调自己工作的重要性,要求分配较多的预算。例如,产品经理愿意多支付预算以改进产品质量和包装;营销研究经理希望为市场调研方面多安排一些预算;广告经理想多得到一些促销费用以采用多种广告形式宣传产品;推销经理则希望多聘用更多的推销员。这样会形成很多难以协调的矛盾,甚至影响企业目标实现。而制定市场营销组合计划,营销决策者可以此为依据,合理分配营销费用预算,矛盾得到了化解,企业的整体目标也得以实现。

(四) 影响市场营销组合制定的因素

1. 目标市场因素。一个适当的市场营销组合,实质上是由目标市场需要决定的。因此,企业精心分析目标市场各个方面的条件,就能够迅速地规划出合理的市场营销组合。比如,潜在顾客所在地区和人口特点,如年龄、性别、文化、收入、分布密度等,影响目标市场的潜力大小,影响通路策略——应使产品在什么地方可以买到,影响促销策略——在何地对何人进行宣传推销。消费模式和消费者行为,它直接影响产品策略——设计、包装、品种系列等,影响促销策略——适应顾客的物质需要和心理需要,投其所好。潜在顾客购买的迫切性,选购商品的意愿。它直接影响地点策略——分配渠道的长度、宽度、售后服务标准,影响定价策略——顾客愿支付的价格水平。市场竞争特点,它直接影响市场营销组合的各个方面。如市场处于垄断状态或是新开发领域,竞争并不激烈,那么一种较好的市场营销组合就可以成功,而不必力追求最优组合。如果竞争充分,这就意味着有较多的竞争者的营销组合方案可借鉴,资料比较丰富,可比性强。这样需要一些更好的战略,细致地加以分析,对每一种市场营销组合的效益就能做出更精确的估量。

2. 市场营销战略。市场营销战略不同,市场营销组合就会有区别。市场营销组合还要受企业市场定位战略的制约,即根据市场定位战略,设计、安排相应的市场营销组合。

3. 市场营销环境。自20世纪70年代以来,出现了企业活动向社会化方向发展的趋势。各国政府加强了对经济的干预,由此产生了对市场营销组合运用的新认识。专家认为,市场营销环境已从先影响目标市场需求而间接地影响企业的市场营销组合,转为直接地制约企业的营销组合。

4. 企业资源状况。企业的资源状况包括财务、实物、原材料储备、专利、销售网络、公众形象、员工技能和管理水平等等。由于种种原因,一个企业在资源方面会有与其他企业相区别的优势和劣势。好的市场营销组合应能充分利用企业的长处。从企业的资源状况出发,探索市场营销组合应注意以下几点:不与同类企业直接竞争。开拓突破性的市场机会,迎合尚未满足的市场需求,营销组合的选择就会大为简化。不远离企业现有的资源,"这山望着那山高"会增大因市场机会不确定带来的风险。不实行过多的多样化经营。"什么都想做"不利于充分调配现有资源。不选择那些快速提供收益但却容易扼杀企业声誉的营销机会。

5. 市场营销组合决策要耗费大量的财力，涉及公司稀有资源的使用，并有时间性、周期性的特点。如广告预算需要资金，销售队伍需要人力，产品开发需要占用一部分原材料，投资需要一段周期才能收回。在筹措资金、分配企业资源的时间内，目标市场可能发生变化，竞争者会调整其市场营销组合，新的法律、政策、条例随时可能颁布。所以市场营销组合要与企业的市场营销预算计划取得动态上的平衡。

四、4P 及其营销理论发展

（一）4P、6P 到多 P 的组合

把企业的市场营销因素分为可控因素与不可控因素，以及把可控因素概括为 4P，是 20 世纪 60 年代的理论。80 年代学者们从营销实践中对 4P 理论有了新的认识，1984 年，美国市场营销学家菲利普·科特勒提出了"大市场营销"理论。他认为企业能够影响自己所处的市场营销环境，而不应单纯地顺从和适应环境。要善于运用政治力量和公共关系，打破国际或国内市场上的贸易壁垒，为企业的市场营销开辟道路。他把这种新的战略思想叫做"大市场营销"（Megamarketing）。即，在市场营销组合的 4P 基础上，再增加两个 P：权力（Power）和公共关系（Public Relations）。6P 的提出是对市场营销管理理论的新发展。随后，又有提出 8P、10P 甚至多 P 的观点。实际上，这些观点都在 4P 这个基本的组合框架得到了体现。

（二）4P 与 4C

20 世纪 90 年代，罗伯特·劳特伯恩提出了以消费者获取满足其需求的成本、购买的方便性、沟通为内容的 4C 理论，作为对 4P 理论的补充，在这里作简单介绍。

4P	4C
产品（Product）	顾客需要与欲望（needs and wants）
价格（Price）	顾客成本（Cost）
地点（Place）	方便（Convenicnce）
促销（Promotion）	沟通（Communication）

第七章 谋划市场竞争方略

有观点认为，4P 是从卖方角度看市场，推出影响买方的营销手段。企业更应该从买方的角度看，在这个互联网时代，顾客把自己看成是购买价值购买自己解决问题的方案。顾客感兴趣的远不只价格，他们关心包括取得、使用、处置一个产品的全部成本。顾客希望可以尽可能方便地获得产品或服务。同时，他们希望得到双向的沟通、交流。营销人员应该从 4C 的观点出发设计 4P，4C 理论是对 4P 的补充。企业通过运用 4C 指导对 4P 加以强化，可以经济方便地满足顾客需要，同时和顾客保持有效的沟通，就能更好地赢得顾客。

4C 理论也留有遗憾。根据市场竞争的发展，需要从更高层次以更有效的方式在企业与顾客之间建立起有别于传统的新型的主动性关系。如互动关系、双赢关系、关联关系等。

（三）4R 理论

21 世纪伊始，美国艾略特·艾登伯格提出了 4R（关联、反应、关系、回报）营销新理论，阐述了一个全新的营销四要素：4R 营销理论。

4R 理论的含义。4R 理论以关系营销为核心，重在建立顾客忠诚。它阐述了四个全新的营销组合要素：即关联（Relativity）、反应（Reaction）、关系（Relation）和回报（Retribution）。4R 营销理论的最大特点是以竞争为导向，在新的层次上概括了营销的新框架。该理论根据市场不断成熟和竞争日趋激烈的形势，着眼于企业与顾客互动与双赢，不仅积极地适应顾客的需求，而且主动地创造需求，通过关联、关系、反应等形式与客户形成独特的关系，把企业与客户联系在一起，形成竞争优势。

4R 理论强调企业与顾客在市场变化的动态中应建立长久互动的关系，以防止顾客流失，赢得长期而稳定的市场；其次，面对迅速变化的顾客需求，企业应学会倾听顾客的意见，及时寻找、发现和挖掘顾客的渴望与不满及其可能发生的演变，同时建立快速反应机制以对市场变化快速做出反应；企业与顾客之间应建立长期而稳定的朋友关系，从实现销售转变为实现对顾客的责任与承诺，以维持顾客再次购买和顾客忠诚；企业应追求市场回报，并将市场回报当作企业进一步发展和保持与市场建立关系的动力与源泉。

1. 与顾客建立关联。在竞争性市场中，顾客具有动态性。顾客忠诚度是变化的，他们会转移到其他企业。要提高顾客的忠诚度，赢得长期而稳定的市场，重要的营销策略是通过某些有效的方式在业务、需求等方面与顾客建立关联，形成一种互助、互求、互需的关系，把顾客与企业联系在一起，这样就大大减少了顾客流失的可能性。特别是企业对企业的营销与消费市场营销完全不同，更需要靠关联、关系来维系。企业本身可以为顾客提供全方位的服务建立关联,如海尔的星级服务实际上也是一种系统集成服务。

2. 提高市场反应速度。当代先进企业已从过去推测性商业模式,转移成高度回应需求的商业模式。面对迅速变化的市场,要满足顾客的需求,建立关联关系,企业必须建立快速反应机制,提高反应速度和回应力。这样可最大限度地减少抱怨,稳定客户群,减少客户转移的概率。网络的神奇在于迅速,企业必须把网络作为快速反应的重要工具和手段。在及时反应方面日本公司的做法值得借鉴。日本企业在质量上并不一味地单纯追求至善至美,而是追求面向客户的质量,追求质量价格比。他们并不保证产品不出问题,因为那样成本太高。而是在协调质量与服务关系的基础上建立快速反应机制,提高服务水平,能够对问题快速反应并迅速解决。这是一种企业、顾客双赢的做法。

3. 强调关系营销的重要。在企业与客户的关系发生了本质性变化的市场环境中,抢占市场的关键已转变为与顾客建立长期而稳固的关系。与此相适应产生5个转向:(1)现代市场营销的一个重要思想和发展趋势是从交易营销转向关系营销,不仅强调赢得用户,而且强调长期地拥有用户;(2)从着眼于短期利益转向重视长期利益;(3)从单一销售转向建立友好合作关系;(4)从以产品性能为核心转向以产品或服务给客户带来的利益为核心;(5)从不重视客户服务转向高度承诺。所有这一切其核心是处理好与顾客的关系,把服务、质量和营销有机地结合起来,通过与顾客建立长期稳定的关系实现长期拥有客户的目标。那种认为对顾客需求做出反应、为顾客解答问题、平息顾客的不满,就尽到了责任的意识已经落后了。

4. 回报是营销的源泉。对企业来说,市场营销的真正价值在于其为企业带来短期或长期的收入和利润的能力。一方面,追求回报是营销发展的动力;另一方面,回报是维持市场关系的必要条件。企业要满足客户需求,为客户提供价值,但不能做"仆人"。因此,营销目标必须注重产出,注重企业在营销活动中的回报。一切营销活动都必须以为顾客及股东创造价值为目的。

当然,4R同任何理论一样,也有其不足和缺陷。如与顾客建立关联、关系,需要实力基础或某些特殊条件,并不是任何企业可以轻易做到的。但不管怎样,4R提供了很好的思路,是经营者和营销人员应该了解和掌握的。

(四) 谁也替代不了谁

4P、4C、4R三者是什么关系呢?不是取代关系而是完善、发展的关系。由于企业层次不同,情况千差万别,市场、企业营销还处于发展之中,所以至少在一个时期内,4P还是营销的一个基础框架,4C也是很有价值的理论和思路。因而,两

第七章 谋划市场竞争方略

种理论仍具有适用性和可借鉴性。4R 不是取代 4P、4C，而是在 4P、4C 基础上的创新与发展，所以不可把三者割裂开来甚至对立起来。所以，在了解、学习和掌握体现了新世纪市场营销的新发展的 4Rs 理论的同时，根据企业的实际，把三者结合起来指导营销实践，可能会取得更好的效果。

本章小结

本章的主要分析企业在制定市场营销策略时，如何对市场竞争者进行分析。本章分别从两个角度对如何识别竞争者进行了分析，并介绍了分析评估市场竞争者的方法。

企业要在竞争的环境中获得有效的生存与发展，就必须根据自己的实际情况采取合适的营销战略。企业的市场地位是动态的，企业要巩固已有的有利的市场地位和提升现有的市场地位，就必须立足现实，面向未来确定企业的竞争战略，并在四种不同地位的竞争战略中做出选择。

企业在既定的目标市场上分析了竞争者的战略战术后，就要完成市场营销战略的另一部分内容——制定市场营销组合策略。学习掌握市场营销组合策略，目的在于根据企业实际情况，制定和选择目标市场组合策略，赢得市场竞争的成功。市场营销组合经过了数十年的发展和丰富，形成了一套以经典 4P 理论为基础的形式多样、不断丰富的综合体系。不管是 4P、6P、4C 还是 4R，都是来自于实践，又反过来指导着企业的营销实践。

▶ 思考题

1. 企业应如何识别竞争者？怎样分析评估竞争者？
2. 联系识别分析你所在企业的竞争者。基本竞争战略有几种类型？
3. 什么是市场领先者战略？市场领先者的竞争战略表现在哪些方面？
4. 市场挑战者战略的定义及其任务是什么？市场追随者和补缺者有哪些可操作性的战略？
5. 何谓市场营销组合？有什么特点？联系实际分析市场营销组合的作用。
6. 4P 有哪些新发展？什么是 4C？4R 理论的意义何在？三者之间是什么关系？

▶ **案例应用**

"雀巢"进入中国市场

1987年，瑞士雀巢咖啡成功进入中国市场就是营销组合成功的明显的一例。当时，雀巢公司（以下简称"雀巢"）对中国内地和香港市场进行了全面的市场调查，聘请对中国问题非常了解的专业人士共同研究、制定了以下市场营销组合策略：(1) 产品策略。"雀巢"通过调查发现，影响人们购买咖啡的主要因素是口味。国际上咖啡的口味主要分为以苦味为主的英国口味、苦和酸涩并重的美国口味、讲究淡味的日本口味。经过研究，"雀巢"认为中国内地的消费潮流受香港领导，于是将产品定位为英国口味。(2) 价格策略。在美国市场上，"雀巢"是名牌，而其在中国内地的竞争对手麦氏咖啡则属杂牌，两者价格相差近30%。在中国内地是否仍然保持这种价格差呢？公司决定保持这种价格差，并同时以相应的促销策略作为配合。(3) 地点策略。为显示产品的档次，"雀巢"产品一般只供给中档以上的商店，不在小店出现。(4) 促销策略。①"雀巢"选择了京、津、沪三大城市为突破口，在三城市的地方电视台和中央电视台同时播出广告，通过集中、统一、有特色的密集性发布，传播了"雀巢"咖啡"味道好极了"的良好品牌形象；②"雀巢"在京、津、沪三大城市多次举办名流品尝会，并为人民大会堂和一些重要会议免费提供咖啡，形成了名流只喝"雀巢"的时尚；③在营业推广上，"雀巢"没有采用欧美等国常用的折扣、减价等方式，而是采用较受中国内地消费者欢迎的买一赠一、买咖啡送伴侣等形式。

通过制定市场营销组合策略，"雀巢"迅速进入中国内地市场，取得了极大成功。

▶ **问题**

1. "雀巢"打入中国市场营销战略的基础是什么？
2. 企业从"雀巢"成功得到的启示是什么？
3. 试为你所在企业的某一目标市场制定一套市场营销组合策略。

第四篇

谋术篇

第八章

产品策略

❖ **本章学习目标**

阅读和学完本章后，你应该能够：
◇ 深刻理解产品整体概念与企业立命之策的内涵
◇ 领会优化产品组合决策的战略意义
◇ 掌握产品寿命周期各阶段的特征与营销策略
◇ 明确新产品及其产品开发的意义，熟悉新产品开发的程序
◇ 领悟"品牌与包装"比拟"三分长相，七分装扮"的观点

开篇案例

新瑞士表的成功

20世纪70年代中期开始，瑞士钟表业陷入了严重的危机，日本和中国香港的电子石英表冲击着以生产机械表为主的瑞士钟表业。危机使瑞士的两大钟表集团受到严重损失，为了重返钟表王国霸主的地位，他们开始研制和推出了新款"瑞士表"这种表仍是机械机芯，但小巧、超薄，价格略高于塑料机芯表、时代气息浓烈，款式多样，能够适合各种人群的爱好，又能满足人们对质量的要求，深受人们的喜爱。

新瑞士表在哪些方面满足了人们的需要？生产企业为什么要做这些改变？这和产品概念有什么联系？企业如何分析决策产品？新款瑞士表的确提出了这些值得人们深思的重大决策问题，这需要在本章学习中予以解决。

一、整体产品对营销管理者的启迪

如果有人问"什么是产品"？多数企业都会认为这是一个颇幼稚的问题。然而，在现代市场经济环境下，这是值得每个营销管理者认真反思的问题。深刻理解把握产品的内涵，意义非常重大。

（一）整体产品的内涵

市场营销学认为，产品是指人们通过购买（或租赁）所获得的需要的满足，包括一切能满足顾客某种需求和利益的物质产品和非物质形态的服务。首先，并不是具有物质实体形状的东西才是产品，凡是能满足人们需要的物质和服务都是产品；其次，产品不仅是具有物质实体的实物本身，而且也包括随同实物出售时所提供的服务。具体分为三个层次。

1. 核心产品。核心产品是指顾客购买某种产品时所追求的基本利益，这是产品整体中最基本和最实质性的，是顾客真正要买的东西，同时也是顾客需求的中心内容。合格的营销人员应当具有善于发现购买者购买产品时所追求的真正的实际利益的本领，这方面做得好，将会由此产生出无数的对企业新产品的"创意"，发掘有利的市场机会。

2. 形式产品。形式产品是核心产品的载体，是核心产品借以实现的形式。通常形式产品指产品的实体和形象，它通过产品的质量、款式、特色、品牌和包装等特征表现出来的。市场营销人员在满足顾客所追求利益的同时，必须考虑形式产品的设计，以达到内外完美的统一。

3. 附加产品。附加产品是指顾客购买产品时所获得的全部附加服务和附加利益。如提供信贷、免费送货、保证、售后服务等。在现代市场营销环境下，企业销售给顾客的绝不只是某种单纯的具体产品，而必须是能够全面满足顾客的需求和欲望的一个系统。美国著名管理学家西奥多·李维特曾指出：新的竞争不在于工厂里制造出来的产品，而在于工厂外能否给产品加上包装、服务、广告、咨询、融资、送货、保管或顾客认为有价值的其他东西，即向市场提供什么样的附加服务和利益。可见，在产品的核心功能趋同的情况下，谁能更快、更多、更好地满足消费者的复杂利益整合的需要，谁就能拥有消费者，占有市场，取得竞争优势。

（二）产品整体概念的启迪

产品整体概念十分清晰地体现了以顾客为中心的现代营销观念，使营销管理者深受启迪。

1. 有利于贯彻实施以消费者为中心的营销思想。产品整体概念明确了产品是出现在市场上的可能引起注意、购买、使用或消费的某种东西，从而要求企业从产品的各个方面去考虑和满足消费者需要。

2. 有利于产品的完善，增强竞争能力。确立了产品整体概念，企业就可以自觉地从产品的各个方面去寻找问题，加以改进和完善，增强市场竞争力，立于不败之地。

3. 关注消费需求，拓宽发展新产品的领域。改变产品统一体中的任何部分，都会在顾客心目中形成不同产品的印象。消费需求的变化是企业产品创新的源泉。

4. 要用整体意识观察消费者。产品整体概念使企业看到了消费者接受产品过程中的不同层次，企业只有以整体产品的意识适应之才能真正做到让顾客满意。

5. 明确产品与企业营销策略之间的关系。产品整体概念的各个层次以及各层次中的组成要素对企业策略有不同程度的影响。企业在考虑整体效果的前提下，对不同层次、不同因素侧重程度的确定要与企业的营销策略相符合。

6. 有利于产品的最终实现。产品的最终实现，不是取决于生产者，而是取决于消费者，消费者是现代市场的主宰，只有为消费者乐意接受的产品的价值才能最终实现。

过去，我国许多企业缺乏对产品整体概念的认识，往往只抓产品的第一层次，忽视了产品的第二、三层次，导致许多产品难以最终实现。如家具只讲结实耐用，不讲式样美观；服装只讲经穿耐磨，不讲款式新颖等，就会造成大量产品滞销积压。因此，为使产品得以最终实现，明确产品整体概念是必不可少的。

二、产品组合策略

企业不可能只生产一种产品，企业为了能保证连续稳定的发展，必须考虑如何进行产品组合决策问题。

（一）什么是产品组合

1. 产品组合的内涵。产品组合是指企业生产的全部产品的构成，或者是指某一企业所生产或销售全部产品大类、项目的组合。产品项目是指产品目录上列出的各种不同质量、品种、规格和价格的特定产品。产品线，即产品大类，是指一组具有相同使用功能，能满足同类需要，但型号规格不同的产品。一条产品线，往往包括一系列产品项目。一个企业可以生产经营一条或几条不同的产品线。

2. 产品组合相关要素。产品组合要素包括：

（1）产品组合的长度，即一个企业产品组合中所包含的产品项目的总数。企业生产经营的产品项目越多，其产品组合的长度就越长。

（2）产品组合的宽度，即企业所生产经营的产品线的数量。产品线越多，产品组合度就越广；反之，就越窄。

（3）产品组合的深度，即每条产品线中的产品项目数。

（4）产品组合的关联性，即产品组合的密度。它是指各条产品线在最终用途、生产条件和销售渠道等方面的相关程度。联系越密切，关联度就越大。

3. 产品组合要素的意义。产品组合的长度、广度、深度和关联度的比例，构成了不同的产品组合，为企业的产品决策提供了科学依据。企业可以加长产品线，充分发挥企业各项资源的潜力，成为产品线更加完备的企业，也可以通过增加产品线拓宽产品组合，以借用其他产品线的声誉来发展新的产品线，扩大经营范围，提高效益，还可以为产品线增添新的品种、样式，提高产品组合的深度以适应不同顾客的需要，吸引更多的买主，占领同类产品的更多细分市场，同时可增强行业竞争力。最后，产品组合相关性的高低，则可决定企业在多大领域内加强竞争地位和赢得良好的声誉。

（二）产品组合策略的内容

产品组合策略是企业进行产品决策的基本内容之一。它是企业根据市场需求、竞争状况和企业资源，对产品组合进行合理的调整，以实现最佳的产品组合。产品组合策略主要包括扩展、缩减和延伸三项内容。

1. 扩展策略。扩展策略包括扩展产品组合的宽度和长度。前者是在原产品组合中增加一条或几条产品线；后者是在原有产品线内增加新的产品项目，发展系列产品。扩大企业的经营范围，满足市场需要，分散风险，增强竞争能力。然而，扩展策略也往往会分散经营者的精力，增加管理困难，有时会使边际成本加大，甚至由于新产品的质量、功能等问题，而影响企业原有产品的信誉。

2. 缩减策略。这是指企业从产品组合中剔除那些获利小的产品线或产品项目，集中经营那些获利最多的产品线和产品项目。通常，较长较宽的产品组合在市场繁荣时期为企业带来更多的盈利机会，但在市场不景气或原料、能源供应紧张时期，缩减产品组合反而可能使利润上升。

缩减策略可使企业集中精力对少数产品改进品质，降低成本，剔除得不偿失的产品，提高经济效益。然而，企业失去了部分市场，也会增加企业的风险。

3. 产品延伸策略。这是指加长产品线，增加产品线经营的档次和范围。产品线延伸的主要原因是为了满足不同层次的顾客需要和开拓新的市场。具体做法有向下延伸、向上延伸、双向延伸。

（1）向下延伸。向下延伸是企业在定位于高档市场的产品线上，增加低档产品项目。

（2）向上延伸。向上延伸指企业原来生产低档产品，后来决定增加高档产品。

（3）双向延伸。原来生产经营中档产品取得市场优势后，决定同时向产品线的高低两个方向延伸，一方面增加高档产品，一方面增加低档产品，以扩大市场阵地，获取更大的利润。

无论选用哪种延伸策略，都要分析其原因利弊，不可盲目进行。

三、产品生命周期的挑战

产品寿命周期理论是产品策略的一个重要理论，也是市场营销学的一个重要基本理论。对产品策略的正确运用，有赖于对产品寿命周期理论的理解。

（一）产品生命周期的含义

产品生命周期是指产品从研制成功投入市场开始，到被市场淘汰为止所经历的全部时间过程。该过程就像生物的生命历程一样，经过了诞生、成长、成熟、衰亡的阶段。根据产品在市场上销售变化的情况，一般将产品随时间变化的销售状况分为四个阶段：导入期、成长期、成熟期和衰退期，如图8-1所示。

由图8-1可以看出，任何产品的生命都是有限的；在产品生命周期的不同阶段，利润有升有降；产品销售经过不同的阶段，每一阶段都对营销管理者提出了不同的挑战；在产品生命周期的不同阶段，需要为产品拟定不同的市场营销、财务、制造、采购和人事策略。这些构成了产品生命周期的基本内容。

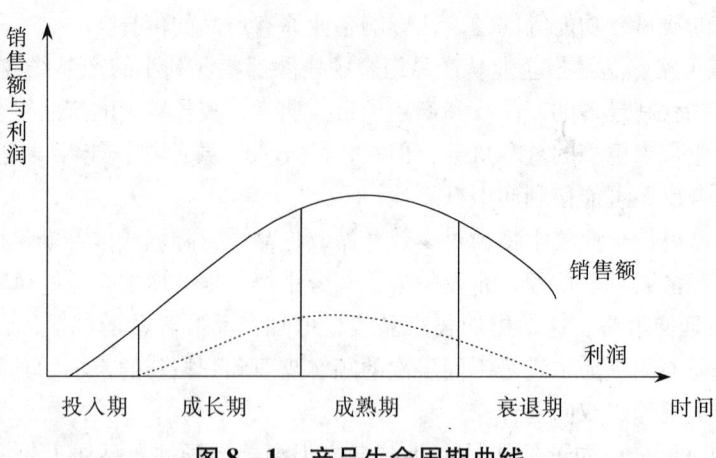

图 8-1　产品生命周期曲线

（二）产品生命周期的营销策略

1. 投入期营销策略。导入期又称投入期（或介绍期），指产品从设计投产直到投入市场缓慢成长时期。这一阶段的主要特征是：企业生产不稳定，批量较小；研制成本比较高，企业负担较重（通常没有利润，甚至亏损）；产品品种少，市场竞争少；人们对该产品尚未接受，销售增长缓慢。这个阶段应突出一个"短"字，缩短介绍期。企业营销的重点是提高新产品的生命力，使产品尽快地为用户所接受，促使其向成长期过渡，拟采用以下四种营销策略。

（1）快速撇取策略。即以高价格—高促销水平推出新产品，迅速扩大销售量来加速对市场的渗透，以图在竞争者还没有反应过来时，先声夺人，把本钱捞回来。该策略的实施条件：绝大部分的消费者还没有意识到该产品的潜在市场；顾客了解该产品后愿意支付高价；产品十分新颖，具有老产品所不具备的特色；企业面临着潜在竞争。

（2）缓慢撇取策略。即以高价格、低促销努力来推出新产品。高价可以迅速收回成本撇取最大利润，低促销努力又是减少营销成本的保证。该策略的实施条件：市场容量有限；消费者大多已知晓这种产品；产品确属名优特新，价格弹性较小，购买者愿意支付高价；潜在竞争威胁不大。

（3）快速渗透策略。即以低价格和高促销努力来大力推出新产品。这种策略可使产品以最快的速度进入市场，并使企业获得最大的市场占有率。该策略的实施条件是：市场容量大；消费者对该产品知晓甚少，需求价格弹性较大；市场竞争激烈。

第八章 产品策略

（4）缓慢渗透策略。即以低价格和低促销费用推出新产品。低价目的是使消费者能快速接受新产品，低促销费用能使企业获得更多利润并增强竞争力。该策略的实施条件：市场容量大；该产品的知名度较高；消费者对该产品价格相对敏感；有相当多的潜在竞争者等。

2. 成长期营销策略。成长期是产品被市场迅速接受，和利润大量增加的时期。这一阶段的特点是：开始大批量生产且相对稳定，成本降低，企业利润迅速增加；销量上升急剧上升，利润也上升很快；竞争者蜂拥而至。这个阶段应突出一个快字，适应快速成长的市场。企业营销的重点是最大限度占有市场份额，可采取的营销策略有：

（1）进一步完善产品设计，改进产品质量和增加产品的特色、款式等以对抗竞争产品。

（2）开拓新市场。通过市场细分扩充目标市场，扩大销售额。增加新的分销渠道或加强分销渠道，扩大分销覆盖面，并建立好经销制度。

（3）改变广告内容。应从产品知觉广告转向产品偏好广告，宣传品牌形象，使消费者对宣传的本产品品牌产生好的印象，产生好感和偏爱。

（4）伺机调整产品价格，吸引价格敏感的购买者，阻止竞争者介入。

3. 成熟期的营销策略。产品已被大多数的潜在购买者所接受而造成销售成长缓慢的时期。该阶段的特点是：成本低，产量大，销售量达到最高点，销售数量相对稳定，利润达到最高峰，呈下降趋势；产品普及并日趋标准化，市场趋于饱和，顾客一般为大众；同类产品企业之间竞争更加激烈。该阶段应突出一个长字，尽可能延长产品生命周期。企业营销重点是保卫市场份额。其策略：一是市场改进策略；二是产品改革策略；三是营销因素重组策略。

4. 衰退期的营销策略。衰退期是指销售量和利润不断下降的时期。其特征是：替代品大量进入市场，消费者对老产品的忠实度下降；产品销售量大幅度下降，价格下滑，利润剧减；竞争者纷纷退出市场等。对此，应突出一个转字，仔细辨认衰退品牌并对其削减支出，挤取收益。企业可采取维持、集中、收缩、放弃策略。

维持策略：企业可继续保持在原有市场上的营销，适应忠诚顾客的需要，待到适当时机再退出市场。集中策略：将资源集中用在最畅销的品种、最有利的细分市场和销售渠道上，从中获取利润。收缩策略，大幅降低促销及其他费用开支，以增加当前利润。放弃策略，对于某些产品，企业应当机立断，立即停产或出售；而另一类则可采取逐步放弃的方式，使资源逐步转向其他产品。总之，产品寿命周期理论揭示了产品在市场上演变的规律，为营销管理者制定产品决策提供了科学依据，只有不断地开发新产品才能适应瞬息万变的市场。

四、怎样开发新产品

（一）新产品的含义

什么是新产品？市场营销学认为，新产品既包括因科学技术在某一领域的重大发现所产生的新产品，又包括市场认可和消费者接受的原产品的任意部分改变创新的产品。可见，从营销角度理解新产品，体现了"创新是一个民族进步的灵魂，是国家兴旺发达的不竭动力"的思想，既反映了国家科技创新的重大成果，又包含许许多多企业为市场创新奉献的若干小技术成果。对于中小企业来说，能根据市场需求变动整体产品任何一个部分所推出的产品，都可视为新产品。因此，新产品一般划分四种类型：

1. 完全创新产品。指采用新原理、新技术和新材料研制出来的市场上从未有过的产品。

2. 换代新产品。指采用新材料、新元件、新技术，使原有的产品的性能有飞跃性提高的产品。

3. 改革新产品。指对原有产品进行改革创新的产品。如采用新设计、新材料改变原有产品的品质、降低成本，但产品用途不变；采用新式样、新包装、新商标改变原有产品的外观而不改变其用途；把原有产品与其他产品或原材料加以组合，使其增加新功能；采用新设计、新结构、新零件增加其新用途。

4. 仿制新产品。指本企业未有但市场已有而模仿制造的产品。仿制新产品须注意侵权事宜。

（二）新产品开发程序

一个完整的新产品开发过程要经历八个阶段：构思产生、构思筛选、概念发展和测试、营销规划、商业分析、产品实体开发、试销、商品化。

1. 寻求创意。寻求创意是新产品开发的首要阶段。产品创意也称构思，是指企业对要开发的新产品进行创造性地思维过程，这是新产品开发成功的关键。企业通常可从企业内部和企业外部寻找新产品构思的来源，而顾客，竞争者，企业内部人员、科学家、中间商则是新产品创意的主要来源。构思的方法有：（1）产品属性排列法；（2）强行关系法；（3）多角分析法；（4）问题分析法；（5）头脑风暴

第八章 产品策略

法；（6）征集意见法。

2. 筛选创意。新产品创意筛选是采用科学的评价体系对各种构思进行分析比较，从中把最有希望的设想挑选出来的一个过滤过程。构思筛选阶段的顺利完成取决于是否建立能建立一套完整科学的评价体系。其内容包括：评价因素、评价等级、权重和评价人员，其中确定合理的评价因素和给每个因素确定适当的权重是评价体系是否科学的关键。

3. 新产品概念形成。新产品概念是企业从消费者的角度对产品构思进行的详尽描述。即将新产品构思具体化，描述出产品的性能、具体用途、形状、优点、外形、价格、名称、提供给消费者的利益等，让消费者能一目了然地识别出新产品的特征。

4. 初拟营销规划。新产品概念形成后，要拟定营销规划报告。营销规划包括三个部分：第一部分是描述目标市场的规模、结构和消费者行为，新产品在目标市场上的定位，市场占有率及前几年的销售额和利润目标等。第二部分是对新产品的价格策略、分销策略和第一年的营销预算进行规划。第三部分则描述预期的长期销售量和利润目标以及不同时期的营销组合策略。

5. 商业分析。这一阶段，企业管理部门要审核营销规划报告的内容。即对新产品概念进行财务方面的分析，包括估计销售额、成本和利润，判断它是否满足企业开放新产品的目标，如果符合，就可以进行新产品开发。

6. 产品研制。新产品研制阶段，是通过对新产品实体的设计、试制、测试和鉴定来完成。根据美国科学基金会调查，新产品开发过程中的产品实体开发阶段所需的投资和时间分别占总开发总费用的30%、总时间的40%，且技术要求很高，是最具挑战性的一个阶段。经过这一阶段，企业才能正式判断新产品在技术上、经济上是否可行。如果一经否定，整个过程即应全部终止，重新构思另外的产品。

7. 市场试销。将研制成功的新产品投放到有代表性地区的小范围目标市场进行测试，旨在检查该产品的市场效应。市场试销是对新产品的全面检验，可为新产品是否全面上市提供全面、系统的决策依据，也为新产品的改进和市场营销策略的完善提供启示，有许多新产品是通过试销改进后才取得成功的。

8. 新产品上市。新产品在市场试销成功后，企业就可以正式投入批量生产全面推向市场了。这时，企业必须再次付出巨额资金，一是建设或租用全面投产所需要的设备；二是花费大量市场营销费用，同时还要周密、慎重决策。何时推出新产品，针对竞争者的产品而言，有三种选择时机。即首先进入、平行进入和后期进入；何地推出新产品；如何推出新产品，企业必须制定详细的新产品上市的营销计划，包括营销组合策略、营销预算、营销活动的组织和控制等。

（三）新产品的采用与推广

新产品的采用过程是潜在消费者认识、试用、采用或拒绝新产品的过程。从潜在消费者发展到采用者要经历五个阶段：知晓、兴趣、评价、试用、正式采用。营销人员应仔细研究各个阶段的不同特点，采取相应的营销策略，引导消费者尽快完成采用过程的中间阶段。新产品的采用者分为五种类型：创新者、早期采用者、早期多数、晚期多数和落伍者。新产品推广速度快慢的主要原因取决于目标市场消费者和新产品特征。五种类型采用者价值导向的不同，导致他们对新产品采用不同的态度，对新产品的采用和推广速度快慢起重要作用。新产品的相对优势、相容性、复杂性、可试用性及可传播性将会在很大程度上影响新产品的采用和推广。

五、品牌管理与包装抉择

有人说："品牌是产品的脸谱，产品是产品的外衣"。这一形象的比喻，表明了品牌与包装对产品形象塑造和产品销售起着及其重要的作用，从而构成了产品策略中非常重要的内容。就整体产品而言，产品的功能、质量等因素固然重要，但如果没有与之相适应的品牌和包装，产品的销售则难以顺利实现。也就是说，建立一个优秀的品牌，直接关系到企业的知名度和信誉。产品的竞争是功能、质量、品牌、包装、服务等综合因素的竞争。

（一）品牌管理

1. 品牌是一个含义很丰富的概念。

（1）品牌俗称产品的牌子。它可以是一个名称、名词、标记、符号或设计，或是几者的组合，其目的是用来识别卖者的产品或劳务，并使之同竞争对手的产品或劳务区别开来。可见，品牌是一个集合概念，从品牌的现实情况来看，它包含三方面内容：品牌名称、品牌标志、商标。

品牌名称，品牌中可用语言表达的部分。例如，电视机有TCL、海信等名称；饮料有可口可乐、百事可乐、健力宝等名称。

品牌标志，品牌中可被识别而不能用语言表达的特定标志，包括专门设计的符号、图案、色彩、文字等。例如，COCO-COLA几个英文字母的专门设计、海尔的特定图案等。

第八章 产品策略

商标，商标是品牌的一个法律术语。品牌或其一部分在政府有关部门依法注册并取得专用权后称为商标。商标是一项重要的知识产权。商标依其知名度的高低和声誉的好坏具有不同价值，是企业的一项无形资产，其产权或使用权可买卖。可见，品牌和商标都是商品的标记，品牌是一个商业名词，而商标是一个法律名词，是注册者享有专用权、其他任何个人和企业都不能随意仿效的品牌。

（2）品牌的深层含义。品牌不仅仅是名称和符号，它代表了消费者对产品及其性能的认知和感受，即产品和服务对消费者意味的一切。从本质上说，品牌传递的是一种信息，一个品牌能表达六层意思。

属性。一个品牌首先给人带来特定的属性。例如海尔表现出的质量可靠、服务上乘、"一流的产品，完善的服务"奠定了海尔中国家电第一品牌的成功基础。

利益。一个品牌绝不仅仅限于一组属性，消费者购买利益而不是购买属性。属性需要转换成功能和情感利益。"质量可靠"会减少消费者维修费用，给消费者提供节约维修成本的利益，"服务上乘"则节约了消费者时间，方便了消费者。

价值。品牌能提供一定的价值。"高标准、精细化、零缺陷"是海尔体现的服务价值。

文化。品牌可能附加和象征了一种文化，海尔体现了一种文化，即高效率、高品质。

个性。品牌还能代表一定的个性，海尔广告词"真诚到永远"，一想到海尔就会想到其广告词和其"品牌标志"，使得其产品区别于其他竞争者。

使用者。品牌还体现了购买或使用这种产品是哪一类消费者，产品所表示的价值、文化和个性也均反映在使用者的身上，这对指导企业定位市场极为重要。

所以，品牌是个复杂的符号。一个品牌不单单是一种名称、术语、标记、符号或设计，或它们的组合运用，更重要的是品牌所传递的价值、文化和个性，它们确定了品牌的基础。

2. 品牌的作用。品牌对卖者的作用是：规定品牌名称可以使卖主易于管理订货。注册商标可使企业的产品特色得到法律保护，防止别人模仿、抄袭，并能维护企业和其产品的权利。著名品牌是企业一项重要的无形资产。品牌化使卖主有可能吸引更多的品牌忠诚者。品牌化有助于企业细分市场，良好的品牌有助于树立良好的企业形象，便于企业的促销活动，有利于企业创优。

品牌化可使购买者得到一些利益：现代商品种类繁多，目不暇接，消费者只能"认牌购货"。购买者通过品牌可以了解各种产品的质量好坏，品牌是商品质量的标示。品牌化有助于购买者提高购物效率。

3. 品牌管理的内容。品牌是增强企业产品市场竞争力的重要策略之一。选择正确的品牌策略是搞好市场营销，提高企业经济效益的一项重要决策，这项决策包括五项内容。

（1）品牌化。企业为其产品规定名称、品牌标志，并向政府有关主管部门办理注册登记的一切业务活动叫品牌化。品牌化决策也就是关于使用不使用品牌的决策。在品牌管理中，企业首先要决定是否给其产品建立品牌。如前所述，实施品牌化，对企业有好处，但是否品牌化，要根据产品和市场的特点在以下两种选择中做出决策。①无品牌：即企业不为其产品规定品牌，以节省包装、广告、创立品牌等费用，从而降低价格，扩大销售。适用的产品包括：未经加工的原料产品、农产品，如煤、木材、大米等。商品本身并不具有因制造者不同而形成不同质量特点的商品，如电力、糖等。生产简单，选择性不大，价格低廉，消费者在购买习惯上不认品牌购买的小商品。临时性或一次性生产的商品。当然，随着商品经济的发展，越来越多的商品纷纷品牌化。②有品牌：即企业决定为其产品建立品牌。虽然这会使企业增加成本费用，但也可以使企业得到很多好处，前面已经讨论。当然，使用品牌也会给企业增加高昂的成本。所以，选择品牌策略首先要明确是否该为产品确定一个品牌。产品要不要品牌，主要根据产品的特点和权衡使用品牌对促进产品销售的作用大小而确定。若作用很小，甚至使用品牌所需的费用超过可能的收益，就没必要使用品牌；若需要定一个品牌，则应进一步选择取什么名称以及使用何种策略。

（2）品牌名称选择。一个好名字可以大大促进一种产品的成功。但是，找到最好的品牌名可是一项艰巨的任务。首先需要认真的评价产品及其利益、目标市场以及拟实施的营销战略。理想的品牌命名与设计要求应该具备的基本条件是：①朗朗上口，印象深刻。②简洁明了，易懂易记。③新奇独特，启发联想。④形象生动，美观大方。⑤提示特色，说明功能。⑥方便注册，易于传播。

（3）品牌归属策略。品牌归属策略有三种形式：

①制造商品牌策略。制造商品牌又叫做企业品牌、生产者品牌或全国性品牌，即制造商使用本企业自己的品牌。制造商品牌是品牌的传统形式。大部分企业在进入市场销售自己的产品之前，为维护自己的资产利益，建立自己的信誉，都会建立一定的品牌，并依法进行注册。经注册的商标是企业的一种工业产权，一笔无形资产。有些享有盛誉的企业将其著名商标租借给别人使用，收取一定的特权使用费；还有的企业将其商标作为无形资产作价投资。此外，企业的产品、零部件等全部使用制造商品牌，也有利于和购买者建立密切的关系。

②经销商品牌策略。包括制造商采用经销商的品牌策略和经销商自己建立和发展自己的品牌策略。制造商决定使用经销商的品牌，其原因主要在于：制造商要进入一个不熟悉的新市场销售自己的产品；企业自身的商誉不及经销商的商誉；本企

第八章　产品策略

业品牌的价值小，设计、制作、广告宣传、注册等费用高。而中间商发展使用自己的品牌，虽然会增加投资和费用，承担一定的风险，但仍有很多利益；可以更好地控制价格，并且在某种程度上控制供应商；进货成本较低，因而可降低销售价格，增强了市场竞争力和获利能力；可以树立自己的信誉，有利于扩大销售。

所以，有越来越多的经销商，特别是一些实力雄厚的大型零售商和批发商都建立和发展了自己的品牌和商标。著名的零售企业西尔斯公司有90%以上的商品都用自己的品牌。

③联合品牌，将不同企业的两个已有品牌用在相同的产品上。有两种形式：第一种是先使用具有较高信誉的经销商品牌打入目标市场，待产品取得一定的市场占有率后再改用制造商品牌；第二种是部分产品使用制造商自己的品牌，另外部分产品使用经销商品牌，这样既可以保持本企业品牌的特色又能扩大产品的销路。其好处是：由于每个品牌在不同的产品类别分别占有优势，那么整合后的品牌将创造出对消费者更强烈的吸引力和更大的品牌资产。还可以使得一个企业将其现有品牌扩展到一个新的产品类别。局限：要达成这种关系通常需要签署复杂的协议和许可证书。双方必须周密协调它们的广告、销售促进和其他营销活动。还有，双方必须信任对方会精心呵护自己的品牌。

④许可品牌，即企业通过许可方式使用其他制造商已经树立的名称或符号。这些企业支付一定的费用，可以很快得到人们认可的品牌名称。

（4）品牌统分策略。如果企业决定其大部分或全部产品都使用自己的品牌，那么还要进一步确定其产品是分别使用不同的品牌，还是统一使用一个或几个品牌。在这个问题上，企业有四种可供选择的策略。

①统一品牌策略，是指企业所有的产品都统一使用一个品牌名称。例如，美国通用电器公司的所有产品都统一使用"GE"这个品牌名称。企业采取统一品牌策略的好处是：企业宣传介绍新产品的费用开支较低；帮助企业推出新产品。这种策略的缺点是：任何一种产品的失败都会使整个家族品牌蒙受损失，因此企业必须对所有产品的质量严格控制。

②个别品牌策略，是指企业各种不同的产品分别使用不同的品牌。企业对所生产的不同产品采用不同的品牌时，称个别品牌策略，也有的称单个品牌策略或多品牌策略。其好处主要是：企业以各种不同的产品满足市场上不同的需要，每一个品牌和具体产品相关，易被顾客接受；各品牌产品各自发展，彼此之间不受影响；可以促进品牌之间竞争，扩大销售，提高市场占有率。如五粮液酒厂生产的白酒采用"五粮液"、"五粮醇"、"五粮春"、"尖庄"等不同品牌；宝洁公司上市了四种不同品牌的洗发水。这种策略的缺点是：品牌的设计、制作、广告宣传、注册的费用较高，另外消费者也不易记住，难以树立企业的整体市场形象。

③分类品牌策略,是指企业的各类产品分别命名,一类产品使用一个牌子。如西尔斯公司所经营的家用电器、妇女服饰、家具分别使用不同的品牌名称。企业采取这种策略的主要原因有两种:一是企业生产或销售许多不同类型的产品,如果统一使用一个品牌名称,这些不同类型的产品就容易相互混淆;二是有些企业虽然生产或销售同一类型的产品,但为了区别不同质量水平的产品,往往也会分别使用不同的品牌名称。

④统一品牌加个别品牌并用策略,是指企业决定其各种不同的产品分别使用不同的品牌名称,而且各种产品的品牌名称前面还冠以企业统一品牌名称。如美国通用汽车公司生产多种不同档次、不同类型的汽车,所有产品都采用 GM 的总商标,而对各类产品又分别使用凯迪拉克、别克、雪佛莱等不同品名。每一个品名都代表一种具有某种特点的产品,如雪佛莱代表普及型的大众化轿车,凯迪拉克代表豪华型的高级轿车。

(5) 品牌战略。

①品牌扩展策略。品牌扩展也叫产品线扩展,指企业在现有的产品类别中增加了新口味、新样式、新色彩、新成分,或新包装规格的产品仍然使用原来的品牌。这样做可以降低成本和风险以满足消费者多样化的需求,利用过剩的生产能力,或者可从经销商那里得到更多的架位。不足是会失去品牌特定的内涵,让消费者感到不知所措。还有,产品线过度延伸,新产品的销售量过大,会侵蚀其他产品的销售。

②品牌延伸策略。品牌扩展策略。品牌扩展策略是指企业利用其成功品牌的声誉来推出新产品。例如,春兰集团以生产春兰空调而闻名遐迩,它在推出摩托车产品时采用"春兰虎"、"春兰豹"的品牌。采用这种策略,可以节省新产品的广告宣传费用,利用消费者对品牌的信任感,使新产品能够顺利、迅速地进入市场。品牌延伸一旦失败,就会损害消费者对同一品牌标定下的其他产品的态度。此外,现有品牌未必适合某个特定的新产品,企业在尝试把品牌嫁接到新产品时,要研究品牌联想与新产品究竟切合得如何。

③多品牌策略。多品牌策略是指企业在同类产品中同时使用两种或两种以上互相竞争的品牌的策略。这种策略由宝洁公司首创。其好处是:A 牌产品推销一段时期获得成功后,又推出 B 牌产品,两个牌子相互竞争,尽管单个品牌的销售量会下降,但两者的总销量比一个牌子的要多,有利于提高本企业产品的市场占有率,扩大企业的知名度;同类产品多种品牌可以在零售商店里占据更多的陈列空间,易于吸引顾客的注意力;多品牌策略适合顾客转换品牌的心理,有助于争取更多的顾客;激发品牌间在企业内部相互促进,共同提高,扩大销售。多品牌策略必须有计划、有目标地使用,不可滥用。没有显著的特点,没有一定销售目标,或各种品牌

第八章 产品策略

只拥有很小的市场份额,则不宜牌子过多。例如我国内地销往香港地区的蜂王浆曾出现过70多种品牌,不仅顾客无从挑选,经销商也难以宣传推广,还引起国内各厂家间的价格竞争,影响了经济效益。

④新品牌策略。当企业进入一个新的产品种类时,如果企业现有的品牌对于该种产品没有一个合适的,则企业可建立一个新的品牌名称;或者在企业认为其现有的品牌的影响力正在逐渐丧失,因而需要建立一个新的品牌;企业还可以通过收购其他公司获得新品牌。和建立多种品牌一样,太多的新品牌也会导致企业资源过度分散。在一些行业,消费者和零售商都已经意识到,品牌太多,而且各个品牌之间几乎没有什么区别。因此,一些大的消费品营销商们正开始采用主打品牌的战略,也就是剔除较弱的品牌,而将资源集中于同类产品中处于主导地位的强势品牌。

⑤品牌重新定位策略。随着市场环境的不断变化,当出现下列情况时,有必要做出品牌重新定位策略。是否重新定位要考虑:1)竞争者的品牌定位已接近本企业的品牌,侵占了本企业品牌的一部分市场,致使本企业品牌的市场占有率连续下降。2)企业发现原品牌产品已不能完全符合目标市场消费者的偏好。3)企业发现具有某种新型偏好的消费者群正在形成或已经形成,面临着巨大的市场机会。企业采用品牌重新定位策略时,要考虑两个方面的因素:一是要全面考虑把自己的品牌从一个市场部分转移到另一个市场部分的成本费用。一般来说,重新定位距离越远,其成本费用就越高;二是要考虑把自己的品牌定在新的位置上能获得多少收益。

(二) 包装决策

有人说"包装是产品的外衣",也有许多营销人员把包装称为营销组合的第五个P。这里,包装的重要性显而易见。

1. 包装管理的含义。包装管理涉及产品的容器和包装材料的设计和生产。包装定义为:包装是指设计并生产容器或包扎物一系列活动。这种容器或包扎物被称为包装(package)。包装,包括产品的内包装,指最接近产品的容器。在产品使用时扔掉的外包装,指保护第一层次包装的材料,当产品使用时,它即被丢弃。还有存储、识别和运送产品所必要的运输包装。标签,附在包装上的印刷形式的信息,也是包装的一部分。

2. 包装的作用。目前,包装已成为强有力的营销手段。设计良好的包装能为消费者创造方便价值,为生产者创造促销价值。多种多样的因素会促进包装化作为一种营销手段在应用方面的进一步发展。由于越来越多的产品在超级市场上和折扣商店里以自助的形式出售。现在,包装必须执行许多推销任务。包装具有重要的意义。

（1）保护商品，提高商品的储运效率。保护商品在运输、销售和使用过程中的安全是包装的最主要的功能与作用。它可以防止商品的破碎、蒸发、外溢、腐烂；避免高、过热、过冷或其他方面对商品的侵害。通过科学的包装，便于商品的装卸、搬运和堆码，使商品外包装体积的宽高尺寸、重量等与运输工具相匹配，利于提高运输工具的利用率。

（2）吸引注意力，说明产品的特色，促进销售。通过对包装的材料、颜色、形状和图案的设计，能吸引注意力，说明产品的特色，给消费者以信心，形成一个有利的总体印象。可以使企业的产品区别于竞争对手的产品，激发消费者的购买欲望，使企业的产品不易被仿制、假冒、伪造。品牌形象企业已意识到设计良好包装的巨大作用，它有助于消费者迅即辨认出哪家公司或哪一品牌，促进产品的销售。

（3）指导消费者使用商品。包装物上的使用说明、注意事项等对消费者使用、保养、保存商品有重要的意义。

（4）包装还能提供创新的机会。包装化的创新能够给消费者带来巨大的好处，创造性的包装能给企业带来超过竞争对手的优势，也给生产者带来了利润。

3. 包装设计因素及原则。为新产品制定有效的包装，需要多种决策。首先树立包装理念，以此说明包装应是什么样子以及为产品做些什么。然后对包装的一些具体要素，比如规格、形状、材料、颜色、文字、品牌标示等做出决策。这些要素必须与产品定位和营销战略协调一致并提供支持。包装必须同产品的广告、定价和分销保持一致。近年来，产品的安全性成为包装方面人们关注的一个主要问题，在进行包装决策时，企业要考虑人们日益增长的对环境的关注，要用社会市场营销观念指导包装设计决策工作。

包装一经设计好后，必须进行一些试验。进行工程技术测试的目的是为了保证包装在正常情况下经得起磨损；进行消费者测试的目的是为了保证赢得有利的消费者反应。包装设计的基本原则：（1）适用原则。包装的主要目的是保护商品。因此，首先要根据产品的不同性质和特点，合理地选用包装材料和包装技术，确保产品不损坏、不变质、不变形等，尽量使用符合环保标准的包装材料；其次要合理设计包装，便于运输等。（2）美观原则。销售包装具有美化商品的作用，因此在设计上要求外形新颖、大方、美观，具有较强的艺术性。（3）经济原则。即应尽量降低包装成本。

4. 可选择的包装策略。

（1）类似包装策略。企业对其生产的产品采用相同的图案、近似的色彩、相同的包装材料和相同的造型进行包装，便于顾客识别出本企业产品。对于忠实于本企业的顾客，类似包装无疑具有促销的作用，企业还可因此而节省包装的设计、制作费用。但类似包装策略只能适宜于质量相同的产品，对于品种差异大、质量水平

第八章 产品策略

悬殊的产品则不宜采用。

（2）配套包装策略。按各国消费者的消费习惯，讲数种有关联的产品配套包装在一起成套供应，便于消费者购买、使用和携带，同时还可扩大产品的销售。在配套产品中如加紧某种新产品，可使消费者不知不觉地习惯使用新产品，有利于新产品上市和普及。

（3）再使用包装。指包装内的产品使用完后，包装物还有其他的用途。如各种形状的香水瓶可作装饰物，精美的食品盒也可被再利用等。这种包装策略可使消费者感到一物多用而引起其购买欲望，而且包装物的重复使用也起到了对产品的广告宣传作用。使用该策略时，应避免因成本加大引起商品价格过高而影响产品的销售。

（4）附赠包装策略。记载商品包装物重附赠奖券或实物，或包装本身可以换取礼品，吸引顾客的惠顾效应，导致重复购买。我国出口的"芭蕾珍珠霜"，每个包装盒附赠珍珠别针一枚，顾客购至50盒，就可串成一条美丽的珍珠项链，这使珍珠霜在国际市场十分畅销。

（5）改变包装策略。即改变和放弃原有的产品包装，改用新的包装。由于包装技术、包装材料的不断更新，消费者的偏好不断变化，采用新的包装以弥补原包装的不足，企业在改变包装的同时必须配合好宣传工作，以消除消费者以为产品质量下降或其他的误解。

● 本章小结 ●

本章从剖析产品整体概念入手，介绍与产品相关的一系列决策内容。企业不可能只生产一种产品，企业为了满足目标市场的需要，增加利润，分散风险，往往经营多种产品。同时，企业为了能保证连续稳定的发展，必须考虑如何进行产品组合的问题。

产品寿命周期理论是学习与理解产品策略的重要组成部分。任何产品都要经过投入期、成长期、成熟期和衰退期，营销管理者应针对产品生命周期各阶段特点制定相应的营销策略。产品的更新换代，最佳产品组合的形成，都是基于产品寿命周期理论提出的。营销管理者应该适应产品寿命周期带来的挑战：不断地淘汰老产品、开发新产品，不断地调整企业的产品组合。

由于产品是以消费者需求为中心的，因此，品牌、包装等都是产品整体概念的组成部分，从而构成产品决策的重要内容。本章最后介绍了品牌管理与包装策略。

▶思考题

1. 全面理解产品整体概念对现代营销有何重要意义？
2. 什么是产品组合？产品组合的长度、宽度、深度、密度指什么？
3. 试分析本企业产品组合的状况，评价是否需要做出调整。
4. 产品为什么会出现寿命周期？联系实际说明产品市场寿命周期的分期特点及采取的营销对策？
5. 什么是新产品？开发新产品会受到哪些阻力？
6. 品牌决策与管理包括哪些内容？联系实际谈谈企业创建品牌的战略意义。
7. 你是否赞同"包装是产品的外衣"这一观点？为什么？

▶案例应用

阿姆哈默发酵粉——不断的定位

发酵粉（碳酸氢钠），最初，是在19世纪30年代由一位名叫奥斯汀·丘尔奇的医生配出来用于烹调的。在19世纪40年代，丘尔奇的亲戚约翰·德怀特开始出售发酵粉，他向那些在家里制作发酵面包和饼干的人推销这种可以节省时间的产品。该产品与醋、酸乳或糖浆混在一起时，就会释放出二氧化碳，它产生一种即刻发酵的物质。在产品销售初期，发酵粉也用于中和胃酸。随着时间积累，人们发现了它在家庭中的其他用途，这包括将发酵粉用作冰箱保鲜剂、车库地板清洁剂、阻止牙垢形成的牙膏成分、油性烟火的灭火剂等。很多用途是消费者发现并通知丘尔奇-德怀特公司的，该公司是阿姆哈默的母公司。

市场营销调查显示，美国家庭90%至少家中备有一瓶发酵粉。每年仅在北美就要卖出10亿磅发酵粉。阿姆哈默公司在这类产品的销售额中独占鳌头。

尽管大多数人把发酵粉同家庭用途联系在一起，但该产品实际上还有300多种重要的工业用途。例如，现在发酵粉的最大用途不是别的，而是用做喂养牛的添加成分。给肉牛喂食发酵粉，可以帮助它们快速消化高热量、低纤维的食物。给奶牛喂食发酵粉可以增加牛奶产量。发酵粉还可作为清洗剂用于清洗自由女神像的内部，作为肾渗析溶剂的一种成分，以及帮助减少环境污染。

阿姆哈默公司过去五年中环境方面用途的发酵粉销售额每年增长25%以上。丘尔奇-德怀特公司。一个发言人说，"碳酸氢钠对环境的益处几乎是无限的。发酵粉甚至可以用于除去饮水中的铅和铜类的有害物质，帮助防止酸雨形成，减少烟

第八章 产品策略

囱的排放，清洁建筑物的表面等。我们来看看这些环境方面用途。"

直到10年前，供水系统一直习惯采用铅管。但不幸的是，当这些管道开始腐蚀时，铅就会渗入饮用水中。把发酵粉加入供水系统后，它与可溶解的铅结合，在铅管内壁形成一层膜，这层膜可以防止铅再度渗入饮用水中。很多地方的市政部门过去都用磷来防止铅污染，但磷不同于发酵粉，磷对生态系统会产生破坏作用。

近些年来，60多个城市的工厂和市政垃圾处理站开始利用发酵粉来帮助防止酸雨。利用丘尔奇-德怀特公司开发的技术，这些工厂和处理站现在向烟囱和烟雾喷洒发酵粉，发酵粉能有效地吸收酸性气体，从而避免排入空气中。这样一来，酸雨就得到了控制。

发酵粉也被用于除去建筑物上的污物、油漆和涂鸦之作。与喷砂和化学溶剂不同，发酵粉并不损坏建筑物表面，也不释放危险的化学气味。

全国性的"地球日网络"（Earth Day Network）的总裁说："它（发酵粉）堪称是使用对环境有益的产品赚钱的完美典范。如果我们认识到对环境有利的东西在商业上也有好处，我们的情形就会好得多。"

▶ **问题**

1. 从宽度、深度和一致性来描述阿姆哈默公司的产品组合。
2. 什么样的产品管理组织最适合于丘尔奇-德怀特公司？请解释你的回答。
3. 试为阿姆哈默的发酵粉提出一份产品定位战略。
4. 从产品生命周期概念的角度来评价阿姆哈默公司发酵粉的成功。

第九章

定价策略

❖ **本章学习目标**

阅读和学完本章后,你应该能够:
◇ 了解企业定价的影响因素与程序
◇ 明确企业定价的指导思想,选好定价方法
◇ 灵活运用定价技巧与策略,实现定价目标
◇ 如何应对价格变动

开篇案例

巧用价格策略

1988年7月28日,国家放开了名烟名酒的价格,一夜之间,名烟名酒身价倍增,抢购风潮持续不下。在这种抢购风下,许多厂家都在研究提高产量,提高价格,抢占市场,但是,安徽古井酒厂厂长王效金却反其道而行,召集本厂科研人员、销售人员秘密研究古井酒的"降价"问题。他要求销售人员根据市场情况,立即拿出"降价"的风险分析报告。由于国家名酒规定了一个计税基准价,企业不能随意降价,要避开政策的约束,实质上要开发一个新产品,用形式降价打入市场。根据国内白酒低度化发展趋势,王效金要求科研人员立即研制55度古井贡酒。一开始,厂里的科研和销售人员并不理解此举的真正含义。在当时,古井酒厂产品供不应求,批量购货要找领导"批条子",交款后还要排队

第九章 定价策略

等货。随着白酒大战的激烈化，1989年新春之后，酒类由卖方市场逐渐转向买方市场，特别是原料涨价，资金回笼过缓，一大批白酒厂开始摇摇欲坠。中国十大名酒厂，昔日车水马龙，一时变得门前冷落车马稀。直到此时，厂里科研与销售人员才真正意识到半年前王效金这一招数的高明。同年7月底，在全国白酒黄山订货会上，王效金突然宣布古井贡酒实行降价保值销售，55度古井贡酒降价率为69%。一时间，与到会客户签订5 100吨销售合同。此举触怒了其他酒厂，国内8大名酒厂联名上书国家主管部门，状告古井酒厂"倾销"行为，并要求国家工商部门予以制裁。同年11月份，中国白酒厂家聚会太原，经过最后的审议，对古井贡酒实行的"降价"在法律上认可为"技术性处理措施"，不属于不正当的倾销行为。无奈之余，白酒厂家纷纷效仿，但是，古井酒厂却赢得了几个月的宝贵时间，抢先一步占领了大片市场，打了一个漂亮的"价格时间差"。1990年1月31日《中国食品报》报道：古井酒厂按利税排名都一举挤进中国500家最大工业企业行业，在白酒行业中排名跃居第三位。1991年，古井酒厂利税排名由中国500家最大工业企业排名倒数第三，跃为第254位。

价格是企业开展营销活动的一个重要的可控因素。从企业看，价格决定了企业产品的销量，也影响了企业的收入。从消费者角度看，价格是消费者所放弃的，消费者通过价格的支付从企业获得了价值和利益。因此，价格的确定对企业是否能吸引消费者购买，对实现顾客价值，起了直接的影响作用。诺贝尔经济学奖获得者，美国著名价格理论家乔治·斯蒂格勒（George J. Stigler）曾指出："价格已成为营销战的一把利器，可以克敌，也可能伤己"。的确，定价所涉及的运作过程与变数相当复杂，如何在消费者可接受的价格范围里，定出对企业最有利、最能吻合企业目标与政策的价格，不仅需要科学予以指导，更是一门需要精心编制的艺术。本章主要讨论企业如何定价以及应变价格变动的问题。

一、定价依据与程序

价格是商品价值的货币表现。企业要根据产品成本、市场需求以及市场竞争状况等因素，为其产品制定适宜的价格，使其产品在保证企业利益的前提下，最大限度地为消费者所接受。

（一）企业制定价格的依据

1. 价格构成。价格构成是指商品价格的各个要素及其构成情况。产品价格由生产成本、流通费用、税金和利润四大要素构成。产品成本是企业在生产经营某种产品时所发生的各项费用的总和，包括制造成本、营销成本、储运成本等。一般情况下，产品成本的高低，反映着产品价值量的大小，并与价格水平成正比例关系。在产品价格构成中，成本是决定价格的最基本的因素，是价格构成的主体，是产品定价的最低限度。产品价格必须能够补偿产品生产、分销和促销的所有支出，并补偿企业为产品承担风险所付出的代价。企业利润是价格与成本的差额。因而企业必须了解成本的变动情况，节省一切不必要的消耗，努力降低成本，以降低价格，扩大销售，增加盈利。

2. 市场供求因素影响定价。产品价格的高低受到市场供求关系的制约，同时，它也影响着市场上某种商品需求量和供给量的大小。市场需求量是影响企业定价最重要的外部因素，它规定了产品价格最高限度。亦即产品价格不能高到无人购买，也不应低到市场脱销。产品定价必须考虑市场供求状况和需求弹性，确定一个符合供求关系的合理价格。

3. 竞争因素影响定价。按照竞争与垄断程度的不同，市场竞争格局可分为完全竞争、垄断竞争、寡头垄断和完全垄断四种模式，企业应当根据市场竞争的特点，制定价格。

4. 社会环境因素。社会环境因素主要包括经济、政治、文化、法律等方面的因素。从整个社会来看，最终的商品价格其实是政府、居民、厂商随着经济增长与社会进步动态整合出的合理价格，经济增长，资源的减少与技术的进步，消费习俗和偏好的变化，政策、舆论与文化的倾向性，投资与经营状况等都对商品的价格有着重要影响。这里有两个因素对价格制定的影响特别值得企业重视。

（1）政府对价格的影响。这种影响首先反映在企业制定价格的自由度受政府的限制上。例如，《中华人民共和国价格法》规定的部分商品和服务价格；企业在制定价格的时候要考虑税收政策的变化。

（2）消费者的认知。由于消费者与企业所处的地位不同，评价价格的角度不同，对价格的看法与企业也是不同的。消费者有自己独到的价格观，对企业定价有自己的表决权。如果忽略了这一点，企业就忘记了一个最重要的营销真谛。

（二）企业定价程序

企业定价要在全面考虑各方面因素的基础上，按照科学程序有条不紊地进行。一般而言，企业定价程序包括六个步骤：

1. 明确定价目标。企业在定价之前，必须根据不同情况、不同产品的特点确定本企业的定价目标，以此来决定将要采用的定价方法和技巧。

2. 测定需求。通过调研了解市场容量，如该产品有多少潜在的顾客、该产品的需求价格弹性如何等等，掌握不同价格水平上的需求量。

3. 估计成本。准确地估计成本是成功定价的基础。

4. 分析竞争者的价格和货色。企业要知己知彼，经过比质比价为自己的产品制定出具有竞争力的价格。

5. 选择定价方法。企业要根据定价目标、产品的性质、需求情况及竞争状况等因素，选择合适的定价方法。

6. 制定产品最终价格。企业在确定了产品的初始价格后，还要考虑有关因素，如所定价格是否符合国家有关政策法规，是否适应消费者心理，是否维护了企业形象、竞争者对这一价格将如何反应等等，采用定价技巧对基本价格进行修订和调整。

7. 随着外部环境因素和企业内部条件、战略和目标的变化以及产品生命周期的演变，适时调整产品价格。

以下对定价目标、定价方法、制定最终价格与调价步骤作进一步讨论。

二、选择定价目标

选择定价目标，就是要根据企业发展方向、经济实力、所处的市场环境、商品寿命周期所处的不同阶段等，选择符合企业战略目标的定价指导思想。即使同一企业在经营不同商品时，其具体的定价目标也会由于经营条件的差异而不尽相同，并表现出一定的阶段性。根据企业所处的经济地位和经营战略的不同，通过定价所追求主要目标有以下几种：

1. 生存。当企业面临生产能力过剩或剧烈的市场竞争时，会把维持生存作为其首要目标。

2. 当期利润最大。许多公司想制定一个能达到最大当期利润的价格，通过估计市场需求和成本函数，选择一种能产生最大的当期利润、现金流量或投资报酬率的价格。

3. 市场撇脂最大。企业可以定高价来"撇取"市场利润。实现这一目标的前提条件：短期内的需求量很大；小批量生产的单位成本不至高到无法从交易中获得好处的程度；开始的高价未能吸引更多的竞争者；高价有助于树立优质产品的形象。

4. 市场占有率最大化。当产品的需求弹性较大，市场的容量也较大时，企业可以通过制定较低的价格进入市场，并扩大产品的市场占有率，最后通过销售量的扩大而实现规模的经济效益，企业希望达到销售额最大增长。

5. 抑制或应付竞争。以应对或防止竞争为定价目标，例如，竞相降价以求争夺销售市场，战胜竞争对手；及时调价以求地位对等；或价格适当高于对方，以求树立声望等。

6. 产品质量领先。即考虑在市场上树立产品质量领先地位的目标。这就必须在生产和市场营销过程中始终贯彻产品质量最优化的指导思想，并用高价格来弥补高质量和研究开发的高成本。产品优质优价的同时，辅以优质的服务。从而以高质量、高价格创造比该行业平均水平更高的水平。

7. 其他目标。指非营利组织和公共部门采取以收回部分或收回全部成本的定价目标。

三、选择定价方法

企业必须借助科学有效的方法拟定价格。影响价格制定的基本因素是成本、需求与竞争。相应地，企业定价的基本方法也有三种。

（一）成本导向定价

1. 成本加成定价——总成本＋比例利润。成本加成定价法是一种最基本的定价方法，它是按照单位完全成本加上一定百分比的加成作为商品销售价格的方法。其计算公式为：

$$P = C \times (1 + r)$$

第九章 定价策略

其中：P 为单位商品售价；C 为单位商品总成本；r 为加成率（即利润率）。

与成本加成定价方法类似，零售商一般采用售价加成定价法方法。该法以售价为基础形成加成率，即：

$$加成率 = (售价 - 进价) / 售价$$

该方法的关键在于确定加成率，加成率在各国各行业中是有较大区别的。

该方法的优点是简便易行，成本资料直接可得，"将本求利"的把握较大，对买卖双方也似乎公平。其缺点是没能考虑成本构成的各因素，忽视了市场竞争和供求变动的影响，使定价缺乏灵活性和竞争性。

2. 目标收益定价——总成本 + 目标收益。目标收益定价法又称投资报酬定价法，即根据某一估计销售量下总资本的特定利润率来确定产品利润和价格。其计算公式为：

$$单位产品价格 = (总成本 + 资本总额 \times 目标收益率) / 预计销售量$$

例：某企业预期的年销售量为 1 000 万件，在此销售量下的总成本为 1 000 万元，其中变动成本 600 万元，固定成本 400 万元，若企业将其目标收益率定为 20%，则该产品的价格为：

产品价格 = (600 + 400) × (1 + 20%) / 1 000 = 1.2（元/件）

3. 收支平衡定价——固定成本 + 变动成本。收支平衡定价法又称损益平衡定价法，或者保本点定价法。保本点，即收支平衡点或称损益平衡点，是投入与产出平衡、盈利为零的经营时点。按此方法定价，首先要找出企业的收支平衡点。步骤如下：确定单位变动成本，并以此为依据估算产品价格，然后加入固定成本费用的分摊额计算达到收支平衡点所必须具有的销售量。

$$收支平衡时的销售量 = 固定成本 / (单位产品价格 - 单位变动成本)$$

$$保本价格 = 固定成本 / 收支平衡销售量 + 单位产品变动成本 \quad (9-1)$$

在保本价格基础上加上预期利润，即为产品售价：

$$产品售价 = (固定成本) + 预期利润总额 / 销售数量 + 单位变动成本 \quad (9-2)$$

如果该销售量能够实现，(9-1) 式可以提供确保企业不亏损的价格最低限度。(9-2) 式可以提供实现企业目标利润的可行价格。如果企业销售条件不利，(9-2) 式和 (9-1) 式的差额可作调价的范围。

4. 变动成本定价——变动成本 + 边际贡献。变动成本定价法是在变动成本的基础上加上预期的边际贡献作为产品价格。边际贡献是指销售收入减去补偿变动成本后的收益。预期的边际贡献就是补偿固定成本的费用与企业的盈利。由于边际贡献会小于、等于或大于固定成本，相应也就出现亏损、保本和盈利三种情况。

这种定价方法一般在市场竞争比较激烈时采用。这时出现产品积压，如果采取成本加成定价法，必然会使价格太高影响产品销售。如果暂时不考虑固定成本，尽量维持生产，只要售价不低于变动成本，生产还可以继续维持；如果售价低于变动成本，生产就无法维持下去，从而这一定价就失去了意义。

（二）需求导向定价

需求导向定价法是以顾客对产品的需求和可能支付的价格水平为依据来制定产品价格的定价方法。需求导向定价主要包括认知价值定价法、零售价格定价法和差别定价法。

1. 认知价值定价法。这种定价方法又称"感受价值定价法"、"理解价值定价法"。它是根据消费者所理解的某种商品的价值，或者根据买主的价值观念来制定产品价格的一种方法。定价的关键由卖方的成本转为买方对价值的认知。

认知定价法认为，某一产品的性能、质量、服务、品牌、包装和价格等，在消费者心目中都有一定的认识和评价。消费者往往根据其对产品的认识、感受或理解的价值水平，结合购物经验、对市场行情和同类产品的了解对价格做出评判。当商品价格水平与消费者对商品价值的理解水平大体一致时，消费者就会接受这种价格；反之，消费者就不会接受这个价格，商品就卖不出去。

假设 K 公司的拖拉机以每台高出竞争者同型产品 4 000 美元的价格出售且十分畅销。该公司在宣传推销中影响用户价值观念的主要内容是：①本企业产品与竞争者产品一般质量相同，应定价 20 000 美元；②耐用性高于竞争者产品，应加价 3 000 美元；③可靠性高于竞争者产品，应加价 2 000 美元；④维修服务措施周到，应加价 2 000 美元；⑤零部件供应期较长，应加价 1 000 美元；⑥为顾客提供价格折扣，企业减利 4 000 美元。因此，拖拉机实际售价为 24 000 美元。

这种算法，加深了顾客对产品性能的理解，使众多用户愿意多付出 4 000 美元购买，成功地推销了其产品。

2. 零售价格定价法。这种定价方法又称"可销价格定价法"、"倒算价格定价法"、"反向定价法"等。企业根据消费者的购买能力，确定市场零售价格，以此为基础，推算销售成本和生产成本，决定出厂价格。这种定价方法不是主要考虑成本，而重点考虑需求状况。

采用倒算定价法制定的价格是较为切实可行的。但采用这种方法最重要的一点是对买主的觉察价值要估测得较准确，估测过高，则造成定价过高不适销；估测过低，则会在参照成本核定时觉得无利可图而失去市场机会或因定价过低而影响企业的经济效益。

3. 价值定价法。即对高质量的产品制定较低的价格。例如,"同样的价格,更高的质量","较低的价格,更高的质量"的做法,都是价值定价方法思想的体现。

(三)竞争导向定价

竞争导向定价法,是以市场同行业竞争对手的价格为主要依据,有以下三种形式:

1. 随行就市定价。这是竞争导向定价法被企业广泛接受的最简单的一种定价方法,是指企业使自己的产品价格与竞争产品的平均价格保持一致。这种"随大流"的定价方法,主要适用于需求弹性比较小或供求基本平衡的商品。在这种情况下,单个企业把价格定高了,就会失去顾客;而把价格定低了,需求和利润也不会增加。所以,随行就市成了较为稳妥的一种定价方法。这样,既避免激烈竞争,减少了风险;又补偿了平均成本,从而获得平均利润,而且易被消费者接受。如果企业能努力降低成本,还可以获得更多利润。

随行就市定价法,并不是说在任何情况下,产品的价格都和竞争者一致。受多种因素影响,产品定价还是有差别的。有的可以把价格定得高于竞争者,但要是顾客相信这种产品虽然价格高,而产品质量好、服务好,顾客满意,愿意购买。有的产品也可以将价格定得低于竞争对手,这主要是中小企业,目的是薄利多销,在大企业的竞争夹缝中求生存和发展。

2. 投标竞争定价。指以投标竞争的方式确定商品价格,主要应用于企业投标竞争项目。这种定价是企业根据对竞争者的报价估计确定的,而不是按照企业自己的成本或市场需求来确定的。企业的目的在于赢得合同,所以其报价应低于竞争对手的报价,故叫投标竞争定价法。

企业应用投标定价法,要注意不能将其报价定得低于某种水平。换言之,它不应将报价定得低于边际成本,以免发生亏损。但亦不能使报价高出边际成本太多,此时虽然会给企业带来一定的利润,但有可能失去较多的签订合同的机会。

四、定价策略

(一)新产品定价

新产品上市,企业常使用三种定价策略:撇脂定价、渗透定价和满意定价。

1. 撇脂定价。在产品投入市场初期，将产品的价格定得很高，目的是在市场上攫取最大利润，尽快回收投资成本。使用这种方法的前提条件：（1）科技、知识含量较高，属于技术创新型产品，因此能够吸引足够的消费者愿意在该高价位下购买产品。（2）市场有足够的消费者，其需求缺乏弹性。（3）竞争对手不能轻易进入市场，影响本产品的高价位。（4）生产小批量产品的成本不能超过高价位产生的利润，否则产品就失去了生产的可行性。

例如，Intel 公司的撇脂定价，该公司每 12 个月就推出一种新型的、价格更高的芯片，满足创新型消费者的需求。然后当该产品的初期销售下降，并且竞争对手也引进类似的产品时，就将这种芯片的价格压低，满足大众消费的需求。通过这种做法，Intel 在各细分市场上获取了最大利润。

2. 渗透定价。渗透定价是公司在产品上市初期，对其制定低价格，目的是力求新产品迅速、深入地打入市场——快速吸引大量的消费者，夺取市场占有的先机，并最大限度地占领市场，取得较大的市场占有率。同时，较高的销售量可以降低成本，使公司有可能进一步降低价格，在较长的时期内保持低价优势，增强公司的市场竞争力。

使用该法的前提条件：（1）市场对价格非常敏感，低价会刺激需求，带来产品销量大幅度的增加，使产品的市场份额迅速成长。（2）低价可以阻止竞争。（3）生产和分销的成本必须随着产品销量的增加而下降。

3. 满意定价。在新产品上市后本着适中原则，为产品制定一个不高不低的价格，兼顾厂商、中间商及消费者的利益，使顾客、同行及全社会都感到满意。这种定价界于上述二者之中，故又称之为满意价格。

该法的优点是定价比较合理。既能让消费者愉快接受又能保证经营者从中获取合理利润，使买卖双方都感到满意。由于满意价格制定得比较公平，因此上调下降的余地也比较大。缺点是，比较保守，四平八稳，不适于需求复杂多变或竞争激烈的市场环境。

与撇脂定价和渗透定价相比，满意定价更追求稳妥和合理，通常适用于价格弹性较小的生活必需品和重要的生产资料。

（二）折扣与折让

为了鼓励大量购买、淡季购买、提早付款等，许多企业会通过对基础价格做一定幅度的调整，即减少一部分价格来回报消费者的购买行为，这就是折扣折让定价。价格有基本价格（又称为样本价格）和成交价格之分。基本价格，是指价目表中标明的价格；成交价格，是根据不同交易方式、数量、时间、条件等，在基本

第九章　定价策略

价格的基础上加入适当折扣而形成的实际售价。灵活运用折扣定价技巧，是企业争取顾客、扩大销售的有力武器。

1. 折扣定价的种类。

（1）现金折扣。又称付款期限折扣，是鼓励买者在规定期限内早日付款，而按原价格给予一定折扣的价格削减方式。同时，交易条件应包括：折扣期限、折扣率、付清全部货款时间等规定。这种做法，主要是为了鼓励顾客按期或提前支付款项，提高企业的收款率，加快企业的资金周转，减少公司的收款成本，预防坏账。当然，这类折扣必须向所有符合条件的顾客提供，以体现其中的公平性。

（2）季节折扣。又称季节差价，是公司对在淡季购买产品或服务的顾客的一种让利行为。主要适用于具有明显淡旺季的商品。季节折扣在蔬菜、果品、视频、季节性使用的日用工业品，节日商品，以及旅游、运输等服务性行业中，应用较多。这种折扣倾向于沿着渠道转换仓储功能，或者跨年度的清仓处理。

（3）交易折扣。又称商业折扣、功能折扣，指的是如果交易渠道的成员愿意发挥某些功能，比如销售、储存、记账等，制造商就可以向其提供一定的折扣，它是一种为了渠道成员即将开展工作而使用的让价方式。

交易折扣，是生产商鼓励中间商大力销售产品的有效工具，它可以促进产品销量，同时也保证了渠道成员获取适当利润。由于交易渠道成员提供的功能不同，因此生产商会对其提供不同的折扣，但同时必须对同一功能下的渠道成员提供相同的折扣。

（4）数量折扣。销售商根据顾客购买数量和金额总数的差异而给予其不同的价格折扣。数量折扣可以使卖主获得较多买主，或者把部分仓储功能转换给买主，或者减少运输成本、销售费用。分为非累计数量折扣和累计数量折扣两种形式。

2. 折让。折让是另一种类型的价目表价格的减价。折让有两种常用形式：

（1）以旧换新折让，是对在购买新商品时交还一个旧商品的顾客提供的一种优惠方式。这种折让方式在汽车销售中最为常用，比如，一辆新型轿车标价为50 000元，顾客以旧车折价5 000元购买，就只需付45 000元。

（2）推广折让。当中间商采取积极措施推广产品，促进产品的销售时，生产商也会对其提供一定的价格折扣，鼓励其行为，这就是推广折让。

（3）运费折让。运费折让是当购买者承担产品部分或全部的运输费用时，生产商在价位上给予其的一种让利行为。当产品需要销往较远地区或国际市场时，产品的运输成本很高，此时如果购买者有自己的采购部门与运输设备，愿意自行解决运输问题时，那么销售商就可以在价格上进行折让，来弥补对方的运输费用。

（三）心理定价

心理定价是指利用顾客心理有意识地将产品价格定得高些或低些，以促进销售。常用的心理定价策略有以下几种：

1. 尾数定价。尾数定价即利用消费者数字认知的某种心理，尽可能在价格数字上保留零头，使消费者产生价格低廉和卖主经过认真的成本核算才定价的感觉，从而使消费者对企业产品及其定价产生信任感。保留尾数可以降低一位数价格，给人一种便宜或是吉祥的感觉。例如，将本应定价100元的商品，定价为99.8元，这种方法多用于需求价格弹性较大的中低档商品。

2. 整数定价。这是企业在定价时有意识地将某些商品定价为整数的一种策略。购买珠宝首饰或其他高档、名牌、时髦商品在很大程度上是为了一种心理满足，整数定价策略就是为了满足消费者求名、求美及自尊心的需要。如某钻石首饰正常定价本应为999.99元，如果将其定价为1 000元，给人的心里感觉是绝然不相同的。

3. 声望定价。企业利用消费者仰慕名牌商品或名店的声望，关心社会声誉和追求产品社会地位所产生的某种心理来制定商品价格，故意把价格定得高于其他同类产品的价格，以符合消费者"优质优价"的心理，显示其商品或企业的名望。

4. 招徕定价。这是企业从总体利益考虑，针对消费者求廉的心理，特意将企业的一种或几种产品定得较低以招揽客人，这些价格定得低的商品称为牺牲品。企业还常利用季节转换或某些节日举行大减价，以吸引更多的顾客。同时也诱使他们购买本企业的非廉价商品。这种策略对于迅速处理积压、过时产品，加快资金周转，提高企业总体经济效益有积极作用。该定价策略的条件：特价品必须是消费者经常使用的；商店的经营规模比较大；价格必须是低价；商品有质量信誉，一定要让顾客真正感受到购买本产品的既得利益，如果不能起到这种效果，可能会适得其反。

5. 习惯定价。按照顾客的需求习惯和价格习惯对产品进行定价。日常消费品的价格，一般易于在消费者心中形成一种习惯性标准，符合其标准的价格就容易被顾客所接受，偏离其标准的价格就容易引起顾客的怀疑。高于习惯价格会被消费者认为是变相涨价；低于习惯价格，又会被消费者怀疑质量是否有问题。

这种定价方法，常用于食盐、粮食谷物等生活必需品。此类产品的需求弹性不大，竞争不激烈，并且该类产品的支出占消费者收入的比例很小，属于必需的正常消费品。

（四）地区定价

当企业的产品打向外部区域市场时，就要决定对于不同地区顾客购买的某种产品，如何制定地区差价的问题。地区性定价策略，主要有以下五种形式：

1. FOB 原产地定价。所谓 FOB 原产地定价，就是顾客（买方）按照厂价购买某种产品，企业（卖方）只负责将这种产品运到产地某种运输工具（如卡车、火车、船舶、飞机等）上交货。交货后，从产地到目的地的一切风险和费用由顾客承担。

2. 统一交货定价。与前者正好相反。就是企业对于卖给不同地区顾客的某种产品，都按照相同的厂价加相同的运费来定价。也就是说，对全国不同地区的顾客，不论远近都实行一个价。因此，该价格又称为邮票价格。

这种价格，实际上就是生产者的全部成本价格，在对外贸易中，又称为"到岸价格"或 CIF 价格。统一交货定价，增加了卖方的风险，但同时也加大了利润。这种定价策略，一般适用于运费在全部成本中所占比重较小的商品。近年来，随着我国远洋运输业的发展，该定价策略已经普遍应用。

3. 分区定价。这是指界于原产地定价和统一交货定价之间的一种定价方法。具体做法是企业把市场区域划分为若干价格区，对于卖给不同区域、不同需求弹性的某种产品，分别制定不同的地区价格。

分区定价策略适用于市场可以区隔，各市场区域距离企业的远近不同，且市场需求的强度也存在差异的场合。距离企业远的区域市场，价格定得高些，距离企业近的区域市场，价格就相对低一些。在各个价格区范围内实行统一价格。同样，对于需求弹性小、需求强度大的区域市场，可以定价适当高些；反之，定价低些，来达到结构优化、整体效益最佳的效果。

4. 运费免收定价。如果销售商急需与某个客户，或在某个地区开展业务，就可能在制定价格时，采用运费免收定价策略。使用这种策略，卖方承担了所有的运输费用，目的是获得所期待的业务。其理由是，如果能获得更多的业务，平均成本会下降，足以抵偿这些费用开支。采取运费免收定价策略，可以使企业加深市场渗透，并且能在竞争激烈的市场上不断成长。

（五）差别定价

差别定价又称价格歧视，是指对同一质量、功能、规格的商品或服务，对待不同需求的顾客，而采用不同的价格。也就是说，价格差异并非取决于成本的多少，而是取决于顾客需求的差异，或者由于销售对象、销售地点、销售时间等条件变化所产生的需求差异作为定价的基本依据。主要有以下几种形式：

1. 对不同的顾客群，可以用不同的价格，甚至可以讨价还价。
2. 对外观不同的同种商品，可以规定不同的售价。
3. 对不同的销售或服务区域，可以规定不同的地区差价。
4. 对不同季节、不同时间的商品或服务，可以规定不同差价。

实行这种差别定价，必须具备一定的条件。第一，市场必须能够细分，而且这些细分市场要显示不同的需求程度。第二，付低价的细分市场人员不得将产品转手或转销给付高价的细分市场。第三，在高价的细分市场中，竞争者无法以低于公司的价格出售。第四，细分的控制市场的费用不应超过差别定价所得的额外收入。第五，实践这种定价法不应该引起顾客反感和敌意。第六，差别定价的特定形式不应是非法的。

（六）产品组合定价

对于生产经营多种产品的企业来说，定价必须着眼于整个产品组合的利润实现最大化，而不是单个产品。由于各种产品之间在需求或成本上存在替代、互补、附带、配套、连锁、组合、联产等相关关系，一种产品定价的高低会影响其他相关产品的销售，从而影响经营者的总收入和总利润，因此企业要根据商品的各种相关关系，安排适当的相对价格，使销售结构优化，企业收益最佳。

1. 产品线定价。企业根据产品线内不同规格、型号、质量、顾客的不同需求和竞争者产品的情况，确定不同的价格。
2. 产品群定价。产品群或产品系列定价是将若干种在使用价值上有关联甚至是毫无关联的产品组合一起定价出售，以满足顾客某一特定需求。
3. 互补产品定价。互补产品是指两种或两种以上功能互相依赖、需要配合使用的产品。
4. 附带品定价。附带品，如西装的领带、自行车的车锁等，其使用价值需借助于主商品的使用才能实现，而主商品能相对独立使用。附带品的经营与定价应注意的问题，一是附带品要质量可靠，外形美观、有较强的吸引力；二是与主体商品一起放在专柜销售；三是价格不宜过高，甚至可将其作为价格折扣形式，低价或免费赠送，以招徕顾客购买主商品。
5. 二分定价。二分定价多用于服务行业。服务的价格由固定费用和变动使用费组成。例如，电话公司每月收取固定费用，在对最低通话次数之外的通话收取使用费。娱乐公司收取门票，外加食品费、游乐项目费用、车费等。服务公司在使用二分定价法时，要使固定费用和使用费的价格合理，固定的部分必须足够低吸引消费者加入，至于盈利，则主要来源于变动使用费的收入。

此外，还有副产品定价，也是生产企业经常采用的定价方法。

（七）降价保证

降价保证，就是生产商对零售商的一种承诺，当产品降价时，生产商将按进货价退还销售商产品降价后的差价。这种定价策略，主要是为了加强买卖双方的合作关系，保证了销售商的利益，降低经销商的经营风险，加大了其对生产商的信任；同时也扩大了产品的出仓量，增加了产品的销售渠道，最终提高产品销量。

五、价格变动

公司常常会面对一些实际情况，必须主动改变价格或是对竞争者的价格变动做出反应。

（一）主动改变价格

在成本上升、市场需求下降、物价上涨情况下，公司有必要主动改变价格，降低价格或者提高价格，对于任何一种情况，企业都必须预计到购买者和竞争者对企业调价的反应，否则会使企业的调价效果受到影响。

1. 主动降低价格。企业主动降价主要是基于以下几种原因：生产能力过剩，要扩大销售，就要降低价格。但是如果公司发动削价，将引起价格战。成本下降，成本降低，利润增加，竞争者将大量涌入。为阻止竞争者进入，便采用降价策略。市场份额下降，为了阻止继续丧失的市场，便采取低价行动，提高市场占有率。希望通过降低成本来扩大市场占有率时也会降价。经济衰退。很少有消费者愿意买高价格的产品。要分析降价策略的风险：低质量风险，资金不足的风险。定价较高的竞争对手可以降低价格，并更持久地参与竞争，因为其现金储备雄厚。降价的手段有：降价让利；加大折扣比例或放宽折扣条件；延长付款时间；按变动成本定价。

2. 主动提高价格。主动提高价格的原因是：当成本上升，生产率却没有相应提高时，利润就会下降，从而导致公司提价。产品供不应求，当公司不能满足其所有顾客的需求时，它就会提价，或对顾客实行配额，或者同时采用两种方法。当物价普遍上涨，出现通货膨胀时，公司必须提价。提价的方法有很多，可以取消折扣在产品线中增加高价产品，也可以公开提高价格。在提高价格的同时，公司必须采取措施，对消费者进行适当的说明，避免留下"价格掠夺"的印象。公司还应当考虑谁会承担提价的后果，因为消费者的记忆是长久的，他们会放弃选择要价过高的公司，甚至是整个行业。

（二）分析价格变动引起的反应

1. 购买者的反应。无论价格是升高还是降低，都会影响到购买者、竞争者、分销商和供应商，有时政府部门也会注意。消费者并不总是直截了当地理解价格，他们可能对价格的降低有几种看法。例如，如果A公司突然将电视机的价格降到原来的一半，消费者可能会认为这些电视机马上就会被新款取代；或者这些产品有问题，销售情况不佳；又或许A公司将放弃电视机领域，因此不会在该领域继续发展，甚至会让消费者产生这样的误解，A公司的产品质量下降了，或者价格还会进一步下降，值得等一段时间再进行购买。

再如，价格升高通常会降低销售量，但同时也会对消费者产生一些正面影响。如果A公司把新推出电视机的价格提高，消费者的反应会有两种情况，一方面，消费者会认为这种产品很热销，如果不尽快购买就买不到了，或者认为这种电视机有不寻常的价值。另一方面，消费者也可能认为A公司过于贪婪，产品的价格能定多高就多高。

2. 竞争者的反应。公司在考虑价格变动时，不但要考虑消费者的反应还必须关注竞争者的反应。当价格变动影响到的企业较少，产品的一致性较高，购买者的信息充分，竞争者最容易做出反应。

如果公司的产品降价，竞争者可能会有多种反应。它可能认为公司试图抢占更多的市场份额；或者认为公司经营不善，因此想扩大销售量；或者认为公司力图使全行业降低价格以促进总需求。当有几个竞争者时，公司必须预测每个竞争者可能的反应。如果竞争者的做法类似，只需分析一个典型竞争者就可以了。相反，如果竞争者既有不同的规模、市场份额、竞争策略，那么各个竞争者对企业降价的反应会有所不同，此时企业就应该对各个竞争者逐个分析。如果有一部分竞争者追随价格的变化，那么其他的竞争者也很有可能跟着变动价格。

（三）如何应对价格变动

1. 制定调价决策计划。掌握调价时机，调价要选在市场形势对企业有利时进行。要把握调价幅度，幅度的大小要考虑企业和消费者的承受能力。确定调价步骤，一步到位还是几步到位，步子的大小要依据调价幅度和影响的大小、时间的长短而定。同

第九章 定价策略

时需要考虑其他策略，诸如产品策略、渠道策略和促销策略的协调配合。还要分析调价反应（市场占有率、消费者、竞争者），亦即分析三个利益主体的反应。在此基础上制订应对措施，亦即针对三个利益主体的反应制订出应对措施。

2. 应对竞争者的反应。公司应对由竞争者发动的价格变更做出怎样的反应？在一个同质的产品市场中，除了跟进竞争者的价格变更外别无他法。因为如果你的竞争对手降价而你不跟进，大多数购买者将到价格最低的竞争者那里去购买。

当一家公司在同质的产品市场上提高它的价格时，其他公司可能不跟进。如果提价对全行业都有好处，它们会照做；但如果一家公司认为它或本行业不会获得好处，追踪会导致提价流产。在异质的产品市场上，一家公司对竞争者的价格变更所做的反应有更多的选择，包括服务、质量、可靠性及其他因素。

企业在对竞争者所发动的价格变动做出反应之前，必须要考虑下列一些问题：

（1）为什么竞争者要对价格做变动？它是想增加市场份额，利用过剩的生产力，适应成本的变动状况，还是要领导一个行业范围内的价格变动？

（2）竞争者计划实施的这次价格变动是临时的还是长期的？

（3）如果本公司对此不做出反应，自己的市场份额和利润会发生怎样的情况？

（4）其他公司是否会做出反应？

（5）对每一种可能的反应，竞争者的回答很可能是什么？

一个企业如果想做出最好的反应，就需要对特定的情况详尽的分析：产品所处的生命周期阶段，一种产品在公司的产品组合中的重要地位，竞争者的意图和资源，市场对价格变动的敏感度，产量与成本的关系以及你的公司可供利用的其他机会。

本章小结

价格是企业营销组合要素之一。企业定价，在很大因素上决定和影响其他市场营销组合因素。产品、分销、促销等要素均表现为成本支出，而价格能给企业带来收入。但它仅仅是产品营销的一个因素。首先，价格在购买者心目是中是一个重要因素，购买者往往将价格这一因素与产品效用结合起来进行综合考虑。其次，从企业角度考虑，一种产品的价格不仅决定了这种产品的盈利性，而且也确定了用于该产品各种资源的限度。所以产品价格的拟定既要为消费者乐于接受，又能反映成本，还能为企业带来较多的利润。这样，才能使定价目标与营销目标相一致。

本章分析了企业定价运作的基本原理。制定产品价格，应该从企业战略目标出发，运用科学的方法和手段，综合分析影响价格的各种因素，在此基础上拟定科学的定价程序。即明确定价目标、估算市场需求、核算产品成本、估计竞争者产品成本、选择定价方法、确定最终价格。根据这一程序，本章重点介绍了企业定价目标。三种定价方法：成本导向定价法，需求导向定价法，竞争导向定价法。定价既是一门科学又是一门艺术，最终价格的确定则是关于定价艺术与定价技巧的介绍。本章还阐释了常用的定价策略以及企业如何应付价格变动。

▶ 思考题

1. 影响企业定价的主要因素有哪些？怎样才能科学地制定产品价格？
2. 为什么说争取最高利润不等于定最高的价格？
3. 市场需求状况对企业定价有何影响？价格与供给、需求的关系如何？
4. 成本导向定价法有几种？各有何利弊？适用于哪些情况？
5. 比较三种导向定价法在本质上的不同。
6. 定价策略有多少种？如何应用各种定价策略？
7. 企业在采取降价策略时，经常遇到的问题与挑战有哪些？

▶ 案例应用

民康电器公司的多阶段定价

对于一个开拓新市场的企业来讲，价格与产品是一而二，二而一的问题，价格的确定和产品的市场定位是相辅相成的，价格在取决于产品市场需求的最高价格和取决于产品成本费用的最低价格的幅度内找到一个恰如其分的位置，是很多企业成败的关键决策之一。

一、民康电器公司简介

民康电器公司的前身为一家生产汽车收音机和普通收音机的企业。1990年引进彩电生产线，放弃了利润较小的收音机产品。多年来，该公司拥有生产收音机的设备，其生产工人和管理人员均熟悉电子业。引进生产线后，进行了全面评估。结果表明，民康公司的创造能力有相当的实力，但还谈不上杰出。

从财务情况看，民康公司的财务基础雄厚稳健，并有充足的现金净流量。

该公司的人力资源较为出色，其营销人员在大小城市都与顾客保持着紧密的联系，销售人员对客户忠诚服务。

该公司收音机产品质量精良，由于收音机的利润微薄，公司靠收音机获得的利润总额不大。

第九章 定价策略

此外,该公司过去销售的"随身听"广告一直以"中等价格、高超品质"为号召,因此许多消费者对民康公司的产品耳濡目染,自然很容易辨认产品。

二、多阶段定价过程

1. 选择目标市场。对于生产电视机,民康公司在制造成本和产品品种上并不占优势,而且电视业的发展必然使其收音机和随身听的产量受到限制。民康公司手中的王牌是它的强大的配售阵容和零售组织,选定一个与收音机截然不同的目标市场,作为东山再起的对象。

在这种情况下,民康公司认定自身的目标市场应该是那些中小城市的用户,而不是那些注重名牌者。

基于这一点,它在选择目标子市场时,已不像以往那么注重价格因素,即尽量避免因价格与其他公司不一致而失去顾客。

由此,我们得出结论:在企业的运营中,由于已拥有某些特定的资源,将自己的资源资本化是非常重要的。

2. 树立品牌形象。民康公司早已拥有经营收音机和随身听的良好品牌形象。民康公司认为,即使生产电视机,也绝对不会破坏这一基石,最终结果也很明显,民康公司必须保存这项由其他活动所带来的品牌形象。这种形象对他们目前所经营的电视机而言,也是完全适合的。

树立品牌"形象"要注意的问题是:必须避免一切急于销售,过分强调售价,或者销售赝品等等不良行径。在款式方面,将实行更保险的政策,推出各种各样的款式。该公司已决定,不采用太新颖的款式,因为公司不愿失去传统地区的那些顾客。

由此得到的启示是:产品在市场上的销售能否成功,似乎仍依产品或企业在潜在顾客心目中的一般形象而定,这种形象的选择及其发展已占相当重要的地位,而且也与价格产生了直接的关系。

3. 构筑营销组合。民康公司在构筑营销组合的活动中,很明确地将价格视为附属品。公司将重点摆在产品的品质、较少的广告、可靠的服务上,并将产品销售点设在增加品牌知名度的商店。利用这些措施,民康公司将强化其产品品质及其可靠的形象。

由此得出结论:多阶段定价第三阶段的工作是在推销方式的组合上做选择,这样方能强化公司及产品的品牌形象,并利用计划的支出,达到期望的销售额。即,价格的决定务必要等到各种推销手段的相对效果发挥作用后,才能做最后的考虑。

在这一阶段,民康公司主要考虑了以下几个问题:(1)广告要做到哪种程度?(2)推销员的待遇如何?(3)产品改良准备花多少钱?(4)每一种产品准备销售多少数量?(5)在快速送货方面的效率如何?(6)希望花多少财力从事价格的调研和咨询方面的工作?

4. 确定定价政策。在定价政策确定之前,必须考虑的问题是:比照行业中的平均价格,我们的产品价格应该如何?具体地说,我们的产品价格应高于平均价格的20%呢,还是低于平均价格的4%?而且,当我们计算平均价格时,究竟应以哪些企业的价格作为基础?还要考虑多久以后我们的竞争对手可能会削价或涨价,多久改变一次价格是明智的,价格稳定到何种程度才会盈利。

民康公司认为,公司必须将产品的售价定得比市场平均售价稍高,这样才能吻合管理部门所选定的目标市场。品牌形象及市场组合均与前述相同。公司认为,在产品活动中应尽量不强调价格;同时还应注意,产品售价改变的次数不应太多,只有对那些城市的用户,才可以适当地改变售价。

在决定了价格政策之后,民康公司又进行了成本与收益的计算、评价,对所确定价格的成本和收益的实现进行可行性分析。

三、对多阶段定价法的评价

1. 高级主管人员先利用此法制定出几个阶段的政策,如此,可以减少他们对部下的依赖。

2. 这种方法简化了价格决策的制定,短期行为,使长期的利益不受到危害。如此防止了定价过程中的短期行为,使长期利益不受到危害。

3. 这种定价法相当强调定价中的无形部分,特别是顾客对销售商及其所销售产品的印象。价格绝不仅仅是决定潜在顾客能否购买的工具。一般而言,定价是厂商在潜在顾客中采取的最重要的行动。

四、结论

多阶段定价法与一般定价法的不同之处在于:这种方法强调公司及品牌形象等价格活动的持续效果,对价格赋予长期的考虑。这种方法允许价格按阶段制定,而不需要将整个价格问题同时解决,使得价格决策者定价有据。

▶ 问题

1. 民康电器公司对于所确定的目标市场应采取何种市场营销策略?

2. 当前中国的彩电行业呈现出买方市场的态势,长虹、康佳、TCL 三分天下的格局是否会持久?在此时进入市场是否是明智之选?

3. 1997年,彩电业兴起了一场价格大战,价格似乎成为彩电业较为敏感的问题。民康公司将价格定在偏高位置的策略是否合适?谈谈你的看法和依据。

第十章

分销策略

❖ **本章学习目标**

阅读和学完本章后,你应该能够:
◇ 体会"得渠道者得天下"的道理
◇ 运用分销渠道设计与管理的方法,构建企业营销网络平台
◇ 掌握分销物流的内容与要求

开篇案例

家电渠道冲突引发的思考

1998年2月,济南七家大商场联合罢售长虹彩电……经多方协调,半年之后,长虹彩电又断断续续摆上各大商场货架……

2004年2月24日,成都国美主动降价导致格力空调停止供货,全国卖场清理格力。

格力和国美,一个是连续9年空调行销售排行第一、曾经年销售额高达100多亿元的龙头,一个是拥有150多家门店的家电连锁的老大,2004年2月,成都国美和成都格力发生争端,原因是国美在没有提前通知厂家的情况下,突然对所售的格力空调大幅度降价。对此,格力表示,国美的价格行为严重损害了格力在当地的既定价格体系,也导致其他众多经销商的强烈不满。国美不甘现状,要求绕过格力"各省一级销售子公司",直接由格力公司供货;格力不让步:"国美与其他一级市场家电零售商一样,

我们对其一视同仁；如果按国美要求做，不但扰乱了格力的市场价格体系，而且严重损害了其他家电零售商的利益"。在2004年3月，国美总部向各地分公司下发了一份"关于清理格力空调库存的紧急通知"，通知表示，格力代理商模式、价格等不能满足国美的市场经营需要，要求各地分公司将格力空调的库存及业务清理完毕。

上述两事件时隔六年，但从争议双方的态度，我们可以看出，厂家对市场的主动权已经逐步转移到了超级终端的手中。从20世纪末以来，中国以家电业为代表的渠道成员冲突此起彼伏，分销渠道模式的变革悄悄地发生了可以称之为"结构性"的变化。以国美、苏宁、三联为代表的具有巨大销售能力的超级家电连锁企业异军突起，其规模不断扩张。传统的分销渠道模式受到了强烈的冲击，暴露出越来越多的弊端，面临着越来越严峻的挑战。

对于冲突的结果人们有不同的预测，不管是认为格力模式陈旧必将失去未来，还是认为二者分久必合，还会破镜重圆，但是此事件引起人们对渠道冲突的深层次思考。那么何谓渠道冲突？为什么会发生渠道冲突？如何从根本上解决渠道管理中的问题？带着这些问题我们将转入分销渠道这一章的学习。

人们知道，一种产品被生产出来以后，只有通过分销才能到达消费者手中，才能实现其价值和使用价值，取得一定的经济效益。分销渠道研究就是解决最有效地将产品从生产领域转移到消费领域，以及产品转移过程中最有效的路线、环节和机构设置等问题。在企业的市场营销实践中，总是面对各种各样的分销渠道，它们的组织构成和适应情况各异，因此，在选择分销渠道时，就应该根据企业的客观条件和产品的特征，有针对性地进行选择，以便取得最好的经济效益和社会效益。而要做到这一点就必须从认识分销渠道模式、类型及其特征入手。

第十章 分销策略

一、认识分销渠道

（一）什么是分销渠道

1. 分销渠道及特征。分销渠道是指某种产品和劳务从生产者向消费者移动时取得这种产品和劳务的所有权或帮助转移其所有权的所有企业和个人。它主要包括有关机构和个人，如供应商、中间商、代理商、辅助商，以及处于渠道起点和终点的生产者与消费者。在商品经济条件下，产品必须通过交换，发生价值形式的运动，使产品从一个所有者转移到另一个所有者，直至消费者手中，这称为商流。同时，伴随着商流，还有产品实体的空间移动，称之为物流。商流与物流相结合，使生产者完成产品顺利到达消费者手中这一分销过程。

分销渠道的特征：（1）每一条分销渠道的起点都是生产者，终点都是消费者或最终用户。（2）分销渠道是由参与完成产品转移的多种类型的中介机构组成的。如生产者、批发商、代理商、零售商以及其协助完成产品转移的其他中介机构。（3）中间商是最活跃的渠道因素。（4）产品由生产领域向消费领域转移过程中以所有权转移为前提。

2. 分销渠道的职能作用。分销渠道对产品从生产者转移到消费者所必须完成的工作加以组织，其目的在于消除产品服务与消费者之间在时间、空间和所有权上的分离，创造地点效用。在这个过程中，分销渠道成员承担了许多关键职能，包括：信息，收集和发布营销环境中相关者和相关因素的市场研究和情报消息，用于制定计划和帮助调整。促销，开发和传播有说服力的供应商消息。联系，寻找潜在消费者并与之进行联系。调整，根据购买者的需求进行调整以提供合适的产品，包括生产、分类、组装与包装等行为。谈判，达成有关价格以及其他方面的协议，完成所有权或使用权的转换。实体分配，运输和储存货物。融资，获得和使用资金，补偿分销渠道的成本。风险承担，承担渠道工作中的风险。

上述职能作用通过五个流程，即实体流程、所有权流程、付款流程、信息流程及促销流程得以实现。实体流程是指实体原料及成品从制造商转移到最终顾客的过程。所有权流程是指货物所有权从一个市场营销机构到另一个市场营销机构的转移过程。付款流程是指货款在各市场营销中间机构之间的流动过程。信息流程是指在市场营销渠道中，各市场营销中间机构相互传递信息的过程。促销流程是指由一单位运用广告、人员推销、公共关系、促销等活动对另一单位施加影响的过程。

（二）分销渠道类型

与分销渠道结构相联系的一个概念是渠道的层级。在产品从生产者转移到消费者过程中，任何一个对产品拥有所有权或负有推销责任的机构或个人构成一个渠道层级。渠道层级概念是判断渠道结构的重要标志。分销渠道结构包括渠道的长度和宽度，它决定了渠道的强度和整体构架。

1. 渠道的长度。渠道长度指渠道层级的数量，即产品向消费者转移中需要经过多少层级经销商参与其销售的全过程。渠道长度的层级类型可分为以下四种：

（1）直接渠道。制造商直接把产品卖给消费者或用户。主要有：派推销员上门推销、邮寄销售、开设自销门市部、通过订货会或展销会与用户直接签约供货等形式。

（2）一层渠道。制造商和消费者或用户之间，只通过一层中间环节，这在消费者市场是零售商，在生产者市场通常是代理商或经纪人。

（3）二层渠道。制造商和消费者或用户之间经过二层中间环节，这在消费者市场是批发商和零售商，在生产者市场则可能是销售代理商与批发商。

（4）三层渠道。在大批发商和零售商之间，再加上二道批发商，因为小零售商一般不可能直接向大批发商进货。此外，还有层次更多的渠道，但较少见。

上述四种渠道模式可分为直接渠道和间接渠道两大类。直接渠道也称"零层渠道"，即产品从生产者流向最终消费者或用户的过程中不经过任何中间环节。间接渠道则是指产品从生产者流向最终消费者或用户的过程中经过一层或一层以上的中间环节，消费者市场多数采用这种间接渠道。

2. 渠道的宽度。渠道宽度指在渠道每一层次中同类经销商的数量。同一层次的渠道使用中间商的多少是宽窄问题，即同一层次使用的中间商愈多，渠道愈宽；反之愈窄。独家分销是最窄的渠道。分销渠道的长短、宽窄都是相对的，没有绝对或固定模式，都要依据具体情况而定。

3. 单渠道和多渠道。当企业全部产品都由自己直接所设门市部销售，或全部交给批发商经销，称之为单渠道。多渠道则可能是在本地区采用直接渠道，在外地则采用间接渠道；在有些地区独家经销，在另一些地区多家分销；对消费品市场用长渠道，对生产资料市场则采用短渠道。

第十章 分销策略

二、中间商

中间商是联结生产者和消费者的商业机构或商人组织。由于中间商是专门从事商品流通的商业机构,也就自然成为企业产品分销活动的主要参与者。按中间商在商品流通过程中的作用不同,中间商主要有两种类型:批发商、零售商。

(一) 批发商

1. 批发商的作用。批发商是指把商品卖给工业用户或其他中间商的经营大额商品交易的商业机构或商人组织。批发商处于商品流通起点和中间阶段,交易对象是生产企业和零售商,一方面它向生产企业收购商品;另一方面它又向零售商业批销商品,并且是按批发价格经营大宗商品。其业务活动结束后,商品仍处于流通领域中,并不直接服务于最终消费者。批发商是商品流通的大动脉,是关键性的环节,它是连接生产企业和商业零售企业的枢纽,是调节商品供求的蓄水池,是沟通产需的重要桥梁,对企业改善经营管理及提高经济效益、满足市场需求、稳定市场具有重要作用。

2. 批发商的类型。批发商可分为四大类:

(1) 商人批发商。商人批发商是指自己进货,取得商品所有权后再批发出售的商业企业,也就是人们通常所说的独立批发商。

(2) 经纪人和代理商。经纪人和代理商是从事购买或销售或二者兼备的洽商工作,但不取得商品所有权的商业单位。经纪人和代理商主要分为三种:①商品经纪人;②制造商代理商;③销售代理商。

(3) 制造商的销售分部或采购办事处。它的两种形式分别为,一是销售分部和营业所,制造商开设自己的销售分部和营业所。销售分部备有存货,常见于木材,汽车设备和配件等行业,营业所不存货,主要用于织物和小商品行业;另一个是采购办事处,作用与采购经纪人和代理商的作用相似,但前者是买方组织的组成部分。

(4) 其他批发商。如农产品集货商、散装石油厂和油站,拍卖公司等。

(二) 零售商

1. 零售商的作用。零售商是指将商品直接销售给最终消费者的中间商,处于商品流通的最终阶段。零售商的基本任务是直接为最终消费者服务，它的职能包括购、销、调、存、加工、折零、分包、传递信息、提供销售服务等。在地点、时间与服务方面，方便消费者购买，它又是联系生产企业、批发商与消费者的桥梁，在分销途径中具有重要作用。

2. 零售商的类型。按照经营业态和组织形式划分：

（1）按有无店铺划分。①店铺零售商。其主要类型如下：专用品商店；百货商店；方便商店；超级商店；联合商店；特级商场；折扣商店；仓储商店；产品陈列室推销店。②无店铺零售商。主要有四种形式：直复市场营销，是一种为了在任何地方产生可度量的反应和达成交易，而使用一种或多种广告媒体的互相作用的市场营销系统。主要有以下几种形式：邮购目录；直接邮购；电话市场营销；电视市场营销；其他媒体市场营销；电子销售；顾客订货机销售。直接销售，主要有挨门挨户推销、逐个办公室推销和举办家庭销售会等形式。自动售货和购货服务。

（2）按组织形式（连锁）划分。主要类型有连锁商店，指由一家大型商店控制的许多家经营相同或相似业务的分店共同形成的商业销售网。其主要特征是：总店集中采购，分店联购分销。它出现在19世纪末到20世纪初的美国，现在已经逐步演化为主要的一种商业零售企业的组织形式。连锁有三种形式：

①正规连锁店。同属于某一个总部或总公司，统一经营，所有权、经营权、监督权三权集中，也称联号商店，公司连锁，直营联锁。

②自愿连锁。各店铺保留单个资本所有权的联合经营，多见于中小企业，也称自由连锁，任意连锁。正规连锁是大企业扩张的结果，目的是形成垄断；自愿连锁是小企业的联合，抵制大企业的垄断。自愿连锁的特点：成员店铺是独立的，成员店经理是该店所有者。自由连锁总部的职能一般为：确定组织大规模销售计划；共同进货；联合开展广告等促销活动；业务指导、店堂装修、商品陈列；组织物流；教育培训；信息利用；资金融通；开发店铺；财务管理；劳保福利；帮助劳务管理等。

③特许连锁。也称合同连锁，契约连锁。它是主导企业把自己开发的商品、服务和营业系统（包括商标、商号等企业象征的使用，经营技术，营业场合和区域），以营业合同的形式给规定区域的加盟店授予统销权和营业权。加盟店则须交纳一定的营业权使用费、承担规定的义务。其特点是：经营商品必须购买特许经营权；经营管理高度统一化、标准化。麦当劳连锁店一般要求特许经营店在开业后，每月按销售总额的3%支付特许经营使用费。肯德基连锁店的这一比例一般是5%左右。

第十章 分销策略

三、分销渠道抉择

(一) 确定渠道目标

设计分销渠道必须首先明确渠道目标，渠道的目标主要包括：通过销售渠道达到什么市场？希望有多大的市场覆盖面？希望中间商发挥的功能与作用？预期要达到的为顾客服务的水平？这就要调查分析顾客的需求是什么。顾客的需求是多种多样的，诸如批量要求、价格要求、时间要求、空间要求、服务要求、心理要求、安全要求，等等。

(二) 影响分销渠道选择的因素

1. 产品因素。产品的自然属性。如果产品易毁或易腐，则采用直接或较短的分销渠道。还包括产品单价、产品的体积与重量、产品的技术性，等等。

2. 市场因素。目标市场的大小。如果目标市场范围大，渠道则较长；反之，渠道则短些。顾客的集中程度，如果顾客分散，宜采用长而宽的渠道；反之，宜用短而窄的渠道。顾客的购买数量。如果消费者购买数量小、次数多，可采用长渠道；反之亦然。

3. 企业自身的特点。设计分销渠道，必须从企业自身条件出发考虑。企业的生产状况，生产力布局的变化，会改变产品的流向，引起渠道的宽度或长度的变化。产品组合情况，即产品线的长度和深度也影响分销渠道的选择。还有企业实力与管理能力的强弱、社会商誉高低等也影响渠道的模式。

4. 中间商特性。各类中间商特点、实力是有差别的，诸如广告、运输、储存、信用、训练人员、送货频率方面具有不同的特点，从而影响生产企业对分销渠道的选择。

5. 竞争者状况。市场竞争状况及竞争者所采用的销售渠道方式对企业销售渠道方式的选择也有影响作用。当市场竞争不激烈且企业有充分的竞争实力，可采用同竞争者类似的分销渠道；反之，则采用与竞争者不同的分销渠道。但有时竞争对手所采用的销售渠道正好是企业应该避免的。

6. 其他环境要素。一是经济环境，由于经济形势变化引起市场需求的变化，也影响渠道模式的选择。二是国家有关的法律法规和政策。如专卖制度，反垄断法，进出口规定，税法等都影响企业对分销渠道的选择。

（三）设计分销渠道

1. 确定渠道模式。企业分销渠道设计首先是要决定采取什么类型的分销渠道，是派推销人员上门推销或以其他形式自销，还是通过中间环节分销。如果决定利用中间商分销，还要进一步决定选用什么类型和规模的中间商。

2. 确定中间商的数目。这主要取决于产品本身的特点，市场容量的大小和需求面的宽窄。通常有三种可供选择的策略：（1）密集性分销。即运用尽可能多的中间商分销，使渠道尽可能加宽。消费品中的便利品和工业用品中的标准件、通用小工具等，适于采取这种分销形式，为购买者提供最大便利。（2）独家分销。在一定地区内只选定一家中间商经销或代理，实行独家经营。独家分销是最极端的形式，是最窄的分销渠道，通常只对某些技术性强的耐用消费品或名牌货适用。独家分销对生产者的好处是：有利于控制中间商，提高他们的经营水平，也有利于加强产品形象，增加利润。但这种形式有一定风险，如果这一家中间商经营不善或发生意外情况，生产者就要蒙受损失。采用这种形式时，通常产销双方议定，销方不得同时经营其他竞争性商品，厂方也不得在同一地区另找其他中间商。（3）选择性分销。即有条件地精选几家中间商进行经营。这种形式对所有各类产品都适用，它比独家分销面宽，有利于扩大销路，开拓市场，展开竞争；比密集分销节省费用且较易于控制，不必分散大多的精力。有条件地选择中订商，还有助于加强彼此之间的了解和建立长期关系，使被选中的商家愿意努力提高推销水平。因此，对某些产品（家用电器、家具等）来说，这种分销形式效果较好。

3. 明确渠道成员权利和责任。确定了渠道的长度和宽度，企业还要规定与中间商彼此间的权利和责任，如，对不同地区、不同类型和不同购买量的中间商给予不同的价格折扣，提供质量保证和跌价保证，以促使中间商积极进货。还要规定交货和结算条件，以及规定彼此为对方提供哪些服务。如，厂方提供零配件，代培训技术人员，协助促销；销方提供市场信息和各种业务统计资料等等。

（四）评估渠道设计方案

在设计分销渠道时，要对可供选择的渠道方案进行评估。评估依据经济、控制和适应三个标准。

1. 经济标准。指分销渠道的经济效益。经济效益方面主要考虑的是每一条渠道的销售额与成本的关系。一方面要考虑自销和利用中间商哪种方式销售量大；另一方面要比较二者的成本。

2. 控制标准。指企业对渠道的控制力。企业对渠道的控制力方面，直接销售当然比利用中间商更容易控制。一般说，分销渠道长，可控性难度大，渠道短可控性较容易些，企业必须进行全面比较、权衡，选择最优方案。

3. 适应标准。指分销渠道对环境的灵活的适应性。在与销售代理商签订长期合约时要慎重从事，因为在签约期内不能根据需要随时调整渠道，将会使渠道失去灵活性和适应性，所以涉及长期承诺的渠道方案，只有在经济效益和控制力方面都十分优越的条件下，才可以考虑选择灵活的渠道模式。

四、如何管理分销渠道

分销渠道管理是指对分销渠道成员进行协调和控制的过程，包括以下内容。

（一）选择渠道成员

制造商对中间商的吸引力，取决于制造商本身的声誉好坏和产品销量的大小。对一个有吸引力的制造商来说，主要问题是寻找合格的中间商。对合格中间商的鉴定包括经营年数、经营的其他产品、成长和盈利记录、偿付能力、信用等级、合作态度及声誉。如果中间商是代理商，公司还要评价其所经销的其他产品的数量和特征及其推销力量的规模和素质。如果中间商是零售商，公司需要评价其店铺开设的位置，未来销售增长的潜力，顾客属于哪种类型及其购买力大小和需求特点等等。

（二）激励渠道成员

激励渠道成员应努力做好以下两点：

1. 了解渠道成员的需求。提供适销对路的产品，是生产者的义务和责任，同时也是保证中间商协助生产者顺利实现产品销售的基本条件。必须指出，中间商与制造商所处的地位不同，考虑问题的角度不同，必然会产生矛盾，如何处理好产销矛盾，是一个经常存在的问题。企业必须先了解中间商的需求并向中间商提供适销对路的产品。

2. 激励中间商的措施。企业必须关心中间商的利益，通过使用多种手段激励中间商，使其出色地完成销售任务。这就需要从协调交易关系入手，放宽信用条件，在资金、信息、广告宣传和经营管理等方面给予扶持。具体措施如下：

（1）与经销商建立合作关系，对中间商一方面以高利润、特殊优惠、合作推销、折让、销售竞赛等办法，激励其推销热情和积极性；另一方面对表现不好的或工作消极的中间商予以惩罚。如，降低利润率、推迟发货甚至终止合作关系。

（2）与经销商建立合伙关系，签订协议，在协议中明确规定双方的责任和权利，如，规定经销商的市场覆盖面、市场潜量，以及应提供的市场信息和咨询服务等。根据协议执行情况，对经销商支付报酬。

（3）分销规划是一种最先进的办法，它是一种把制造商和中间商的利益融为一体的"纵向营销系统"，统一规划营销工作，如，决定销售目标、存货水平、培训计划，以及广告和营业推广方案等，使产销双方协调一致地完成任务。

在激励渠道成员，处理与经销商的关系时，既要坚持政策又要灵活运用多种手段，以此建立长期稳固的合作关系。

（三）评估渠道成员

1. 渠道评估。每隔一段时间，企业必须定期按一定标准衡量中间商的表现。比如，销售配额完成情况，平均库存水平，向客户交货的时间和速度，对受损货物和遗失物的处理，渠道成员的销量在企业整个销量中所占的比重，与公司促销和培训计划的合作情况，产品定价是否合理，为顾客提供服务是否令顾客满意等等。

2. 分销渠道的改进与调整。在分销渠道管理中，由于各种情况时有发生，不仅要经常评估渠道，而且需要根据市场变化和企业营销目标的改变及每个中间商的具体表现，定期改进与调整分销渠道，以适应多变的市场环境。

渠道调整主要包括结构性调整和功能性调整两大类：结构性调整是指原有渠道中的某些增减；功能性调整是指渠道成员间某项或某几项任务的重新分派。

（四）管理渠道冲突

渠道无论进行怎样好的设计和管理，总会发生某些冲突，因此，必须加强渠道冲突管理。

1. 渠道冲突分类。渠道冲突指渠道成员意识到另一个成员从事损害、威胁其利益或以牺牲其利益为代价获取稀缺资源的活动，从而引发的争执、敌对和报复等行为。一般分为三种类型：（1）水平渠道冲突，指同一渠道模式中，同一层次中间商之间的冲突。（2）垂直渠道冲突，在同一渠道中不同层次企业之间的冲突，这种冲突较之水平渠道冲突要更常见。（3）不同渠道间的冲突，指生产企业建立多渠道营销系统后，不同渠道服务于同一目标市场时所产生的冲突。随着顾客细分

第十章 分销策略

市场和可利用的渠道不断增加,越来越多的企业采用多渠道营销系统即运用渠道组合、整合,这就难免发生一些冲突。因此,生产企业要重视引导渠道成员之间进行有效地竞争,防止过度竞争,并加以协调。

2. 渠道冲突原因。

(1) 渠道冲突引发的诱因很多:①价格差异。各级批发价的价差常是渠道冲突的诱因。②存货水平。制造商和分销商为了自身的经济效益,都希望把存货水平控制在最低。而存货水平过低又会导致分销商无法及时向用户提供产品而引起销售损失甚至使用户转向竞争者。因此,存货水平也是容易产生渠道冲突的问题。③大客户原因。越来越多分制造商与最终用户建立直接购销关系,分销商担心这些大客户直接向制造商购买而威胁其生存。④争占对方资金。制造商希望分销商先付款、再发货,而分销商则希望能先发货、后付款。这种方式增加了制造商的资金占用,加大了其财务费用支出。⑤技术咨询与服务问题。分销商不能提供良好的技术咨询和服务,常被制造商作为采用直接销售方式的重要理由。⑥经销竞争对手的产品。制造商显然不希望他的分销商同时经营竞争企业同样的产品线。

(2) 渠道成员权利的不一致是渠道冲突的基本原因。引发渠道冲突的诱因很多,最基本的原因是各个独立业务实体的利益总不可能一致,因为他们各有不同的目标。生产企业希望占有更大的市场,获得更多的销售增长额及利润;但大多数中间商,尤其是小型零售商,希望在本地市场上维持一种舒适的地位,即当销售额及利润达到满意的水平时,就满足于安逸的生活;制造商希望中间商只销售自己的产品,但中间商只要有销路就不关心销售哪种品牌;生产企业希望中间商将折扣让给买方,而中间商却宁愿将折扣留给自己;生产企业希望中间商为它的品牌做广告,中间商则要求生产企业负担广告费用。渠道成员的任务和权利不明确是另一原因。例如,有些公司由自己的销售队伍向大客户供货,同时它的授权经销商也努力向大客户推销。地区边界、销售信贷等方面任务和权利的模糊和混乱会导致诸多冲突。冲突还可能来自渠道成员的市场知觉差异。例如,生产企业预测近期经济前景良好,要求经销商的存货水平高一些,而经销商却可能认为经济前景不容乐观,不愿保留较多的存货。中间商对生产企业过高的依赖也是冲突的基本原因。这些都可能使渠道成员之间的关系因相互缺乏沟通趋于紧张。

3. 冲突管理的基本方法。

(1) 目标管理。当企业面临对手竞争时,树立超级目标是团结渠道各成员的根本。超级目标指渠道成员共同努力,以达到单个所不能实现的目标,其内容包括渠道生存、市场份额、高品质和顾客满意。从根本上讲,超级目标是只能通过合作实现的目标。一般只有当渠道一直受到威胁时,共同实现超级目标才会有助于冲突的解决,才有建立超级目标的必要。对于垂直性冲突,一种有效的处理方法是在两个或两个以上的渠道层次上实行人员互换。经过互换人员，可以提供一个设身处地为对方考虑问题的位置，便于在确定共同目标的基础上处理一些垂直性冲突。

（2）劝说。通过劝说来解决冲突就是在利用领导力。从本质上说，劝说是为存在冲突的渠道成员提供沟通机会，强调通过劝说来影响其行为而非信息共享，也是为了减少有关职能分工引起的冲突。既然大家已通过超级目标结成利益共同体，劝说可帮助成员解决有关各自的领域、功能和对顾客的不同理解的问题。劝说的重要性在于使各成员履行自己曾经做出的关于超级目标的承诺。

（3）协商谈判。谈判的目标在于停止成员间的冲突，谈判是渠道成员讨价还价的一种方法。在谈判过程中，每个成员会放弃一些东西，从而避免冲突发生，但利用谈判或劝说要看成员的沟通能力。

（4）诉讼。冲突有时要通过政府来解决，诉诸法律也是借助外力来解决问题的方法。对于这种方法的采用也意味着渠道中的领导力不起作用，即通过谈判、劝说等途径已没有效果。

（5）退出。解决冲突的最后一种方法就是退出该营销渠道。事实上，退出某一营销渠道是解决冲突的普遍方法。一个企图退出渠道的企业应该要么为自己留条后路，要么愿意改变其根本不能实现的业务目标。若一个公司想继续从事原行业，必须有其他可供选择的渠道。对于该公司而言，可供选择的渠道成本至少不应比现在大，或者它愿意花更大的成本避免现有矛盾。当水平性或垂直性冲突处在不可调和的情况下时，退出是一种可取的办法。从现有渠道中退出可能意味着中断与某个或某些渠道成员的合同关系。

4. 渠道冲突解决方案。

（1）渠道一体化。渠道一体化是解决渠道冲突的根本方法。从我国的实际看，厂商之间的关系，将存在一个逐步演变的过程，这个过程可以分为四个阶段，即单纯的买卖关系——代理批发关系——代理关系——资本关系。其中，单纯的买卖关系就是目前存在的经销关系，而代理批发关系，是指厂方在进入一个新的地区时，该地区的经销商往往对该商品缺乏信心，厂方则首先采取本公司业务员直接开发终端零售商的方式。在某个地区终端零售商开发达到一定数量（占该区至少10%以上）时，则在该地区寻找具有一定网络和信用的批发经销商，利用其网络和资金，扩大销售量。同时，原来自己直接开发的终端零售商，仍然从厂方办事处或由公司提货，但其销量可以累计为所选择的批发经销商的奖励基数。显然，此类批发经销商就具有部分代理商的功能。在我国，由于缺乏明确的代理方面的法律，从而导致经销商无法从事代理行为。因此，厂方在各个地区设立的非法人地位的办事处，实际上就是在行使代理职能。

（2）渠道扁平化。厂家—总经销商—二级批发商—三级批发商—零售店—消费者，此种渠道层级可谓传统销售渠道中的经典模式。在供过于求、竞争激烈的市场营销环境下，传统渠道存在着许多不可克服的缺点，这就要求厂商作为产品或服务的供给者，应顺应渠道变化的趋势，制定符合企业发展目标的渠道策略。因而，许多企业正将销售渠道改为扁平化的结构，即销售渠道越来越短、销售网点则越来越多。美国通用汽车公司斥巨资构建自己的电子商务，渠道体系，目标是建立一种国际标准。这些都表明了渠道创新的扁平化趋势。

（3）约束合同化。该协议是一种合同，一旦签订，就等于双方达成契约，如有违反，就可以追究责任。关于处罚方式，对本公司业务员，厂方加大内部办事处的相互监督和处罚力度，一经查出恶意窜货，就地免职，厂内下岗。

通过签订不窜货协议，加大处罚力度提供法律依据。在众合同当中，尤以"总经销合同"最为重要，它是用来约束总经销商的市场行为的工具。

（4）包装差别化。即厂方对相同的产品，采取不同地区不同外包装的方式，可以在一定程度上控制冲货。主要措施是：一是通过文字标识，在每种产品的外包装上，印刷"专供××地区销售"。二是商标颜色差异化，即在不同地区，将同种产品的商标，在保持其他标识不变的情况下，采用不同的色彩加以区分。三是外包装印刷条形码，不同地区印刷不同的条形码。这些措施都只能在一定程度上解决不同地区之间的窜货乱价问题，而无法解决本地区内不同经销商之间的价格竞争。

（5）货运监管制度化。在运货单上，标明发货时间、到达地点、接受客户、行走路线、签发负责人、公司负责销售人员等，并及时将该车的信息通知沿途不同地区销售人员或经销商，以便进行监督。

（6）管理区域化。一是划分经销商业务地区。二是必须尽快建立客户档案。三是所有分区，必须实行价格统一。四是加强销售人员管理，对销售人员建立奖惩制度，控制窜货发生。

五、产品实体流通

企业必须决定储存、装卸和运送产品或服务的最佳方法，使消费者能在适当的时间、适当的地点获得适当的产品。实体流通管理的有效性对顾客满意程度和企业成本都有着重要的影响。

（一）实体流通的意义与目标

表面上看，实体流通就是运输和仓储的问题。但现代实体流通远不止这些。它是指计划控制原材料、最终产品及相关信息,从起运地到消费地的实体流动,以满足消费者的需求并赚取利润。实体流通以下简称物流,即把产品从生产者手中运到消费者手中的空间移动,或以适当的产品、在适当的时间、适当的地点,送达适当的消费者。

与以往的物流不同,现代实体流通强调以顾客为中心的物流思想,从市场和顾客开始考虑,然后反作用于工厂。不但强调产品运出分销的问题,还强调运入分销的问题。可见现代市场物流下延到消费者,上伸到供应商之间的各个环节,包括了整个供应链的管理,涉及到从供应商到最终使用者的价值增值过程,如图10-1所示。

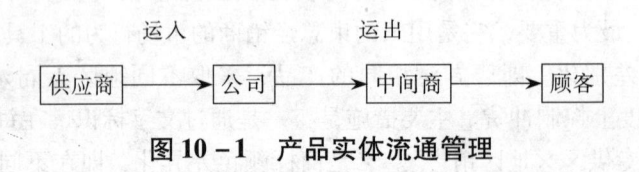

```
        运入              运出
供应商 ──→ 公司 ──→ 中间商 ──→ 顾客
```

图 10-1　产品实体流通管理

由此可见,现代产品物流管理的任务是与供应商、采购部门、营销者、渠道成员和顾客协同合作,做好预测、信息系统、采购、生产计划、订货处理、存货控制、仓储安排和运输计划等工作。

当今物流的必要性在于,一是通过改善实体流通,企业可以提供给顾客更好的服务和更低的价格,从而获得强有力的竞争优势。二是实体分销效率的提高可以为公司和客户节省大量的成本。三是产品花色品种的激增,提出了改进实体分销管理的需要。四是信息技术的发展为提高分销效率创造了大量机会和先进的手段。通过大量使用计算机和完善的供应链管理软件、基于网络的物流系统、即时销售扫描系统、产品统一编码、卫星传送技术、电子数据交换和电子转账系统,企业能够建立起先进的订货处理、存货控制和运输计划系统,同时,可以迅速有效地对供应链中的产品、信息和资金的流动进行管理。

客观地说,物流目标应该是以最小的成本提供既定水平的顾客服务。企业必须首先研究各种分销服务对其顾客的重要程度,然后为每个细分市场设定适当的服务水平。通常,企业希望至少提供与竞争者同样水平的服务,但目标是利润最大化而不应是销售量最大化。所以,企业必须权衡提供较高水平服务的收益与成本。

(二) 物流系统化管理

确定了物流目标,就要对物流活动过程进行系统化管理。物流系统化管理,是

第十章 分销策略

指为了实现企业确定的物流系统目标，提高向消费者和用户供应商品的效率，而对物流系统进行计划、组织、指挥、监督和调节的活动。物流系统化管理的基本目标，是实现物流的合理化，以最低的费用支出完成商品实体从供应地向消费地的运动。因此，企业在对物流活动系统化管理时，应对如何处理订货单？商品储存地点应该设在何处？应该有多少储备商品？如何运送商品以及管理物流信息等问题上很好地进行研究，做出决策。简言之，物流的目标就是妥善处理这些问题。

1. 订单处理。实体分配开始于顾客的订货。迅速准确地处理订单，使企业和顾客都会从高效率的订货处理系统中收益。订货可以通过多种方式，包括邮寄或电话、推销人员或者计算机和交换系统等等。现在，许多企业都使用计算机化的订单处理系统，一旦收到顾客订单，即检查该顾客的信誉记录，查询是否有货物以及在哪里。然后计算机发出发货通知，制定订单，更新存货记录，通知生产部门补充仓库存货，并将相关信息送到销售人员那里，告诉他们货已发出。在通用电气公司，这一过程在 15 秒之内即可完成。

2. 仓储。生产和消费存在时空上的分离，使得每个企业必须储存待出售的产品，以填补需求量和时间的差距。企业必须决定建立多少个仓库，什么样的仓库以及设在哪里。企业既可以使用存货仓库也可以使用分销中心。存货仓库用于较长期或长期储存货物。分销中心不但用于储存，还用于运送货物。

仓库数目多，就意味着能够较快将货送达顾客处，但是，仓储成本也将增加，因此数目必须在顾客服务水平和分销成本之间取得平衡。可选择的仓库包括：私人仓库、公共仓库、储备仓库、中转仓库、旧式的多层建筑仓库，新式的单层的自动化仓库。

近年来，随着技术进步仓储设施和设备技术变化巨大。陈旧的、多层的仓库和过时的物料处理手段正在逐渐被新型的、由中央计算机控制、配有先进的货物处理系统的单层自动化仓库所取代。计算机和扫描器自动阅读订单，指挥电动卡车，升降机和机器人搬运货物、将其送到码头并开送货票。仓储技术的进步，大大减少了劳动力成本、盗窃和损耗，改进了仓储控制。

3. 存货。存货水平代表了另一个影响顾客满意程度的实体分配决策。主要问题是如何平衡存货过多和过少的情况。在进行存货决策时，管理者必须平衡增加存货的成本与相应的销售和利润的关系。

存货决策的制定包括何时进货和进多少货，其主要指标是最佳订货量。最佳订货量可以通过观察在不同的可能订货水平上订货处理成本与存货维持成本之和的情况来决定。单位订货处理成本随着订货量增加而下降，这是因为订货成本被分摊到更多的单位上去的缘故。单位存货维持成本则随订货量增加而上升，这是因为每单位的储存时间相对地长了，这两条成本曲线垂直相加，即为总成本曲线。总成本曲

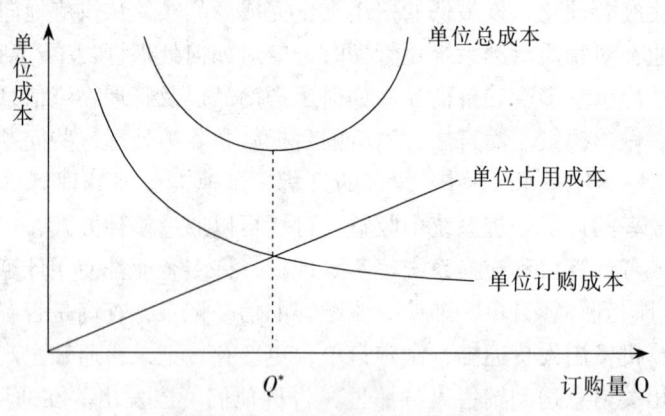

线上弯向横轴的最低点就是最佳订货量 Q^*，如图 10-2 所示。

图 10-2 最佳订购量的确定

图 10-2 表明，订货成本与存货成本随着订购量的不同而改变。单位订购成本随订购量的增加而降低，单位存货成本随订购量的增加而提高。两条成本曲线垂直相加，即为总成本曲线。总成本曲线弯向横轴的最低点就是最佳订购量。

现在，很多企业通过"及时供货"的物流系统大大降低了存货水平和相关的成本，在这种系统，使得生产者和零售商只保存少量的货物，仅供几天使用即可。若需用时，新货即可送达，而不必存放仓库里。及时供货系统要求精确的预测，配合迅速、频繁和灵活的送货手段，保证所需要货物及时送到。但这样的系统节约了大量的存货搬运和处理成本。

当今技术进步的潮流势不可挡，营销者仍然在寻找更有效的存货管理手段。

4. 运输。运输方式的选择直接影响产品定价、交货和运货情况，这些又影响着顾客满意程度。公司可以选择的运输方式包括：铁路、公路、水路、管道、航空运输、集装箱联运。对于数字类产品，还有额外的一种选择：互联网。互联网通过卫星、调制解调器、电话线等将数字产品从生产者输送给客户。

在为某一项特定产品选择运输方式时，托运方应该考虑这样一些标准，如速度，可靠性、安全、可获性、成本及其他因素。如果托运人追求速度，空运和卡车就是主要的竞争对手；如果以费用低为目标，那么水路运输和管道运输就成为最重要的选择对象。卡车在大多数标准上都是名列前茅的，这正说明了它在运输量中的比重日益上升。

运输决策还必须考虑运输方式和其他分销要素的权衡和选择，如仓库，存货等要素。当不同的运输方式所伴随的成本随时间的推移而发生变化时，公司应该重新

第十章 分销策略

分析其选择，以便找到最佳实体分配安排。

5. 物流信息管理。企业通过信息来管理供应链。渠道成员经常连接在一起共享信息并做出更有利的物流决策。从物流的角度来看，顾客订单、账单、存货水平是客户的信息流，都是与渠道绩效紧密联系的。

共享和管理信息有许多方式——通过电话、邮件、销售人员、互联网或者通过电子数据交换，企业之间可以通过计算机交换数据。

有时候，供应商可能会被要求根据客户的订单来安排生产和配送。很多大的零售商与其主要的供应商紧密合作，建立了供应商管理库存系统或者持续存货补货系统。通过这个系统，客户与供应商之间实现了关于销售和存货水平的实时数据分享。供应商对管理存货和配送负全部责任。很多零售商甚至超前一步，将库存和运送的成本也转给了供应商。这些系统要求买卖双方之间紧密合作。

（三）整合物流管理

现在，越来越多的企业接受了整合物流管理的概念。这种观念认为，要提供的客户服务并降低分销成本，需要团队合作，不仅在公司内部是这样，同时在所有的渠道成员之间也应该是这样。在公司内部，各种职能部门必须通力合作，以实现公司自己物流绩效的最大化；在外部，公司必须同它的供应商和客户一起整合物流体系，以实现整个分销渠道绩效最优。

1. 公司内部的跨职能团队。在大多数公司，各种不同的物流活动的责任被指派给不同的部门——营销、销售、财务、制造、采购等。每个职能部门常常都尽力使自己的物流绩效最优但却不考虑其他部门的活动。然而，运输、存货、仓储和订单处理程序等活动，通常是以多种方式相互影响的。较低的存货水平会降低存货管理成本，但是它们可能同样会导致服务的下降和成本的增加，比如存货过量、订单退回、特别定制产品以及高成本的快速运输方式。由于分销活动涉及许多相互制约的因素，所以不同职能部门的决策必须相互协调才能实现总的物流绩效的提高。例如，较低的存货水平降低了仓储成本，但是它也可能会降低顾客服务水平，而且因为缺货、重新订货、特别生产、快速运输等，会增加成本。由于分销活动涉及许多相互制约的因素，不同职能部门的决策必须进行协调，以获得最佳的后勤服务水平。

整合后勤管理的目标是协调公司的所有分销决策。各部门密切合作的工作关系可以通过几种方式获得。一些公司建立了永久性的物流委员会，由负责不同实体分销工作的管理人员组成。公司也可以设立一个管理职位，将各职能部门的后勤活动联系起来。例如，宝洁公司设立了"供应经理"，管理每个产品类别供应链的相关活动。许多公司设有物流副总经理，具有跨职能的权力。更重要的是，公司要协调物流和市场营销活动，在合理的成本下创造较高的市场满意度。

2. 建立渠道合作关系。分销渠道系统的成员在为顾客提供满意和价值的过程中紧密地联系在一起。一个公司的分销系统可能就是另一个公司的供应系统。每个渠道成员的成功，要依靠整个供应链的业绩。例如，沃尔玛公司之所以能给出很低的零售价格，是因为它的整个供应链以最高的效率工作着，包括成千上万的货物供应商、运输公司、仓库和服务机构。

在高度全球化和价格激烈竞争下，公司必须竭尽所能改善它们的物流活动，公司要做的不仅仅是完善自身的物流工作。渠道成员紧密联结一起，以向客户传送满意的服务和价值。它们必须与其他渠道成员协同努力，完善整个分销渠道系统。如今，明智的公司协调它们的物流策略，与供应商和顾客建立了牢固的合作关系，以改进顾客服务，降低渠道成本。

这些渠道合作关系有许多形式。许多公司建立了跨部门、跨公司的队伍。例如，宝洁公司的员工同渠道伙伴公司一起工作，寻找可以在渠道中压缩成本的方法。合作的受益者不仅仅是宝洁和它的分销商，还有最终的客户。同样地，惠普、耐克和很多其他的全球品牌，将大部分生产能力放在亚洲，尤其是中国。它们正在投入巨大的精力、金钱和时间改进物流系统，以在业务增长的同时保持和增加自己的竞争优势。

本章小结

分销渠道策略解决最有效地将产品从生产领域转移到消费领域，以及产品转移过程中最有效的路线、环节和机构设置等问题。分销渠道是指某种产品和劳务从生产者向消费者移动时取得这种产品和劳务的所有权或帮助转移其所有权的所有企业和个人。分销渠道对产品从生产者转移到消费者所必须完成的工作加以组织，其目的在于消除产品服务与消费者之间在时间、空间和所有权上的分离，创造地点效用。

本章从渠道冲突引发的问题入手，分析了分销渠道的类型与功能。在整个社会再生产过程中，分销渠道要完成交易功能、后勤功能和促进功能。组成分销渠道的组织机构有中间商、运输商、仓储商、银行和广告代理商等。这些组织机构在实现渠道基本功能的过程中形成了实物流、资金流、信息流、所有权流和促销流等。这些流程过去主要由中间商来实现，而且所有权流和实物流同时流动。但现在随着社会化大生产的发展，专业化分工协作程度的提高，以上的几个流程可以分开，由不

第十章 分销策略

同的组织机构来执行。

由于分销渠道主要由组织机构所组成，中间商又是最活跃的渠道成员，它主要通过所有权的转移和实物的流动实现分销渠道的各项功能。因此，必须全面认识了解各种中间商。

分销渠道的设计与管理是本章学习的重点内容。分销渠道的建立实际上主要解决两个问题：采取什么样的销售渠道类型和选择什么样的中间商。这就是销售渠道的建立、管理与调整问题，它们在本章三、四个问题做了全面阐述。

▶ 思考题

1. 分销渠道具有什么样的功能？试举例说明。
2. 分销渠道可如何分类？各类的优缺点分别是什么？
3. 你认为消费品的销售渠道与工业品的销售渠道存在什么区别与联系？
4. 试设想家电产品应采取什么样的销售渠道类型？描述结构图并说明理由。
5. 零售商和批发商有什么不同？各自的功能作用是什么？
6. 简述销售渠道的设计决策主要包括哪几个步骤？
7. 影响销售渠道的因素主要有哪些？怎样对所要选择的分销渠道进行评价？
8. 如何管理分销渠道？如何对中间商进行评价和激励？
9. 销售渠道冲突的类型有哪些？产生渠道冲突的原因是什么？如何解决冲突？
10. 你公司的分销渠道设计得是否合理？物流管理怎样？是否需要改进？怎样改进公司的分销管理以适应未来环境变化的趋势？请联系本公司的实际分析说明。

▶ 案例应用

佳都国际分销渠道

佳都国际执行副总裁、佳杰科技 CEO 王方民在描述市场变迁时指出："分销商要实现转型，架构一定要先行"。架构先行的一个简单原则就是在日渐增大的渠道压力中，许多分销商都是被自己"打死"的，在一个快速变化的渠道市场上，一些专业分销企业在组织结构、经营理念、管理规范和物流效率上严重滞后，未能及时扭转过来，而造成公司经营和管理上的失控。为此，佳都国际转型的一个重要策略就是实行架构先行、管理先行的经营原则。

作为一家著名分销商，佳都国际集团成立于 1992 年 10 月。7 年多来，营运收入的年平均增长速度都在 45% 以上，远远高于国内整个 IT 行业的增长速度，1999

年的IT收入达到14.5亿元人民币，已经跻身于国内前四大IT分销企业之列。至2000年7月，集团已完成营业收入10.7亿元。

早在1995年，为了有效整合渠道资源，佳都国际就在企业内部导入IT系统，实现企业管理的信息化；到1997年，佳都国际代理的品牌已经从6个猛增到15个，企业的高速增长与组织结构之间的矛盾日益加剧，为了进一步规范管理、提升分销的效率，佳都国际从1999年开始进入了"平静期"，对内进行资源整合，经营上实现事业部垂直管理制，对外则积极推进资本运作，并在1999年11月29日与新加坡大众电子有限公司（全球第五大电子制造服务商）合资成立了佳杰科技有限公司。

整合之后的佳都国际焕然一新，尤其是新的合资公司佳杰科技更是引人注目：注册资金高达1 100万美元，第一年投资3 100万美元，计划在3年内向佳杰科技投资的总额将超过1.5亿美元，以生产装配及分销高科技资讯产品为主营业务，并在中国全面设立为客户量身定做的生产、网上销售及一体化售后服务。此外，佳杰科技将致力于E-Distribution（电子分销）的崭新业务模式，发展壮大整合佳都国际现有的分销网络，计划三年营业总额120亿元人民币，并在24个月内在国外上市，致力成为亚洲E-Distribution业务的领导者。显然，佳都国际在经历了一段"沉寂"之后，准备在新的电子分销时代一展身手。

目前，佳都国际的业务分为三大块：IT产品分销、系统集成和支持服务。在分销业务方面，佳都国际提出新的分销理念E-Distribution可以描述为"以信息流为核心，以电子商务为平台，提供从Internet组装到Internet分销等全新业务手段，在整合供应链前后端的基础上，使E-Distribution成为佳都国际的业务模式品牌"。刘伟总裁认为，佳都国际E-Distribution的分销策略应该达到这样的五个效果：使顾客体验到最佳服务；创立分销模式品牌；适应Internet的发展速度；以最短供应链、最快反应速度和最低成本进入分销领域；为客户提供个性化的服务和解决方案。

事实上，现阶段互联网对于渠道的深刻影响最有代表性的就是对供应链的优化，佳都国际的电子分销也是建立在对企业内部信息整合的基础之上，按照规划，这一系统整合了企业的ERP、B2B、CRM、SCM（供应链管理）、ASP、物流和支持服务系统等等，并且涵盖了E-Market、E-Store和电话销售等诸多方面，这样一个系统在完成企业内部商务电子化的基础上，还将向前后两端延伸，向上开展以BTO、CTO为手段的为客户量身定做的生产、网上销售及一体化售后服务，向下则表现为电话销售和电子化交易等等，在国内首先将生产（BTO、CTO）、销售（B2B）、服务（service）这些已被国际电子商务行业的大量实践证明行之有效的模式整合、集成在以Internet为基础的平台上，这种短供应链形式为中国客户提供高

第十章 分销策略

效、快捷、个性化的服务提供了牢固基础。佳都也希望这一 E-Distribution 战略作为一种 Internet 时代的业务品牌，为国内传统分销及服务行业带来革命性的变化。

渠道的转型将会以用户为中心，转型的目的就是适应用户的需求新变化，转型的方向和成果也将会通过满足用户的新需求来印证。渠道转型已经迫在眉睫，那么以经销商为代表的渠道企业应该怎样对待即将到来的转型呢？

▶ 问题

1. 分销渠道的冲突主要有哪些形式？
2. Internet 对分销渠道有哪些影响？
3. 你认为分销渠道的发展趋势是什么？

第十一章

促销策略

❖ **本章学习目标**

阅读完本章后,你应该能够:
◇ 理解整合营销的概念;把握我国开展整合营销的对策与措施
◇ 掌握中小企业广告决策所应考虑的内容,以及各种决策的重点是什么
◇ 熟悉对消费者和中间商的营业推广方式有哪些
◇ 掌握企业公共关系机构的类别以及公共关系人员的相应要求

> **开篇案例**
>
> 在"顾客让渡价值"理论中,促销赠品实际上是对消费者一种额外的馈赠和优惠。促销赠品选择一般应遵循三条原则:(1)保持与产品的关联性。(2)设计程序简单化。(3)不要夸大赠品的价值。即:"看得见,拿得到,用得好"。
>
> "赠品促销"系指消费者在购买某一产品时可得到一份产品或礼品赠送,多用于在一定营销状况下,吸引消费者购买新产品、弱势产品和老顾客的重复购买。它必须符合两个基本特点:一是消费者在购买时能够立即获得赠品;二是所赠的品种具有很强的吸引力。
>
> 案例一:"太太"口服液 让女人更出色
>
> 凡购买"太太"口服液一提袋,即可获赠放在产品包装内的高级化妆品一套。
>
> 点评:赠品放在产品包装里面不易流失;缺点:漂亮的赠品不易被消费者准确感知,需设计一块地方为透明包装以显出赠品。

第十一章 促销策略

案例二："福临门"食用油加护手霜，好油好手烧好菜

滋润为全家操劳一年的双手：活动期间购买福临门食用油1桶，即可获赠东洋之花绵羊奶护手霜（40克）1支。

点评：产品陈列效果好，能够在众多竞争品类的货架上脱颖而出；缺点：赠品容易被不良商店主或批发商拆除；同时护手霜尚未在家庭主妇心中建立使用意识。

案例三："蝶妆"岁末狂欢超值大赠送

买蝶妆满200元，获赠韩国进口高级丝袜1双；满400元送蝶妆高级口红集锦1套；凭此广告还可到蝶妆专柜领取男性范蒙旅行装一套。

点评：此案例有一定的局限性，只适合专柜销售和本企业促销人员进行推广使用。

案例四：柯达千言万语，不如一张相片贺卡

在柯达冲印店，柯达数码影像系统可以将你的照片输入电脑，配上合适的边框图案，花40元，为你度身定制"相片贺卡"；再花10元，就可获35元精美艺术相框一个。

点评：开展付费赠品活动，赠品必须具有很强的吸引力；而案例中我们根本没有看到的35元艺术相框将是吸引消费者的一个很重要的因素。

案例五：红桃K给最爱的人，送最用心的礼

在端午期间，买红桃K关怀装一提袋即可获赠500毫升特制绍兴黄酒一瓶，多买多送。

点评：此促销赠品可以一并送给使用者，实际上给"最爱的人"送的是两份礼品，但促销成本比较高。

上面将站在促销策划和执行者的角度，从赠品促销的实践案例中进行分析和探讨，以期找到企业促销方面的经验和智慧。应该说，企业要成功地设计产品的促销方案是有套路可循的，毕竟不少营销手段上升到理论高度具有一定的共性。

一、整合营销传播

（一）什么是整合营销传播

整合营销传播（Integrated Marketing Communication IMC）这一观点，在20世纪80年代中期开始提出。许多学者预感到具有战略意义的"传播协同效果（Communication Synergy）"时代的到来，并从各自的观点出发提出了传播协同效果的定义。企业各传播手段的协同效果发展为IMC这一概念，但还没有确切的定义。研究者们当时都普遍认为根据研究角度、使用立场的不同，IMC定义也应不同。

整合营销不仅以消费者，而且还把从业人员、投资者、社区、大众媒体、政府、同行业者等作为利害关系对象，不是对这些对象进行一次性整合，而是分阶段一步步地进行。目前，不仅美国、日本、欧洲等先进国家的市场，而且发展中国家的一部分商品也逐渐趋向饱和及均衡状态。对于企业，以产品力（Product Power）为基础的产品差别化变得很困难；开发创造性的新技术或新产品也变得很难，即使开发出新产品，由于技术的发达，仿制品会很快上市，产品的先占效果也很难实现；至于价格战略，降价固然很重要，但这也很难与低价的无商标产品（No Brand Product）竞争，何况通过合理的流通渠道节约费用，从而降低单价的方法也有其界限。综合上述观点，通过IMC战略所追求的战略传播的整合创造价值才是企业创造以后竞争优势（Competitive Advantage）的唯一方法。以方法论而言，获得竞争优势的最主要核心就是集中管理企业传播要素，能够创造对应于企业利害关系者所提出的充分必要条件。

（二）整合营销的传播的特点

1. 整合感。IMC可以让广告、销售促进、直销、公共关系等所有的传播程序具有整合感。这种价值体现让利害关系者更容易理解信息。
2. 传播效果的最大化。适当地减少或整合几种传播程序，企业的组织成员、业务活动和组织能力都会有改善。
3. 交易费用的减少。在目前市场竞争激烈，强烈要求减少成本的状况下，IMC最大的贡献就是减少了企业交易费用。
4. 目标导向观念的实现。整合就是通过市场使与利害关系者的沟通"更好、

第十一章 促销策略

更有效率",把包括广告的所有营销活动和传播活动的焦点尽可能移向"目标导向的观念"。

以下将讨论三种最基本的信息传播方式。

二、广　告

（一）广告及其分类

1. 广告的概念和作用。广告是企业促销的重要方式之一，它随着商品经济的发展而发展起来。目前，广告不仅是企业向消费者传播商品信息的手段，而且发展成为一门科学。

广告是"广而告之"的简称。从其应用的含义来说，分为广义和狭义两种。广义的广告是指通过各种形式公开向公众传播广告主预期目标信息的宣传手段，由商业广告、新书介绍、社会宣传等组成。狭义的广告专指商业广告，这是一种以营利为目的的，通过各种媒体迅速向目标市场服务对象传递商品或劳务信息的宣传活动。这里只研究狭义的广告。

广告在发展社会主义市场经济中的作用，主要表现在传播信息、促进销售、引导消费、美化生活、增长知识等方面。目前我国有些商品，如化妆品，其销售量已随着广告的数量而转移。这说明广告已成为企业开拓市场的金钥匙，正在发挥越来越大的作用。

2. 广告的分类。广告发展到今天，已成为内含丰富的体系。从不同的角度考察，可以进行不同的分类。

（1）按广告的内容划分，可以分为产品广告、服务广告和企业广告。

产品广告。即以产品本身为内容的广告。如产品名称、品种规格、性能特点、应用范围、使用方法、商标标识、销售价格等。

服务广告。即以各种服务为内容的广告。如产品维修、人员培训及其他各种服务活动等。

企业广告。即以生产单位和服务单位本身为内容的广告。如企业的历史、技术装备情况、声誉、地址、电话、联系方法、销售地点等。刊登这种内容的广告，主要为了提高企业声誉，通过企业声誉的提高间接加强产品宣传。

（2）按广告内容适用的范围划分，可以分为世界性广告、全国性广告、地区性广告、购货点广告。

世界性广告。指广告物是面向国外出口，通过各国的广告媒体向国外所做的广告。

全国性广告。指广告的内容适合全国各地，在中央一级广告媒体上所做的广告。

地区性广告。指由于商品或服务只适用于某一个地区而只在某个地区进行宣传的广告，如滑雪板广告只适用于高寒积雪地区。

购货点广告。又叫"POP广告"，指在购买现场设置的各类广告，如橱窗陈列、悬挂物、招贴等。

（二）中小企业的广告决策

1. 广告定位决策。企业进行广告宣传活动，有多方面的策略可供选择。在这些策略中，首要的是广告定位策略，它对于广告的成败起着决定性的作用。

广告定位是指广告主根据本企业产品对消费者的特殊优势，确定在市场竞争中的方位，并以此作为广告内容的策略。它是产品定位策略在广告中的运用。它建立在对产品和消费者两个方面分析研究的基础上。通过突出产品的特点和优点，使目标顾客对该商品产生稳固的印象，促使消费者反复购买；而对产品特点和优点的确立，又是建立在了解消费者的基础上。这样，广告定位就存在着针对产品的定位和针对消费者的定位两种类型。

针对产品的广告定位是在广告中突出宣传产品的新特点和给消费者带来的新利益。常用的方法有：（1）功效定位，即在广告中突出宣传产品的特异功能；（2）品质定位，即在广告中突出宣传产品的良好品质；（3）价格定位，即在产品的质量、性能、式样、用途等与竞争者的产品相近时，广告中突出强调价廉的特点；（4）档次定位，即在广告中宣传该产品属于高、中、低档产品的哪一类型。

针对消费者的广告定位是在广告中宣传该产品是为什么人生产的，买该产品的是哪一类顾客等。可分为按消费对象定位和按消费心理定位两种类型。按消费对象定位就是在广告中宣传购买本产品的都是哪一种消费者，是男性，还是女性，是儿童、少年、青年、中年还是老年等，以此与竞争者区别开来。按消费者的心理定位是在广告中突出产品的新定义，以改变消费者的习惯心理并树立新的商品观念。常用的方法有两种：（1）方向性观念定位，即在广告中大力宣传本企业及其产品在竞争中的地位，使消费者对此产生牢固的印象，愿意购买自己的产品。方向性观念定位又分正向观念定位和逆向观念定位两种。正向观念定位是通过宣传企业及其产品的优势，在消费者心目中树立"第一"的观念，使消费者产生这样的印象：谈到该产品就非他莫属。这是那些规模巨大的领先企业采用的广告定位策略。逆向观

第十一章 促销策略

念定位是指在广告中借用有名气的竞争对手的声誉，自己甘居"第二"，但努力迎头赶上。这是那些已有实力强大的竞争对手，自己无力与之正面抗衡的企业采用的广告定位策略。在市场广阔、一个企业远远不能满足市场需要的情况下，这一策略的成功率也较高。(2) 差异性观念定位，即在广告中将市场上一时不可战胜的名优产品同自己的产品明确划分为两种不同的类型，利用人们的求异心理来诱导其购买自己的产品。

2. 广告媒体的选择。广告媒体又叫广告媒介，是指传递广告的载体或工具。选择适当的广告媒体是保证广告成功的主要条件之一。

由于各种媒体传播信息的方法不同，其影响范围、程度和效果各异，而企业又因受经济条件、目标市场的制约，不可能每种广告媒体都采用，必须对其进行选择。选择的标准是广、快、准、廉。根据这一要求，选择广告媒体应考虑以下条件。

(1) 商品的性质与特征。选择哪种广告媒体，首先要考虑所宣传商品的性质与特征。按商品的性质和特征，可分为是生产资料商品，还是消费资料商品；是高技术性能商品，还是一般性商品；是高档、中档商品，还是低档商品；是畅销商品，还是滞销商品；是全国都使用的商品，还是地区性商品；是多用途商品，还是只有一种用途；是人人都使用的商品，还是专门人员使用的商品；是耐用消费品，还是普通消费品；等等。广告媒体的选择要考虑商品特点的差别。例如，对于生产资料商品，主要利用报纸、杂志、说明书作媒体，也可用电视、电影片作媒体，以便进行示范表演；对于消费资料商品，则要选择广播、电视等覆盖面广的媒体；而对那些专门人员用的商品，则最好刊登在专业性杂志上。

(2) 消费者接触媒体的习惯。不同的消费者接触媒体的习惯是不同的，只有根据消费者的习惯选择广告媒体，才能取得理想的效果。例如，向农民介绍生产资料或消费资料，以广播和电视媒体为最佳，尤其以有线广播为最好。我国目前县以下的有线广播已经普及，只要利用得当，不仅传播速度快，而且可以做到家喻户晓。对于城市的居民，则以报纸和电视为好。对于儿童用品，则以电视作媒体效果最佳。

(3) 媒体的传播范围。不同的广告媒体，传播的范围有大有小，能接近的人口有多有少，如报纸、电视、广播、杂志的传播范围大，而橱窗、路牌、霓虹灯传播的范围小。从每一种媒体本身来说，也有范围的区别，如报纸分为全国性报纸和地方性报纸，每一种报纸又有不同的发行量，这就要根据不同的商品销售范围来决定广告媒体的选择。凡销售全国的商品，宜在全国性报刊或中央电视台、中央人民广播电台上做广告；只是在某一地区销售的商品，则宜于在地区性的报刊、电视台、电台上做广告。

(4) 媒体的影响程度。广告媒体的影响程度指该媒体传播信息的效果,它取决于该媒体的信誉和消费者对该媒体的接受频率。一般说来,中央和省、市、自治区的报纸、电视台、电台的信誉较高,其他媒体次之。同时,选择媒体还要看消费者对媒体的接受频率,因为不论信誉多好,由于频率太低,消费者记不住,也无法促进购买。为了提高消费者接受广告的频率,必须选择适当的刊播广告的时间。

(5) 媒体的传播速度。有些商品有较强的时间性,例如季节性商品和供应节日的商品都属此类。它们对广告也有较强的时间要求。为此,所选择的广告媒体必须传播信息迅速,以广播、电视和报纸中的日报为宜。而那些时间要求不强的商品,其广告媒体则不一定选择那些时间性强的媒体,因为时效性强的媒体一般费用较高。

(6) 媒体的费用。不同的广告媒体所花费的支出是不同的,有的相差甚大,如中央电视台的广告费用比相同时间的中央人民广播电台的费用高出几十倍。覆盖面不同的同种媒体的费用也存在很大差别,例如"中央电视台"第一套节目黄金时间30秒钟的广告费为28 000元,而济南电视台则只需1 800元。因此,选择广告媒体必须以自己的广告预算财力为基础。

衡量广告媒体的费用,不仅要看它的绝对量,还要看它的相对量,即不同媒体广告费用支出与预计效果的比较。比较的方法是计算接触该媒体的每千人广告成本的高低。其计算公式是:

千人广告成本 = 媒体费用 ÷ 视听人数 × 1 000

例如,将某一彩色广告刊登在A杂志上花费4 000元,登在B杂志上花费8 000元;前者的读者有10万人,后者的读者有80万人,各自的千人广告成本是:

A杂志千人广告成本 = 4 000元 ÷ 100 000 × 1 000 = 40(元)

B杂志千人广告成本 = 8 000元 ÷ 800 000 × 1 000 = 10(元)

可见,A杂志的绝对费用低于B杂志,其相对费用却高于B杂志。当然,仅用触及人数来衡量广告效果往往是不全面的,在应用中还必须考虑其他因素。

上述条件从不同侧面说明选择广告媒体的要求,为了取得比较理想的广告效果,在选择媒体时不能只看一个方面,而必须综合进行考虑。

3. 广告时间的安排。广告时间的安排是指怎样安排每一次广告的刊播时间及其重复的次数。它同广告费用的分配有着密切联系,也同广告媒体的选择息息相关。从费用预算来说,广告费用预算的大小直接决定着广告刊播的时间长度;从广告媒体来说,路牌、霓虹灯、橱窗等持续的时间较长,报纸、杂志、广播、电视这四大媒体则是一次性的,要延长刊播时间必须增加重复次数。

企业安排广告刊播时间,主要包括长期时间安排、短期时间安排和刊播频率安排三个方面。

第十一章 促销策略

长期时间安排是指在一年之内的广告刊播时间安排。即把广告安排在1年中的哪个季度或哪个月刊播。一般说来，这种安排与产品销售的季节性直接相关，即在销售旺季多做广告，销售淡季少做甚至不做广告。

短期时间安排是指在一个月内的广告刊播时间安排。即把广告安排在哪一天的哪一个时间刊播以及在哪一种或哪几种媒体上刊播。例如，可以安排在月初、月中或月末等不同时间刊播，也可以安排在不同的媒体上同时刊播。

刊播频率的安排是指广告刊播中的快慢速度。例如可以安排在一定时间集中刊播，也可以安排连续均衡刊播，还可以进行间断性刊播。在每一类型中，又可分为水平频率、渐高频率、渐低频率、交替频率等多种形式。至于哪种频率更好，取决于产品的特点和购买者的习惯。

企业在安排广告时间时，必须考虑三个因素：（1）买主周转率。即新的买主在市场上出现的速率。买主周转率越高，广告的连续性应越强。（2）购买频率。即在一定时期内顾客购买该产品的次数。购买频率越高，广告的频率也应越高，以保持该产品在顾客心目中的地位。（3）遗忘率。即在没有刺激的状态下顾客将该牌产品的遗忘速率。遗忘率越高，广告就越应连续不断地进行刊播。

（三）广告效果评价

一般说来，广告效果包括两个方面，一是销售效果；二是传播效果。两种效果各有自己的要求和评价方法。

1. 销售效果的评价。广告的销售效果是指企业销售额增加与广告费用支出的比率。比率越大，效果越好。企业刊播广告的目的是为了扩大产品销售，因此，对销售效果的评价，就成为衡量整个广告效果的重要内容之一。计算广告销售效果的公式是：

$$广告销售效果 = 平均销售增加额/广告费用（增加额）\times 100\%$$

如果企业对该产品第一次做广告，就按全部广告费用计算；如果是测定一段时间的广告效果，则要按同期广告费用的增加额计算。

2. 传播效果的评价。广告的传播效果是指广告的收看率、收听率和产品的知名度，即能够引起消费者注意、记忆、理解及购买欲望形成的程度。评价广告传播效果的项目包括注意程度、记忆程度、理解程度和购买动机形成程度。注意程度的评价是测定消费者对各种广告媒体的收看率、收听率和读者率。记忆程度的评价是测定消费者对广告中的企业名称、商品名称、商标及商品性能的记忆程度，其中主要的是知名度。理解程度的评价是测定广告的内容是否能被消费者理解。购买动机形成程度是测定广告对顾客的购买动机形成到底起多大作用。

广告传播效果的内容可以简化为以下公式：
$$广告传播效果 = 广告质量 \times 广告数量$$

广告的质量是指广告的表现程度，可以通过引起注意、产生联想、增强记忆等表现出来。广告数量是指广告刊播的次数，它由广告媒体的数量与每一媒体刊播次数的乘积计算出来。在衡量传播效果方面，广告的质量和数量同等重要。

广告传播效果的测定方法，主要是调查法，具体分为询问调查法和表格调查法两种。询问调查法是找消费者查询他们对广告的注意、记忆、理解等各方面的情况。表格调查法是印发表格给消费者，由他们填写。为了保证这些表格的回收，有些企业采用附带卡片的办法，即把广告登在杂志上，每本杂志附一张卡片，要求每人把卡片寄回来或持此卡片到指定的商店享受几折优待买一件商品，按照收回卡片的数量来统计该杂志的广告传播效果。

三、营业推广

（一）营业推广的特征

营业推广是在一个比较大的目标市场中，为了刺激需求而采取的能够迅速产生激励作用的促销措施。同其他的促销方式不同，营业推广多用于一定时期、一定任务的短期特别促销。它具有两个相互矛盾的特点。

1. 促销强烈。营业推广的许多方式，对消费者和中间商具有相当的吸引力。特别是对那些想买便宜货的消费者，具有特殊的吸引作用。因为它给消费者提供了一个特殊的购买机会，使其有一种机不可失的紧迫感，促使其当机立断，马上购买。因此，营业推广能够很快见到成效。

2. 贬低商品。由于营业推广的许多做法显出了卖者急于出售的意图，因此，有时会降低商品的身价。如果频繁使用或使用不当，会使顾客怀疑商品的质量有问题，或价格定得不合理等。

（二）营业推广方式与应用

企业营业推广的对象有两类，一类是产品的消费者；另一类是中间商。推广对象的差异决定了营业推广的方式也分为两种类型。

1. 对消费者的营业推广方式。对消费者进行营业推广，其目的是促使老的顾

第十一章 促销策略

客重复购买，新的顾客开始购买，采用的方式主要有以下几种：

（1）赠送样品。即把产品的样品赠送给消费者让其试用。这是向消费者推广新产品的一种有效方式。赠送的形式可以是挨户赠送，也可以在商店散发，还可以在文娱、体育的表演、比赛入口处散发。采用这种方式是让使用者认识到本产品的优越性后增加购买，并成为本产品的义务推销员。

（2）减价优惠。也叫"优惠酬宾"，是用降低价格的办法刺激消费者增加购买。这是那些为了尽快处理积压商品或为调整产品结构而采用的推广方式。减价优惠有时也采用赠送"优惠券"的方式进行。在我国这种方式一般在节假日使用，因而也叫"节日大酬宾"。而在外国已不仅是节假日减价，在平时也实行减价销售活动。这种方式由于使消费者立即得到实惠，因而效果较好。

（3）赠品印花。即消费者在购买某种商品时，企业按购货比例给予一定张数的印花标记，凑够若干张后可兑换某种商品。这种方式既可使消费者得到实惠，又可刺激他们的好奇心，因而比较容易达到推广目标。

（4）附赠商品。也叫"买一赠一"，即消费者在购买某种商品时，企业赠送一件相近的其他商品。例如买一瓶洗头膏可赠送一小包润肤液。这种方式因可使消费者得到免费商品而购买踊跃。

（5）有奖购货。即消费者购买商品后发给一定数量的兑奖券，销售金额达到一定数量时，公开抽奖。由于奖金的数额颇大，因而具有较强的吸引力。

有奖购货的另一种方式是在消费者每一次的购货量达到一定金额后，在购买现场当场摸奖。这种方式虽然也有一定的吸引力，但因奖金数额不大，所以光顾者较少。

（6）还本销售。也叫"货款返还销售"。即消费者在购买产品的一定时期后，企业将其货款退还给购买者。这是那些资金短缺、产品销路不畅的企业采用的推广方式，主要适用于价格较高，使用期较长的产品。由于这种方式使购买者在数年后能收回货款，因而争相购买。但它却增加了企业以后的负担，因而采用这种方式必须根据自己的偿还能力和收到这些货币后的盈利能力决定还本的比例和期限。

（7）保值销售。即消费者购货后的一定时期内，如果遇到价格下跌，由企业给予补偿。这是在价格普遍下跌时采用的推广方法。它可以打消消费者"买涨不买落"的心理，促使消费者尽快做出购买决策。

（8）以旧换新。即在消费者购买新产品的同时作价收购其同类旧产品。这是适应那些想购买新产品，但过时的旧产品又无法处置的消费者的要求采用的推广方式。它已在我国的手表、电视机和家具行业推行开来。

（9）示范表演。即在销售现场把产品的优点、性能、使用方法等演示给消费者看,从而引起人们的购买欲望。这种方式适用于那些对该商品了解不多的消费者。

(10) 技术服务。即通过向消费者公开提供对本产品的安装、维修等技术服务来吸引购买者。这种方式由于打消了消费者怕以后坏了无处修理的顾虑,对于那些技术性较强的商品来说促销效果较好。

(11) 商品展销。即利用举办商品展销会的方式展示本企业的产品。由于展销会上集中了企业的所有产品,从而形成一种新颖别致的组合群象,使消费者产生新奇感而增加购买。

(12) 价格折扣。即对那些大宗购买的客户给予一定比例的价格折扣。这是对生产资料的购买者采用的推广方式。折扣比例有的按购买数量,有的按货款到厂时间。按货款到厂时间决定折扣比例,有利于促使购买者尽快结算货款,从而加速企业的资金周转和扩大销售。

2. 对中间商的营业推广方式。对中间商进行营业推广,其目的是为了促使其大量进货。采用的方式主要有四种:

(1) 经营指导。即对销售本企业产品的中间商加以业务上的指导,促使其搞活销售,从而增加销售本企业的产品。这种方式主要适用于对那些在销售上存在某些问题的中间商。

(2) 培训人员。即为销售本产品的中间商培训销售、维修人员,使他们了解商品的使用方法和维修方法,以便于扩大销售。这是对那些技术性较强的产品采用的推广方式。

(3) 合作广告。即与中间商共同协商广告内容和共同承担广告费用。这是该产品准备在某地进行大量销售而中间商又只有一家时采用的推广方式。如果中间商的数量很多,其广告费用则由生产企业全部承担。

(4) 经销竞赛。即组织所有经销本企业产品的中间商进行销售竞赛,对销售量大的中间商给予奖励。奖励的幅度要与销售的数量挂钩。

(三) 营业推广的实施

为了提高营业推广的促销效果,推广工作必须有计划地进行,并制订出营业推广的实施方案。营业推广的实施方案主要包括以下内容:

1. 推广目标。企业的营业推广目标是根据目标市场的购买者和企业的营销目标决定的。由于目标对象的差别,对消费者和中间商的推广目标各不相同。一般说来,对消费者的推广目标是鼓励他们反复购买,对中间商的推广目标是鼓励其大量推销本企业的产品。

第十一章 促销策略

2. 激励幅度。即确定激励的经济有效限度。激励的程度高，购买者会增加，但企业效益却会下降，因为把利润让渡给了别人。因此，必须认真分析各方面的条件，以便做到既能扩大销售，又不降低效益。

3. 推广方式。企业的营业推广方式甚多，各有利弊，企业应根据市场类型、营销目标、竞争环境、各种推广方式的费用和效率，以及政策法令、道德水准等要求，选择适当的方式。

4. 推广途径。在选择适当的推广方式后，还要选择适当的推广途径，因为同一方式可有不同的实现途径，例如，采用折价优待的形式推广，就可以有把优待券放在包装中、附在杂志的广告中和在商店里分发三种。这三种途径，每一种的普及面和费用都不同。放在包装中普及面小，但费用低；放在广告中和现场发放普及面广，但费用较高。这就需要综合进行比较，选择最有利的途径。

5. 推广期限。营业推广是适用于短期的促销方式，因此，采用这种方式的时间不能太长，太长了会给消费者造成这是变相降价的印象，从而失去吸引力；有时还会引起消费者对产品质量的怀疑。但是，推广期限又不能太短，因为太短了会失掉那些希望购买，但在这个阶段暂时不买的潜在顾客。所以，必须确定适当的推广期限。一般说来，每一次的推广期限应与消费者的平均购买周期相一致。

6. 推广预算。营业推广需要花费一定的费用，这就要求在每一次推广之前搞好推广预算。常用的安排推广预算的方法有两种，一种是成本累加法，即把推广的各个环节预计的成本费用加起来作为该次推广的费用预算。另一种是比率法，即首先确定营业推广在各种促销方式中所占的百分比，然后从总费用中划出一定的百分比作为营业推广的费用预算。

7. 推广评估。即在每次营业推广结束以后，要对推广的效果进行评估。评估的方式与广告相同，一是要看这次推广的效益；二是要看这次推广对消费者的影响，以便总结经验，为下一次推广提供借鉴。

四、公 共 关 系

（一）公共关系的含义

公共关系，是20世纪70年代后在西方发展起来的一种促销方式，又称为"公众关系"，简称"公关"。由于公共关系主体的范围不同，其含义也有广义、狭义之分。广义的公关是指政府、企业或社会团体，为取得社会公众的信赖、理解与合作而采取的政策、服务和活动。狭义的公关作为企业的一种促销方式，是指通过各种传播媒介，与社会公众保持良好关系，从而为企业营销创造一个和谐外部环境的活动。其最终目的是通过树立在公众中的良好形象，起到促销的作用，其着眼点不是销售额的暂时上升，而是企业长期和未来的利益。为此，企业必须做好长期规划，稳扎稳打，循序渐进，有时还必须牺牲一些短期利益。

从上述概念可以看出，公共关系由社会组织、公众和传播媒介三个要素组成。社会组织是公共关系的主体。企业作为经济活动的基本单位，也是一种社会组织。因此，就狭义的公共关系而言，其主体是企业。社会公众是公共关系的客体，指那些与公共关系主体有直接或间接联系，对该组织机构的目标和发展有实际或潜在利益关系或影响的所有个人、群体和组织。社会公众范围非常广泛，从不同角度可将其分为不同类型。按照公众与企业的关系，可将其分为内部公众和外部公众；按其组织程度可分为组织公众和非组织公众；按公众对企业活动的影响程度，可分为非公众、潜在公众、知晓公众和行动公众等等。传播媒介是公共关系主体与客体之间的桥梁、纽带，是沟通企业与外界的各种新闻传播手段。

（二）公共关系的职能作用

在促销活动中，公共关系的基本职能包括以下几点：

1. 监察环境，搜集信息。企业要在复杂的市场竞争中求得生存和发展，必须随时注意自己的宏观环境和微观环境的变化，公共关系组织通过进行的公共关系调查，搜集有关本企业的产品和企业管理方面的信息，发现问题，并及时向企业反馈，从而为企业制定和调整营销计划提供依据。

2. 传播沟通，树立形象。企业要为自己的市场营销创造良好的外部环境，必须注意建立企业的信誉，树立企业的形象。公共关系活动就是通过多种渠道向社会各界传达自己的信息，把本企业的各方面优势及主要工作介绍给广大公众，并通过企业内部高质量的产品和服务，使外部公众能正确认识本企业，使内部职工能增强荣誉感和自豪感，以树立美好的形象。

3. 调解纠纷，争取谅解。企业在市场营销活动中，由于各方面的利益差别，充满了各种矛盾，如果处理不当，会产生各种纠纷。这些纠纷如不及时解决，就会影响企业的声誉，甚至危及企业的生存。这就要求企业必须做好预防和调解工作。在纠纷发生以前，要注意发现问题的征兆，迅速处理，以便把纠纷消灭在萌芽中。纠纷发生后，要实事求是地采取措施补救，并通过各种传播媒介，迅速纠正那些有损企业形象的宣传。这些工作，是公共关系活动的基本任务之一。

4. 咨询建议，教育引导。这是公共关系活动对企业内部公众的职能。所谓咨

第十一章 促销策略

询建议,是指公共关系人员要向企业的最高管理阶层和各部门提供有关公关系方面的情况和意见,为领导者决策起参谋咨询作用。所谓教育引导,是指公共关系人员向本企业的全体员工传递外界对本企业的有关信息,教育引导全体员工重视本单位的形象和声誉。

5. 扩大交往,提高效益。公共关系活动本身的要求是处理好与社会各方面的关系,这与促销的要求是一致的。通过扩大与社会各界的交往,可以处理好与社会各界的关系,使社会各界深入了解本企业,从而提高企业的营销效益。例如,通过扩大与新闻媒介的交往,可以取得各种有用的信息;通过参加社会公益活动,可以提高企业声誉,取得企业效益和社会效益。

总之,公共关系在市场营销活动中起着很大的作用,尤其可以弥补人员推销和广告中那种自我宣传的不足,为企业扩大市场营销铺平道路。因此,必须努力做好公关工作。

(三)公共关系分类

企业在公关活动的不同阶段有不同的目标和任务,而要完成这些任务和达到目标,需要运用多种公关方法和技巧。为此,必须了解公关活动的方式。公共关系的活动方式,主要从两个角度进行分类:

1. 按接触公众的工作方式,可以分为宣传性公关,交际性公关、服务性公关、社会性公关和征询性公关。

宣传性公关是指通过各种传播媒介的宣传活动达到建立良好公共关系网络之目的的公关活动。其特点是主导性、时效性强,沟通面广,通过这种信息传播活动,对内可以鼓舞士气,对外可以向社会公众宣传自己,形成有利于本组织的社会舆论。宣传性公关的活动方式主要有两种,一种是公关广告,一种是以新闻报道、经验介绍、记者招待会等方式进行宣传。前一种方式的优点是企业有主动权,但弄不好有"自吹"之嫌;后一种方式的效果更好,但局限性较大,必须注意选择具体方式和抓住时机。

交际性公关是通过人际交往来建立良好的公共关系。这一类型的特点是富有人情味,比较容易同公众搞好关系。但由于它不是利用现代化的传播媒介,而主要以交朋友为手段,因而其活动范围就不可避免地受到限制。交际性公关采用的主要方式是个人交往、午餐会、茶话会等。

服务性公关是通过提供各种优惠服务来树立良好的企业形象。如售前咨询服务、售中代理服务、售后三包服务等。这种类型的公关活动使公关工作由抽象变为具体、有形的行动,有利于密切企业与公众的关系,但这种方式只作用于顾客等直接公众，因而有一定的局限性。

　　社会性公关是通过举办各种有组织的社会性活动来树立良好的企业形象。这类公关的活动方式主要是赞助各种纪念会、庆祝会、文娱体育活动等。其特点是公益性、社会性强，每项活动都会使社会公众在某些方面得到益处，因而有利于提高企业声誉。

　　征询性公关是通过搜集信息、舆论调查、民意测验等征询意见的方式与公众建立良好的关系。这类活动的特点是细水长流，连续不断地反复进行，可以使企业耳聪目明，永远立于不败之地。

　　2. 按企业与环境之间的适应程度或发展的不同阶段，可以划分为建设型公关、维系型公关、防御型公关、进攻型公关和矫正型公关。

　　建设型公关是企业为开创新局面而采用的公关活动。其特点是通过大张旗鼓地开展各种活动，主动吸引各类公众。这是那些新创办的企业和那些长期以来尚未在公众中树立起良好组织形象的企业采用的公关活动类型。由于这些活动会给广大公众留下新的印象，产生新的感觉，因而有利于提高企业的知名度。

　　维系型公关是企业为巩固已取得的美好形象而采用的公关活动。其特点是只采用一些日常的公关活动来维持现状。这是那些正处于稳定发展时期的企业采用的公关活动类型。从其活动的方式划分，维系型公关可以分为硬维系和软维系两种类型。所谓硬维系，是指活动方式表现的维系目的很明确，主客双方都能理解活动的意图。所谓软维系，是指活动的目的不十分具体，表现形式也比较超脱。

　　防御型公关是企业为防止自身的公共关系失调而采取的公关活动。它的特点是以防为主，有针对性地开展公关活动，以便在消除不良预兆或症状的同时，促使其向有利于良好的公共关系建设方面转化。这是那些在其发展过程中，其组织的公共关系可能或已经出现失调苗头的企业采用的公关活动类型。

　　进攻型公关是企业为了消除组织的目标与外部环境的矛盾冲突而采取的公关活动。其特点是主动出击，以攻为守，努力消除造成冲突的各种因素，力争改变已出现的不利局面，为企业创造一种新的环境。这是那些在其发展过程中与环境发生某种矛盾冲突的企业采用的公关活动类型。

　　矫正型公关是企业为了消除其形象受到的损害而采取的公关活动。这是那些因外界的某种误解、谣言甚至人为破坏或因工作失误而使组织的形象受到损害的企业采用的公关活动类型。

（四）公共关系的组织机构和人员

　　1. 公共关系的组织机构。专门从事公共关系工作的组织机构有两类，一类是

第十一章 促销策略

独立的机构,称为公共关系公司或公共关系咨询公司。这是一类有法人资格,以营利为目的的机构,他们根据公关客户的要求,为客户提供公关服务,并根据服务的情况收取劳务费。另一类是附属的机构,即设在工商企业内部的公共关系部,简称公关部。从我国目前的情况看,有些企业的公关组织已用公共关系部命名,大多数企业则没有设立公共关系部,由其他部门从事公共关系工作。我国企业中的公共关系组织机构从隶属关系来说有三种类型:

第一,厂长(经理)负责型。即在企业内设置独立的公共关系部,由厂长(经理)直接领导,企业的一切对内对外的各种人际关系和社会关系都由该组织统一协调。这是企业中采用的主要形式。

第二,营销部门负责型。即在营销部门内部设置公关部门,重点突出公关在促销中的作用。这类组织的缺点是不利于协调企业内外的非经济关系。

第三,行政办公室负责型。即在行政办公室下设公关部门,主要从事日常的应酬和接待工作。这类组织的缺点是无法组织大的公关活动,起不到公关部门应起的作用。

企业在设立公共关系的组织机构时,要本着精简、适应、有效的原则,至于其隶属关系设在哪一级,要根据企业公关工作的范围决定。

2. 公共关系人员。公关工作人员是企业公关工作的设计、组织和主要实施者。公共关系部的工作任务决定了对公关工作人员的特殊要求。一般说来,公关工作人员必须具备以下条件:

第一,掌握市场营销、信息传播和企业方面的知识。公共关系作为促销方式,其工作人员首先要掌握市场营销方面的知识,尤其是市场营销战略、策略、方法等。其次要了解信息传播方面的知识,善于运用各种新闻宣传工具,掌握信息传播方面的基本技能和技巧。再次要熟悉本企业的生产和营销状况,了解企业的发展历史,掌握本企业的产品特点与市场情况等。

第二,具有较好的组织领导、语言表达和社会交际能力。公关人员在公关工作中,需要组织新闻发布会、招待会、庆祝会等,这就需要有较好的组织领导能力;要进行宣传报道,就要具有较好的文字表达和口头表达的能力;要处理好与周围公众的关系,应付突然出现的情况,就要具备社会交往的能力。

第三,具有良好的公共关系修养和道德品质。公关工作部门对外代表企业开展工作,这就要求其工作人员有良好的修养和道德品质,要性格开朗,仪表端庄,面带微笑,举止大方,不论在什么情况下都不与工作的对象吵架等;在工作中要以诚待人,积极工作,认真负责,不弄虚作假,不哗众取宠。

以上说明,作为一名公关人员必须具备多种知识和能力,目前,企业中的许多公关人员都不具备这么高的条件,为此,企业应对自己的公关人员进行经常的培训和教育，不断提高他们的素质，使他们在企业的营销活动中发挥更大的作用。

本章小结

本章主要分析了整合营销传播、广告、营业推广和公共关系等几部分内容。在现代企业营销活动中，仅有适销对路的产品、适当的价格、合理的分销渠道是远远不够的，还必须通过多种促销方式及其组合刺激消费者需求，才能促进其购买。因此，促销策略成为市场营销策略中的重要组成部分。

▶ 思考题

1. 什么是促销？促销策略有哪些类型？
2. 如何确定企业的最佳促销组合？
3. 怎样进行广告策划？
4. 公共关系有哪些活动方式？如何成功组织公关活动？

▶ 案例应用

冰箱是家电行业内最成熟的产业，海尔、科龙、新飞、美菱四大主导品牌占据了绝对的市场份额，品质的无差异性以及产品的自身特点，决定了该产品的市场环境是一个媒体关注度较低，品牌争斗暗流涌动，个性化、实用性趋势日趋明显的增值市场。

冰箱的技术更新换代慢的特点，决定了消费者理性认识减弱，产品的功能化特点在实际使用过程中，并没有占主导地位，消费趋向于更加自主、感性。

2001年7月，海信携"数字冰箱"进入冰箱市场，并在一年多的时间里持续推广了数字冰箱的概念，但是在中国市场，明确的高端技术定位容易受到价格、产品、品牌等多方面的影响，并可能在传播过程中人为造成目标群体数量缩减，不利于产品销售。海信"数字冰箱"由于没有很好地与产品相结合，已经出现了品牌概念"空心化"的苗头，数字冰箱的概念逐渐失去生命力。

2003年，为适应人们在选购家用电器产品时越来越重视外观的时尚化和个性化的潮流，海信开始主推一款旗舰产品7e——外型设计华贵、典雅，冰箱面板是以银色为主的拉丝套色，而且功能先进，其特有的双倍冷冻能力、全方位立体温度传感器、调湿速控功能使冰箱的保鲜、制冷效果非常好，由于其型号为bcd-

第十一章 促销策略

187e、bcd-207e 和 bcd-227e，故暂定名为 7e。

但如何才能使这款产品不再只空泛地进行"概念化"的推广，而是更加鲜活地、感性地走近消费者呢？

美女代言人与冰箱媲美

由于 7e 的外观是其最突出的优势，于是，从这方面入手，"蓝贵人"被定为该系列冰箱的"小名"，并确定了主题推广语"冰箱之美——海信蓝贵人"。

2003 年年初，张艺谋筹拍"威驰"广告，威驰汽车亮出了《幸福时光》的高招儿，全国网选第四代"谋女郎"，最后来自国家话剧院的徐筠脱颖而出，第四代"谋"女郎徐筠被媒体这样评价："章子怡的脸＋巩俐的嘴"。

徐筠是国家话剧院的演员，青岛人，虽然出道不久，但是由于与张艺谋的特殊联系，有丰富的宣传炒作空间。而且，从个人外型和气质上，徐筠能够匹配海信蓝贵人的时尚气质，而且在大众传播中有新鲜的感觉，这与海信蓝贵人产品的诉求和功能非常相似。于是，徐筠成为海信"蓝贵人"的产品代言人。

重金聘请形象代言人在家电业乃至其他行业都非常盛行，但是，如何才能避免出现消费者记住了代言人却对产品没有任何印象的尴尬？

在电视广告的表现上，为了使广告的穿透力更强，海信打破常规家电产品表现家居生活的模式，精心制作了一则"对比广告"，让代言人徐筠与"蓝贵人"冰箱媲美，通过二者之间的情趣化的"竞争"，衬托出贵人系列冰箱灵性俊美的个性。15 秒钟的表现简洁明快，在人与产品的交替中，内涵自然流露。

广告旁白：

（徐筠形象）我美丽

（冰箱画面，旁白）它漂亮

（徐筠形象）我内秀

（冰箱画面，旁白）它鲜活

（徐筠与冰箱同时出现）呵 要不……都给你

（旁白）好啊

冰箱之美 海信蓝贵人

对于看惯家电广告"温馨家庭"式诉求的大众来说，海信蓝贵人广告无异于清风拂面，以其完全不同的风格迅速赢得了大众的青睐。在广告播出后，指名购买者不乏其人。

中小企业市场开发五日通

促销活动深植"冰箱之美"概念

"冰箱之美"最容易给人的联想是外观的美,但是不论外观如何时尚,消费者买冰箱的根本用途还是贮藏食物,消费者需要的是实实在在的利益,不是一个概念。在推出蓝贵人之后,接下来的工作就是去把概念深挖下去,否则蓝贵人"冰箱之美"同样有空心化的危机。

所以,在具体的推广中,确定了"广告打外观,终端推功能"的具体推广策略。

"蓝贵人"上市初期,在销售终端全面"换装",导入以"蓝贵人"推广为主的新包装,同时在各种媒体上投入广告宣传。终端则保持与媒体宣传的完整与延展性、冲击力,结合促销性内容进行促销活动。

活动主题为:冰箱之美——海信蓝贵人震撼上市 倾情酬宾。

在中前期(5月下旬~6月)采取组合推广策略,主题:冰箱之美蓝贵人 行运中国重重喜

行运1:行运15天,免费得大礼(侧重于人际传播)

内容:您只要在活动期间购买海信冰箱,均可获赠5张"行运中国亲友卡",亲友持经您签名的"行运卡"购买海信冰箱可获得价值100元的精美礼品一份(旅行包)。如在活动期间持您签名卡购买海信冰箱的亲友累积达到5人,海信将赠送您一份特大精美礼品(微波炉),以感谢您对海信冰箱的信赖与支持。

行运2:1 000台海信冰箱征集爱心捐助者(公益性宣传)

内容:海信冰箱为了使您有机会表达对社会公益事业的一份责任,特别准备了1 000台海信冰箱圆您爱心梦。只要您购买海信冰箱,即可参加公益捐赠活动,您如果抽中,海信将以您的私人名义向有关机构捐出一台冰箱。

行运3:新科技、新造型、新希望——蓝贵人演绎冰箱之美(终端广告策略)

行运4:海信蓝贵人惊喜不断,希望常在祝平安(终端常规买赠活动)

通过以上活动组合,同时调动促销、公关、传播等方面的力量,有计划、有步骤地协调营销手段的各个层面。

在中后期(7月、8月),把海信冰箱的内在品质剖析给消费者,增加消费者对海信冰箱的了解,提高产品信任度。

主题:"海信冰箱蓝贵人——真材实料打天下"

意在以"真材实料"为主诉求点,通过强调海信冰箱所采用的各种部件的优良性,以点带面,全面强化海信冰箱技术过硬、质量可靠的品牌形象,达到质量认知、值得信赖的目的。并通过对产品"货真价实、性价比高"的宣传,配合终端促销活动,拉动销售。

第十一章 促销策略

方式：户外路演和销售促进。

▶ **问题**

1. 结合前面知识，对海信产品的广告策略进行评点，优点和缺点是什么？
2. 海信的营业推广策略包括哪些？
3. 若由你来负责海信该款产品的促销活动，你有什么具体的建议？

第十二章

人员推销策略

❖ **本章学习目标**

阅读与学完本章后,你应该能够:
◇ 了解人员推销的形式及特点
◇ 掌握人员推销的基本步骤与策略
◇ 掌握电话约见顾客的方法与技巧
◇ 明确处理顾客异议的策略
◇ 明确如何对推销人员进行管理

开篇案例

宁波新海电气股份有限公司(简称"新海")是中国规模最大的打火机企业,其产品90%以上出口国际市场。为拓展美国市场,新海派了两名年轻销售人员长期驻美国工作。在调查美国市场后,销售人员认为参加展览会是一个寻找商机的好机会。于是销售人员就前往展览会现场寻找客户,一次偶然的机遇,销售人员了解到美国的一家A公司在美国大量销售中国另一家打火机公司的打火机,于是抱着试试看的心态来到A公司的摊位前与A公司的代表进行了洽谈。可没想到的是,当新海的销售人员说明来意后,A公司代表居然对新海一点兴趣都没有,连名片都不愿收下。他说:"我们有自己的合作伙伴,你们还是另找他人吧。"新海的销售人员受过良好的训练,面对这样的回答依然表示了很好的礼仪,在随后的日子里依然抽时间去拜访他,每次交谈虽然不多,但给对方留下了较好的印象。

第十二章 人员推销策略

"功夫不负有心人"。在一次时隔半年的2003年展销会上,销售人员终于打动了A公司代表。由于是"非典"期间,参会人数不多,展会比较空,新海销售人员和A公司代表在交谈中谈了很多关于国内非典的情况以及国内打火机行业的发展情况,双方进行了比较融洽的沟通。在这一次沟通中,A公司代表也第一次表示他们对现在的供应商不太满意,并表示如果新海有样本和样品的话,可以拿到公司来看看。

但新海的销售人员几次打电话都因A公司代表很忙,拒绝了销售人员的拜访。直到最后,A公司代表终于答应销售人员的拜访,但要求销售人员必须早上8点赶到。由于两公司距离1个多小时车程,所以销售人员早晨5点便起床,提前半小时赶到约定地点。遗憾的是双方约见后还是因为价格太高而没有达成协议。不过值得欣喜的是,这次见面虽然没达成协议,但双方加深了了解。在随后的时间里,新海销售人员与A公司代表仍然保持着很好的关系,隔一段时间通一次电话。终于,在新海的努力下A公司代表答应对新海的样品试试看,由于新海的产品质量和服务很好,A公司在进行了3个月的试用后决定大规模采用新海的产品,把以前从其他公司订货的订单也交给了新海生产。

现在,A公司已经逐渐成为新海的大客户,双方合作非常愉快,建立了非常好的客户关系。

本案例充分揭示了推销工作的艰辛,以及要成功实现销售,作为推销人员要做的工作及应具备的能力。

一、什么是人员推销

(一)人员推销的形式

人员推销就是通过推销人员深入到企业用户、中间商或消费者中间,进行直接的宣传介绍活动,说服顾客购买产品的一种促销方式。如图12-1所示,人员推销的基本形式有上门推销、柜台推销和会议推销三种。

上门推销 ➡ 柜台推销 ➡ 会议推销

图 12-1　人员推销的基本形式

上门推销。这是最常见的人员推销形式，是由推销员携带产品的样品、说明书、订单等走访顾客，推销产品。这种推销形式，可以针对顾客的需要提供有效的服务，方便顾客。但工作辛苦，费工费时，经常被用于生产资料商品的推销。

柜台推销。柜台推销也称营业性推销或门市推销，是企业在适当的地点设置固定的门市、柜台或摊点，等客上门，由营业员向顾客推销产品的形式。柜台推销与上门推销正好相反，它是等客上门式的推销方式。由于铺面固定，易使顾客信赖，方便挑选，顾客比较乐于接受这种方式。柜台推销适用于零星小商品、贵重商品和容易损坏的商品推销。

会议推销。会议推销就是利用各种会议向与会人员宣传介绍企业产品的推销活动，如在订货会、交易会、展览会、物资交流会等会议上推销企业的产品。这种推销形式接触面广，用户集中，便于短时间内进行大量洽谈交易，省时省钱，推销效果较好。

按照推销对象来划分，人员推销可以划分为向消费者推销、向制造商用户推销和向中间商购买者推销三种情况。

（二）人员推销的特点

作为一种促销方式，人员推销与其他促销方式相比，其特点是：推销员的工作是促进销售的主要原因。因此，有人把它叫做"人力促销"。具体来说，它主要有以下四个特点。

1. 可以实现信息的双向沟通。在人员推销过程中，一方面，推销人员通过向顾客宣传介绍推销品的有关信息，以求达到招徕顾客、促进产品销售之目的。另一方面，推销人员通过与顾客接触，能及时了解顾客对本企业产品或推销品的评价；通过观察和有意识的调查研究，能掌握推销品的市场寿命周期及市场占有率等情况。这样不断地收集信息、反馈信息，为企业制定合理的营销策略提供依据。推销过程实际上是两个主体（推销员和推销对象）相互进行买与卖的互动过程。正如海尔集团总裁张瑞敏所说："顾客在向我们购买产品，我们在向顾客购买顾客的认

第十二章 人员推销策略

可和满足感。"

2. 针对性强，灵活性大。推销是企业在特定的市场中，为特定的产品寻找特定对象，或者说是向特定顾客进行推销的商业活动。根据欧洲著名推销专家戈德曼的调查研究，如果事先把潜在顾客加以合理的分析归类，就可以使推销活动的效果提高30%。由于推销人员与顾客直接联系，当面洽谈，从而可以有针对性地灵活解决推销中出现的各种问题，并可根据顾客的意见，对促销方式做出必要调整。

3. 人员推销是销售专业性强、性能复杂商品的有效方法。许多复杂、昂贵的产品仅仅靠一般的广告宣传很难直接促成潜在顾客实现购买，企业只有派出训练有素的推销人员为顾客介绍产品，解决种种疑虑，才能达成销售。

4. 人员推销注重人际关系，有利于消费者与销售人员建立友谊。这是人员推销的一个突出特点。它可以把企业与用户的关系从纯粹的买卖关系培养成朋友关系，彼此建立友谊，相互信任、理解，这种感情有助于推销工作的展开，易于使顾客对企业产品产生偏爱。

如著名的推销员乔·吉拉德对每位潜在客户，每年都会寄上12封信。元月是"恭贺新禧"，2月份是"请你享受快乐情人节"，3月份是"祝你圣巴特利库节快乐（爱尔兰人节日）"，然后是4月、5月、6月……每封信下只是一个简短的签名：雪佛兰轿车，乔·吉拉德。这样每年就有12次机会，使吉拉德的名字在愉悦的节日气氛中，来到每个家庭中。

由于人员推销具有上述优势和特点，其在工业品和技术性较强、使用较为复杂的耐用消费品的推销中，尤为适用。

二、人员推销程序与策略

大量实践证明，完整的推销过程，一般包括以下几个步骤：

寻找潜在顾客 → 访问准备 → 约见与接近客户 → 推销洽谈 → 排除异议 → 达成交易 → 跟踪服务

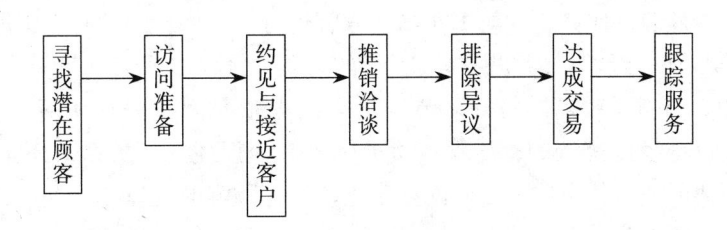

图 12-2 人员推销程序

（一）寻找潜在顾客

推销人员首先要善于寻找产品的购买者，包括有支付能力的现实购买者及未来可能成为企业产品购买者的潜在消费者及用户，以减少推销的盲目性，提高成交率。常见的具体方法有：

（1）查阅企业现有销售资料。目的是分析掌握企业现有客户的类型、需求状况，进一步挖掘现有客户资源。

（2）向现有顾客征询潜在客户。这样可以大大避免推销的盲目性，也容易赢得新客户的信任。

（3）个人观察及个人关系网。推销人员要善于学习、善于思考，锻炼提高自己捕获信息的能力。此外，还应特别注意并善于结交人际关系，还可通过参加各种社交、培训活动扩大自己的人际关系网络，为寻找潜在顾客提供更丰富的线索。

（4）查阅各种信息来源。如报纸、电视、电话簿、政府部门的出版物、行业协会资料、网上搜索等。

另外，要分析并核实潜在顾客。分析与核实的目的就是进一步确认潜在顾客成为现实顾客，实施购买行为的可能性有多大。MAN法则认为，作为顾客的人是由金钱（Money）、权力（Authority）和需要（Need）这三个要素构成的，即只有同时具备购买力、购买决策权和购买需要这三个要素的才是合格的顾客。通过查看潜在顾客的财力、营业额、特殊需求、所在位置等确定潜在顾客是否合格。

某企业的一位推销员唐某从事推销工作多年，经验丰富，关系户较多，加之他踏实肯干，在过去的几年中，推销量在公司内始终首屈一指。但一位新推销员赵某自参加完推销员培训回来后，不到半年，推销量直线上升，当年就超过了唐某。对此唐某百思不得其解，问赵某："你出门比较少，关系户没我多，为什么推销量比我大呢？"赵某指着手中的资料说："我主要是在拜访前先分析这些客户资料，然后有针对性地拜访，比如，我对124名老顾客进行分析后，感到有购买可能的只有94户，根据以往的经验，94户中有21户的订货量不大，所以，我只拜访另外的73户，结果，订货率较高。另外，节约出来的大量时间我去拜访新顾客。当然，这些新顾客也是经过挑选的，尽管订货概率不高，但建立了关系，还是值得的。"从赵某这些话可知，其成功之处，就在于重视目标顾客的选择。

从这个案例不难看出，是否重视寻找顾客的过程，能否科学地寻找顾客，对推销工作的成败起着至关重要的作用。

(二) 访问准备

推销人员在确定推销对象，着手进行推销工作之前，应进行充分的准备。第一，推销人员务必做好自我准备，包括心理准备、形象准备及必要的物质准备等。第二，必须充分了解熟悉自己的公司和产品，以及竞争对手同类商品的优、缺点，明确本公司及产品拥有的优势与不足。第三，了解顾客的个体信息，如年龄、性格、家庭、收入、文化水平、活动地点、联系方式等。第四，针对买主的需求搜集有关产品资料、各种信息情报，并编制销售计划方案，准备好样品、说明材料以及应变语言等。总之，准备得越充分，推销成功的可能性就越大。

(三) 约见与接近顾客

在做好接近顾客的准备工作后，推销员就要设法与顾客进行接触。接近顾客又分约见和接近两个环节。约见是推销员事先征得顾客同意接见的行动。约见可以采取当面约见、书信约见、电话约见、托人代约、广泛约见（利用大众传媒、约见大众顾客）等方式。具体要约定时间、地点、人物等内容。接近顾客就是正式接触推销对象，引起顾客注意和兴趣，以顺利转入面谈导购阶段的行动。接近的方法有：利益接近法、好奇接近法、产品介绍接近法、问题接近法、调查接近法、直接接近法等。

(四) 推销洽谈

推销洽谈，即推销员与潜在顾客正式接触，引导与指导购物阶段。在这一过程中，推销员在描述产品性质和特点时，必须使自己的表述充分吸引顾客的注意力，然后，再针对产品本身的特点及能给顾客带来的利益进行说服与解释。还要特别注意了解对方的反应，以判断顾客的真实需求。

为了使推销介绍更具说服力，推销人员应注意运用样品、产品模型、图片及各种证明材料（权威机构的鉴定、获奖证书等），进行示范、展示，并尽可能地让顾客提问、试用，调动顾客参与的积极性。

(五) 处理异议

美国一位著名科学家说过："全世界的失败，有25%只要继续下去就可以成功,成功的最大阻碍是放弃。"推销工作也如此。从某种角度来说,推销员的成功都是从遭受拒绝开始的,顾客在接受推销的过程中,几乎都会表现出不同程度的抵触情绪,会提出各种各样的问题,价格问题、产品问题、交货问题、操作使用方面的问题等。推销人员应注意倾听顾客的意见,以了解顾客异议背后的真实想法。推销人员还应注意搜集各种可能的异议,多做分析,才可能有备无患,给出圆满的回答。

在此阶段,最忌讳的是断然否定顾客的意见,或与顾客发生争执,因为这样做的结果必然是推销的失败。

(六) 达成交易

成交是整个推销活动的高潮。在洽谈过程中,一旦顾客认可了企业的产品,推销人员就应及时把握机会,促成交易。常用的方法有:

(1) 优点汇集成交法。即将产品的特色或优点重复再现,以促成交易。

(2) 假定成交法。即在顾客认可产品后,就其感兴趣的问题,给予适当承诺,以促成销售。

(3) 选择成交法。即向顾客提出几个购买方案,请顾客从中做出选择。例如,"您为您的西装是选配一条还是两条领带呢?"

(4) 优惠成交法。即通过给顾客一定的优惠条件,促使其做出购买决定。譬如某太阳能热水器公司的推销员对房地产开发商经理说:"每安装 10 套热水器,我们就免费为客户安装 1 套,别的公司可没有这么优厚的条件。"

(5) 从众成交法。即是推销人员利用从众心理来促成准顾客购买推销品的成交方法。譬如,计算机的推销员说:"这是今年最流行的机型,我们一天就卖 100 多台,请问先生什么时候要货?"从众成交法主要适合于推销具有一定时尚程度的商品,且要求推销对象具有从众心理。

(七) 跟踪服务

跟踪服务就是要确保顾客能及时收到订货和得到指导、服务。跟踪服务做得好,可以加深顾客对企业和产品的信任,有利于顾客重复购买,也有利于企业通过老顾客发展新顾客,因此跟踪服务既是人员推销的最后环节,也是新推销工作的起点。

2003 年,海尔入选世界品牌实验室评选的"世界最具影响力的 100 个品牌",刷新了中国本土品牌的历史。在这一历史性成就的背后,海尔服务功不可没。由中

第十二章 人员推销策略

国质量协会、中国消费者协会、清华大学中国企业研究中心联合进行的2003年中国耐用消费品调查中，海尔集团八大类产品服务满意度排名第一，综合满意度排名第一，获得了消费者的最高评价。海尔认为，只有通过持续性推出亲情化的、能够满足用户潜在需求的服务新举措，才能拉开与竞争对手的距离，形成差异化的服务，提升海尔服务形象，最终创造用户感动，实现与用户的零距离。在这种理念指导下，海尔星级服务的每次升级和创新都走在了同行业的前列。"先设计后安装"、"五个一服务"、"星级服务一条龙"、"一站式通检服务"、"海尔全程管家365"、"神秘顾客"……从1994年推出"无搬动服务"，海尔星级服务内容不断创新提升。正是做到了这些，海尔产品才得到了消费者的最高评价。

三、电话约见方法与技巧

在电话日益普及的今天，电话约见的方式既经济又便捷，而且可避免当面被拒绝的尴尬，因此，电话约见成为现代商务活动中最常见的约见方式。对于老顾客，电话约见方便、快捷、效率高，但对新顾客，用电话约见难度较大。如何在短短的三十秒钟内成功实现约见，应掌握一定的方法与技巧。

1. 强调利益法。即强调推销品能为顾客带来的利益，以此来吸引顾客。

（1）陈述利弊式介绍。例如：

"早上好！王经理。我叫刚，是机电公司的外销人员。像您这样的商户如果使用我们公司的服务将会极大地提高办事效率。我们能否在下周一上午九点见面谈一谈呢？或者您选一个您认为更方便的时间。"

（2）解决问题式介绍。例如：

"请问您是李总吗？我叫吴磊，是机械快速修理公司的。我们公司可以养护和维修连续运转的设备，从而使贵厂能够避免由于停机而造成的损失。我们公司提供快速周到的服务，可以修理您公司的所有机器设备，而且收费低廉。我可以在周二上午十点钟与您面谈一下我们服务的各种细节吗？要是您不方便的话，咱们就周三谈，您觉得什么时间合适呢？"

2. 信件预寄法。信件预寄法是推销人员先将产品说明等有关资料寄给顾客，再打电话询问顾客的想法，以达到约见顾客目的的方法。这一方法显示了对顾客的尊重，易博得顾客好感，被拒绝的可能性较小。一些刚从事推销工作的人员在没有掌握技巧之前，用电话进行联系多多少少会有些不自然，先写封信说明情况有助于推销人员度过这一关。因为已事先在信里做过自我介绍，再打电话约见时，推销人员与顾客之间肯定会有一个有下文的话题——那封信。对方是否收到信不是最主要的，重要的是推销人员可以借此话题展开与顾客的谈话。例如：

"刘经理，我是鸿星公司的赵铭。我上星期给您寄过一封信，不知道您收到了没有？"

刘经理："我看过了，可是你没有寄报价单，同类产品我们的货架已经摆放很多了，可以说已经超载了，如果价格没有什么优势的话，我们不准备再进同样的产品了。"

推销员："那好，刘经理，我准备和您见个面，把有关的资料和价格再跟您详细说明一下。这个星期二或者星期四，您看哪个时间合适？我到您那里谈几分钟，拜访您一下。"

推销人员在邮寄有关资料给顾客时要掌握一个原则，即不能把所有的资料都寄给对方。这样做一是为邮资考虑，二是为与购买决策人见面考虑——如果推销人员把所有的资料都寄给了顾客，就可能失去了与顾客面见的机会。而事实上，推销人员所推销产品的价值远不是几页材料所能表达的，现场面对面的沟通必不可少。推销人员寄发资料给顾客，仅仅是为了创造一个见面的机会。不要忘记这个目的。

3. 心情感激法。这种方法一般用于已有业务联系的顾客，推销人员首先对顾客前一次的购买表示感谢，然后借机约见顾客推销新的产品。例如：

"李经理，您好，我是银河电脑公司的业务员，您4月底寄来的订单已经收到了，非常感谢您的支持。我们公司最近又推出了一批新产品，性能、价格都不错，想尽早介绍给您，您看××时间或××时间我们面谈一下吧……"

在推销实践中应根据具体情况灵活选择这些电话约见的方法。

四、顾客异议处理策略

销售是从客户的拒绝开始的。处理顾客异议是推销洽谈的重要部分。顾客异议是顾客对推销人员或推销的产品、推销活动所做出的一种形式上表现为怀疑、否定或反面意见的反应。顾客提出异议往往是出于保护自己的目的，其本质不具有攻击性，但它的后果却不能忽视。据统计，4%的顾客会把自己对产品和公司的异议说出来，96%的顾客会默默离开；如果对产品和公司的不满没有得到消除，90%的顾客会永远不买这个品牌或关注这家商场，这些不满的顾客会把这种不满传递给8～12个顾客。这8～12个顾客还会把这个信息传递给20个人；商场吸引一个新顾客的难度是留住一位老顾客的6倍。由此可见，处理好顾客的抱怨或异议，管理好客户关系是每一个推销人员的必备素质。

顾客异议的表现形式是多种多样的。在实际推销中，应掌握以下几种常见的顾客异议处理策略。

（一）购买时间异议处理策略

在推销实践中，顾客借故推托的时间异议多于真实的时间异议，处理的策略有如下几种：

1. 货币时间价值法。时间就是价值、效益和金钱。一般来说，物价的变化会随着时间的推移而上扬。推销员可以结合产品的具体情况告诉顾客，由于供求关系的变化，如果拖延购买时间将意味着花费更多的钱来购买同等数量的商品，而且还要劳心费力，多方选择必定耗费时间，不符合现代人的时间观念。

2. 良机激励法。这是利用对顾客有利的机会来激励顾客，使其不再犹豫不决，抛弃等一等、看一看的观望念头，当机立断，拍板成交。失去这次机会，将会产生遗憾或后悔的感觉。例如，"目前正值展销期间，在此期间可以享受20%的优惠价格"，"我们的货已经不多了，如果您再犹豫的话，就可能被别人买走了"。不过，使用这种方法必须确有其事，不可虚张声势欺诈顾客。

3. 意外受损法。这与"良机刺激法"正好相反，是利用顾客意想不到，但又必将发生的变动因素如物价上涨、政策变化、市场竞争等情况，要求顾客尽早做出购买决定。

（二）处理价格异议的策略

面对顾客的价格异议，推销人员应首先分析、确认顾客提出价格异议的动机是什么，然后有针对性地采取以下策略。

1. 先谈价值，后谈价格；多谈价值，少谈价格。一开始就谈论价格的推销人员是不明智的。推销人员可以从产品的使用寿命、使用成本、性能、维修、收益等方面进行对比分析，说明产品在价格与性能、价格与价值、推销产品与竞争产品价格中的优势，让顾客充分认识到推销品的价值，认识到购买能给自己带来的利益和方便。

例如，一位顾客说："IBM电脑确实不错，就是价格高了些！"这是一种客观的购买异议。推销人员不应予以反驳和否定，应该强调价值。"价格确实有点贵，但质量可靠呀，在10年之内几乎不会出现故障，也不会出现因为电脑故障而影响您做事的情况。对您来说，最宝贵的是时间，您购买IBM电脑就相当于配备了一名能干的助手，您不用再为修理电脑而花费大量时间和精力了，您的工作效率肯定会提高。"推销人员运用补偿法承认顾客异议，并突出了诉求重点，抵消了顾客异议，使顾客在心理上找到了平衡，有利于交易的达成。

2. 攻心为上。在向顾客报出价格时，可先发制人地首先说明这是最优惠的价格，暗示这已是价格底线，不可能再讨价还价，以抑制顾客的杀价念头。推销人员还可以使用尽可能小的计量单位报价，以减少高额价格对顾客的心理冲击。如在可能的情况下，改吨为公斤，改公斤为千克，改大的包装单位为小的包装单位。这样在价格相同的情况下，顾客会感觉小计量单位产品的价格较低。

（三）处理货源异议的策略

许多货源异议都是由于顾客的购买经验与购买习惯造成的，推销人员在处理这类异议时可采用以下策略。

1. 提供例证。在解决货源异议时，推销人员为说明推销品是名牌商品、材料优异、制作精良、款式新颖等，可出示企业资质证明、产品技术认证证书、获奖证书以及知名企业的订货合同资料，以消除顾客顾虑，获得其认可。

2. 强调竞争受益。顾客常常会提出已有供货单位，并对现状表示满意，从而拒绝推销。推销人员应指出，作为一个企业仅具备单一的货源具有很大的风险。如果供货单位一时失去供货能力，将会导致企业因货源中断而被迫停工。而企业拥有较多货源，采取多渠道进货，会增强采购中的主动性，可以对不同货源的商品、价格、服务、交货期等进行多方比较，择优选购，并获得竞争利益。

3. 锲而不舍，坦诚相见。通常顾客在有比较稳定的供货单位和有过对推销员的推销服务不满意甚至上当受骗的经历时，对新接触的推销人员怀有较强的戒备心，由此而产生货源异议。推销员应不怕遭到冷遇，反复进行访问，多与顾客接触，联络感情，增进相互了解，推销人员也就有了对顾客进行针对性劝说的机会。在与顾客的接洽中，推销人员应当注意以诚相待，以礼相待，以诚挚的态度消除顾客的心理偏见。

五、推销人员管理

推销人员是企业宝贵的资源，这种资源的获得必须借助于完善的销售人员管理，即只有通过招聘、筛选、培训、评估等一系列活动方能训练出一支优秀的销售队伍。

第十二章 人员推销策略

（一）推销人员的选拔

人员推销是一个综合的复杂的过程。它既是信息沟通过程，也是商品交换过程，又是技术服务过程。推销人员的素质，决定了人员推销质量的好坏乃至推销活动的成败。在典型的销售队伍中，60%以上的销售额是由30%的优秀销售人员创造的。因此，慎重选择销售人员可以大幅度地增加总的销售业绩。一个合格推销人员一般应具备如下素质：

1. 良好的思想道德品质，勇于进取。推销人员是企业的代表，有为企业推销产品的职责，同时又是顾客的顾问，有为顾客的购买活动当好参谋的义务。因此，推销人员要具有高度的责任心和使命感，热爱本职工作，不辞辛苦，任劳任怨，敢于探索，积极进取，耐心服务，同顾客建立友谊，这样才能使推销工作获得成功。

日本著名推销大师原一平先生，在每个月的推销活动中平均用掉1 000张名片，每天要固定访问5位准客户，没有完成任务决不休息。因此，原一平先生经常因受访者白天不在，晚上再数次去拜访，常常夜里11点以后才能回家休息。正因为有这种百折不挠的进取精神，50年来，他累积了2.8万个准客户，这就是他之所以成为"推销之神"的秘诀之一。

2. 求知欲强，知识广博。广博的知识是推销人员做好推销工作的前提条件。较高素质的推销员必须有较强的上进心和求知欲，乐于学习各种必备的知识。一般来说，推销员应具备相应的产品知识、市场知识、技术知识及公关知识等。

3. 文明礼貌，善于表达。推销人员推销产品的同时也是在推销自己。这就要求推销人员要注意推销礼仪，讲究文明礼貌，仪表端庄，举止适度，谦恭有礼，在说明主题的前提下，要讲究语言艺术，给顾客留下良好的印象，为推销获得成功创造条件。

4. 富于应变，技巧娴熟。市场环境因素多样且复杂。为实现促销目标，推销人员必须对各种变化反应灵敏，并有娴熟的推销技巧，能对变化万千的市场环境采用恰当的推销技巧。

企业在确定了选拔标准之后即可着手进行招聘、筛选。招聘途径和范围应尽可能广泛，以吸引更多更优秀的应聘者。筛选的程序因企业而异，有简有繁。一般分为初步面谈、填写申请表、测验、第二次面谈、学历与经历调查、体格检查、决定录用、安排工作等程序。

上海通用汽车有限公司严格规范的评估录用程序可以给我们提供一些启示：

上海通用汽车有限公司是上海汽车工业（集团）总公司和美国通用汽车公司合资建立的轿车生产企业。1998年2月7日到上海科学会堂参加SGM招聘专场的人士无不感慨："上海通用招聘人才门槛高！"招聘当天，凡是进入会场的应聘者必须在大厅接受12名评估员岗位最低要求的应聘资格初筛，合格者才能进入二楼的面试台，由用人部门同应聘者进行初次双向见面，若有意向，再由人力资源部安排专门的评估时间。在进入科学会堂的2 800人中，经初步面试合格后进入评估的仅有百余人，最后正式录用的只有几十人。

（1）录用人员必须经过评估。为此公司建立了专门的人员评估中心，中心人员都接受过专门培训，以确保录用工作的客观公正性。

（2）标准化、程序化的评估模式。被录用者须经填表、筛选、笔试、目标面试、情景模拟、专业面试、体检、背景调查和审批录用九个环节。每个程序和环节都有标准化的运作规范和科学化的选拔方法。其中笔试主要测试应聘者的专业知识、相关知识、特殊能力和倾向；目标面试由受过国际专业咨询机构培训的评估人员与应聘者进行面对面的问答式讨论，验证其登记表中已有的信息，并进一步获取信息；情景模拟是根据应聘者可能担任的职务，编制一套与该职务实际情况相仿的测试项目，将被测试者安排在模拟的工作环境中，用多种方法来测试其心理素质、潜在能力、领导欲望、组织能力、主动性、说服能力、口头表达能力、自信程度、沟通能力、人际交往能力等。

（二）推销人员的培训

在顾客自由选择度日益增强和产品复杂程度越来越高的今天，推销人员不经过系统的专业训练，是不能很好地与顾客沟通的。有远见的企业在招聘之后，都要进行几周乃至数月的专业推销培训。国外企业的平均培训时间，产业用品公司为28周，服务公司为12周，消费品公司为4周。培训时间随销售工作的复杂程度与所招销售机构的人员类型的不同而有所不同。如IBM公司的新销售代表头两年是不能独立工作的，公司希望其销售代表每年用15%的时间参加额外的培训。

常用的培训方法主要有课堂培训法、会议培训法、模拟培训法和实地培训法。

1. 课堂培训法。这是一种正规的课堂教学培训方法。一般由销售专家或有丰富推销经验的销售人员采取讲授的形式将知识传授给受训人员。这是应用最广泛的培训方法，其主要原因在于费用低，并能增加受训人员的实用知识。其缺点是此法为单向沟通，受训人获得讨论的机会较少，讲授者也无法顾及受训人的个别差异。

2. 会议培训法。这种方法一般是组织销售人员就某一专门议题进行讨论，会议由主讲老师或销售专家组织。此法为双向沟通，受训人有表示意见及交换思想、学识、经验的机会。

3. 模拟培训法。这是一种由受训人员亲自参与并具有一定实战感的培训方法，

第十二章 人员推销策略

为越来越多的企业所采用。其具体做法又可分为实例研究法、角色扮演法、业务模拟法等。实例研究法是一种由受训人分析所给的推销实例材料，并说明如何处理实例中遇到问题的模拟培训法。角色扮演法是一种由受训人扮演销售人员，由有经验的销售人员扮演顾客，受训人向"顾客"进行推销的模拟培训法。业务模拟法是一种模仿多种业务情况，让受训人在一定时间内做出一系列决定，观察受训人如何适应新情况的模拟培训法。

4. 实地培训法。这是一种在工作岗位上练兵的培训方法。在新来的推销工作接受一定的课堂培训后即可安排在工作岗位上，由有经验的推销人员带几周，然后逐渐放手，使其独立工作。这种方法有利于受训者较快地熟悉业务，效果很好。

（三）推销人员的激励

企业可以通过环境激励、目标激励、物质激励和精神激励等方式来提高推销人员的工作积极性。

1. 环境激励。环境激励是指企业创造一种良好的工作氛围，使推销人员能心情愉快地开展工作。企业对销售人员的重视程度很重要。企业可以召开定期的销售会议或非正式集会，为销售代表提供一个社交场所，给予销售代表与公司领导交谈的机会，给予他们在更大群体范围内结交朋友、交流感情的机会。

2. 目标激励。目标激励是指为销售代表确定一些拟达到的目标，以目标来激励销售人员上进。企业应建立的主要目标有销售定额、毛利额、访问户数、新客户数、访问费用和货款回收等。其中，制定销售定额是企业的普遍做法。

对销售人员个人确定销售定额时应考虑销售人员以往的销售业绩、对所辖地区潜力的估计、对销售人员工作抱负的判断及对压力与奖励的反应等多种因素。

3. 物质激励。物质激励是指对做出优异成绩的销售人员给予晋级、奖金、奖品和额外报酬等实际利益，以此来调动销售人员的积极性。物质激励往往与目标激励联系起来使用。研究人员在评估各种可行激励的价值大小时发现，物质激励对销售人员的激励作用最为强烈。

4. 精神激励。精神激励是指对做出优异成绩的销售人员给予表扬，颁发奖状、奖旗，授予荣誉称号等，以此来激励销售人员上进。精神激励是一种较高层次的激励，通常对那些受正规教育较多的年轻销售人员更为有效。所以企业负责人应深入了解销售人员的实际需要，他们不仅有物质生活上的需要，而且还有诸如理想、成就、荣誉、尊敬、安全等方面的精神需要。尤其当物质方面的需要基本满足后，对精神方面的需要就会更强烈一些。如有的公司每年都要评出"冠军推销员"、"推销状元"、"推销女状元"等，效果很好。

（四）推销人员的考核

对推销员的考核是企业销售经理的一项重要管理工作，对推销员绩效准确、客观的考核不仅与其报酬相连，也与其激励有着密切的联系，它不仅意味着推销员的个人发展前途，也反映出企业整个营销策略的成功或失败。

1. 推销员绩效评估的内容。推销的考核指标可以从不同的角度划分，按推销员绩效的内容，通常包括推销成果、顾客关系、工作知识、企业内部关系以及人格特征。

（1）推销成果的考核。包括评估推销员个人的销售额、销售量、毛利、新客户开发数、推销访问次数、推销区域的市场占有率等。

（2）顾客关系的考核。包括推销员现有客户数、解决顾客问题的技巧、成功地为顾客服务与提供协助的能力。

（3）工作知识的考核。必须考虑到推销员开发顾客的能力、处理异议的能力、推销介绍的有效性以及产品的特性、市场、顾客、竞争、法律法规等知识。

（4）企业内部关系的考核。包括对工作条件的了解，和其他部门良好协作的能力，和主管与同事有效沟通和配合的能力。

（5）人格特征的考核。包括推销员仪容的适宜性、判断力、诚信度、独立性、语言沟通的技巧、开创力以及推销员精神所要求的积极进取的态度。

2. 推销员绩效评估的方法。推销绩效评估的方法很多，常用的方法有以下三种：

（1）绝对分析法。指通过推销指标绝对数值的对比确定数量差异的一种方法，依据分析的不同要求主要可做三种比较分析，即将实际资料与计划资料对比，说明计划完成情况；与前期资料对比，考察推销活动发展变化；与先进资料对比，找出差距和原因，挖掘潜力。

（2）相对分析法。相对分析法指通过计算、对比销售指标比率，确定相对数差异的一种分析方法。主要有：

①相关比率分析，即将两个性质不同而又相关的指标数值相比，求出比率，从销售活动的客观联系中进行研究分析。如将销售费用与销售收入额相比，求出销售费用率等。

②构成比率分析，即计算某项销售指标占总体的比重，分析其构成比率的变化，掌握该项销售指标的变化情况。如将某一种产品的销售额与企业总的销售额相比，求出它的构成比率，然后将它的前期构成比率和其他产品构成比率相对比，以发现它的变化情况和变化趋势。

第十二章 人员推销策略

③动态比率分析，即将某项销售指标不同时期的数值相比，求出比率，以观察其动态变化过程和增减变化的速度。动态比率有两种，即定基动态比率和环比动态比率。

（3）横向对比分析。推销人员绩效的横向对比分析，就是企业对所有推销人员的工作业绩加以相互比较。

正确运用横向比较分析法，必须在充分考虑到各地区市场潜量、工作量、竞争激烈程度、企业促销配合等因素的基础上制定出合理的目标。

● 本章小结 ●

人员推销就是利用人力对产品和服务进行推销的促销方式。它是通过推销人员深入到企业用户、中间商或消费者中间，进行直接的宣传介绍活动，说服顾客购买产品的一种促销方式。人员推销的基本形式有上门推销、柜台推销和会议推销三种。人员推销流程包括客户寻找、访问准备、接近、推销洽谈、处理反对意见、成交和跟踪服务。电话约见是现代商务活动中最常见的约见方式。对于老顾客，电话约见方便、快捷、效率高，但对新顾客，用电话约见难度较大。要想在短短的30秒钟内成功实现约见，应掌握一定的方法与技巧。比较有效的方法包括强调利益法、信件预寄法和心情感激法。

面对不断变化的环境，推销人员必须选择适当的推销策略。销售是从客户的拒绝开始的。处理顾客异议是推销洽谈的重要部分。顾客异议的表现形式是多种多样的。在实际推销中，应掌握以下几种常见的顾客异议处理策略：购买时间异议处理策略；处理价格异议的策略；处理货源异议的策略。

推销人员是企业和消费者联系的桥梁。优秀的销售人员应具备的素质：较高的思想品德素质、丰富的知识、文明礼貌、善于表达、富于应变、技巧娴熟。

企业应设立人员的招聘和甄选的目标和战略。推销人员激励方式主要有环境激励、目标激励、物质激励和精神激励。企业对于推销员业绩的考核指标可以从不同的角度划分，按推销员绩效的内容，通常包括推销成果、顾客关系、工作知识、企业内部关系以及人格特征。推销绩效评估的方法很多，常用的方法有三种：绝对分析法、相对分析法、横向对比分析。

▶ 思考题

1. 人员推销有哪些基本形式？

2. 人员推销的基本步骤是什么？简要分析各个环节。
3. 电话约见有哪些有效的方法与策略？
4. 当顾客提出价格异议时，推销员应运用哪些处理技巧与策略？
5. 当顾客说："你先让我考虑考虑"时，是否意味着顾客不需要推销的产品，推销人员就应该立即放弃？
6. 企业如何对销售人员进行有效激励？

▶ 案例应用

推销员老黄带着小张前去拜访省教委的一位郑处长，推销笔记本电脑。小张向郑处长详细地介绍了商品，并拿出样品向她做了一番演示。郑处长接过笔记本电脑摆弄了一番，说："这东西很不错。这样，我还有一点事情，过几天我给你打电话。"

很显然，这是顾客在委婉地拒绝。小张只好抱着万分之一的希望对处长说："好吧，那我等您电话吧。"

老黄在旁边仔细地观察着这一幕，这时他站起来，走到郑处长办公桌前，向处长问到："郑处长，使用笔记本电脑很方便，带在身上很气派，你说对吗？"

郑处长点点头说："是，很方便，也很气派。但我今天有一点事情？改天再谈吧。"

老黄接着说："省计委的几位处长都买了这种笔记本电脑，他们都感到使用起来很方便。"

郑处长马上问到："是吗？"

老黄马上说："是的。而且这种产品目前是在试销期，价格很优惠，试销期以后，价格会上涨10%，这么好的产品，您为什么不现在购买呢？"

郑处长默默地看着老黄，终于点点头说："好吧，我买一台。"

▶ 问题

1. 小张在推销活动中犯了哪些错误？
2. 老黄在推销活动中使用了什么推销技巧？
3. 老黄的言语和行动验证了什么道理？

第五篇

管理篇

第十三章

加强市场营销管理

❖ **本章学习目标**

阅读和学完本章后，你应该能够：
◇ 熟悉和掌握市场营销管理步骤
◇ 熟悉和掌握市场营销计划的结构
◇ 了解市场营销计划的重点
◇ 了解市场营销计划制定和执行应注意的问题

> **开篇案例**
>
> 1998年12月8日，中央电视台在《焦点访谈》之前的一则广告，引起了不少人的兴趣。这则在最昂贵的黄金时段播出的广告，是一本定价28元的书，叫《学习的革命》。知情人介绍，在中央一套19点38分播出这则15秒的广告，每天需要付出25万元。12月9日，在北京的梅地亚宾馆，科利华宣布了《学习的革命》的推广计划，那就是要在100天斥资1亿元，卖掉1 000万册。
>
> 北京一家书店的董事长认为，这是"疯狂的举动"，就像当年的秦池酒厂买下中央电视台的"标王广告"一样。他说：书没有这样做的。因为国家经济形势和书市处于低潮，盗版很快就会冲击正版。这本书不一定有1 000万册的市场容量。广域图书公司董事长刘苏里认为：发行1 000万册太夸张了。如果真能实现，销售额则为2.8亿元。可是1997年全国图书销售码洋，包括书籍、招贴画才275亿元，品种一共12万，一本书的销售要达到全

国所有书籍发行量的1%，如果不是跟更大的目的有关，那就是疯子的行为。

事实表明，科利华自己也没有对1 000万册的销售量抱有多大希望。科利华老总宋朝弟曾对部属说过：卖掉500万册我们就庆功。在接受记者采访时，宋朝弟解释了此次营销推广策划的思路：

第一步，就是先树立一个梦，提出销售1 000万册的目标。既然是梦，就无须用科学的逻辑道理去批驳，推翻它。

第二步，弄清楚梦想的意义。为了总结1 000万册销售成功的意义，科利华开了好多次会，从开始的十几个人到后来的上百人参加，总结了200多条意见。

第三步，让梦想变成现实的具体手段。要想成功推广1 000万册，一定要让这本书家喻户晓，于是就有了中央电视一套黄金段的广告。据说，尽管有谢晋无偿"支援"，科利华为了电视广告仍然筹备了三个月，花费200万元制作费。科利华计划在中央台一套、三套节目、中国教育台、凤凰卫视中文台以及各地日报、晚报上投放广告。

第四步，则是分析如果梦想失败，原因是什么？宋先生分析困难会有许多，最终致命的是盗版。科利华已经申请了有关法律保护，书的封面有防伪标记，每本书有惟一的编号，同时把活动定在100天内完成，不给盗版者可乘之机。

为了推广，科利华制作了100本高76厘米、宽52厘米、重14.8千克的"书王"，制作了12米高、9米宽的中国最大的图书模型，并成为国内第一家为一本书开设网站、开通专项寻呼的单位。从12月12日开始，名为"学习的革命"的展览在全国30个城市举行；同时，《学习的革命》一书也在几十个城市的办事处开始批发。据悉，该书头两天的销量就达到38万册。这在图书市场低迷的大环境下，也确实算得上一个"奇迹"。

从《学习的革命》的营销推广可以看到营销管理和营销计划的重要性，即如何进行市场营销管理？如何制定市场营销计划？

第十三章　加强市场营销管理

一、市场营销管理

所谓市场营销管理，就是企业为实现其任务和目标而发现、分析、选择和利用市场机会的管理过程。市场营销管理过程包括如下步骤：分析市场机会；选择目标市场；设计市场营销组合和管理市场营销活动。

（一）分析市场机会

在现代市场经济条件下，由于市场需求不断变化，任何产品都有其生命周期，因此任何企业都不能永远依靠现有产品过日子，每一个企业都必须经常寻找、发现新的市场机会。

1. 收集市场信息。营销管理人员可通过经常上网浏览、阅读报纸、参加展销会、研究竞争者的产品、召开献计献策会、调查研究消费者的需要来寻找、发现或识别未满足的需求和新市场机会。上海曹杨新村街道通过阅读报纸了解到在上海高校留学的外国学生对中国家庭文化颇感兴趣，又考虑到许多下岗职工也有强烈的再就业愿望，于是推出了"家庭旅游"业务，收到良好的效果。

2. 分析产品/市场矩阵。营销管理人员可利用产品/市场矩阵来寻找增长机会。例如，某化妆品公司的营销管理人员可以考虑在现有市场上扩大香波产品的销售（市场渗透）；或者在国外市场扩大香波的销售（市场开发）；还可以考虑是否可以向现有市场提供发胶，或者改进香波的包装、成分等等，以满足市场需要，扩大销售（产品开发）；甚至可以考虑是否投入服装、家用电器等行业，跨行业经营多种多样的业务（多元化增长）。经验证明，这是企业寻找市场机会的一种很有用的方法。

3. 进行市场细分。营销管理人员还可通过市场细分来寻找增长机会，拾遗补缺。近年来，一些手机制造厂商就是通过市场细分，发现机会，及时进入低端市场，并取得成功的。

营销管理人员不仅要善于寻找有吸引力的市场机会，而且要善于对所发现的各种市场机会加以评价，决定哪些市场机会能成为本企业有利可图的企业机会。这是因为某种有吸引力的市场机会也许不能成为有些企业的企业机会。在现代市场经济条件下，某种市场机会能否成为某企业的企业机会，不仅要看利用这种市场机会是否与该企业的使命和目标相一致，而且取决于该企业是否具备经营这种业务的条件，取决于该企业在利用这种市场机会、经营这种业务上比其潜在的竞争者有更大的优势,因而能享有更大的"差别利益"。

假设某大城市的市民和旅客需要快餐,饮食公司、百货公司和旅游公司这三家企业都想利用这种市场机会生产经营快餐。究竟哪一家公司能享有最大的差别利益呢?这要看哪一家公司在生产经营快餐上具备最多的有利条件或有最大的竞争优势。我们假设生产经营快餐必须具备四个条件:(1)有一定资金;(2)有生产经营快餐所必需的店铺、设备和原材料;(3)有生产和经营管理快餐业务的技术;(4)在广大消费者中有一定的信誉。饮食公司完全具备这四个条件,它在生产经营快餐上有最大的竞争优势;百货公司有(1)、(2)、(4)三个条件;旅游公司有(1)、(2)两个条件,饮食公司在生产经营快餐上享有最大的差别利益,因而生产经营快餐这种有吸引力的市场机会成为它的企业机会。

总之,营销管理人员要善于对所发现的某种市场机会加以评价。市场营销管理人员评价各种市场机会时,要看这些市场机会与本企业的任务、目标、资源条件等是否相一致,要选择那些较之潜在竞争者有更大的优势、更大的差别利益的市场机会作为本企业的企业机会。

(二)选择目标市场

营销管理人员在发现和评价市场机会之外,还要进行进一步的市场营销研究和信息收集工作,如市场测量和市场预测等,据以决定企业应当生产经营哪些新产品,决定企业应当以哪个或哪些市场为目标市场。

(三)设计市场营销组合

美国营销学教授麦卡锡(E. J. McCarthy)曾指出企业的市场营销战略包括互相关联的部分:一是目标市场,即一家企业拟投其所好、为之服务而且其需求偏好颇为相似的顾客群;二是市场营销组合,即企业为了满足目标顾客群的需要而加以组合搭配、灵活运用的可控制变量。市场营销组合中所包含的可控制变量很多,麦卡锡将其概括为四个基本变量,即4P组合。市场营销组合中的"产品"代表企业提供给目标市场的物品和服务的组合,包括产品质量、性能、设计、式样、品牌名称、包装、尺码或型号、安装服务、品质保证、售后服务等等。市场营销组合中的"价格"代表顾客购买商品时的价格,包括价目表所列的价格、折扣、折让、支付期限、信用条件等等。市场营销组合中的"渠道"代表企业为将产品送达目标市场所进行的各种活动,包括中间商的选择、渠道管理、仓储、运输以及物流配送等等。市场营销组合中的"促销"代表企业为宣传介绍其产品的优缺点和为说服目标顾客购买其产品所进行的种种活动，包括广告、销售促进、公关、人员促销等等。

（四）管理市场营销活动

这是整个市场营销管理过程的一个关键性的步骤。因为企业制定市场营销计划就是为了指导企业的市场营销活动、实现企业的营销战略任务和目标，彼得·德鲁克说得好：计划等于零，除非它变成工作。因此，制定市场营销计划仅仅是市场营销管理工作的开始。企业制定市场营销计划后，要花很大的力气执行和控制市场营销计划。

二、拟定市场营销计划

制定和实施市场营销计划，是市场营销组织的基本任务。市场营销计划是指在研究目前市场营销状况（包括市场状况、产品状况、竞争状况、分销状况和宏观状况等），分析企业所面临的机会与威胁，优势与劣势以及存在问题的基础上，对财务目标与市场营销目标、市场营销战略、市场营销行动方案的规划。

（一）市场营销计划的形式和内容

市场营销计划包括几个部分。各部分的内容因具体要求不同，详细程度有所不同。

1. 提要。提要是市场营销计划的开端，要对主要的市场营销目标和有关的建议，简短地给出概述。通常，市场营销计划需要提交上级主管或有关人员审核，由于他们不一定有充足的时间阅读全文，因此可以通过提要，把计划的中心描述出来，便于他们迅速了解、掌握计划的要求。

2. 背景或现状。这是分析市场、产品、竞争、分销以及环境的背景材料：

（1）市场形势。描述市场的基本情况，包括市场规模与增长，分析过去几年的总量、总额，不同地区或细分市场的销售；提供消费者或用户在需求、观念及购买行为方面的动态和趋势。

（2）产品情况。过去几年中有关产品的销售、价格、利润及差额方面的资料。

（3）竞争形势。指出主要竞争者，分析他们的规模、目标、市场占有率、产品质量、市场营销战略和策略、战术以及任何有助于了解其意图、行为的资料。

（4）分销情况。指分销渠道的销售情况及其变化。不仅要说明各个经销商以及他们经营能力的变化，还要分析对他们进行激励所需的投入、费用和交易条件。

（5）宏观环境。阐述影响市场营销的宏观环境有关因素以及它们的现状及未来变化的趋势。

3. 分析。通过分析现状，围绕产品找出主要的机会和威胁、优势与弱点，以及面临的问题：

（1）通过机会与威胁分析，阐述来自外部的能够左右企业未来的因素，对所有机会和威胁，要有时间顺序，并分出轻重缓急，使更重要、更紧迫的能受到应有的关注。

（2）通过优势与弱点分析，说明企业资源、能力方面的基本特征。优势是企业用于开发机会对付威胁所具备的内部因素，弱点是企业因此必须改进、完善的某些内部条件。

（3）通过问题分析，将机会与威胁、优势与弱点分析的结果，用来确定计划中必须强调的主要方面，在这些方面进行决策，对这些问题做出决定，帮助企业形成有关市场营销的目标、战略、策略。

4. 目标。明确问题之后，需要做出目标选择，用以制定战略和行动方案。目标包括两大方面，即财务目标和市场营销目标。比如，希望该产品获得30%的投资利润，若干纯利润或销售收入，因此，该产品的销售利润必须达到26%，市场占有率由13%提高到20%，销售量完成多少金额，以什么价格销售，扩大10%的销售网点，企业以及品牌的知名度由15%提高到30%等等。必须注意的是，目标应当尽量以数量表达，转化为便于衡量的指标。

5. 战略。目标可以通过多种途径实现。比如说，实现一定的利润目标，可以薄利多销，也可以厚利精销。通过深入分析，权衡利弊，不仅要为有关产品或品牌找出主要的市场营销战略，做出基本选择，还要对战略加以详细说明。市场营销战略主要由三部分组成。可以文字描述，也可列表说明。

（1）目标市场战略。不同的细分市场在顾客偏好、对市场营销行为的反应、盈利潜力以及企业能够或者愿意满足其需求的程度等方面各有特点，所以企业需要在精心选择的目标市场上，慎重地分配市场营销资源和能力。

（2）市场营销组合策略。对选定的细分市场，分别制定包括产品、价格、分销和促销等因素在内的组合策略。

（3）市场营销预算。执行有关市场营销战略所需的、适量的费用以及用途和理由。

☞ 〔案例〕

某企业为其产品——立体声组合音响系统，制定了这样的一套市场营销战略：

第十三章 加强市场营销管理

目标市场：中上收入家庭，尤其侧重于女性顾客。

品牌定位：音质最好和最可靠的立体组合音响系统。

产品线：增加一种低价格的型号，两种高价格的型号。

价格：稍高于竞争品牌。

分销：重点放在收音机，电视机商店和耐用消费品商店销售，并努力向百货商店渗透。

销售人员：增加10%。

服务：进一步做到方便，迅速。

广告：针对品牌定位战略所指向的目标市场，开展一次新的广告活动；广告重点宣传高价格的机型；广告预算增加30%。

销售推广：预算增加15%，用以增加销售现场的展览，参加更多的商业洽谈会。

研究与开发：增加25%的费用，以开发更多、更好的机型。

市场营销调研：增加10%的费用，以增加对消费者购买选择过程的了解，监测竞争者的举动。

在制定战略的过程中，市场营销部门的一项重要工作是与其他有关部门、人员讨论协商，争取理解、支持与合作。比如，同采购部门、研究与开发部门以及生产部门、财务部门沟通，了解、确认他们执行计划有什么问题与困难，能否解决以及打算如何解决，哪些方面可以做得更好。具体内容如能否买到足够的原材料，设计、制造预期质量、数量和特色的产品，资金的来源以及有无足够的资金保证。在实践中，这是一项容易被忽视的工作。由于缺乏沟通，常常使得部门之间，计划人员与操作人员之间产生矛盾，导致战略与计划难以操作，不能落实，成为一纸空文。

6. 战术。战略必须具体化，形成整套的战术或具体行动。可以把具体的战术或行为用图表形式描述出来，标明日期、活动费用和责任人，使整个战术行为方案一目了然，便于执行和控制。

7. 损益预测。编制一份类似损益报告的辅助预算。在预算书的收入栏列出预计的销售数量、平均净价；在支出栏列出分成细目的生产成本、储运成本以及各种市场营销费用，收入与支出的差额，就是预计的盈利。经上级主管部门同意后，将成为有关部门进行采购、生产、人力资源以及市场营销管理的依据。

8. 控制。说明如何对计划的执行过程进行管理。常用的做法是把目标、预算按月或季度分开，便于上级主管及时了解各个阶段的销售业绩，掌握未能完成任务部门和环节，分析原因，并要求限期做出解释和提出改进措施。在有些市场营销计划的控制部分，还包括针对意外事件的应急计划。应急计划扼要地列举出可能发生的各种不利情况,发生的概率和危害程度,应当采取预防措施和必须准备的善后措施。

(二)市场营销计划的实施

市场营销计划执行是要解决"由谁去做"和"在什么时候做"和"怎样做"的问题。市场营销的执行是将市场营销计划转化为行动方案的过程,并保证计划的完成,以实现计划既定的目标。市场营销计划执行是一个艰巨而复杂的过程。美国的一项研究表明:90%的被调查计划人员认为,他们制定的战略和战术之所以没有成功,是因为没有得到有效的执行。

市场营销计划的实施,涉及四项内容:

1. 制订行为方案。为了有效实施市场营销计划,市场营销部门需要制订详细的行动方案。方案必须明确市场营销计划中的关键性环境、措施和任务,并将任务和责任分配到个人或小组。方案还应包含具体的时间表,即每一项行为的确切时间。

2. 调整组织结构。在市场营销计划的实施过程中,组织结构起着决定性的作用。它把计划实施的任务分配给具体的部门和人员,规定明确的责权界限和信息沟通路线,协调企业内部的各项决策和行动。组织结构应当与计划的任务相一致,同企业自身的特点相适应。

3. 形成规章制度。为了保证计划能够落实到实处,必须设计相应的规章制度。在这些规章制度当中,必须明确与计划有关的各个环节、岗位、人员的责、权、利,各种要求以及衡量、奖惩条件。

4. 协调各种关系。为了有效实施市场营销计划,组织结构、规章制度等因素必须协调一致,相互配合。

(三)市场营销计划的问题

1. 计划脱离实际。企业的市场营销计划通常是由上层的专业计划人员制定的。而执行则要依靠市场营销人员,由于这两类人员之间往往缺少必要的沟通和协调,所以容易导致下列问题的出现。企业的专业计划人员只考虑总体战略而忽视执行中的细节,使计划过于笼统和流于形式;专业人员往往不了解计划执行过程中的具体问题,所定计划脱离实际;专业人员和市场管理人员之间缺少充分的交流和沟通,致使市场营销人员在执行过程中经常遇到困难,因为他们并不完全理解需要他们去执行的计划;脱离实际的计划导致计划人员和市场营销人员相互对立和不信任。

2. 长期目标和短期目标相矛盾。市场营销计划通常着眼企业的长期目标,涉及今后3~5年的经营活动。但具体执行这些计划的市场营销人员通常是根据他们

第十三章　加强市场营销管理

的短期工作绩效，如销售量、市场占有率或利润率等指标来评估和奖励的。因此，市场营销人员常常选择短期行为。例如，某公司的营销计划半途夭折，原因就是市场营销人员追求眼前效益和个人奖金而置新产品开发于不顾，将公司的主要资源都投入现有的成熟产品中。

3. 缺乏具体明确的执行方案。有些计划之所以失败，是因为计划人员没有制订明确而具体的执行方案。实践证明，许多企业面临困境，就是因为缺乏一个能够使企业内部各部门协调一致作战的具体实践方案。企业高层决策和管理人员不能有丝毫"想当然"的心理；相反，他们必须制订详尽的实施方案，规定和协调各部门的活动，编制详细周密的项目时间表，明确各部门经理应负的责任。只有这样，企业市场营销计划执行才有保障。

4. 企业系统各要素的协调。为了有效地实施市场营销计划，企业的行为方案、组织机构、决策和报酬制度、人力资源、企业文化和管理风格这五大要素必须协调一致，相互配合，才能使营销战略得以成功地执行。

（四）执行市场营销计划的技能

为了有效地执行市场营销计划，企业需要善于运用四种技能。

1. 配置技能。指市场营销经理在职能、政策和方案三个层次上配置时间、资金和人力的能力。例如确定究竟花多少钱、用多少人来实现市场营销计划。

2. 调控技能。包括建立和管理一个市场营销活动进行追踪的控制系统。控制有四种类型：年度计划控制、利润控制、效率控制和战略控制。

3. 组织技能。常用于发展有效工作的组织中，理解正式和非正式的市场营销组织对于开展有效的市场营销计划执行活动是非常重要的。

4. 互动职能。指经理影响他人把市场办好的能力。市场营销管理人员不仅能推动本企业的人员有效地执行市场营销计划，还必须推动企业外的人和企业（如市场调查公司、营销顾问公司、广告公司、公关公司、经销商、批发商、代理商等）来实施市场营销计划。

◎ 本章小结 ◎

市场营销管理是企业为实现其任务和目标而发现、分析、选择和利用市场机会的管理过程。市场营销管理过程包括如下步骤：分析市场机会；选择目标市场；设计市场营销组合和管理市场营销活动。市场营销计划书是企业按照经营目标，依照市场调查、预测与决策等，对商品销售从时空和人力、物力和财力上做出具体安排。制定和实施市场营销计划，是市场营销组织的基本任务。市场营销计划不仅是企业计划工作中最重要的内容之一，而且其他各种计划都要涉及市场营销的内容。市场营销计划书包括提要、背景与现状、分析、目标、战略、战术、损益预测、控制等，市场营销计划实施需要注意制订行动方案、调整组织结构、形成规章制度、协调各种关系。

▶思考题

1. 结合实际分析市场营销管理过程的意义？
2. 市场营销计划与企业计划的关系如何？
3. 市场营销计划的关键部分是哪些？
4. 市场营销计划制定和实施需要注意的问题是哪些？

▶案例应用

以下是两个公司的年度营销计划书，请阅读以后回答案例后的问题：

案例1：××快餐公司年度营销计划

一、目标

销售额	万元人民币
毛利	万元人民币
毛利率	%
净利	万元人民币
市场占有率	%

二、历史销售记录

	1998年	1999年	2000年	2001年
市场销售额总规模				
××的销售额				
××的市场占有率	××%	××%	××%	××%

第十三章 加强市场营销管理

三、市场占有率发展趋势

	1997年	1998年	1999年	2000年	2001年
本企业	××%	××%	××%	××%	××%
××	××%	××%	××%	××%	××%
××	××%	××%	××%	××%	××%
××	××%	××%	××%	××%	××%
××销售网	××%	××%	××%	××%	××%
××销售网	××%	××%	××%	××%	××%

四、概述

快餐食品市场正在缓慢成长。传统的街区和郊区市场已经饱和，当前大多数的销售增长来自非传统销售网点，诸如机场、火车站、办公大楼所在地。快餐食品主要集中于汉堡包、鸡和番茄酱的销售。某些新开业的专业化快餐食品销售网点，向成年人提供了更多的食谱选择。这些销售网点对××快餐形成了潜在的威胁，他们正在集中于单一的快餐食品和成年人市场而不是儿童市场，随着这些专业化快餐食品销售链和新鸡味食品销售网点的诞生和开发，做出改进的炸鸡都在不断地向汉堡包的销售进行挑战、实施压力。从积极的方面来看，××公司以及××快餐店等在促销宣传方面都运作不力，处于弱势。概括起来，近几年积极和消极的事件大致如下：

积极的事件：成功地向市场投入了各种色拉和三明治；儿童对各种快餐的需求长久不衰并不断发展，趋势明显；本公司游乐场成功地扩大着销售；一直由本公司的快餐食品统治着早餐市场。

消极事件：快餐食品的市场正在减缓；非儿童市场对本公司的忠诚性正在缩减；竞争对手多次向市场投入了"××快餐"；寻求新销售网点的地盘越来越困难；最近对本公司产品所进行的营养分析，结果是十分不利的。

五、竞争形势

企业近几年来受到很大的创伤。它的广告宣传不得力，而且又没有开发新的产品。××企业惟一的积极因素是模仿这一产品以及增加它的早餐食品的花色品种，正前进在增加它的销售网点的大道上，它也把三明治加入了它的食谱当中，其广告中"只有我们对鸡的烹饪才是正确的"这一口号十分有效。本公司估计××将继续增加它的销售网点。而且，××一旦建立起了足够的销售网点，也许会采取更大的广告宣传活动，它绝不会满足已经获得的成果。

价格对比

	低价餐	中价餐	高价餐
××公司	××	××	××
××公司	××	××	××
××公司	××	××	××
××公司	××	××	××
××公司	××	××	××
××公司	××	××	××
××公司	××	××	××

由此可见，尽管竞争对手之间存在着价格差异，大路货或独特风味都存在溢价。对快餐食品的每个竞争对手来说，顾客接受着相同的价格——价值关系，而顾客对快餐食品餐馆的选择则是根据他们的口味、偏爱或地理位置而不是价格。建议在××年×月将售价提高3%~5%。

六、问题与机会

问题：
1. 通过现场实验发现，顾客对本公司潜在的新快餐食品评价不高；
2. 适于本公司开设新销售网点的潜在地盘十分有限；
3. 企业在经营成年人快餐食品方面表现出了极大的潜力。

机会：
1. 市场调查表明，顾客将会对本公司即将推出的自由挑选全营养小果子面包做出积极的反应；
2. 本公司在非传统开店的场所开设的销售网点相当成功。

七、营销行动

本公司处在一个平淡无奇的年份里。今年，它既没有为占领成年人市场推出一种新品种，也没有跟上竞争对手增设销售网点的步伐。本公司正准备检验一些新的市场观念。这些新的市场观念既能满足那些喜欢本公司传统快餐食品的顾客，又能满足那些喜欢标新立异、期待快餐食品有所变革的顾客。本公司今年的目标除了保证全营养小果子面包出现在所挑选的市场上之外，其他产品都应保持原有市场占有率。为了实现这一目标而采取的主要行动有：不断加强对儿童的市场营销活动，以增强本公司对儿童的凝聚力；继续进行幸福快餐的促销活动，继续增加本公司的游乐场数目；以成年人细分市场为目标市场进行促销活动，每6个月组织一次促销性游戏；在东北部和西海岸地区的大城市市场引入全营养小果子面包，并组织一次广

第十三章 加强市场营销管理

播电台广告宣传活动,对全营养小果子面包进行大张旗鼓的宣传;在成年人中开发出具有较强的顾客忠诚性的几种新观念;以新思想进行市场试验,重新推出快餐食谱——双层干酪包,这种双层干酪包曾经是20世纪60年代流行的食谱,广告宣传着重"××伴随我一生成长";继续增加在非传统设店的场所开设销售网点的数目。

八、次要行动

扩大适合于地区合作团体用于他们自己的广告宣传活动的素材量;增加本公司主办的体育活动及其有关活动的次数;增加本公司媒体露面的次数;发布有关本公司快餐食品营养成分及含量的新闻报道。

九、市场定位

本公司是一个为家庭和成年人准备早餐、午餐和晚餐的快餐食品店。尽管汉堡包是主要产品,但本公司将努力推出可供顾客挑选的、花样繁多的食谱。本公司打算增设更新食谱并增设服务场所,以更好地满足不同顾客的口味。

十、营销策略

1. 广告宣传活动。本公司将继续以重金作广告宣传,费用额将是最大竞争对手的3倍到4倍,以期获得更大的市场占有率。计划主要强调:儿童导向型广告将在晚上和周末电视节目中以及在成年人广播电台节目中播出。这一广告宣传运动将分季进行:

第一季度:做成年人导向型游戏促销广告;

第二季度:在目标城市市场开展向顾客介绍各种全营养小果子面包的宣传活动。

在非目标市场大做"这是××绝佳风味"的黄金时刻广告。

2. 促销策略。尽管上两次促销最终提高了销售,但昙花一现,很快地又回到了一般水平。调查表明顾客认为促销的游戏活动太复杂。今年,促销工作的担子重大,在游戏促销上的成功是至关重要的。因为今年快餐食品厂没有什么花样翻新,可能使销售有所下降,所以促销必须尽可能使这种潜在的销售下降不成为现实。促销活动的游戏必须比上次的简单,以便更多的人参与。本公司委托了一个专业促销咨询公司帮助他们设计一些规则简单的游戏。有三个游戏正在小范围的顾客群中进行实验。在游戏中获得高分的消费者不仅可以获得快餐食品奖而且还有中大奖的机会。这些大奖包括涉外旅行和小汽车。这种促销已经提上议事日程,将于第一季度与顾客见面。

3. 店内促销(略)。

4. 店堂陈设（略）。
5. 公共关系：今年计划举行 3 次大型的公关活动（略）。
6. 包装策略（略）。
7. 市场研究：即对新快餐食品和各种分销策略进行市场研究。
（1）对新快餐食品的市场研究活动；
（2）对各种新分销选择进行市场实验。
8. 地区合作团体策略。
9. 销售网点策略：本公司将继续在下列地区增设销售网点和特许经营店（略）。

十一、寻找商机

本公司预测有×%的销售增长。由于快餐食品市场×%的增长和预计本公司增加×%的销售点，如果本公司能够保住目前顾客对它的忠诚度的话，那么×%的销售目标应该能够实现。本公司的两类关键顾客：一是……二是……

十二、时间表——第一季度

在下面这份时间表中，假设本公司将在执行这一计划前的 3 周通知它的销售网点。

公司第一季度促销活动

活动项目	关键日期	数量	费用（万元）
元月 儿童节目广告 游戏促销广告	全月 全月	250 400	1 500 2 500
二月 高校全明星赛 新"快餐"论坛	2 月 25 日 2 月 25 日		

▶ 问题

1. 你认为以上年度营销计划是否可行？
2. 请你对该快餐公司的市场定位进行补充。
3. 试对那些省略的部分进行补充。

第十三章 加强市场营销管理

案例2:"新克定"胶囊产品年度营销计划

2002年我们将利用招标、降价的机会向主要竞争对手希刻劳的薄弱阵地发起进攻,通过提高新克定在主要城市医院的市场占有率来提高全国市场份额。运用的主要策略包括通过经济责任制、开发费、学术推广等手段展开对销售员、代理商和医院的促销,同时加强市场调研、控制好渠道,预计新开发医院49家,挖潜137家,需要费用150.6万元。营销计划纲要及内容如下:

一、2001年销售情况分析

1. 2001年新克定胶囊、颗粒剂1~7月销售趋势图。

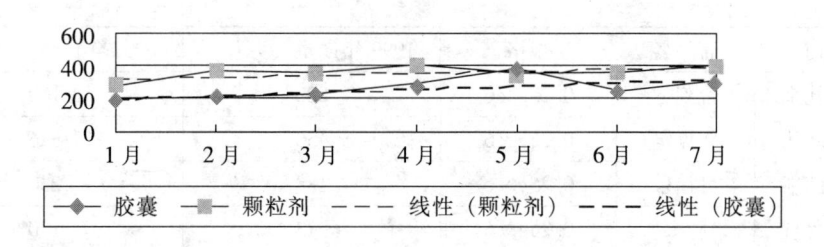

从图中可以看出新克定销售呈稳步上升的趋势,从2月份开始销量一直高于2000年。

2. 2001年1~7月各大区销售趋势分析。

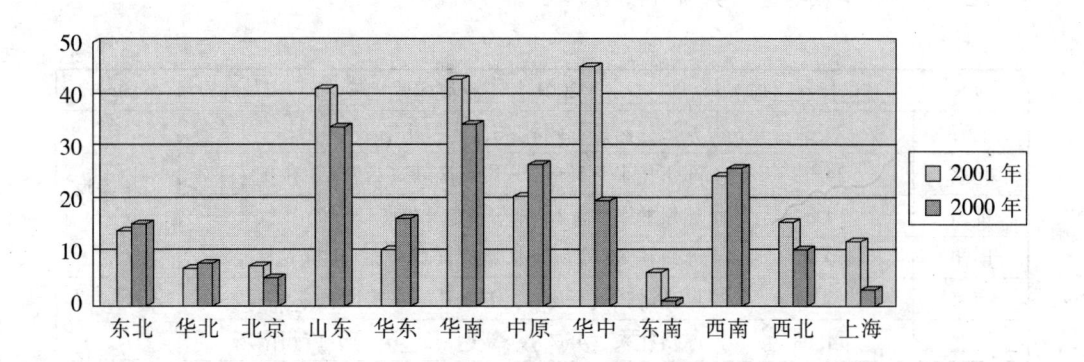

A. 重点地区:

山东、华南销售稳步上升,华中区由于成功开发湖南市场,增长超过100%。

积极参加招标，寻找大客户，开发大城市、大医院的战略初见成效。西南、中原、东北、华东销量下降，显示没有很好的适应环境变化，老市场维护呈现压力。

B. 新兴地区：

上海、西北虽然规模尚小，但增长迅速。

C. 空白市场：

华北、北京销售停滞，东南虽然增长迅速，但规模太小，显示点少面窄，存在大片市场空白。

3. 总之，点少面窄是今年新克定销售中存在的突出矛盾。

二、竞争对手分析

1. 0.25g 胶囊全国主要生产企业排名见下表：

公司	商品名	规格	1999年产量（万粒）	2000年产量（万粒）
苏州礼来	希刻劳	0.25g×6	800	1 100
山东新达	新克定	0.25g×6	450	576
广州南新	可福乐	0.25g×6	188	230
山东鲁抗	胜寒	0.25g×6	73	120
贝克诺顿	—	0.25g×10	54	148

由上表看出苏州处于市场领先者地位，我公司是市场挑战者，南新、鲁抗、贝克诺顿是市场跟随者。

2. 竞争对手在全国的分布（2001年1季度数据）

地区	1季度比例（%）	2001年1季度销量前三名	市场分类
上海	29.37	苏州三药、苏州礼来、英国礼来	一级市场
北京	24.70	苏州礼来（58%）、广州南新（17%）、鲁抗	一级市场
杭州	14.51	苏州礼来、苏州三药、美国礼来	一级市场
广州	10.06	苏州礼来（77%）、新达（18%）、鲁抗	一级市场
南京	5.48	贝克诺顿（59%）、苏州礼来、美国礼来	二级市场
湖北	4.08	苏州礼来（45%）、新达（21.6%）、广州南新	二级市场
济南	2.78	苏州礼来（58%）、印度南新、新达（9.8%）	二级市场
湖南	2.57	苏州礼来、丽珠、上海福达	二级市场

第十三章 加强市场营销管理

续表

地区	1季度比例（%）	2001年1季度销量前三名	市场分类
沈阳	1.98	苏州礼来、海南三叶、鲁抗	
天津	1.67	苏州礼来、苏州三药、新达（7.7%）	
郑州	1.44	上海福达、新达（28%）、广州南新	三级市场
西安	0.73	苏州礼来、新达制药（36%）、海南三叶	
哈尔滨	0.47	贝克诺顿、苏州礼来、苏州三药	
石家庄	0.16	新达（50%）、丽珠	

从上表可以得出以下信息。

1）头孢克洛作为一种价格相对较高的抗生素，其市场规模与当地经济发展水平高度相关，上海、北京、杭州、广州4城市头孢克洛销量占全国的78%，是本产品的重点市场。南京、湖北、济南、湖南四地占15%，是头孢克洛销售的二级市场，两类市场占头孢克洛销量的93%。

2）礼来是我们最强劲的对手，它独占了上海、杭州市场，在北京、广州的占有率也分别高达58%、78%。但是其市场占有率在一、二、三级市场逐渐下降，说明二、三级市场是礼来的薄弱环节。

3）新克定市场目前集中在二、三级市场，如果不能成功的在一级市场取得优势，我们仍将处于市场挑战者地位。

3. 对手分析。

（1）希刻劳。走高定价、品牌制胜、学术推广的路子。大城市、大医院市场占有率高。学术推广深入人心，医院基础扎实，经过2000年的招标，主要竞争对手的临床空间大幅减小，2001年1季度主要城市医院市场占有率从34%提高到48%。但过高的零售价使其市场局限在少数发达地区。

（2）广州南新、贝克诺顿。分别是中印、中美合资企业，自建销售队伍。有一定的品牌知名度和自己的势力范围，市场较难攻取。但是其公司战略缺乏挑战性，市场占有率难以提高。

（3）鲁抗。国有企业，采取与我公司相仿的销售模式。在招标采购中采取低价冲击市场的策略，在暂时占领医院的同时也使自己没有空间做售后服务工作，代理商、医院美誉度很低，市场基础脆弱。鲁抗在主要城市医院的份额已经由2000年的22%下降到2001年1季度的2.5%。

三、SWOT分析

机会：

1. 降价：新克定零售价降为34元/盒。头孢克洛作为一个优秀的口服抗生素，过高的价格影响了整体市场规模的扩大，至今在二、三级市场使用率很低。希刻劳申请单独定价和招标中不降价的政策降价使其可以固守一级市场份额。新克定相对低廉的零售价使患者容易接受，我们可以用价格优势做大二、三级市场，成为这两类市场的领先者。同时由于竞争对手相对较少，新克定在招标中价格一直保持的较好，方便中标后的促销。

2. 招标：招标是一把双刃剑。尽管招标给我们带来老市场可能丢失的风险，但许多重点城市的大医院一直被希刻劳把持，招标给我们提供了一个挤占其医院或在大医院与之共存的机会。

3. 细菌耐药性问题日益严重，医生对耐药性问题普遍非常关注，头孢克洛的抗耐药性良好，总体市场容量将扩大，新克定会因此而受益。

威胁：

1. 现在招标不太规范，许多地区中标后医院不进货（比如浙江、湖北省级招标我们中标后均没进货），我们还有许多细致的工作要做。

2. 降价：价格下降使代理商的利润空间缩小，老代理商开始采取维持或收割策略，停止新的开发投入，老市场维护压力大，吸引新代理商的难度也在提高。

3. 医药分家实行不到位，药品差价仍是医院收入的最主要来源，医院对差价小的品种持抗拒态度。

优势：

1. 公司在抗生素领域的知名度较高，产品质量得到客户信任。

2. 新克定自身疗效确切，适用范围广。

3. 服务：新克定市场控制严格，对客户市场保护较好。

4. 较早开始探索整合营销，积累了一定经验，为以招标手段扩大市场占有率奠定了基础。

劣势：

1. 网络。在很多的发达地区如北京、上海、浙江、江苏、福建等地新克定处于近乎空白的状态，缺乏网络支持。

2. 公司政策：公司将新克定和仙逢久、新达宝放在一起作为新药考核，没有单独重点考核。

四、地区分析

1. 2001年1~10月各大区医院开发情况一览。

第十三章 加强市场营销管理

大区	东北	华北	北京	山东	华东	华南	中原	华中	东南	西南	西北	上海
编号	1	2	3	4	5	6	7	8	9	10	11	12
销量	12	7	7	43	11	40	17	45	4	24	16	21
医院	13	13	9	34	10	18	17	23	2	12	14	18
总数	93	46	56	40	36	40	31	32	14	47	25	43
平均	0.92	0.54	0.77	1.26	1.1	2.22	1	1.95	2	2	1.45	1.16

数据说明：（1）医院数据截至 2001 年 10 月，级别为二甲以上，基本以三甲为主。（2）总数为各大区三级以上医院总数。（3）销量为 1~10 月平均发货量。

2. 地区销售分析。

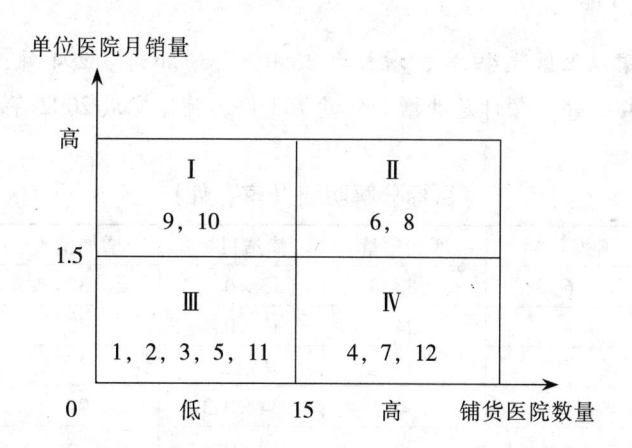

```
单位医院月销量
高  │    Ⅰ      │    Ⅱ
    │   9, 10    │   6, 8
1.5 ├────────────┼────────────
    │    Ⅲ       │    Ⅳ
    │ 1,2,3,5,11 │  4, 7, 12
 0  └────────────┴──────────── 铺货医院数量
        低      15    高
```

Ⅰ象限：东南、西南大区

铺货率低（14 家），单位医院销量高（2 件）。两个大区开发医院质量较高，但是数量太少是突出的矛盾，应实行市场开发为主的战略。西南成功开发华西医大附院，在四川省成功实现突破，还需由点到面，扩大战果。东南区只有两家医院，大力推行市场开发战略，在该地区建立自己的终端网络是当务之急。

Ⅱ象限：华中、华南大区

铺货率高（41 家），单位医院销量高（约 2 件）。两大区铺货面较广，医院运作比较扎实。2002 年任务是进行重点进攻，开发重点医院，争取将本地区新克定的市场占有率提高到第一位。

Ⅲ象限：东北、华北、北京、华东、西北大区

铺货率低（59家），单位医院销量低（约1件）。几个大区应采取市场开发与市场渗透并举的策略，大力推行医院开发与医院达标活动。

Ⅳ象限：山东、中原、上海大区

铺货率高（69家），单位医院销量低（约1.2件）。山东、中原大区网络基础较好，但促销和医院维护工作滞后影响了医院产出。通过市场渗透战略可大幅提高销量。

五、2002年任务与策略

2002年销售目标3 600件，比2001年增长20%。

策略：

1. 市场开发：医院开发，提高终端铺货率是主旋律。
2. 市场渗透：挖掘现有医院潜力，发挥现有网络的效益。

六、营销目标

新开发二甲以上医院49家，增长率26.8%，增加销量294件；医院挖潜137家，增加销量409件。预计总共增加销量703件，确保完成2002年销售目标。

目标分解明细（家、件）

地区	开发目标	增加销量	渗透目标	增加销量	合计增量
东北区	6	36	13×0.3	35	71
华北区	4	24	13×0.4	47	71
北京区	7	42	9×0.4	33	75
山东区	1	6	34×0.3	92	98
华东区	6	36	10×0.4	36	72
华南区	3	18	18×0.3	49	67
中原区	2	12	17×0.3	46	58
华中区	2	12	5×0.5	22	34
东南区	6	36	0	0	36
西南区	4	24	0	0	24
西北区	4	24	0	0	24
上海区	4	24	18×0.3	49	73
合计	49	294	137	409	703

第十三章 加强市场营销管理

七、问题分析

1. 如何实施市场开发策略,吸引大代理商,开发大医院?

大代理最看重的是利润,当前新克定销售政策的最不利之处是扣点较高,因此要采用品牌战略,以产品的质量和企业的形象来吸引代理商。

2. 如何实施市场渗透策略,挖掘现有医院的潜力?

A. 严格控制发货,治理冲货现象。B. 实施整合营销,改变新克定临床促销中与其他品种比拼临床费的不合理局面。

八、执行策略

1. 对销售员的促销。

(1) 动员:2002年1月10日前,每位销售人员写出一份本地区新克定营销计划,市场部规定格式,人力资源部监督实施。

(2) 责任制:适当调高新克定提奖比例,对新克定单独制定销售指标,刺激销售人员的积极性,财务部负责。

(3) 市场开发奖、医院达标奖,物控部负责监督实施。

2. 对代理商的促销。提高重点医院开发费,加强对代理商的支持力度,财务部负责。

3. 对医院的促销。

(1) 在重庆、广州、长沙、武汉、郑州、济南、青岛、南京、西安、上海的重点医院举行巡回学术报告会,增进与重点医院的交流。市场部负责。

(2) 邀请重点医院的院长、药剂科主任、著名专家来公司参观。各大区12月底提出计划。行政部负责。

(3) 对于低价中标的医院,积极运用整合营销进行运作。市场部负责。

4. 市场维护。A. 坚决推行终端医院计划,对新克定的流向进行监控,防止业务人员和代理商出于各种目的冲货。B. 控制严格底价现款出货,物控部负责。C. 严格执行冲货处罚规定。

5. 加强信息调研。各地评标标准千差万别,价格不一定是中标的最主要条件。各大区应加强信息调研,不要盲目制定投标政策。加强与上层关系密切的大代理商和大商业合作是重要途径。

九、费用预算

项　目	数　量	金额（万元）
医院开发奖、达标奖	30 家	3.6
重点医院开发费	21 家	42
学术报告会	20 次	40
参观、旅游	20 批次	40
整合营销试点	5 个	25
合计	—	150.6

▶ 问题

1. 按照市场营销管理的步骤对照案例存在的问题。
2. 请你对该公司产品战略计划与策略计划部分进行补充。
3. 你认为在营销管理和计划实施过程中，该公司需要注意什么问题？
4. 根据以上格式为贵公司设计一份市场营销计划书。

第十四章

监控市场营销活动

❖ **本章学习目标**

阅读和学完本章后,你应该能够:
◇ 掌握市场营销组织的内涵和发展阶段
◇ 掌握市场营销组织的类型和其优缺点
◇ 掌握市场营销控制的主要内容
◇ 了解市场营销审计本质和内容

开篇案例

　　TCL集团发展的步伐迅速而稳健,特别是进入20世纪90年代以来,连续12年以年均42.65%的速度增长。TCL集团的发展是与其营销网络的建设和不断完善密切相关的。

　　早在1991年TCL公司就在上海建立了第一个以销售音像设备为主的销售分公司,随后在哈尔滨、武汉、成都建立了销售分支机构。为配合彩电产品的全国市场销售,1993年正式开始组建了TCL电器销售公司,成为全国最早建立和拥有自己独立营销网络的电子企业之一。销售公司成立后,按照大区—分公司—经营部—分销商的组织机构,步步为营,精耕细作,把网络一直建立到了城乡结合部。TCL把全国分为七个大区,建立了32家分公司,200家经营部,400家分销点,200多个专营连锁店和800多个特约维修专营店,并拥有数千家授权经销商,直属用户服务网遍及全国。在整个中国,从南到北,从东到西,每隔100公里就至少有一家TCL公司直接投资的营销机构，因此，TCL网络已经成为中国家电业最为庞大、最为细腻的营销服务网络，分公司按省建立，独立核算；经营部位于地区及以上城市或100万人口以上县级地区；400家分销点中独立核算的就占200多家。

TCL公司对营销网络的管理主要是从以下几方面展开的：

对营销人员的管理，TCL公司强调员工要有一个共同的企业核心价值观，并且切实把"为员工创造机会"这一口号深植于网络人员的管理中；TCL强调人性化的管理，以顺应人性的方法进行管理，注重调动人性中积极的一面。信任员工，在网络组织结构中权力下放，产品价格在一定范围内的变化完全由营销人员决定，充分让网络营销人员当家做主，确立以员工成长为中心；TCL不仅仅依靠企业文化实现网络的目标，还在激励机制的完善上达到了精神和物质的有机结合，从而激励网络人员一种自发的工作激情和创造能力。TCL激励机制主要包括教育计划、福利和奖励三部分。

对经销商的管理。TCL认为在营销网络中，厂、商是一个利益共同体，一损俱损，一荣俱荣。因此，管理好经销商的关键在于只有双方具有共同的愿望，才会有稳定的合作和"双赢"。因而首先加强理念上的沟通，力求经销商能够理解和接受TCL理念，在双方利益一致的基础上，要有共创品牌的意识，即共创品牌和品牌商号。在营销网络建立之初，针对经销商对TCL产品不甚了解和信心不足的状况，TCL采取了"赎买"政策，既保证经销商经营任务指标的完成，若因TCL产品的销售情况不好使得经销商未完成指标，不足部分则由TCL公司补足。这样取得了经销商的信任，激励经销商努力开拓市场。

对营销结构的管理和调整。TCL的家电营销网络通过多年的发展演练已逐步成熟，而为适应市场的变化，1998年开始推行营销网络扁平化，实行"管理重心下沉"，网络管理从集权走向分权，在销售公司已分解为七个大区进行管理的基础上，又将分公司由原来的销售平台转变为管理平台；"销售重心下移"，销售重心下放到各基层经营部，经营部主权增加。加之实施"精耕细作"的

第十四章 监控市场营销活动

战略，减少了网络的环节，节约了销售成本，使营销网络竞争力大大增强。1998年TCL还着手加强"航空港"营销平台的改造，充分发挥企业营销网络的兼容力和扩张力。所谓的"航空港营销"，打个比喻，就是无论哪家"飞机"泊入时都能快速加油。由于TCL营销网络起始于销售音响，成长于销售彩电，已成为家电行业最庞大和最细腻的网络，而在集团内与之并存的通讯和信息等产品的营销队伍，又形成了一些各自独立的、分散的小网络。因此，TCL希望在分公司、经营部层面开辟多元化产品的"绿色通道"，整合集团综合优势，财务、仓储等服务资源共享，使多种产品能快速切入市场，为企业提供更大的生存空间和发展机遇。同时，TCL也希望这支7 000人庞大的营销队伍能改变单一任务现状，增加业务范围，分担巨大的网络开支和分散经营风险。

TCL家电营销的销售服务是网络体系中的重要一环。TCL全面落实完善售后服务网络，建立售后服务基金；进一步推进"千店工程"的建设，将服务网络延伸到每一个乡镇，甚至每一户家庭。与经销商合作推出"送货上门，上门调试"的服务。提出"以速度战胜规模"的方针，产品从出厂到用户手中，最快可在五天之内实现。TCL承诺，哪里有王牌彩电，哪里就有王牌服务；三年免修保修，终身维护，一律免收服务费；24小时内服务到位，边远地区特约服务；24小时全天候电话服务，节假日照常服务。

管理手段的现代化，是TCL公司家电营销网络管理的一大特点。在强化管理，改善营销网络"软件"的同时，TCL集团也注意了对营销网络硬件条件的建设。企业发展不但要有新的管理理念，同时还要有先进的管理手段作支撑才能成功，而管理的现代化必须要求信息的电子化和电脑的网络化。由于企业的信息化建设涉及到企业的核心竞争力问题，营销网络的信息化直接影响一线营销队伍的管理，关系到企业的利润和生存。因此，对于TCL来说，信息化的工作就不仅仅是一个上计算机或者网络建设的问题，更是一个如何从根本上提高营销管理水平、如何管理好庞大的营销渠道的经营问题。要搞好营销网络的信息化工作，用先进

> 的技术手段为管理服务，首要工作是从企业的管理角度出发，加快营销网络的物流和资金流的运转，进行规划建设，在此过程中采用先进的IT技术手段。只有如此，才能更快地实现管理的信息流及工作流的电子化，加快企业的物流和资金流的流速，由此加强TCL的速度经济和网络的规模经济，提高TCL的核心竞争力。
>
> 从以上案例我们可以看到市场营销组织建设的重要性，市场营销组织是执行市场营销计划的组织保障。

一、建立市场营销组织

市场营销组织是实现企业的目标，制定和实施市场营销计划的职能部门。市场营销管理必须依托市场营销组织进行。

（一）市场营销组织内涵

市场营销组织是企业内部市场营销活动的各个职位及其结构。理解这一概念必须注意两个问题：第一，并非所有的市场营销活动都发生在同一组织岗位。比如，在拥有很多业务的公司中，每个业务经理下面都有一支销售队伍，而运输则由生产经理集中管辖。第二，不同企业对其经营管理活动的划分也是不同的。比如，信贷对某个企业来说是市场营销活动，对另一个企业而言则可能是会计活动。

（二）市场营销组织的目标

市场营销组织的目标大体上有三个方面：

1. 对市场需求做出快速的反应。市场营销组织应该适应外部环境，并对市场变化做出准确、积极的反应。市场营销研究部门、企业销售人员以及其他商业研究机构都能为企业提供各种市场信息，企业的反应则涉及整个市场营销活动。

2. 使市场营销的效率最大化。企业内部存在许多专业化的部门，为避免这些部门间的矛盾和冲突，市场营销组织要充分发挥其协调和控制的功能，确定各自的权利和责任。

3. 代表并维护消费者的权益。企业奉行市场营销观念，就需要把消费者利益放在第一位。企业须在管理的最高层面上设置市场营销组织，以确保消费者的利益不致受到损害。

企业市场营销组织的上述目标归根结底是在帮助企业实现整个市场营销任务。事实上，组织本身并不是目的，更为重要的是组织要协调，指导员工满足消费者的需求，维护消费者的权益，获得最佳的市场营销成果。

(三) 市场营销组织的演变过程

现代企业的市场营销部门，是随着市场营销观念的发展，长期演变而形成的产物。西方国家企业的市场营销组织随着经营思想的发展和企业自身的成长，大体经历了五种典型形式：

1. 单纯的推销部门。20世纪30年代以前，西方国家企业营销的指导思想是生产观念，其内部的市场营销组织大都属于这种形式。一般来说，每个企业几乎都是从财务、生产、推销和会计四个基本职能部门发展起来的——财务部门管理资金筹措，生产部门管理产品制造，推销部门管理产品销售，会计部门管理来往账务，计算成本。推销部门通常有一位副总经理，负责管理推销人员，并兼管若干市场调研和广告促销工作。推销部门的任务是推销生产部门生产出来的产品，生产什么销售什么，生产多少销售多少。

2. 具有辅助性职能的推销部门。20世纪30年代以后，市场竞争日趋激烈，大多数企业开始以推销观念为指导思想，需要一些经常性的市场调研、广告和其他促销活动。这些工作逐渐演变成为推销部门的专门职能。当这些工作在量上达到一定程度时，许多企业开始设立市场营销主管的职位，全盘负责这些工作。

3. 独立的市场营销部门。随着企业规模和业务范围进一步扩大，原来作为辅助性的市场营销工作，诸如市场营销调研、新产品开发、促销和顾客服务等的重要性日益增强，市场营销成为一个相对独立的职能。作为市场营销主管的市场营销副总经理，同负责推销工作的副总经理一样，直接由总经理领导，推销和市场营销成为平行的职能。

4. 现代市场营销部门。虽然推销和市场营销两个职能及其机构之间，需要互相协调和默契配合，但却容易形成一种敌对和互不信任的关系。一般来说，推销副总经理着眼于长期效果，自然侧重于安排适当的计划和制定市场营销策略，以满足市场的长期需要。解决推销部门和市场营销部门之间矛盾和冲突的过程，形成了现代市场营销组织形式的基础。市场营销组织的形式，开始发展到由市场营销副总经理全面负责，下辖所有市场营销职能机构和推销部门的阶段。

5. 现代市场营销企业。仅仅有了上述现代市场营销部门的企业，并不就是现代市场营销企业。现代市场营销企业取决于企业所有的管理人员，甚至每一位员工对待市场营销职能的态度。只有所有的管理人员和每一位员工都认识到，企业一切部门和每一个人的工作都是"为顾客服务"，"市场营销"不仅是一个职能，一个部门的称谓，而且是一个企业的经营哲学，这个企业才能成为"以顾客为中心"的现代市场营销企业。

（四）市场营销部门的组织形式

现代企业的市场营销部门，有各种组织形式。不论采取何种形式，都必须体现"以顾客为中心"的思想，才能使其发挥应有的作用。

1. 职能型组织。职能型组织是最常见的市场营销组织形式，它是指在市场营销副总经理的领导下集合各种市场营销专业人员，如广告和促销人员、推销人员、市场营销调研人员、新产品开发人员，以及顾客服务人员、市场营销策划人员、储运管理人员等。市场营销副总经理负责协调各个市场营销职能科室、人员之间的关系。

职能型组织的主要优点是行政管理简单、方便。但是，随着产品的增多和市场的扩大，这种组织形式会逐渐失去其有效性。首先，在这种组织形式中，没有一个人对一种产品或者一个市场全盘负责，因而可能缺少按产品或市场制定的完整计划，使得有些产品或市场被忽略；其次，各个职能科室之间为了争取更多的预算，得到比其他部门更高的地位，相互之间进行竞争，市场营销副总经理可能经常处于调解纠纷的"漩涡"之中。

2. 地区型组织。业务涉及全国甚至更大范围的企业，可以按照地理区域组织、管理销售人员。比如，在推销部门设有中国市场经理，下有华东、华南、华北、西北、西南、东北等大区市场经理。每个大区市场经理的下面，按省、市、自治区设置区域市场经理，再往下，还可以设置若干地区市场经理和销售代表。从全国市场经理依次到地区市场经理，所管辖下属人员的数目即"管理幅度"逐级增加。当然，如果销售任务艰巨、复杂，销售人员的工资成本太高，他们的工作成效又对利润影响重大，管理幅度就可以适当缩小。

3. 产品（品牌）管理型组织。生产多种产品或拥有多个品牌的企业，往往按产品或品牌建立市场营销组织。通常是在一名产品（品牌）经理的领导下，按每类产品（品牌）分设一名经理，再按每种具体品种设一名经理，分层管理。在一个企业，如果经营的各种产品差别很大，产品的数量又很多，超过了职能型组织所

第十四章 监控市场营销活动

能控制的范围，就适合于建立产品/品牌管理型组织。产品（品牌）管理型组织于1927年开始，为美国宝洁公司采用。以后有许多厂商，尤其是食品、肥皂、化妆品和化学工业企业纷纷效法。例如，美国通用食品公司在其"邮寄部"，就采取产品管理型组织——设有若干独立的产品线经理，分别负责粮油食品、儿童加糖食品、家庭食品和其他食品；在营养食品产品经理之下，又辖若干品牌经理。产品（品牌）经理的作用，是制定产品（品牌）计划，监督计划的实施，检查执行结果，并采取必要的调整措施，以及为自己负责的产品（品牌）制定长期的竞争战略和政策。

4. 市场管理型组织。如果市场能够按照顾客特有的购买习惯和偏好细分，也可以建立市场管理型组织。它同产品（品牌）管理型组织相似，由一个总市场经理管辖若干个细分市场经理。各个市场经理负责自己所管辖的年度销售利润计划和长期销售利润计划。这种组织形式的主要特点，是企业可以围绕特定消费者或用户的需要，开展一体化的市场营销活动，而不是把重点放在彼此隔离的产品或地区上面。在市场经济发达的国家，许多企业都是按照市场型结构建立市场营销组织。

5. 产品/市场管理型组织。面向不同市场，生产多种产品的企业，在确定市场营销组织结构时经常面临的两难选择是，采用产品管理型还是市场管理型；是否吸收两种组织形式的优点，扬弃它们的不足之处。所以，有的企业建立一种既有产品（品牌）经理，又有市场经理的矩形组织，以求解决难题。但是，矩形组织的管理费用高，容易产生内部冲突，因此又产生了新的两难抉择：一是如何组织销售力量——究竟是按每种产品组织销售队伍，还是按每个市场组织推销队伍，或者销售力量不实行专业化；二是由谁负责定价，产品（品牌）经理还是市场经理。绝大多数企业认为，只有相当重要的产品和市场，才需要同时设产品经理和市场经理。也有的企业认为，管理费用高和潜在矛盾并不可怕，这种组织形式能够带来的效益，远远超过需要为它付出的代价。

（五）市场营销组织设置的一般原则

企业建立市场营销组织会有一些相同的要求，可以作为一般原则。

1. 整体协调原则。设置市场营销机构需要遵循整体协调原则，首先，设置市场营销机构，能够对企业与外部环境、市场、顾客之间关系的协调，发挥积极作用。其次，设置的市场营销机构，能够与企业内部的其他机构相互协调，并能协调各个部门之间的关系。

2. 精简管理跨度与层次原则。"精简"包含两方面的意思：一是因事设职、因职设人，人员精干，不搞"小而全"。二是内部层次不宜太多，内部层次少，可以促使信息流通加快，减少阻碍；还能密切员工之间的关系，利于交流思想、沟通情感，提高积极性和效率。实践证明，建立机构是能否把握好市场营销工作的性质和职能范围，真正做到精简十分重要的前提。市场营销组织管理跨度及管理层次的设置，不是一成不变的，机构本身应当有一定的弹性。企业需要根据变化着的内部外部情况，及时调整市场销售部门的组织结构，以适应发展的要求。

3. 有效性原则。效率是衡量一个组织的水平的重要标准。一个组织的效率高，说明它内部机构合理，完善。实现组织设置的高效率，必须具备一些基本条件：首先，市场营销部门要有与完成自身任务相一致的权力，做到责、权、利相结合。其次，市场营销组织要有畅通的内部沟通和外部信息的渠道。其次，善于用人，各司其职，各级市场营销管理人员，应当善于发现下属的优点，发挥每一个人的专长。善于用人还包括善于发挥领导者自己的作用，也就是能牢记职责，不把精力消耗在不应干预的领域。最后，为了保证效率，要制定规章制度，包括奖惩条例，通过建章立制，明确每个员工的职责，各适其职，奖勤罚懒，充分调动积极性。

二、实施市场营销控制

由于在市场营销计划的执行中会出现许多意外情况，所以必须连续不断地监控市场营销活动。所谓市场营销控制，是指市场营销管理者经常检查市场营销计划的执行情况，看看计划与实现是否一致，如果不一致或没有完成计划，就要找出原因所在，并采取适当措施和正确行为，以保证市场营销计划的完成。市场营销控制有四种类型，即年度计划控制、赢利能力控制、效率控制和战略控制。年度计划控制主要检查市场营销活动的结果是否达到了年度计划的要求，并在必要时采取调整和纠正措施；盈利控制是为了确认在各产品、地区、最终顾客群和分销渠道等方面的实际获利能力；效率控制的任务是提高诸如人员推销、广告、促销、分销等工作效率；战略控制则是审计企业的战略计划是否有效地抓住了市场机会，是否同市场营销环境相适应。市场营销审计是进行市场营销控制的有效工具。

（一）年度计划控制

任何企业都要制定年度计划，年度市场营销计划的执行能否取得理想的成效，还需要看控制工作进行得如何。所谓年度计划控制，是指企业内采取控制步骤，检查实际绩效与年度计划之间是有偏差，并采取改进措施，以确保市场营销计划的实现和完成。许多企业每年都制定有相当周密的计划，但是执行的结果却往往与之有

第十四章　监控市场营销活动

一定的差距。事实上，计划结果不仅取决于计划制定的是否正确，还有赖于计划执行与控制的效率如何。可见，年度计划制定并付诸实施之后，搞好控制工作也是一项极其重要的任务。年度计划控制的主要目的在于：促使年度计划产生连续不断的推动力；控制的结果可以作为年终绩效评估的依据；发现企业潜在问题并及时予以妥善解决；高层管理人员可借此有效地监督各部门的工作。年度计划控制包括四个主要步骤：首先，制定目标，即确定本年度各个季度（或月）的目标，如销售目标，利润目标等；其次，绩效测量，即将实际成果与预期成果相比较；再次，因果分析，即研究发生偏差的原因；最后，改正行动，即采取最佳的改正措施，努力使成果与计划相一致。

企业营销管理人员可运用以下五种绩效工具核对年度计划目标的实现程度。

1. 销售分析。销售分析主要用于衡量和评估管理人员所制定的计划销售目标与实际销售之间的关系。这种关系的衡量和评估有以下几种方法：

（1）销售差异分析。销售差异分析用于决定各个不同的因素对销售绩效的不同作用。

（2）微观销售分析。微观销售分析可以决定未能达到预期销售额的特定产品、地区等。假定企业在三个地区销售，其预期销售额分别为1 500元、500元和2 000元，总额4 000元，实际销售额分别是1 400元、525元、1 075元，就预期销售额而言，第一地区有7%的未完成额；第二个地区有5%的超出额；第三个地区有46%的未完成额。主要问题显然在第三个地区。造成第三个地区不良绩效的原因有如下可能：该地区的销售代表工作不努力或有个人问题；主要竞争者进入该地区；该地区居民收入下降等。

2. 市场占有率分析。企业销售绩效并未反映出相对于其竞争者企业的经营状况如何。如果企业销售额增加，可能是由于企业所处的整个经济环境的发展，或可能是因为其市场营销较之竞争者相对改善。市场占有率正是剔除了一般的环境影响来考察企业本身的经营工作状况。如果企业的市场占有率升高，表明它较其竞争者的情况更好；如果下降，则说明相对竞争者其绩效较差。一般地说，有以下几种占有率：全部市场占有率、可达市场占有率、相对市场占有率（相对于三个最大竞争者或者相对市场领导竞争者）。

3. 市场营销销售费用对销售额比率分析。年度计划控制也需要检查与销售有关的市场营销费用，以确定企业在达到销售目标时的费用支出。市场营销费用对销售额比率是一种主要的检查方法。市场营销管理人员的工作，就是密切注意这些比率，以发现是否有任何比例失去控制。当一项费用对销售额比率失去控制时，必须认真查找问题的原因。

4. 财务分析。市场营销管理人员应就不同的费用对销售额的比率和其他的比率进行全面的财务分析,以决定企业如何以及在何处展开活动,获得赢利,尤其是利用财务分析来判断影响企业资本净值收益率的各种因素。

5. 顾客态度追踪。年度计划控制大多是以数量分析为特征的,定量分析虽然重要但不充分,企业需要建立一套系统来追踪其顾客、经销商以及其他市场营销系统参与者的态度。如果发现顾客对本企业和产品的态度发生变化,企业管理者就能较早地采取行动,争取主动。企业对顾客的书面的或口头抱怨应该进行记录、分析,并做出适应的反应。对不同的抱怨应该分析、归类,做成卡片。较严重的和经常发生的抱怨应及早予以注意。企业应该鼓励顾客提出批评和建议,使顾客经常有机会发表意见,才能有可能收集到顾客对其产品和服务的完整资料。

通过上述分析,企业在发现实际绩效与年度计划发生较大偏差时,可考虑采取如下措施:消减产量,降低价格,对销售队伍施加更大的压力,消减杂项支出,裁减员工,消减投资,出售企业财产等等。

(二) 赢利能力控制

企业需要运用赢利能力控制来测定不同产品、不同销售区域、不同顾客群体、不同渠道以及不同订货规模的赢利能力。赢利能力控制所获取的信息,有助于管理人员决定各种产品或市场营销活动是扩展、减少还是取消。

1. 市场营销成本。市场营销成本直接影响企业利润,它由如下项目构成:

(1) 直接推销费用,包括直销人员的工资、奖金、差旅费、培训费、交际费等。

(2) 促销费用,包括广告媒体成本、产品说明书印刷费用、赠奖费用、展览会费用、促销人员工资等。

(3) 仓储费用,包括租金、维护费、折旧、保险、包装费、存货成本等。

(4) 运输费用(包括托运费用等),如果是自有运输工具,则要计算折旧、维护费、燃料费、牌照税、保险费、司机工资等。

(5) 其他市场营销费用,包括市场营销管理人员工资、办公费用等。

上述成本和企业的生产成本构成企业的总成本,直接影响到企业的经济效益。其中,有些与销售直接相关,称为直接费用;有些与销售额并无直接关系,称为间接费用。有时二者也很难划分。

2. 赢利能力的考察指标。赢利能力控制在市场营销管理中占有十分重要的地位。在对市场营销成本进行分析之后,提出如下赢利能力考察指标:

(1) 销售利润率。企业将销售利润率作为评估企业获利能力的主要指标之一。销售利润率是指利润与销售额之间的比率,表示每销售一百元使企业获得的利润,

第十四章 监控市场营销活动

其公式是：

$$销售利润率 = (本期利润/销售额) \times 100\%$$

但是，在同一行业各个企业间的负载比率往往大不相同，对销售利润率的评价须与同行业平均水平来进行对比。在评估企业获利能力时最好能将利息对利润水平产生的不同影响考虑在内。因此，销售利润率的计算公式应该是：

$$销售利润率 = (税后息前利润/产品销售收入额) \times 100\%$$

这样的计算方法，在同行业间衡量经营水平时才有可比性。

（2）资产收益率。指企业所创造的总利润与企业全部资产的比率，其公式是：

$$资产收益率 = (本期利润/资产平均总额) \times 100\%$$

与销售利润率的理由一样，为了在同行业间有可比性，资产收益可以用以下公式计算：

$$资产收益率 = (税后息前利润/资产平均总额) \times 100\%$$

其分母之所以用资产平均总额，是因为年初和年末余额相差很大，如果仅用年末余额作为总额显然不合理。

（3）净资产收益率。指税后利润与净资产所得的比率。净资产是指总资产减去负债总额后的净值，这是衡量企业偿债后的剩余资产收益率。其计算公式是：

$$净资产收益率 = (税后利润/净资产平均余额) \times 100\%$$

其分子之所以不包含利息支出，是因为净资产已不包括负债在内。

（4）资产周转率。资产平均总额去除产品销售净额而得出资产周转率，其计算公式如下：

$$资产周转率 = 产品销售净额/资产平均占有额$$

该指标可以衡量企业全部投资的利用效率，资产周转率高，说明投资的利用率高。

（5）存货周转率。该指标是指产品销售成本与存货（指产品）平均余额之比，其计算公式如下：

$$存货周转率 = 产品销售成本/存货平均余额$$

这项指标说明某一时期内存货周转的次数，从而考核存货的流动性，存货的平均余额一般取年初和年末余额的平均数。

资产管理效率与获利能力密切相关，资产管理效率高，获利能力也高。这可以从资产收益率与资产周转率及销售利润率的关系上表现出来。资产收益率实际上是资产周转率的乘积：

$$\frac{资产}{收益率} = \frac{产品销售收入净额}{资产平均占有额} \times \frac{税后息前利润}{产品销售收入净额} = \frac{资产}{周转率} \times \frac{销售}{利润率}$$

（三）营销效率控制

1. 销售人员效率。企业的各个地区的销售经理要记录本地区内销售人员效率的主要指标，这些指标包括：(1) 每个销售人员每天平均的销售访问次数；(2) 每次会晤的平均访问时间；(3) 每次销售访问的平均收益；(4) 每次销售访问的平均成本；(5) 每次访问的招待成本；(6) 每百次销售访问而订购的百分比；(7) 每期间的新顾客数；(8) 每期间丧失的顾客数；(9) 销售成本对总销售额的百分比。企业可以从以上分析中，发现一些非常重要的问题，例如，销售代表每天的访问次数是否太少，每次访问所花的时间是否太多，是否在招待上花费太多，每百次访问中是否签订了足够的订单，是否增加了足够的新顾客并且保留住原有的顾客。当企业开始正视销售人员效率的改善后，通常会取得很多实质性的改进。

2. 广告效率。企业应该至少做好如下统计：(1) 每一媒体类型、工具接触每千名顾客或购买者所花费的广告成本；(2) 顾客对每一媒体工具注意、联想和阅读的百分比；(3) 顾客对广告内容和效果的意见；(4) 广告前后对产品态度的衡量；(5) 受广告刺激而引起的询问次数。营销管理人员可以采取措施改进广告效率，包括进行更加有效的产品定位，确定广告目标，利用电脑来指导广告媒体的选择，寻找较佳的媒体，以及进行广告后效果测试等。

3. 促销效率。为了改进销售促进的效率，营销管理人员应该对每一销售促进成本和对销售影响作出记录，注意做好如下统计：(1) 由于优惠而销售的百分比；(2) 促销的陈列成本；(3) 赠券收回的百分比；(4) 因示范而引起询问的次数。企业还应观察不同销售促进手段的效果，并使用最有效的促销手段。

4. 分销效率。分销效率主要是对企业存货水准、仓库位置及运输方式进行分析和改进，以达到最佳配置并寻找最佳运输方式和途径。例如，美国面包批发商遭到了来自连锁面包店的激烈竞争，他们在面包的实体分配方面尤其处境不妙，面包批发商必须做出多次停留，而每停留一次只送少量面包。不仅如此，开车司机一般还要将面包放到每家商店的货架上，而连锁面包商则将面包放在连锁店的卸货平台上，然后由商店工作人员将面包陈列到货架上，这种物流方式促使美国面包商协会提出，是否可以利用更有效的面包处理程序为题进行调查。该协会进行了一次系统工程研究，他们以一分钟为单位具体计算面包装上卡车再到陈列在货架上所需要的时间；通过跟随司机送货和观察送货过程，这些管理人员提出了若干变革措施，使经济效益的获得来自更科学的作业程序。不久，他们在卡车上设置特定面包陈列架，只需司机按动电钮，面包陈列架就会在车子后部自动开卸，这种改进措施受到进货商店的欢迎，又提高了工作效率。

第十四章 监控市场营销活动

效率控制的目的在于提高人员推销、广告、销售促进和分销等市场营销的效率，营销管理人员及经理必须注视以上效率，这些效率表明，市场营销组合因素功能执行的有效性，及应该如何引进某些措施以改进执行情况。

（四）营销战略控制

市场营销环境变化很快，往往会使企业制定的目标、战略、方案失去作用。因此，在企业营销战略实施过程中必然会出现战略控制问题。战略控制是指营销管理者采取的一系列行动，使实际营销工作与原规划尽可能一致，在控制中通过不断评审和信息反馈，对战略不断修正。战略控制必须根据最新的情况重新估价计划和进展，因而难度也就比较大。

企业进行战略控制时，可以运用市场营销审计这一重要工具。各个企业都有财务会计审计，可在一定期间客观地对审核的财务会计资料或事项进行考察、询问、检查、分析，最后根据所获得的数据，按照专业标准进行判断，作结论并提出报告。这种财务会计的控制制度有一套标准的理论、做法。但是市场营销审计尚未建立一套规范的控制系统，有些企业往往只是在遇到危急情况时才进行，其谜底是为了解决一些临时性的问题。目前，在国外越来越多的企业运用市场营销审计进行战略控制。

（五）实施市场营销审计

市场营销审计是进行市场营销控制的有效工具，其任务是对企业或战略经营单位的市场营销环境、目标、战略和市场营销活动等，独立、系统、综合地进行定期审计，以发现市场机会，找出问题所在，并提出改进工作的建议，供企业决策参考。市场营销审计实际上是在一定时期对企业全部市场营销业务进行总的效果评价。其主要特点是，不限于评价某一些问题，而是对全部活动进行评价。

市场营销审计的基本内容包括市场营销环境审计、市场营销战略审计、市场营销组织审计、市场营销系统审计、市场营销赢利能力审计和市场营销职能审计。

1. 宏观环境审计。

（1）人口因素的发展变化，给企业带来的机会和威胁；为了适应变化，企业拟采取的行动，居民收入、储蓄、物价以及银行信贷的变化带来的影响及企业准备的相应措施。

（2）企业所需资源、能源成本、环保措施、产品技术、加工技术的改进以及企业在技术领域中的地位。

（3）法律法规和政府的有关政策对企业的战略、战术的影响。比如在防治污染、解决就业、安全生产、广告宣传和价格控制等方面，政府有哪些规定会影响到市场营销活动。

（4）顾客对企业及其产品的态度，他们的生活方式和价值观念对企业的市场营销会产生什么影响。

2. 微观环境审计。

（1）企业产品的市场规模、成长率、地区销售和盈利方面的变化，目标市场的重要特征及其发展趋势。

（2）顾客对企业声誉、产品质量、服务方式、销售队伍和价格反应，对企业和竞争者的比较和评价，不同顾客如何做出不同的购买决策。

（3）企业与竞争者的目标和战略特点，对手优势所在，市场规模和市场营销动向，市场趋势将会影响企业与竞争者的哪些产品。

（4）企业分销系统和主要销售渠道，销售过程的各种有利和不利条件，各种渠道的效率和成长潜力。

（5）企业所需的关键原材料的来源与前景，供应商销售条件变化趋向。

（6）企业各项服务设施，如运输、仓库和装备的成本和更换情况。

3. 市场营销战略审计。企业的市场营销战略，应当建立在对目标、市场、竞争者、资源全面认识的基础上，使市场营销目标、市场营销环境和企业资源三者之间达到动态平衡。这是制定市场营销战略的基础，也是进行市场营销战略审计的主要内容。

（1）市场营销目标方面。市场营销目标是否符合国家宏观经济状况，反映市场需求，与环境变化的趋势保持协调，能和内部资源、企业应变能力保持平衡；市场营销目标是否已经全面反映市场营销各个环节的正常运转，足以防止市场脱销或库存积压；市场营销的目标是否已确定优先次序，切实能够理顺各个目标之间的关系，合理确定各个目标实现的时间顺序，并能抓住有利时间，引导市场营销活动向预期状态发展。

（2）市场机会方面。市场有什么需求，愿意付出多高的代价，企业能够获得的最低限度的利润是多少，能给企业发展提供的机会是什么；本企业的产品和相邻产品的关系，会给本企业产品销售造成的影响。

（3）竞争者与竞争方面。竞争者的生产规模、地理位置、市场营销战略以及领导班子的素质、决策风格；竞争者的产品组合包括：产品线的构成，产品的技术水平、功能、质量、成本、包装、价格、工艺以及生产效率等；竞争者的市场地位，包括目标市场、销售量及其增长率、市场占有率、市场覆盖率以及发展新产品、新技术、新工艺的力量；竞争者的销售系统，包括销售组织、人员构成、分销

第十四章 监控市场营销活动

渠道的构成、销售网点的分布、各个分销环节的差别以及各代理商的态度、销售服务项目、服务网点的分布等；竞争者的促销活动，例如他们的销售策略、推销方式、广告宣传等；竞争者的财务状况，包括其产品的成本、价格构成、企业资金来源和占有情况、主要经济指标完成情况以及信贷能力和其他筹资能力；竞争者的资源和管理素质，包括竞争者的自然资源状况、能源供应状况、原料供应渠道、对于原来价格变动的承受能力。

（4）内部资源方面。产品评价，通过和竞争者的产品比较，评价本企业产品质量、技术、功能、价格、服务等方面的优缺点，以确定赶超目标；对照用户的要求，评价产品满足用户要求的程度，明确改进方向；评价产品对企业利润的贡献，弄清每个品种对企业利润贡献的大小和企业总利润的影响程度；评价产品的前途和风险，即产品的市场需求有没有发展前途，产品在激烈的市场竞争中有没有生存的能力，预测各种不利因素对企业会带来什么风险；员工素质及其评价，员工素质在很大程度上决定着企业兴衰，因此，必须全面检查，了解本企业的员工，特别是关键的技术人员、管理人员和技术工人的情况，以使市场营销战略与企业人力资源能够更好地相互适应；内部物质条件评价，即对企业市场营销活动的物质基础进行审计，主要包括企业的生产能力、技术水平、原材料来源、信贷和筹款能力、信息灵敏程度等。

（5）企业实力和弱点方面。进行企业实力和弱点的审计，目的在于认识企业的竞争优势。一般可分为四个步骤进行审计：第一，评价当前企业的市场位置，即在竞争中的位置。第二，分析企业面临的外部环境，即主要机会和威胁。第三，分析企业主要资源的技术。第四，找出存在的差距，这里要特别注意怎样进行分析，判断优势或劣势。

4. 市场营销组织审计。

（1）检查市场营销主管的权责范围及其适应程度，分析市场营销组织机构与目标是否适应，市场营销部门与其他职能部门的关系是否协调。

（2）检查市场营销人员的培训、激励、监督和评价的方式方法。

（3）检查市场营销部门同制造、采购、人力资源管理、财务和会计等部门是否保持着良好的沟通和合作。

5. 市场营销系统审计。

（1）检查市场营销信息系统的有效性。即能否及时、正确地提供有关市场、顾客、经销商、竞争者、供应商以及社会舆论和各界公众，是对企业产品反映的信息。

（2）检查企业是否有效地利用了信息系统提供的报告，以及运用何种方法进行市场预测和销售预测，效果如何。

（3）检查市场营销计划系统的有效性。看市场营销年度计划中的销售、市场占有率、市场营销费用、资金运用和顾客购买行为分析等方面的执行结果，特别是销售预测和市场潜量估计的正确程度；检查销售定额的制定是否体现了先进合理的原则，既积极又可靠，通过努力可以达到预期水平。

（4）检查市场营销控制系统的有效性。市场营销部门采取什么措施，收集、筛选计划实施中的有关信息；企业如何利用这些信息，对市场营销过程，市场营销活动进行监督、调整。

6. 市场营销年度计划审计。

（1）检查销售计划的执行情况。通过销售差异分析和分别从产品、销售地区、渠道等方面的分析，找出超额完成或者未能完成预定销售额的原因。

（2）检查市场占有率。通过与竞争者的比较，找出上升或者下降的原因。有时出现下降情况，并非不正常，而是企业放弃了某些无利可图的产品，以保持盈利水平。

（3）检查市场营销费用率。分别列出销售队伍、广告、促销、市场营销调研和管理等项目的费用，它们各占总销售额的百分比，通过分析比较，找出增减的原因。

（4）检查资产的运用状况。鉴别影响企业净资产值报酬率的各项因素，企业利润率与总资产比率的升降程度，分析资产结构——现金、应收账款、库存以及厂房设备等，研究企业能否和如何改善资产管理。

（5）检查企业对待顾客的反应和变化，看有何追踪措施。比如，建立听取意见和建议的制度，组织顾客固定样本调查小组，定期通过随机抽样的方法给顾客寄送调查表等，评价企业措施的成效。

7. 市场营销赢利审计。

（1）分析不同产品、市场、地区、分销渠道和企业下属的市场营销组织的赢利率，决定对有关细分市场是进入、扩大、收缩还是放弃，其短期和长期的利润将达到什么水平。

（2）检查分析成本利益——哪些市场营销活动花费过多，哪些费用开支大，找出成本上升的原因，提出降低成本的措施。

本章小结

市场营销组织是指企业内部涉及市场营销活动的各个职位及其结构。市场营销组织的目标大体有三个方面：对市场需求做出快速反应；使市场营销效率最大化；

第十四章　监控市场营销活动

代表并维护消费者利益。企业市场营销部门是随着市场营销管理哲学的不断发展演变而来的，大致经历了单纯的销售部门、兼有附属职能的销售部门、独立的市场营销部门、现代市场营销部门、现代市场营销企业五个阶段。市场营销组织的工作和任务是规划实施和控制市场营销活动。在执行市场营销计划的过程中，难免会遇到各种意外事件，所以要不断地对市场营销活动进行监督、评价、控制其发展动向。市场营销控制包括年度计划控制、盈利控制、效率控制和战略控制。市场营销审计是进行市场营销控制的有效工具，基本内容包括市场营销环境审计、市场营销战略审计、市场营销组织审计、市场营销系统审计、市场营销赢利能力审计和市场营销职能审计。

▶ 思考题

1. 怎样看待市场营销部门在企业计划中所起的作用？
2. 什么是市场营销组织？建立市场营销组织的目的是什么？
3. 市场营销部门的职能是怎样演变的？
4. 市场营销部门如何才能与其他部门之间建立起和谐有效的关系？
5. 市场营销控制的内容、基本途径是什么？
6. 市场营销审计的范围与主要内容是什么？

▶ 案例应用

浙江纳爱斯集团的营销控制

"雕牌"是浙江纳爱斯集团的一个知名品牌，而纳爱斯集团更在"中国500强企业"中排名第221位，是中国洗涤用品行业的"龙头"企业，已进入世界洗涤前八强。现有员工6 000多人，是中国规模最大设备也是一流的洗涤用品综合生产基地，并且在全国大中城市设有销售公司并建有健全的市场网络。在19个省市自治区的30家工厂进行贴牌生产加工，这其中包括宝洁、汉高、湖南丽臣等跨国公司的在华企业和国内的知名品牌。

"雕牌"品牌是如何运作并成功地推向市场的呢？其强大的营销组织和分销体系是雕牌得以顺利走向市场的最坚实的后盾。通过20多个贴牌生产厂商，货物被直接的销售和运送到2 000多家客户手中。而这些客户大部分身处当地最大的批发市场。他们利用批发市场的客源和极其低廉的成本，或者买主自提，或者空车配货的方法，把雕牌洗衣粉迅速地销售到更深入的乡镇商店内。而对比国际客户的三级分销方式和送货下乡，雕牌的渠道通路的优势是绝对的。即便是和"奇强"的办事处模式来比较，这种直运的模式显然也是更为经济和有效。纳爱斯集团在雕牌皂粉的分销中，采取了相当有效的铺市措施，并给予经销商以足够的优惠，如在与经销商签订合同时，都会向经销商许诺年底给予一定的返利，从经销商的角度，保证了他们在年底得到相应的回报，这在很大的程度上提高了经销商的积极性，而大力度的广告宣传也使经销商对产品的大众接收程度高枕无忧。另外，促销也是雕牌给经销商的额外优惠。在低价的基础上，100箱加赠14箱足以让经销商惊喜。

纳爱斯也将市场经营工作重心放在超市、卖场上，开创了城市辐射农村的新局面。因为有了多年流通网络建设的基础和经验，又实行了保证金制度，使得雕牌在市场的开拓上有足够的优势，也让雕牌皂粉走进广大的农村市场变得游刃有余，于是雕牌开始转变市场战略，走了一条中国革命取得胜利的道路——农村包围城市，他们在全国各地实行分公司建制，直做超市、商场，最终形成城市辐射农村的格局。推行网络扁平化管理，减少中转环节，降低经营成本。同时，继续推行经销商保证金制度。公司认为：不提高经营纳爱斯、雕牌两大品牌的门槛，限定条件，锁定网络；不能让经销商获利和消费者受惠，纳爱斯大业势必难成。如此一来，经销商成倍增加，市场大大拓展，为集团更大发展铺平了道路，即采取了自建网络与经销商并行的营销策略。正是雕牌这种自上而下对渠道的重视和大力的投入，才能使得雕牌在竞争对手众多的激烈市场上脱颖而出。

▶ 问题

1. 你从雕牌的案例中可以学到什么？
2. 根据案例，对雕牌营销组织设计进行评价。
3. 你认为雕牌在加强营销控制的方面，应采用哪些方法？

第六篇

拓展篇

第十五章

跻身国际市场

❖ **本章学习目标**

阅读完本章后，你应该能够了解以下内容：
◇ 中小企业国际市场营销存在的主要问题
◇ 中小企业进行国际市场营销的机遇
◇ 中小企业进入国际市场的主要方式选择
◇ 中小企业跻身国际市场的具体策略

开篇案例

青岛金王传奇

公司名称：青岛金王集团

创始人：陈索斌

业务：蜡烛时尚礼品

市场份额：在中国出口的蜡烛制造产品总量中占15%

成长路径：借助世界商业巨头打开国际市场，继而拓展国内市场

九年前，陈索斌做了件让美国人感兴趣的事，把金王产品成功打入了沃尔玛，在国际市场占据了一席之地。

"出口三支蜡烛等于一台冰箱的利润"，这样的商业传奇由青岛金王集团书写而成。

今天的青岛金王集团，是中国最大的蜡烛时尚礼品等消费品生产供应商。2005年，金王国外、国内的总销售额达16亿元，产品在

国外销售遍及110多个国家与地区，直接为全球1 500余家客户服务。金王还是中国同行业进入沃尔玛、家乐福设立专柜的第一家企业。

"在欧美，金王的销售量相当于平均在每4个家庭中，就有一家使用一件kingking金王的产品"，金王集团总裁陈索斌无比自信。

进入世界商业巨无霸网络

1993年，陈索斌扔掉了"金饭碗"，与四个朋友一起东拼西凑了不足2万元资金，办起了小企业。通过调查，他发现，全世界每年蕴藏着120多亿美元的烛光制品需求量，其中欧美等发达国家与地区占75%以上份额，全球围绕蜡烛产业所生产装饰配套的烛台、工艺品、花等约占这个市场的37%的额度，特别是以玻璃为配套的产品占的比例达到25%以上。换句话说，玻璃烛台等制品每年在全球将产生不低于30亿美元的贸易额。

"玻璃制品恰恰是中国最不缺乏的产业资源，利用好玻璃基础起步，金王将实现超常规的发展，接近自己设立的核心目标"，身居国内的陈索斌看到了这样一个商业机会。

站在国际市场的高度，陈索斌开始规划金王的创业和发展蓝图。

金王从广交会接到第一笔订单开始，相继又在德国法兰克福展、美国芝加哥展等国际大型展会上初获成功，此时陈索斌已经看到金王与国际市场强手的差距，也看到了更加广阔的市场前景。陈索斌将目标直指世界500强的商业巨无霸集团。

1997年，金王试图与美国沃尔玛集团接触，但这个世界顶级的跨国企业根本没有理会金王的洽谈意向。

陈索斌没有善罢甘休，他安排好国内的事情后飞到了美国，打算做一件让美国人"感兴趣"的事。

在美国洛杉矶紧靠沃尔玛商场最繁华的商业街，陈索斌不声不响租下了一角柜台，开设了一个金王kingking品牌蜡烛、玻璃、时尚礼品的专柜，并在当地知名的报纸上打出广告，承诺顾客可以登记购买，如果货晚到一天，赔偿5美元。几天后，登记的顾客在金王专柜前排起了长龙，一直延伸到大街上。此事引起洛杉矶新闻媒体的极大兴趣，金王品牌一夜间红遍洛杉矶。

第十五章 跻身国际市场

第二天，沃尔玛的一个雇员不相信有这样的好事，也跑来看。陈索斌在与他闲谈中传递了一个"信息"——金王人一直对自己的产品质量有高度信心，并以诚实从商来做事。陈索斌还"透露"了金王内部的一个秘密：金王把产品销售分成三类，第一类为当月投放市场的新产品，毛利润确定在70%～100%；第二类为投放市场超过半年的产品，毛利润比第一类下调为60%～80%；第三类为投放市场一年以上的产品，毛利润不超过5%。这个分类法则，一方面细分了市场，使金王明确了对不同产品的市场定位，另一方面也促进了金王产品不断推陈出新。

回到沃尔玛，那位雇员对这家名叫金王的中国企业大加赞赏。终于，1998年美国沃尔玛通过对金王kingking的严格验厂，向金王开放了其在全球的连锁店。1999年，金王和沃尔玛的交易金额为300万美元，此后每年以100%的速度递增，到2005年，两家的订单金额已经达到了3 000万美元。随后，金王产品又挺进德国麦德龙、法国家乐福等世界500强商业集团，与世界500强前17家企业建立了长期稳定的合作关系。

金王集团在韩国设立了一家海外工厂，预计年销售额可以达到1 500万美元，约占集团总销售额的十分之一。

就销售额而言，金王已经在世界蜡烛制造商中排名第三，尽管它约1.9亿美元的销售额距离前两名15亿美元、5亿美元还比较远，但它已经在国际市场占得了一席之地。

回头开拓国内市场

总结成功的关键，陈索斌认为，是金王牢牢抓住了科技创新与市场拓展（尤其是海外市场拓展）两个源头，带动中间制造环节的快速升级。

"一个稳健的企业必须有健康合理的市场分布，金王不能只依赖美洲、欧洲的市场来生存与发展"，陈索斌告诉记者。他的策略是，沃尔玛一家的销售比重不能超过金王总销售额的30%，"金王不能只靠哪一家客户生存"。

因此，在开拓国外市场成功之后，金王又掉过头来开发国内市场，制定了"无内不稳、无外不强"的战略。

现在，金王在北京、上海、广州等36个城市"克隆"了很多家专卖店，利润比例迅速增长。"重要的是，金王自从2000年至今开设的每一家店都有很满意的赢利，成本、服务、速度是我们支撑这些时尚店面的'内功'"，陈索斌说。

尽管如此，金王"孵化"这些专门店并不是看重目前的利润，关键在于，它能在全国布开一张网络，填补时尚礼品的国内空白市场，从而确立自己的领导地位——这是金王应对入世后国外巨鳄进入中国市场的关键"杀手锏"。按计划，金王要在5年内在亚洲地区开设1 000家自己的专卖店。

如今，陈索斌正以理性的经营思维继续规划金王的蓝图：金王争取用5年时间在全国铺开一个庞大的中国时尚礼品专卖市场网络，为国内外厂家提供在中国范围内的快速销售平台。

目前，在中国出口的蜡烛制造产品总量中，金王集团一家企业占到了15%的市场份额。这家销售额超过10亿元的企业，近年来其销售额和利润一直保持着40%的增长速度。

《长征》是对陈索斌影响最大的一本书，"金王离真正的成功还很远，我们仍然在'长征'的路上"，陈索斌说。

其实，从20世纪90年代起，中小企业在全球范围内开始崛起，并在各国及全球经济的发展中发挥着极其重要的作用。可以说，中小企业的发展成为各国国民经济发展的基础和重要组成部分。而在全球经济一体化不断加深的今天，中小企业开拓国际市场，从事国际市场营销活动已成为必然趋势。在今天的中国，我国许多中小企业像金王集团一样，在融入国际市场的进程中表现优异，体现出我国中小企业开拓国际市场，从事国际市场营销活动的优势及特点。随着知识经济时代的到来，市场国际化的趋势越来越明显，社会生产进一步国际化、专业化，市场竞争越来越激烈，我国中小企业走向国际市场已经成为必然。因此，中小企业努力开拓国际市场、积极参与国际市场营销不仅符合中小企业自身发展的根本利益，也是中国市场经济国际化的必然要求。

第十五章 跻身国际市场

一、国际营销机遇分析

(一) 中小企业国际市场营销存在的问题

由于受先天因素和后天环境的影响，中小企业在国际营销活动中存在着诸多的问题：起步晚、规模小、实力弱；经验不足、产品品种少、抗风险能力弱；产品技术含量少、附加值低；企业品牌意识差；营销渠道单一；国际营销人才欠缺等等。具体而言，主要表现在以下几方面：

1. 中小企业出口产品结构雷同，缺乏品牌意识。中小企业生产经营的产品大多以劳动密集型产品为主，并且由于中小企业的规模小，实力薄弱，技术水平低，从而使得中小企业的产品多为粗加工、低附加值的产品，而深加工产品、高附加值的产品少。据统计温州中小企业出口产品大多集中在皮鞋、打火机、纽扣、低压电器等档次比较低的商品。这种结构性矛盾不仅制约着企业的国际化发展，并且将严重危及企业的生存。

此外，当前我国绝大多数中小企业的品牌观念不成熟，主要是定牌生产，"替人家做嫁衣"，企业自身往往没有独立的品牌和营销网络。我们的中小企业没有意识到品牌对消费者具有极大的诱惑力，可以使企业拥有较高的市场份额，最终带来巨额利润；没有意识到品牌代表着企业的产品质量管理水平、技术水平、员工素质和商业信用，没有意识到品牌是企业竞争力的综合体现，更没有将创名牌与企业利益和长远发展联系起来。

2. 投资进入区域集中，注重发达国家的市场，忽视发展中国家市场。贸易型境外投资机构集中在美欧日等发达国家，生产型集中在东南亚，研究开发型集中在美日等少数发达国家。毫无疑问，发达国家的市场对全球市场具有示范效应，占领这个高地，可以事半功倍。但也要注意到发达国家的市场竞争激烈，进入难度较大。此外，还要避免出口市场过于集中，同一类产品出口量太大。如我国鞋类出口多集中在美国、欧盟、日本等，过度出口使其弱势行业面临生死存亡的残酷竞争，以致造成反倾销指控频繁，当地相关行业和销售商深感危机重重，对我国鞋类出口影响很大。而对非洲市场、南美市场、中亚市场多元化开发还远远不够。

3. 中小企业技术创新能力低。技术创新是企业进行市场竞争的基础和保证，也是企业处于市场领先地位的前提。但是中小企业的规模一般较小，资金有限，因此用于设备更新和研究开发方面的费用就很少，表现为设备陈旧、工艺落后，造成了资源和能源的浪费。同时中小企业也缺少相应的技术创新力量，使得中小企业的产品开发创新能力弱，升级换代艰难。劳动力密集是中小企业得以发展的一大优势，劳动密集型产业的投入、产出周期较资本技术密集型产业短，产业的技术吸收、消化等一整套过程较为简单，但这种劳动密集型行业，如果缺乏创新、产品缺少升级换代，则很难在国际市场获取产品竞争优势，必然在国际市场竞争中处于劣势地位。

4. 中小企业涉外经营人才匮乏。很多中小企业属于家族企业，而且这些企业的领导者的文化背景、教育程度等相对较低，这就使得这些中小企业领导者的视野较为狭窄，企业管理者国际市场营销和国际贸易的基本知识不足，很多情况下仍然按老套路办事，不能适应当前国际、国内市场的新形势，难以在市场竞争中做出正确的外销决策。这种理论上、观念上的落后，导致不少中小企业观念落后，活力不足、经济效益低下，缺乏市场竞争力。

此外，在国际市场交易中，需要涉及到国际贸易、投资、金融等多方面的知识，但是由于中小企业的规模小，实力薄弱，自身缺少熟悉国际贸易、国际技术标准、WTO规则、税收以及外语的涉外工作人员，同时现有的涉外工作人员的知识不全面，很多情况下对国际社会的法律环境不熟悉，这些知识的匮乏也为跨国经营的中小企业带来了很多直接和间接的损失。

5. 资金短缺，融资困难。中小企业实力弱，抗风险能力差，财务制度欠规范，非优质客户申请银行贷款比较困难，资金短缺成为中小企业发展的"瓶颈"之一。中小企业也要建立现代企业制度，特别是自身财务制度要规范透明，符合银行的要求。另外，中小企业应该尽力争取大型跨国公司的投资，弥补自己的资金不足，排除进入国际市场的障碍。

6. 中小企业的国际市场营销策略单一。当前，中小企业进入国际市场多采取"薄利多销，打价格战"的策略。因为我国的中小企业多属于劳动密集型行业，而我国的劳动力富余，劳动力成本相对较低，这就使得很多中小企业采用"薄利多销"的价格策略，希望通过低价策略进入国际市场，先打开销路，获得一定的市场份额，再逐渐发展，收回损失。但是，国际市场营销受影响的因素远比国内市场营销多，低价策略不但容易引起竞争对手的报复，而且容易引起贸易对象方采取各种贸易壁垒抵制其产品，或者引起倾销与反倾销诉讼。另外，长期采用"薄利多销"的价格策略使企业因利润目标无法实现而难以进行下去，最终导致失败。

7. 中小企业的绿色营销观念落后，措施不力。当前我国的中小企业的生产经营仍然是一味追求近期和微观效益，对眼前利益考虑得多，对环境保护和社会长远利益考虑的很少；不少企业对消费者绿色需求导致的消费需求的变化、绿色问题引起企业竞争能力的差异、环境问题所开拓的新的市场机会等缺乏应有认识；有的企

第十五章 跻身国际市场

业尽管意识到绿色营销可以开辟新的市场，但由于需要花费较大的成本、存在着一定的风险而不敢贸然行事。但是，在国际市场上，尤其是很多的发达国家，在国际市场交易中经常利用绿色壁垒保护其国内市场，这就使得我国的中小企业在国际贸易中经常会遭遇绿色贸易壁垒，制约了我国中小企业的国际市场竞争能力。

（二）中小企业进行国际市场营销的机遇

随着全球经济一体化程度的不断加深，我国许多中小企业在融入国际市场的进程中表现优异，体现出我国中小企业开拓国际市场，从事营销活动的优势及特点。尤其是在进入新的世纪之后，中国的成功入世以及社会主义市场经济体制改革的不断深化，使得我国中小企业的国际市场营销环境更宽松、条件更成熟、前途更广阔，可以说，我国中小企业面临着新的国际营销发展契机。

1. 中小企业国际营销有了更广阔的发展空间。随着中国对外开放进入新的阶段，中国经济在更大程度上融入世界，这就为中国中小企业在更广阔的领域内参与国际竞争，提供了更大的发展空间。中国的中小企业可以在更大程度上利用国际资源、资金、技术与市场，在充分发挥比较优势的基础上，积极营造竞争优势。

2. 中小企业将面临更公平的国际市场竞争环境。中国的中小企业是在社会主义经济体制转轨的过程中发展起来的。由于受到传统体制、思想观念的影响，中小企业没有得到与大中型企业尤其是国有大中型企业一样的待遇，甚至在某些方面（比如：银行贷款）受到排斥和打击，在市场准入、征地、招工、税收等方面受到的限制也很多。加入WTO之后，政府的职能将发生重大转变，政府由原来的"参与者"变为"管理者"和"调控者"，直接参与经济运行的职能下降，进行宏观控制的作用增强。根据"一视同仁"原则，国内外企业、不同所有制类型的企业、不同规模的企业将享受统一的"国民待遇"，这将有利于历来受到不平等待遇的中小企业，平等地参与国际市场竞争。一方面，中小企业参与国际市场竞争的法律法规更加健全，中小企业的合法权益将得到更好地保护；另一方面，扶持中小企业健康发展的服务体系更加健全，中小企业将获得更好、更公平的国际市场发展环境。

3. 现代科学技术的进步为中小企业国际市场营销的发展提供了便利。现代技术发展尤其是"互联网"技术、电子商务技术的发展，为企业，尤其是中小企业的兴办、成长与了解市场，增强快速反应性，提供了方便、廉价的条件与技术支持，并为他们在信息获取与沟通等方面提供了与大企业同样的平台与渠道。而现代信息通讯、交通与金融工具的发展，使中小企业节省了运输费用，同时为他们更好地参与国际市场竞争提供了更加便利的条件。与大企业相比，中小企业在培育与发扬"企业家精神"方面的优越性将更加突出。当今，世界经济飞速发展，世界各国政府都越来越重视中小企业的作用,采取各种措施积极扶持中小企业的发展。可以说,随着中小企业在国际市场上表现的日益卓越,他们将成为我国国民经济中新的增长点。

二、进入国际市场的方式

由于各国情况不同,市场环境差异很大,消费者需求千差万别,因此,企业应当针对不同的市场制定不同的进入模式。一般而言,一个公司打入国际市场只有两个途径:(1)它能够从目标国家外部的生产基地向目标国家出口产品;(2)它能够将技术、资本、人力等企业资源转移到国外,自己生产或结合当地资源制造产品在当地市场出售。

从公司管理的角度看,上述两种打入途径可以进一步细分为几种不同的打入模式,这些打入模式为国际市场营销公司提供了不相同的收益和成本。

(一) 不同的进入模式

1. 出口打入模式。出口打入模式是将公司的产品在目标国家之外制造,然后运往目标国家市场,因此出口打入主要指有形商品。这种模式主要包括间接出口和直接出口两种方式。两种方式各有利弊,企业可以根据自己的实际情况和需要做出合理的选择。

(1) 直接出口。直接出口,指的是已经获得自营进出口经营权的中小企业直接面向国际市场销售产品。它通常有两种方式:第一种方式是通过国外中间商,销往当地市场,这种方式成功的关键在于物色到合适的国外中间商,寻找的方式主要是:刊登各类广告;直接联系有关的企业;实地访问中间商。第二种方式是企业在国外自己设立销售机构(分公司/子公司),直接将产品出售给当地顾客。

(2) 间接出口。间接出口是指企业通过国内中间商出口自己的产品。中小企业主要采取间接出口的形式。在间接出口的情况下,企业可以将产品卖给中间商,使产品所有权从企业转移到中间商,然后将产品销售到国外市场。对企业而言,这是一种最为简单的选择:既不需要专职外销员,又不需要大量资金的投入。企业也可以委托中间商代理出口,即委托代理商寻找国外客户,与客户进行洽谈、签约,并办理中间手续。间接出口又分为两种做法。一是中小企业通过向大型企业提供中间产品的方式实现产品的出口。二是这些企业通过专业的进出口公司,通过收购或出口代理的方式,实现产品的出口。后者是国内中小企业产品出口的主要途径。

第十五章 跻身国际市场

间接出口和国外代理的直接出口都不需要公司国外直接投资，而分公司/子公司的直接出口模式则是需要在外建立机构的国际直接投资。后者对出口运作的控制力最强，可以创造较大的收益，同时风险也较大。

2. 合同打入模式。合同打入模式是国际营销公司和目标国家的经济实体之间的长期非资产式联合，它涉及到该公司的技术和人力资源向目标国家经济实体的转移。合同打入模式和出口打入模式的区别在于：合同打入模式是知识和技能转移的主要媒介体。合同打入模式不需要国际营销公司的资本投入，在概念上也是一种国际直接投资。其中，许可证贸易是公司在一定时限内将其工业产权（专利、技术秘诀或者商标）的使用权转移给国外经济实体以得到转让费或其他补偿。特许是公司在较长时间内将工业产权许可给国外经济实体使用，同时在管理上加以指导而收取特许费的打入方式。与许可证贸易相比，两者的表现极其相似，但是在动机、服务及时限两方面却存在差别。合同打入模式还包括劳务服务合同（技术协定、劳务合同、管理合同、及工程"交钥匙"合同）和合作生产（合同制造和合作生产协议）的方式，这两类实际上是合同打入模式与出口打入模式的结合使用，前者结合技术出口，后者结合设备出口。

3. 投资打入模式。投资打入模式涉及到国际营销公司在目标市场国家制造业和其他生产单位的所有权问题。就生产的范围而言，这些子公司涉及从简单组装厂到产品全部生产工厂这两级中的各种形式。在所有权和管理控制方面，设在国外的分支机构可以是所有权属于母公司并被母公司控制的独资经营企业和所有权、控制权由母公司与一个或多个当地合伙者共有的合资经营企业。投资打入模式是企业在国际业务有相当基础之后而采取的形式，也是企业进入国际市场的最高级形式。从股权的角度来看，它有两种不同的形式：合资经营与独资经营。

（1）合资经营（包括新建或兼并/收购）。合资经营是指企业在国外市场上与当地企业共同投资经营一个企业。一般而言，合资可以减少市场进入的风险。但是，对企业的掌控，资源的利用方面，合作企业要加强沟通和交流，以避免分歧的出现。

（2）独资经营（包括新建或兼并/收购）。独资经营是指企业独立在国外设厂生产。它可以是直接收购当地现有的企业，也可以是创建一个新的企业。独资经营其有许多好处。首先，利润可以独享；其次，可以获得更多的国际营销经验和市场机会；再次，母公司对海外子公司拥有完全的管理权和控制权，将子公司纳入其全球营销系统之中。其主要缺点是投资大、风险也大，不确定因素比较多。

很显然，在这三种不同的进入模式中，投资进入模式无疑是风险最高的一种，在做出国际市场进入决策之前，中小企业需要慎之又慎。那么，在国际市场营销的具体实践操作中，中小企业该如何选择自己的投资进入模式呢？

一般而言，影响中小企业投资进入方式选择的外部因素主要有：

（1）东道国政府对外国企业购并行为的管制。一般来说，各国政府都比较欢迎外国公司以新建企业的方式到本国进行投资，而往往对外国企业收购本国企业则加以程度不同的限制。

（2）东道国经济发展水平和工业化程度。在发达国家可较多采用购并方式进入。反之，在工业化程度较低的国家或地区，则更适合采用新建方式。

（3）东道国市场和母国市场的增长情况。在增长较快的东道国市场中采用购并现有企业的进入方式更多。

（二）中小企业国际市场营销进入方式选择的影响因素

中小企业本身实力与国际大型企业比较有明显的劣势，主要在自身实力和抗风险能力方面。因此，对大多数中小企业来说，间接进入目标国市场，走稳健的发展道路是其首选。可以以间接出口，契约授权等方式进入目标国，在当地建立一定的基础后再寻求突破。当然，实力雄厚的，对目标市场有较大把握的中小企业也可以选择直接进入的方式。但无论是选择哪种方式，企业都必须注意控制风险，追求长期发展。

通常情况下，中小企业进入国际市场具体选择哪种或哪些进入方式，需要综合衡量以下因素：

1. 企业自身的客观因素。包括企业的前期准备情况，企业的自身实力，企业的国际市场营销经验，企业的抗风险能力等等。

2. 市场调研情况。市场调研情况包括市场宏观环境分析和市场微观分析等。其中，市场宏观环境包括政治环境、经济环境、社会文化环境和技术环境。而市场微观环境则包括市场供求关系、市场竞争状况等等。

3. 市场后期发展预测与整体战略规划，这是企业必须考虑的因素。企业的市场进入方式必须跟企业的整体战略和长期发展规划相适应。

三、跻身国际市场的策略

中小企业要到海外开拓市场，实行跨国经营，要求必须具有超前意识和全局观念，制定出正确的营销战略，从而克服盲目性和随意性，减少营销的风险性。

第十五章 跻身国际市场

(一) 彻底转变传统营销观念

中小企业要以不同国家的消费需求为核心导向，加强国际市场营销工作，不能把国内的产品原封不动地搬到国外，要推行本土化营销策略参与国际市场竞争。应该具有"全球"意识，善于站在全球市场的角度考虑问题、处理问题，树立全新的国际营销观念。此外，要迎合当前的"绿色潮流"，树立绿色营销的观念，努力发展绿色营销，减少遭遇国际绿色贸易壁垒的几率，从而增强中小企业自身的竞争能力和盈利能力。

(二) 全面分析国际市场环境

国际市场营销的本质就是在国际环境中运用市场营销原理和规律，即在一个更为复杂和更为不确定的国际环境中如何调动企业可控的要素去适应国际环境中各种不可控要素的变化。而这些经济、文化、政治和技术等方面的不可控因素会对国际营销策略产生影响，进而影响到企业的国际市场营销结果。因此，中小企业要做出准确的市场定位，制定出正确的营销组合，就必须对国际市场环境进行全面综合的分析。

(三) 正确地进行国际市场定位

在中国加入 WTO 后，作为开拓国际市场的主体力量的中小企业应如何面对激烈的市场竞争，扬长避短，制定正确的市场定位及发展战略是非常重要的。对于美国、德国等发达国家可以开展直接投资，中小企业可以立足相对劳动密集型的中、低技术档次商品，以不断适应和创新需求为宗旨，努力提高整合开发能力，改善营销组织方式，巩固和扩大市场份额。中小企业的产品在上游地区也具有相当的竞争力，具有"小、轻、巧、精"特色，因此进行国际化发展主要在于要建立起先进的营销组织方式，提高市场扩展能力。而对于拉美、非洲等地区，市场需求日趋旺盛，资源丰富，劳动力价格比较便宜，中小企业在该地区开展直接投资，成本相对较低，企业容易在该地区取得先发优势。同时，相对于该地区，我们具有技术优势，表现出较高的整合开发能力而且该地区进入壁垒相对较低。但是，由于该地区的法制、市场规则等不甚健全，营销渠道、网络不甚发达，甚至有些地方政局、社会不稳定，大型的企业往往由于动力机制不足，要素吸附能力不强而退却。而我们的中小企业本来就是在这种环境中成长发展起来的，加之相对较强的整合开发能力和资源运营能力,在该地区直接投资能够取得先发优势。

(四) 正确地谋划和实施国际市场营销组合策略

中小企业进行国际市场营销,要根据自身的实际情况,制定适合自己特点的营销策略,从而在国际市场中增强自身的竞争能力。

1. 产品策略。对于我国中小企业来讲,选择一个适宜的产品策略是实现有效出口营销的关键之一。一个理想的产品策略应符合以下条件:首先企业要有足够的生产和供给能力,不应出口超出企业生产能力的产品;其次出口的产品要有一定特殊性,能满足某种特定的需要;最后出口的产品必须有竞争力。企业在经过市场调研和细分,确定了目标市场、选择了合适的进入方式后,就必须回答这样一个问题:向目标市场提供怎样的产品?答案只有一个:向海外顾客提供满足其需求的产品。因此,国际产品策略是一个关键性策略,并构成国际市场营销组合策略之一。

(1) 国际产品标准化与差异化策略。国际产品标准化是指在世界各国市场上,都提供同一种产品;差异化则是指对不同国家或地区的市场、根据其需求差异,而提供经过改制的、略有不同的产品。如在全世界各地,我们可以喝到从包装、品牌、口味都相同的可口可乐、吃到肯德基炸鸡。我们也可以在各国买到一模一样的尼康照相机、柯达胶卷,但对于电视机来说,各个国家可能电视线路不同,电源电压不同,因此向不同国家供应的电视机就需略作修改而略有不同。

国际产品标准化可获得规模经济效益,节省研究开发费用和其他技术投入,也可以节省营销费用,它可使消费者在全世界各地都能享受到同样的产品,有助于树立企业及其母国的国际形象。然而面对有差异的市场,国际企业为了开拓市场,增加销量,可能不得不实施产品差异化策略。比如,在日本经营家具用品就必须考虑到日本多数房屋空间狭小的现实,专门为此开发较小的产品。有时新产品的开发不一定要求技术上的创新,只要求适用技术就可以了,有时甚至需要逆向创新,通俗地讲,就是复旧。比如手动器具、手动缝纫机、手动洗衣机等,以适应各种资源有限的情况。

影响产品标准化或差异化的因素很多,要做出一项正确的决策,至少必须考虑这样一些方面:成本与利润的比较,产品的性质、市场需求特点、东道国的强制因素,等等。

(2) 国际产品包装策略。国际企业在不同的海外市场销售产品,其包装是否需改变,这将取决于各方面的环境因素。从包装所具有的两个基本作用——保护和促销——来看,如果运输距离长,运输条件差,装卸次数多,气候过冷或过热或过于潮湿,则对包装质量要求就高,否则难以起到保护产品的作用。如果东道国顾客由

第十五章　跻身国际市场

于文化、购买力、购买习惯的不同而可能对包装形状、图案、颜色、材料、质地有偏好，则从促销角度看，应予重视并调整以起到吸引与刺激顾客的作用。当今一些发达国家的消费者出于保护生态环境的强烈意识，重新倾向使用纸张包装，而在一些发展中国家，顾客仍普遍使用塑料袋包装，因为它较牢固且可重复使用。

结合中小企业自身特点，一般可采用如下产品策略：小而专、小而精的产品策略。小企业由于受资源和实力的制约，只能约束自己的经营领域，集中资源和力量于某一部分顾客群，或者集中较窄的产品线，以在较小的目标市场上获得竞争优势。特色产品策略。小企业本身规模小，无法达到规模经济效益，成本难以大幅度下降，应从特色经营下功夫。形成产品特色的途径主要有：新奇的设计或独特的意义；特别的技术；独特的外观。拾遗补缺产品策略。大企业在市场中往往着眼于大产品、高利润，对小批量、多品种的小产品往往不愿顾及或难以顾及。小企业如果仔细调研，设计这些小商品，并精心制作，使其工艺化、形象化，增加其附加值，同样能找到广阔销路。所以小企业要善于抓住市场空隙，在小商品上做文章，不断改进和完善，进而形成小商品的拳头产品或品牌产品。

2. 价格策略。我国中小企业在国际竞争中还处于一个无序竞争的状态。低价竞销是一种低级的竞争方式，是一种短期行为，不仅造成众多国内中小企业在保本或亏本的边缘上经营，几乎无法生存和正常发展，而且更为严重的是，为了降低成本，采用廉价的等外品或低劣的原材料代替正品，甚至以假冒伪劣坑害消费者，造成对中国商品极为严重的负面影响。由于国际市场营销环境的差异性、特殊性，出口定价决策已成为一个非常复杂且极为重要的关键环节。

我国中小企业的定价策略要避免只采用单纯的低价格策略，价格的制定也不要只采用成本定价，这是因为我国的劳动成本与国外相比十分低下，容易导致我国中小企业制定的价格处于较低的水平，从而容易遭遇反倾销起诉。此外，交易结算也要采取流通性比较强的硬性流通货币结算，例如欧元、美元等，同时也要注意汇率的变化风险，在定价的时候就要把汇率变化的因素考虑进去，注重汇率产品出口价格造成的影响。

3. 渠道策略。目前，我国不少出口产品先卖给香港、台湾的中间商，然后中间商再出口到最终目标市场国。这样常造成我国生产出口产品企业与外国经销商、代理商的营销脱节，无法获得来自最终消费者的反馈信息，不利于企业根据顾客的需求不断调整市场营销策略，以保护和扩大市场的占有率。

对我国中小企业来说，不同企业应采取不同的销售渠道策略：对生产规模小、没有外销渠道的企业应以间接出口为主，通过国内的出口商代理出口，这样企业所承担的风险、经营成本相对较少；有自营出口权的生产企业应从扩大直销渠道入手，改变过去由外贸公司—国外进口商—中间商—批发商—零售商分销的繁琐模式，采取建立国内出口部，设立国外销售公司或子公司，派遣出口销售代表，寻求国外代理商或经销商等手段直接争取一些大的国际采购商集中采购，减少中间环节。

4. 关系营销策略。关系营销实际上是处理中小企业与东道国的政府以及中小企业与客户或消费者之间的关系。与东道国政府、国外客户保持良好关系是企业持续发展的重要保证。企业既要不断发展新客户或新消费群体，更要巩固与东道国、老客户的关系。关系营销的核心就是互惠互利，中小企业在进行关系营销时，要全面、及时、准确地了解东道国的情况和消费者的情况，服从消费者的利益；主动与客户接触和联系，相互沟通信息，了解情况，主动为对方服务或为对方解决困难，增强伙伴合作关系；要与客户建立互惠互利的长期友好贸易关系，短期效益最大化不是最明智的决策；要培养信誉观念，重视信誉价值，以真诚树立信誉，慎立言而不轻诺。这样中小企业就能与东道国政府、客户建立长期友好的贸易关系，赢得可持续的贸易机会和忠诚客户。

（五）实施品牌策略

国际贸易的竞争已经从价格的竞争逐步转向了以质量为核心的竞争，尤其是著名品牌的竞争。我国中小企业要真正在国外市场上闯出一块属于自己的市场，就必须打造具有市场号召力的自有品牌。打造国际化的品牌，不仅要求增强企业的开发能力，提升产品的科技含量，而且要完善营销体系，培育企业的核心竞争力，特别要注重发挥中国文化、人力资源等方面的优势。对我国中小企业来说，具体操作为：逐步提高企业对品牌战略重要性的认识，结合本企业出口特点，从贴牌生产逐步发展企业自有品牌，提高竞争力，同时挖掘企业文化内涵，建立品牌文化，开展品牌营销，注重品牌的法律保护。

（六）实施正确的人才策略，吸引和保留专业的涉外营销和贸易人才

中小企业要加快人才的培养和引进，创造外销人才发展的良好氛围，调动外销队伍的积极性，建立切实可行的、科学的绩效评估体系，发挥教育培训机构的作用，加大企业内部对专业技能的培训力度，提升企业的竞争力。要建立健全国际营销激励机制，切实加强劳动成果管理，建立切实可行的、科学的绩效评估体系，制定科学合理的人才制度，以吸引和保留专业的涉外人才，从而为中小企业的发展奠定基础。

第十五章 跻身国际市场

（七）建立中小企业的联盟组织

我国中小型出口企业规模小，在国际市场中依靠单独的力量，难以应对很多国际事务，比如倾销与反倾销的起诉、应诉等，因此中小企业应该联合起来，建立起中小企业的联盟组织以应对多变的国际市场。

同时，建立了中小企业的联盟组织，也有利于中小企业的融资，弥补中小企业的资金短缺问题。这是因为一方面中小企业的联盟组织对其内部中小企业的情况比较了解，可以为其作担保；另一方面，联盟组织可以帮助中小企业建立现代企业财务制度，促进中小企业的发展。

此外，中小企业在面临激烈的国际竞争中，既要懂得竞争，又要学会互补，努力寻找一种与自己有互补性的企业，建立营销伙伴关系，形成新的国际市场营销模式——互补营销，这既能降低营销成本，又能做大市场，实现双赢，从而提高中小企业的整体实力，促进我国中小企业的发展。

◎ 本章小结 ◎

福建宝峰鞋业——中国最大的拖鞋出口企业，创业开始只是简单的来样加工，后来逐渐建立了设计开发的团队，主动根据国外市场的需求特点开发产品。后来又感觉到在渠道上不能完全依赖进出口公司，开始把一些有潜质的人才送去商学院学习国际市场营销管理，逐步建立自己的海外营销团队。就这样一步步走下来，全球已经有30多个国家的市场出现了宝峰的产品。而在美国，据说平均每十个人当中就有一个人穿的是宝峰拖鞋。

"飞跃"，浙江台州的这家缝纫设备制造公司，20年来在无畏的气魄和义无反顾的海外扩张中稳健成长，完成了从一个小作坊到全球最大缝制设备生产出口基地的蝶变。目前，"飞跃"已在全球17个国家设有18个分公司，拥有1 000多个国际经销商，将产品销往120多个国家和地区，其中50%已打入欧美日等发达国家，并且结束了长期以来日本缝纫机单向出口中国的历史。

……

从这些案例中我们可以看出，现在，我国很多中小企业在一定程度上已经具备了开拓国际市场的能力，但是如何进一步分析国际市场；如何发掘自身优势，抓住机遇，选择合适的方式进入市场；如何综合运用企业资源和自身条件来创新国际市场营销策略；如何结合国际市场的特点调整营销策略等等，正是我们需要不断认真学习研究的课题。

▶ **思考题**

1. 试分析，目前我国中小企业在国际市场营销中存在的主要问题。
2. 中小企业应该如何选择国际市场的进入模式？
3. 试分析说明中小企业进入国际市场的主要策略。
4. 结合你所熟悉的某一中小企业的实际情况，分析中小企业跻身国际市场的意义。
5. 结合有关背景资料，试分析目前中小企业进行国际市场营销的机遇。

▶ **案例应用**

指甲钳：小产品的神话

梁伯强，广东中山人。

之所以关注他，是因为他将小小的指甲钳卖出了超亿元的销售额。

圣雅伦日用品公司的主营业务是指甲钳。"为全世界剪指甲"的梦想始于1998年，一个偶然的机会，公司老总梁伯强发现这个市场大有可为，而且世界上还没有哪家企业真正"看得上"这个行当。

3年之后，圣雅伦公司已经成长为中国最大、全球第三的指甲钳生产商，仅次于德国双立人和韩国777，占据了中国指甲钳市场大约27%的份额，中高端市场（单品出厂价2元以上）的份额高达60%。他本人也成为中国"隐形冠军"的代言人。世界著名管理大师赫尔曼·西蒙到中国讲学时曾特意邀其就世界"隐形冠军"的话题进行对话。

圣雅伦在营销方面独辟蹊径，对公司的成长功不可没。

"给指甲钳赋予全新的定位"，这是思维的关键，甚至能在某种程度上颠覆这个小产业的游戏规则。首先要跳出"剪指甲工具"的定位——如果仅仅是工具，可能一个人一辈子都买不了几把——而要注入适当的文化含量，把它变成时尚产品，这一点受到了一些日本生活产品的启发，就像女孩子的挎包、发夹，完全可能提升附加值并且出现普遍性的重复购买。

1998年公司第一次参加北京国际礼品展，推出了纪念香港回归一周年的主题产品，效果好得出乎意料。之后，设计师们不断在产品中注入各种主题活动标志、卡通形象、各国旅游风光等文化因素，"打着文化的旗号走高端路线"成了公司战

第十五章 跻身国际市场

略的一部分。

卡通类产品引起了儿童和时尚女性顾客的青睐,"顾客做出购买决定的一刹那,吸引她(他)的绝不仅仅是产品剪指甲的功能。"梁伯强坚信这一点。

2000年年底,圣雅伦针对成年男性消费者推出了一项新创意——指甲钳名片,这部分顾客的消费心理更理性,冲动消费的概率较低,指甲钳名片把准了他们的需求之脉。社交活动丰富的人收到大量的名片,可能随手一放就不知丢到哪里去了,不过如果每次给别人递上名片的同时,附带送上一个刻有自己名字的、小巧精致的指甲钳,给对方的印象肯定更深刻。梁伯强说,在精致好看的指甲钳表面,刻上"钳"系缘分、今生约定,以及自己的联系方式,"就可避免自己的名片被人丢进垃圾桶"。而按照健康专家的建议,人们每隔三四天就要剪一次指甲,每次剪指甲时,他们又不得不见到你的名字和电话,"又有什么东西比小小的指甲钳更有这种神奇的提醒效果呢?"正是看到了这一点好处,许多企业的老板、经理,主动地找梁伯强要求定制指甲钳,把自己企业的名称及商标都刻在指甲钳上。实际上这些老板和经理,都成为了梁伯强的营销业务员。

圣雅伦面临的最重要难题是品牌和渠道的建设。

品牌营销不易开展。指甲钳作为一种低值耐用消费品,虽然每一个消费者都可能是它的目标客户,但它微薄的产值又不适合向大众媒介支付昂贵的广告费用。

起初公司采用了一些事件营销的方法来扩大知名度,比如曾在《羊城晚报》上刊登过"征名启事",为即将问世的指甲钳产品征集品牌名称,最后挑选出一个挺有意思的名字——"非常小器"。

除了品牌之外,渠道建设也是一件棘手的事。一方面,通过小商品市场批发的渠道不符合圣雅伦的品牌定位,但另一方面,大面积地进商场在短期内还不太现实——在品牌拉力尚弱的情况下,仅仅通过自然销售产生的销售额很难承担商场高昂的入场费和租金,而且商场代销的模式往往会漏掉团购订单。

梁伯强在2004年底开始投资建设自己的渠道,推出了一个叫"3·15老板孵化计划"的项目,就是指,用3年时间、投入1 000万元、培育出500个老板,也就是加盟商。但和一般特许经营的模式不同,募集加盟商通过的是招聘广告,而不是招商广告,而且学员免费带薪培训,培训结束后还可得到一笔创业基金。后来公司成立了一个"D&A商学院",将培训系统化、常规化,学员们结束培训后,回到各自的城市去建立圣雅伦专卖店,以此为基地来开展团购业务。

在渠道建设计划的构思中遵循的思路是:长期的系统培训除了培养加盟商的销售技巧外,更能培养对企业文化和产品的认同,增加忠诚度;而创业基金的设立有助于提高加盟商的积极性和风险承受能力。经销商打开局面不容易,但一旦扎下根来,所发挥的能量也是传统渠道不可比拟的。

中小企业市场开发五日通

"3·15计划"最初的进展并不算顺利，许多年轻人虽有热情，但对市场阻力缺乏准备，而且缺少社会资源，难以打开局面。从第二期学员开始，培训策略开始调整，更关注学员的年龄资历、经济条件和社会背景。有一个细节是要求学员自带笔记本电脑来学习，此举也是设一个门槛，考察学员的经济能力和投入程度。到2005年下半年，"3·15计划"的效果开始凸显。"出炉"的学员已经达到100多人，其中有大约50位加盟商已经"成活"，月营业额最高的一位甚至达到200万元。圣雅伦的网站贴出了"本期招生已满"的告示。渠道建设计划初见成效。

面对来自闽南三角洲的众多企业代表，梁伯强以亲身经历说出了这样的话："大家都认为指甲钳市场已经饱和，实际上，越是成熟的市场越好做，问题的关键在于消费者投谁的票。"同时，他认为，"隐形冠军"不是一个简单的比喻，不是一个新闻噱头，更不是一群看上去没什么联系的各行各业的老大，而是一种系统的战略思维，一种观念，一种对中国民营企业大有启发的成长之道。

梁伯强的成长之道非常简单——"既然做不了500强，不如做足500年，成为细分市场的领袖。"

▶ 问题

1. 圣雅伦是如何进行产品渠道建设的？
2. 你认为圣雅伦在开拓国际市场方面有哪些创新之处？
3. 请结合本案例和客观实际，说明自主创新在中小企业开拓国际市场中的意义。

第十六章

强化服务营销

◆ **本章学习目标**

阅读和学习完本章之后，你应该能够了解：
◇ 服务营销的意义
◇ 服务营销的基本理念
◇ 服务营销组合策略的构成

开篇案例

全美十大最受赞誉公司的客服信息

2003年2月18日，美国财经权威杂志《财富》推出"美国2003年最受赞誉的十大公司排行榜"，《财富》对1万家公司主管和分析师进行了调查，获得了"美国最受赞誉的十大公司排行榜"：(1) 沃尔玛；(2) 西南航空；(3) Berkshire Hathaway；(4) 戴尔电脑；(5) 通用电气；(6) 强生；(7) 微软；(8) 联邦快递；(9) 星巴克；(10) 宝洁。

上述十佳公司，服务组织占据了半壁江山和前三位。零售巨头沃尔玛荣登榜首，以经济航班著称的西南航空名列第二，股神巴菲特掌舵的Berkshire Hathaway位列第三，咖啡连锁店星巴克则首次亮相登场，位列第九。马尔科姆·布尔德里奇国家质量奖的获得者联邦快递稳居第八位。戴尔电脑、微软也是凭借其优质的客户服务取胜。通用电气公司已经逐步向服务型公司转型。

沃尔玛的成功可以说是其已去世的创始人萨姆·沃尔顿的成功。他成功的秘诀十分独特，就是让员工们时时想到这句话："萨姆会怎么做？"接受此调查的好莱坞梦工厂主管杰弗里·卡岑贝格说："萨姆的天才想法每天弥漫在商店的走道里。"股神巴菲特盛赞沃尔玛是最出色的公司，因为它的表现曾经出乎他的意料。

星巴克首次进入前十大排行榜。此前人们曾怀疑一家咖啡店如何能不断创造增长动力，但是星巴克打消了人们的疑虑。星巴克的董事长霍华德·舒尔茨说，星巴克的成功就是保持和顾客的亲密关系，让"他们觉得这是专为他们服务的店"。

戴尔公司2002年跌出了排行榜，这让他们警醒，发现原因是对客户的服务有些懈怠，于是重新加强了客户服务，客户满意率明显回升，2003年第四季度销售量预期上升40%。

2004年2月23日，《财富》杂志又公布了2004年全美赞誉企业风云榜。零售业巨头沃尔玛公司（Wal-mart）继续蝉联榜首，巴菲特执掌的波克希尔名列第二，西南航空公司从第二名降至第三名。其他排位在前十名的公司依次为：通用电气（GE）、戴尔（Dell）、微软（Microsoft）、强生（J&J）、星巴克（Starbucks）、联邦快递（FedEx）和国际商用机器公司（IBM）。

宝洁（P&G）公司从2003年的第十位跌落至2004年的第十一位。而成功加强客户服务的IBM又回到了十佳的行列。

随着社会经济的发展，当今我们的社会已经步入知识经济时代。知识经济为服务业的发展提供了广阔的天地，像信息产业、咨询业、旅游业、科学教育、保健业等服务产业有了长足的发展，同时制造业也越来越依靠服务在激烈的市场竞争中获取优势。这一切都衍生了对于服务营销的需求。

第十六章 强化服务营销

一、服务及其特征

(一) 服务的定义

服务（Service）是一种具有无形特征却可以给人带来某种利益或满足感的可供有偿转让的一种或一系列活动，它的范围极其广泛，不仅包括传统服务业，也包括提供有形产品的工商企业内部各种显性与隐性服务以及客户支持服务。

服务是无形的，但是在研究服务以及服务交易过程中，服务往往需要特定的有形要素作为载体，我们称之为"服务产品"，即服务产品是服务劳动者以活劳动的形式所提供的服务形成的，它结合服务场所、服务设施、服务方式、服务手段、服务环境等属于劳动资料、劳动对象的要素综合构成。也就是说，服务产品既包括有形要素，也有无形要素，二者共同构成了完整的服务产品。

(二) 服务的特征

1. 不可感知性（Intangibility）。不可感知性，又称作无形性，是服务最明显的特点，也是服务和有形产品最基本的区别。不可感知性（Intangibility）是指服务是一种活动或利益，而不是实物，所以顾客不能像感觉有形商品一样去看、感觉和触摸服务。例如，酒店销售的不是一个客房，而是特定时间使用客房的权利，客人离开时，他们什么都带不走，除了一张收据。购买服务的人可能"空手"离去，但绝不会"空头"离开，他们拥有了可以和人分享的记忆。再如，汽车出现故障，车主将汽车交由汽车修理服务公司处理，但车主在取回汽车时，对汽车维修服务的特点及经修理后的汽车部件是否全部恢复正常，都是难以察觉并做出判断的。

2. 不可分离性（Inseparability）。有形的工业品或消费品在从生产、流通到最终消费的过程中，往往要经过一系列的中间环节，生产与消费过程具有一定的时间间隔。如别克汽车在上海生产，然后运到广州，存放两个月后进行销售。而大部分的服务如理发、餐饮、音乐会、球赛，等等，都是先销售然后同时进行生产和消费，这就是服务的不可分离性，即服务的生产过程和消费过程同时进行，服务人员提供服务于顾客之时，也正是顾客消费服务、享用服务的过程，生产与消费在时间上不可分离、同时发生。所以，服务的不可分离性又称作同时性。如电信服务，用户接通电话的一瞬间，消费和计费才开始；挂断电话，消费和计费即告结束。

3. 品质差异性（Heterogeneity）。服务品质差异性（Heterogeneity）是指服务产品的构成成分及其质量水平经常变化，很难统一界定。由于人类个性的存在，使得对于服务产品的质量检验很难采用统一的标准。一方面，由于服务人员自身因素（如心理状态）的影响，即使由同一服务人员所提供的服务也可能会有不同的水准；比如，在一位理发师早晨刚刚上班时可能精力充沛，经过一天紧张的工作，在临近下班时间他可能筋疲力尽，服务也草草了事，如果同一位顾客恰好在这两个不同的时间段来到美发厅，就可能感受到这位理发不同的服务态度。另一方面，由于顾客直接参与服务的生产和消费过程，于是顾客本身的因素（如知识水平、兴趣和爱好）也直接影响服务产品的质量和效果。比如，同是去旅游，有人乐而忘返，有人败兴而归；同是上课听讲，有人津津有味，有人昏昏欲睡。

4. 不可贮存性（Perishability）。服务的不可贮存性（Perishability），又称为易逝性，是指服务不能被贮存、转售和退回的特性。服务产品不可能像有形的消费品和工业品一样被贮存起来，以备未来出售；而且消费者在大多数情况下，亦不能将服务携带回家安放。一个有1 000个座位的电影院，如果某场电影只卖出500张票，它不可能将剩余的500个座位储存起来留待下场次销售。客机的座位、酒店的房间、律师一个小时的时间等等，都不能储存留待以后出售；一位蹩脚的理发师剪出的糟糕发型也无法退货重剪或者转让给他人。因此，不可贮存性的特征要求服务企业必须解决由缺乏库存所引致的产品供求不平衡问题、如何制定分销策略来选择分销渠道和分销商以及如何设计生产过程和有效地弹性处理被动的服务需求等。

5. 所有权的不可转让性（Absence Ownership）。服务所有权不可转让性（Absence Ownership）是指在服务的生产和消费过程中不涉及任何东西的所有权转移。既然服务是无形的又不可贮存，服务产品在交易完成后便消失了，消费者并没有"实质性"地拥有服务产品。以银行取款为例。通过银行的服务，顾客手里拿到了钱，但这并没有引起任何所有权的转移，因为这些钱本来就是顾客自己的，只不过是让银行保管一段时间而已。再比如，乘坐飞机之后旅客从一个地方被运送到另一个地方，而此时旅客手里除了握着机票和登机牌（而这些物品，是顾客登机前就买到的）之外，他们没再拥有任何东西，同时航空公司也没有把任何东西的所有权转让给旅客。缺乏所有权会使消费者在购买服务时感受到较大的风险，如何克服此种消费心理，促进服务销售，是营销管理人员所要面对的问题。目前，服务产业发达的国家，很多服务企业逐渐采用"会员制度"的方法维持企业与顾客的关系。当顾客成为企业的会员后，他们可享受某些特殊优惠，让他们从心理上感觉到就某种意义而言他们确实拥有企业提供的服务。

第十六章 强化服务营销

二、树立服务营销理念

当今世界呈现经济与文化一体化发展的趋势，企业营销的成败受经营理念的影响和支配。经营理念是企业的经营哲学，是企业制定营销规划的基本出发点和依据。经营理念要顺应时代的发展潮流而不断创新。在新时期，服务营销主要围绕树立关系营销、顾客满意等理念而努力。服务营销的创新首先应该是理念的创新。

（一）关系营销理念

关系营销（Relationship Marketing），亦称咨询推销、关系管理、人际管理市场营销，它是交易市场营销的对称，它是企业与顾客、分销商、经销商、供应商等建立、保持并加强关系，通过互利交换及共同履行诺言，使有关各方实现各自营销目的营销行为的总称。服务营销作为专门针对服务业和实物营销中的服务所进行的营销活动，人与人之间的接触对服务营销活动产生了重要的影响，这就要求企业必须注重与消费者之间、与分销商、供应商之间关系的建立和维系。

关系营销的目标就是同顾客建立长期相互依赖的关系，发展企业及其产品与顾客之间连续性的交往，以提高品牌忠诚度和巩固市场，促进销售。

服务企业建立和发展关系的过程也就是建立服务营销网络的过程，企业在建立服务营销网络时可以通过三种途径：

（1）企业在向客户提供产品的基础上提供附加的经济利益。

企业向经常使用和购买本企业产品和服务的用户或顾客提供额外的利益，如航空公司向经常乘坐本公司班机的旅客提供免费里程，饭店向老顾客提供更多的折扣和优惠等，从而使企业和顾客之间建立起某种联系。但是，这种方法通常容易被竞争者模仿，难以形成永久竞争优势。

（2）企业在提供附加经济利益的基础上向顾客提供附加的社会利益。

服务企业的营销人员在工作中要不断增强对消费者所承担的社会责任，通过更好地了解消费者个人的需求和欲望，使企业提供的服务或产品更具个性化和人格化，更好地满足消费者个人的需要，使消费者成为企业忠实的顾客。如对消费者提出更好的产品和服务建议，不回避产品使用中的问题，勇于承担责任并通过有效的方法解决等。

（3）企业在提供附加经济利益和社会利益的同时，建立企业与顾客或客户之间的结构性纽带。

企业通过向顾客或客户提供更多的服务来建立结构性的关系，如帮助网络中的成员特别是一些实力薄弱的成员提高管理水平，向网络中的成员提供有关市场的研究报告，帮助培训销售人员，建立用户档案，及时向用户提供产品的各种信息等。

（二）顾客满意理念

顾客满意理念即 CS（Customer Satisfaction）理念，是指企业的全部经营活动都要从满足顾客的需要出发，以提供满足顾客需要的产品或服务为企业的责任，使顾客满意成为企业的经营目的。

1. 顾客满意理念的内涵。顾客满意是一个系统，它包括三个纵向递进的层次和五个横向并列的层次：

（1）纵向递进层次。

①物质满意层，即顾客对企业服务产品的核心层，如服务产品的功能、品质、品种和效用感到满意。

②精神满意层，即顾客对服务方式、服务环境、服务人员的态度、提供服务的有形展示和过程感到满意。

③社会满意层，即顾客对企业产品和服务的消费过程中所体验的社会利益维护程序感到满意，顾客在消费产品和服务的过程中，充分感受到企业在维护社会整体利益时所反映出的道德价值、政治价值和生态价值。

（2）横向递进层次。

①企业的经营理念满意，即企业经营理念带给顾客的满足程度。经营理念包括经营宗旨、经营方针、经营价值观等方面。

②企业的营销行为满意，即企业的运行状态给顾客的满足程度。企业营销行为包括企业的行为机制、行为准则、行为模式和行为实施程序等。

③企业的外在视觉形象满意，即企业具有可视性的外在形象给顾客的满足程度。其外在视觉形象标志、标准字、标准色、企业外观设计、企业环境等都属于此类。

④产品满意，即企业的实物产品和服务产品载体带给顾客的满足状态。主要包括实物产品的质量、功能、设计、包装、品味、价格和服务产品载体的相应因素等。

⑤服务满意，即企业服务带给顾客的满足状态。服务业的服务是服务产品本身，实物产品的服务是产品的延伸，都必须从服务的完整性和方便性、绩效性、保证体系的完备性、实践的节约性和文化氛围的高品位等方面体现出来。

2. 顾客满意战略。企业推行 CS 战略的目的就是为了不断提高顾客的满意度，

第十六章　强化服务营销

建立良好的企业形象，赢得顾客的信任，从而赢得更大的市场份额，获取更好的经济效益和资本营运能力。CS战略是面向市场的企业战略，企业采用CS战略意味着将消费者的利益放在第一位。可以从以下几个方面认识CS战略的构成：

①站在顾客立场而不是站在企业立场上去研究和设计产品。尽可能预先把顾客的"不满意"因素从产品上去除，即预先在产品设计上创造顾客的深层满意；

②实施全程信息反馈。对产品的设计、制造、供应和服务等环节不断完善，最大限度地使顾客感到安全、安心和便利；

③重视顾客意见，让用户参与决策。把处理好顾客意见视为对顾客满意战略的推动；

④创造企业与顾客的友好和忠诚界面。使服务过程处处体现真诚和温暖；

⑤形成面对顾客需求的快速反应机制。养成鼓励创新的组织气氛和保证组织内部的双向沟通，建立和完善以顾客为中心的、富有活力的企业组织；

⑥实行逐级充分授权。使一线工作人员有充分的权力和较强的责任意识，从而保证顾客满意战略的实现。

三、运用服务营销组合策略

服务营销作为专门针对服务业和实物产品营销中的服务展开的营销活动，有别于传统的营销组合策略，它在传统4P策略上有自己的特点，而且在此基础上有了新的发展，引入了人的要素、过程要素以及有形展示要素，从而形成了7P策略。

1. 服务产品策略。

在有形产品的营销过程中，产品的概念比较容易把握，因为产品是实实在在的有形实体，如电视机、冰箱、汽车等，其大小、款式、功能等都由企业事先设计好了，顾客所购买到的也正是企业所提供的。而服务产品的情形则有着很大不同。由于服务产品如教育、法律、音乐会等大都是无形的、不可感知的和易逝的，并且是消费于正在生产的过程之中。产品可以生产后储存起来，以备随时取用；而服务的取用则意味着在需要某种服务之时，由生产它的生产系统提供使用。此外，被服务的顾客往往是参与在生产过程之中，并且也提供一部分自我服务，比如健身、医疗等都需要顾客积极的参与配合。这就要求企业在涉及到服务产品时需要从以下几个方面考虑：

注重顾客利益。顾客利益是指在购买过程中，顾客追求的并非服务本身，而是这种服务能给自己带来的利益和好处。即企业必须在交易过程中，关注顾客的真实需求。这就涉及到顾客如何评价服务产品质量的问题，一般而言，顾客会从五个方面对服务产品的质量进行评价。

①可靠性。顾客喜欢和信守承诺的公司的打交道。例如,如果航班、列车或者长途客车不能如约准时出发和到达,即使服务再好,也不能让顾客对服务质量有好的评价。

②响应性。顾客希望服务企业能够自发的、迅速的应对顾客提出的要求和询问,及时、灵活地处理顾客的问题。例如,铁路部门售票及时,包裹及时到达。为了及时响应顾客,很多公司都设置了咨询电话,或者24小时服务电话,或者800免费服务电话。

③保证性。顾客都喜欢与记录良好的公司打交道,尤其是那些高风险或者不确定性较大的服务,如银行、保险、证券交易、医疗服务等。例如,顾客都不希望到一家医疗事故频发、缺乏能力的医院进行治疗。

④移情性。顾客都希望在交易过程得到服务人员的认同和理解,感到特别的受关注和关怀。比如,长途客车上对于独自出行的老人或者儿童给予特别的照顾就是一种移情性。列车上的列车员经常为旅客添加热水等也是一种移情性的表现,让顾客感觉到服务组织对他的理解和重视,从而加强双方的关系。

⑤有形性。顾客往往会通过很多有形元素如设施、工具、服装、印刷品等来评价服务质量。企业也就需要通过这些有形元素来向顾客展示。例如,酒店优雅舒适的房间、统一的制服、服务员的微笑等都是在向顾客表明酒店优良的服务。

2. 服务定价策略。

随着服务行业管制的取消和竞争的激烈化,价格策略在服务竞争中的作用日益突出,但是服务的定价也堪称一项棘手的工作,因为相对于有形产品的定价而言,服务的定价要复杂得多。

(1) 服务定价的复杂性。

①服务成本复杂。由于服务产品的特性使得服务成本比较复杂多变,服务企业往往难以精确估计一项服务的成本。例如,对于餐馆的熟客,服务员可能很快地就完成点餐,而对于首次光临的客人,可能要花费更多的时间,这就增加了服务的成本。再比如乘客提前一周、两周或一月订购同一班次的机票,价格可能也不尽相同。这就要求企业必须关注其服务的需求变化,采取差异化的定价策略。

②顾客对服务价格缺乏明确的了解。复杂多变的价格使得顾客难以确定自己为一项服务支付的价格是否真正合理,与一些有形产品相比,顾客对于服务价格普遍缺乏了解。比如,很多顾客不清楚血液检查、婚纱摄影、法律帮助、酒店客房的确切价格。因此,当顾客得到消费经验后,再次购买时,价格就很可能成为重要的衡量标准。

③服务价格含有非货币成本。顾客在购买和消费服务时,需要支付出货币价格

第十六章 强化服务营销

以外如时间成本、搜寻成本、心理成本等非货币成本。比如去医院看病、超市购物结账的等待等属于时间成本。再如,去医院看病担心被敷衍、签订保险合同担心被瞒骗、去银行申请贷款担心被拒绝等属于心理成本。企业在服务产品定价中必须要考虑这些因素的影响。

(2) 制定整体价格策略。服务企业的定价策略绝不仅仅局限于定价本身。像便利、安全、速度、收款程序和自动化等问题都可能影响到顾客的满意程度,服务企业在考虑服务价格时,必须考虑众多的问题:

①某项服务应该收取的价格是多少?比如,是9.9元还是10元?

②定价的依据是什么?比如律师咨询、酒店钟点房可以根据服务消费的时间单位定价;邮政快递、运输公司可以根据服务对象的重量或大小定价等。

③应当由谁来收款?如由服务企业自己收款还是由中间商(如旅行社、银行、电信)收款。如果由中间商收款,那中间商的报酬如何?

④付款地点应当在哪里?比如水电公司可以通过银行代收水电费,那么银行的网点就可以成为方便的付款地点。

⑤应当在什么时候付款?比如电影票、机票等是事先付款;而餐馆、住院费等是事后付款。

⑥应当怎样付款?是通过现金还是代用币(商场购物券)亦或支票、信用卡等。

⑦应当如何将价格通报目标顾客?通过广告还是销售人员或者电子显示屏来告知顾客,是否需要加入有关部门定价的信息(如物价管理部门)?

3. 服务渠道策略。

服务渠道是指从生产者转移到消费者的过程中所涉及的一系列的机构或个人。由于服务产品的特殊性(生产与消费的不可分离性)所以服务产品的分销渠道以直销最为普遍,即多为直接渠道(零层渠道)。例如:理发、医疗。但是,有些服务产品也存在间接渠道。例如,保险(保险代理人、保险经纪人)、运输(货运代理、售票代理)、旅游(旅游经纪人)。

服务的渠道策略除了与有形产品类似的渠道之外,还由于受到服务产品自身特殊性的影响,一些服务企业位置的选择变得十分重要。服务企业在选择位置时需要考虑诸多的问题。

(1) 客源。所选位置是否能吸引足够的符合目标顾客特征的客源;如餐饮、快餐业。

(2) 需求的类型。考虑顾客的需求类型,不同的需求类型其位置选择也不同。日常需求(零售、银行)和周期性需求(理发、餐饮)需要方便快捷就近,偶然需求(医疗、娱乐)则需要交通便利,方便到达。

（3）市场的需求。了解顾客对服务消费的时间、地点的便利性有何要求，是否将其视为关键性因素。如银行、理发店、快餐等。如一项关于大学生利用银行的小型调查表明，所在位置是选用银行决策中的关键因素。

（4）服务竞争局面。竞争者的势力是否正在渗入市场。如肯德基和麦当劳之间的位置选择，往往肯德基和麦当劳的店址相邻很近。

（5）集中和分散问题。企业选择位置要考虑哪些服务要求服务提供商汇聚在一起或者分散，如IT零售和服务机构、纽约华尔街的金融服务机构等都需要集中在一起。

（6）补充性服务对所在位置决策的影响有多大？例如某超市是否提供免费的市内购物班车，某商场是否提供送货上门服务等。

4. 服务促销策略。

市场竞争越激烈，就越是需要采取有力的促销措施促使顾客理解、接受服务企业的服务。促销能够提高销售增长（尤其是在需求较弱的时期），加快新服务的引入，加速人们接受新服务的过程，使人们更快地对服务做出反应。服务产品的促销与有形产品十分相似，都采用广告、公共关系、人员推销、销售促进等手段。但是由于服务产品的特殊性使服务促销又具有与一般有形产品促销不同的要求。

对于服务广告来说，要认识到服务是行为而不是物体，服务不像有形产品一样，服务的生产和消费是一个同时发生的过程。因此，服务广告不只是要鼓励消费者购买服务，也应把雇员当作第二受众，激励他们提高服务质量。同时要注重有形证据的使用。比如，现在中国的邮政使用"刘翔"的肖像为邮政快递作促销宣传。

对于服务人员推销而言，服务业者必须雇佣专门技术人员而不是专业推销人员来推销其服务，因为专业技术人员的推销对顾客而言更具有说服力。比如，健身教练向顾客推销某种健身活动远远比一般的人来推销更具有效果。另外，不同的服务行业对推销人员的要求差别也很大，比如银行金融业、医疗行业对推销人员的要求要远比旅游、客运等行业高得多。

对于公共关系以及销售促进等手段，由于近年来服务业竞争的激烈，服务渠道的发展，其应用也逐渐广泛起来。比如，很多公司都成立了公关部。大量的企业经常使用样品、折价券、以旧换新、减价、赠品、竞赛、商品示范等方式促进消费者的购买。

5. 有形展示策略。

（1）有形展示的概念。所谓"有形展示"是指在服务市场营销管理的范畴内，一切可传达服务特色及优点的有形组成部分。在产品营销中，有形展示基本上就是产品本身，而在服务营销中，有形展示的范围就较广泛。事实上，服务营销学者不仅将环境视为支持及反映服务产品质量的有力实证，而且将有形展示的内容由环境

第十六章 强化服务营销

扩展至包含所有用以帮助生产服务和包装服务的一切实体产品和设施。

比如，一位初次光顾某家餐馆的顾客，在走进餐馆之前，餐馆的外表、门口的招牌等已经使他对之有了一个初步的印象。如果印象尚好的话，他会径直走进去，而这时餐馆内部的装修、桌面的干净程度以及服务员的礼仪形象等将直接决定他是否会真的在此用餐。反之，如果顾客走入一个污水横流的餐馆将引起顾客的恶心和反感，结果会使顾客怀疑餐馆能够很好地提供就餐服务，这位顾客就可能抽身离开。对于服务企业来说，借助服务过程的各种有形要素必定有助于其有效地推销服务产品目的的实现。

（2）有形展示的类型。从有形展示的构成要素进行划分，主要表现为三种类型即环境、信息沟通和价格。

①物质环境，又可以分为周围因素、设计因素、社会因素。周围因素通常被顾客认为是构成服务产品内涵的必要组成部分，是指消费者可能不会立即意识到的环境因素，如气温、湿度、气味、声音、光线等。它们的存在并不会使顾客感到格外地兴奋和惊喜。但是，如果失去这些要素或者这些要素达不到顾客的期望，就会削弱顾客对服务的信心。例如，夏天在餐馆吃饭时空调坏了，空气闷热不流通，即使面对美味佳肴顾客也会感觉到难以下咽。设计因素，是刺激消费者视觉的环境因素，这类要素被用于改善服务产品的包装，使产品的功能更为明显和突出，以建立有形的、赏心悦目的产品形象。比如，一家大型超市可能赶在春节之前将春联、彩灯、糖果等各种应节商品调整到卖场入口处，营造一种节日气氛，刺激顾客的购买欲望。社会因素，是指在服务场所内一切参与及影响服务产品生产的人，包括服务员工和其他在服务场所同时出现的各类人士。他们的言行举止皆可影响顾客对服务质量的期望与判断。

②信息沟通是另一种服务展示形式，这些来自公司本身以及其他引人注意的沟通信息通过多种媒体传播，展示服务。从赞扬性的评论到广告，从顾客口头传播到公司标记，这些不同形式的信息沟通都传送了有关服务的线索，影响着公司的营销策略。服务性公司总是通过强调现有的服务展示并创造新的展示来有效地进行信息沟通管理，从而使服务和信息更具有形性。

③价格展示是市场营销组合中惟一能产生收入的因素，而其他的因素都会引起成本增加。此外，价格之所以重要还有另一个原因：顾客把价格看做有关产品的一个线索。价格能培养顾客对产品的信任，同样也能降低这种信任。价格可以提高人们的期望（它这样昂贵，一定是好货），也能降低这些期望（你付出这么多钱，得到了什么？）。

在服务行业，正确的定价特别重要，因为服务是无形的，价格是对服务水平和质量的可见性展示，价格成为消费者判断服务水平和质量的一个依据。

6. 人员策略。在提供服务产品的过程中，人（服务企业的员工）是一个不可或缺的因素，尽管有些服务产品是由机器设备来提供的。如自动售货服务、自动提款服务等，但零售企业和银行的员工在这些服务的提供过程中仍起着十分重要的作用。对于那些要依靠员工直接提供的服务，如餐饮服务、医疗服务等来说，员工因素就显得更为重要。鉴于服务人员在服务产品的提供过程中的重要作用，营销学者提出著名的服务利润链思想，在内部质量、员工满意度、员工忠诚度、外部服务价值、顾客满意、顾客忠诚度、盈利能力之间建立起内在联系。如图 16-1 所示。

从图 16-1 中可以看出，企业获利能力的强弱主要由顾客忠诚度决定；顾客忠诚是顾客满意的直接结果；顾客满意在很大程度上受到提供给顾客的服务价值的影响；服务的价值要由满意、忠诚和富有效率的员工来创造；而员工的满意度又源于一个能使员工有效服务于顾客的高质量服务支持体系和相应的政策。也就是说，卓越的内部服务质量是服务组织竞争优势的来源。即服务组织若要提高外部服务质量，首先必须为内部顾客（员工）提供优质服务。据统计，在服务行业，顾客忠诚度及回头客的小幅度提高就能导致利润的大幅上升，一个 5% 的回头客增长能带来利润的 25%~85% 的增长，在汽车行业是 28%，在信用卡业是 85%，在保险业是 50%，在工业分销业是 45%，在软件行业是 35%。这就是说，服务企业要想获得盈利，必须要让员工满意并且教育员工努力为顾客做好服务。亦即员工的素质影响服务的质量，进而影响服务营销的效率。为了成功地实行服务营销，服务公司首先必须进行成功的内部营销，必须向企业的员工和潜在员工推销，对待内部顾客要像对待外部顾客一样。

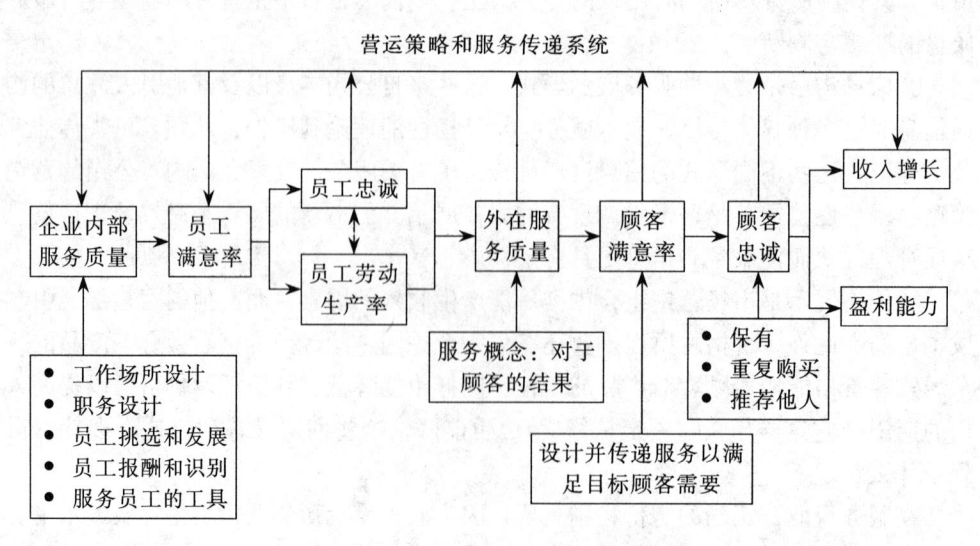

图 16-1 服务利润链

第十六章　强化服务营销

内部营销是指服务公司必须有效地培训和激励直接与顾客接触的职员和所有辅助服务人员，使其通力合作，并为顾客提供满意的服务。内部营销的主要目的在于鼓励高效的市场营销行为，建立这样一个营销组织，通过恰当的营销，使内部人员了解、支持外部营销活动，使其成员能够而且愿意为公司创造"真正的顾客"。

内部营销是一项管理战略，其核心是发展对员工的顾客意识。在把产品和服务通过营销活动推向外部市场之前，应先对内部员工进行营销。只有进行恰当的内部营销，企业在外部市场上进行的经营活动才可能获得最终成功。

在服务营销中，有两句格言流传甚广，经常为人们所引用，其一是："你希望员工怎样对待顾客，你就怎样对待员工。"其二为："如果你不直接为顾客服务，那么，你最好为那些直接为顾客提供服务的人提供优质服务"。这两句格言提示了两个原则：对人的尊重和树立集体主义观念。因而，内部营销被用来对企业员工树立推销服务理念与正确的价值观。企业可以通过内部营销，使"顾客至上"观念深入到员工的心坎，从而使服务提供者更好地履行自己的职责。

7. 过程管理策略——服务作业管理。

（1）服务作业管理的含义。在制造领域，作业管理被称之为生产管理，其着重强调的是制造。现在，越来越多的银行、航空公司、旅馆、货运业者、准零售业者、休闲中心、保险公司和许多其他类型的服务业公司，都认识到作业管理已成为成本控制、制度改善和顾客服务水平方面的重要投入因素。所谓"作业"是指运用某种手段将资源投入，经由合并、重塑、转化或分割等方式，从而引导出有用的产出（产品与服务）。作业管理的目的在于探讨和协调各种系统设计、作业规划、执行与控制之间的关系。

（2）服务生产率的提高。提高生产率对于各种服务营销公司都是一项重要的工作。利润是服务业公司经营的目标，服务企业必须改善生产率维持市场地位，避免因价格过高而失去市场；公共行政机关也有必要改善生产率，以确保赤字增高不至于导致服务水准下降。提高服务生产率的方式有：

①提高服务员工的素质。利用更好的招聘、训练、发展和激励制度。招聘符合企业岗位要求的员工，并为员工提供相应的培训，如社交礼仪培训，岗位技能培训等。此外，还须建立有效的激励制度，比如设立奖金制度、晋升制度等，以提供员工为顾客服务的积极性。

②采用系统化与科技。在服务业方面多利用一些制造业的方式是必要的。欲改善服务的质量效率，服务业公司必须采取科技化思维方式，采取此方式的许多其他行业，往往可以把高成本的精确度不够的手工技术，用低成本的、质量可预知的大规模制造来取代。比如邮政部门对于信件的分拣，利用机器分拣替代人工，大大提

高了效率,降低了成本。

③减低服务层次。服务生产率的改进,也可通过减少服务数量或者减低服务质量来实现,比如节日期间酒店可能通过增加桌椅的方式提高其服务供应量。但这种方式具有一定的危险性,尤其是对于过去曾经承诺递送较高层次服务的公司。如五星级酒店如果降低其服务水平,很可能会造成其声誉的下降。

④用产品替代。服务生产率也可以通过以产品替代服务的方式而获得改善。如健身房可以通过出售健身器材来替代现场服务。

⑤引入新服务。设计一套更有效率的服务来消除或减少对效率较低服务的需求。例如,目前横跨大西洋旅行,几乎已由航空飞行取代航海;信用卡也取代了以前的银行透支的方式。

⑥顾客互动性。改变顾客与服务提供者之间的互动性,也可以改进服务业生产率,尤其是高接触度服务业。由于消费者或主动或被动地参与服务递送过程,因此,可以利用服务递送产生的利益来教导及说服其转变行为,争取并保持消费者在生产过程中的合作与配合,从而,激励其购买服务的种种利益。

● 本章小结 ●

服务营销是市场营销的延伸与拓展,是专门针对服务业以及实物营销中的服务活动开展的营销行为。服务营销有着自己的核心理念,关系营销理念、顾客满意理念是服务营销的基本核心理念。服务营销脱胎于市场营销,同时又有别于市场营销,它有独特的营销策略组合,有形展示策略、人员策略、过程管理策略是服务营销有别于市场营销的独特策略,它们是服务营销开展的有效手段和途径。

▶ **思考题**

1. 服务的基本特征有哪些?
2. 关系营销网络建立的途径有哪些?
3. 顾客满意的内涵是什么?顾客满意战略包括哪些内容?
4. 简要描述服务营销组合策略。
5. 如何提高服务生产率?

第十六章 强化服务营销

▶ 案例应用

上海通用汽车公司的客户服务

上海通用汽车的客户服务理念是通过网络、人员、技术、配件、管理等方面严格执行计划标准,"以不断地超越顾客需求"为目标将世界级的客户服务体验带给别克和赛欧用户。目前,上海通用汽车有 100 余家授权服务中心(简称 ASC),覆盖了全国近百个城市。2003 年,国内别克及赛欧的保有量已超过 15 万辆。上海通用汽车及其 ASC 为别克及赛欧用户提供的售后服务,待遇完全相同。

上海通用汽车在选择 ASC 的时候,首先以"顾客为中心的理念是合作的基础"作为第一标准。公司对 ASC 人员结构、岗位职责、学历及工作经验都有严格的要求。每一位服务人员都要符合各自的上岗标准,并经过上海通用汽车统一的培训和专项考核。而对于任何技术上的问题和维修站一时无法解决的疑难杂症,公司售后服务部门技术支持中心(TAC)就会在接到维修站求救电话的当日派专员赶往事发当地,帮助尽快解决问题。

作为现代家庭的重要成员和不断运动消耗的产品,汽车与人一样需要全方位的保健服务与咨询。为了照料好每位车主的别克车,为他们提供人性化的服务,上海通用汽车在各地授权中心推广别克的"汽车健康中心",以"汽车健康中心"替代传统意义上的维修站。"汽车健康中心"在软、硬件配备和操作规范上严格遵循世界级标准。环境设备严格实行统一标准,除修理车间、业务大厅等"手术"区域外,对顾客休息室、绿化带、停车场也有明确要求。来自美国、德国和意大利的"医疗设备",让客户在宽敞明亮的环境中享受"全球专业维护"的待遇。相对于传统落后的售后服务,"汽车健康中心"提供更趋个性化、专业化、立足长远的服务。其核心内容包括下列五个方面:

第一,快速响应。24 小时响应(维修站 24 小时抢修热线)、2 小时解决方案、配件 24 小时紧急订购、重大抱怨 24 小时到达现场。

对于半途抛锚的用户,最大的希望就是求救电话那头的抢修人员能在第一时间赶到并迅速排除故障。这对于一些经常需要赶夜路的车主来说,尤为重要。对上海通用汽车 ASC 的紧急救援人员来说,每次接到求救电话的 20 分钟内即刻"迅速出动",十个小时之内昼夜兼程,急行军翻山越岭赶到省份边境实施救援那是家常便饭。一次中国汽车网组织的五一网友西部自驾行的活动路过郑州时,他们经历一次郑州众通别克维修站的"快速反应实战演习"。当夜 11 点左右,下着大雨,"自驾行"车队因一辆车的轮胎刺破,在离郑州 100 多公里的地方停下,并且打了救援电话。12点30分，车队人员还在路边的一个铺子里喝茶聊天，维修人员就打来电话，说一路开过来发现停在路边的车队后，已经找到了问题车辆，并且换好轮胎。车队赶忙从铺子里出来，发现所有的维修人员都已经坐上他们开来的抢修车准备返程。

第二，透明化。即维修过程透明化、配件价格透明化。

大多数顾客并不十分了解有关各项车辆保养维修的过程以及费用情况。ASC把一些常规维修工时及配件费用事先告诉他们，维修人员在维修之前还必须准确估价并得到用户的认可。这样，用户心里就会很踏实，可以做到在"汽车健康中心"，明明白白消费。

对于"透明化"，上海通用汽车对各地的别克维修站有九条基本家规：常用配件价格、工时费用贴上墙，配备别克车专用零配件及价格的"百科全书"供顾客随时翻阅，实际发生费用超过顾客确认估算费用的10%，顾客可以拒付超出的部分。各维修站还设立一整套的闭路电视监控网络，让客户在休息区休息、喝茶时，就可以观看到维修车间修理工保养车辆的全过程。

第三，配件价格有竞争力。

上海通用汽车生产的别克中高档轿车、别克GL8、赛欧国产化率达到60%，并且所有零配件采购都达到通用全球的QSTP标准。这不仅有助于别克售后服务的配件供应快速及时，更令旗下各款车的配件价格在各自的细分市场具有相当竞争力。此外，上海通用汽车严格执行单层次配件体系，其ASC的所有别克或赛欧配件都只能从上海通用汽车一条渠道获得，绝对保证了顾客在别克特约售后中心获得的配件的纯正性。

第四，顾客关怀。上海通用汽车所制定的人性化标准服务贯彻到各地的"汽车健康中心"，而各特约维修站根据当地的情况发挥自己的体贴和创意，延伸出各种各样受欢迎的特色服务。

上海通用汽车要求各售后服务中心建立详细的"车主信息档案"。上面记录关于车辆里程、维修保养记录等重要信息；售后服务中心在顾客买车或者维修保养之后要对车主进行电话回访，了解车辆使用状况并更新车辆信息记录。

根据"车主信息档案"，"成都吉翔"别克授权服务中心推出"保养提醒"服务。他们会在用户的车上用不干胶贴上TIPS，提醒客户下次进厂保养的里程数，而且提供维修保养电话预约，节约用户时间。另外，他们还设立车主俱乐部，在会员生日或重要节日，都会致电表示祝贺，并赠送小礼品；或向车辆正在维修的客户提供借车服务，等等。细腻体贴的服务，往往最能打动顾客的心。

第五，免费体验及保修服务。除了上海通用汽车规定的对别克和赛欧实行两年4万公里免费保修之外，公司还会配合不同的季节，按照不同主题为别克和赛欧做

第十六章　强化服务营销

免费检测。这是"汽车健康中心"的职责；向车主提供咨询和定期检测服务，帮助他们更好地使用别克或赛欧车。

▶ **问题**

1. 上海通用汽车的客户服务系统体现了什么样的经营理念？
2. 上海通用汽车公司采用了哪些服务营销组合策略？
3. 上海通用汽车公司的成功给我们什么启示？

第十七章

发展网络营销

❖ 本章学习目标

阅读和学习完本章后,你应该能够:
◇ 知道网络营销能够做什么
◇ 能够判断什么样的商品在网上销售能取得好的效果
◇ 了解网络营销中常见的定价和配送渠道选择的方法
◇ 知道网络营销中常用的促销方法
◇ 知道如何通过第三方营销网站快速建立自己的网上专卖店

开篇案例

小陈是一个典型家族企业的第二代,他家经营一家轴承公司,小陈大学一毕业就介入了公司的销售业务。2002年底,那时小陈刚毕业不久,看到阿里巴巴开通了"诚信通"业务,这是一个为买卖双方搭桥的网络平台,并且通过较严格的注册审查使注册者的诚信度达到一定的程度,从而消除交易双方的相互怀疑而降低交易风险和成本。他认为这种新的网络营销模式潜力很大,于是萌生了通过"诚信通"开展网络营销的想法。然而这一想法却遭到了父亲和哥哥的反对,因为他们觉得网络过于虚幻,不相信能结出看得见的果实,对小陈一分钱也不支持。但注册成为"诚信通"的会员却需要2 300元的注册费,小陈无奈只好自己出钱注册成为"诚

第十七章 发展网络营销

信通"的会员，为此还借了同学的钱。

在成为"诚信通"会员后的一年中，几乎没有在阿里巴巴网站上得到什么业务，连询盘都很少，这更加印证了他父亲和哥哥的看法。但小陈并没有灰心，他仔细检查了一下，在阿里巴巴注册的机械类企业达一万多家，他很奇怪，怎么会没有人来订购轴承呢？经过反省，他认识到过去的一年中，自己只是坐等网上客户上门，而对一个新注册的商户来说，仅仅被动等待是不行的。因此他开始主动出击，在阿里巴巴网站上搜索有关轴承的求购信息，找到后就向采购者发 E-mail、打电话、发传真，积极宣传推广自己的轴承。

这一招果然奏效，逐渐有人开始向他询盘和下订单，而且越来越多，以至一个人已应接不暇了。这时他招聘了几个大学生，分成三组，一组负责在阿里巴巴网站上搜索有可能购买轴承的企业，主动与他们接洽；另一组负责与有购买意向的客户进行深入沟通，谈业务、接订单；第三组则负责安排订单的生产任务。这样做的结果不但在网上找到了新客户，而且许多网上的新客户又带来了网下的新客户，客户群像滚雪球一样越滚越大。

随着业务量的增加，小陈的父亲和哥哥终于认识到，网络营销确实能有效地降低销售成本、扩展销售渠道和扩大客户群，于是在企业中正式设立了网络营销部，人员也扩大了。2004 年通过阿里巴巴的"诚信通"产生的销售额达到一千多万元，而且八成以上的订单都是客户主动上门的。

一、网络营销能做什么

从以上的例子中可以看出，网络给传统的企业带来了巨大的商机，特别是对中、小企业来说，网络营销为中小企业提供了能够以较低的成本进入广大市场的机会。那么网络营销到底是什么，网络营销能做些什么，应该怎样去实现网络营销，本章将会对这些问题作简单的介绍，使读者能有一个初步的了解，对想开展网络营销的中小企业来说，也可以起到一个入门的作用。

网络营销从本质上说是营销，网络只不过是手段，从这一点说，传统营销能做什么，网络营销也可以做什么。但网络营销的主要信息传播媒介是数字化网络，所以有了传统营销所不具备的特点，如信息传播的速度、广泛性、信息处理的即时性和准确性等方面都是传统营销所不能比拟的，另一方面因为信息传播双方一般不见面，甚至传播过程中双方并不同时在场，在信息的传播上没有面对面的沟通，所以沟通的深入程度、人情味等会不足。这些特点决定了网络营销能做什么和做到何种程度，总体来说网络营销目前还处于实践的累积阶段，还难以通过归纳抽象，做出能为大家公认的结论或一般原则。但无论如何，网络营销的普及一天比一天广这一事实却是无可争辩的。

（一）网上销售

这是最常见的网络营销活动，也是最主要的网络营销活动，但网络营销并不仅仅是建一个销售网站，并在网站上卖东西，除此之外还有其他的网上销售方式。

图 17-1

第十七章　发展网络营销

1. 网上商店。即建设一个网站，在网站上发布所销售商品的目录，让顾客在网上浏览、选择、下订单，并可在网上完成付款。这是一种常见的网络销售方式，如图 17-1 中三联的 shop365 网站就是这样的例子。在网上商店中，商品是分类组织的，在图 17-1 中就分为"IT 及外设"、"通讯设备"、"办公设备"等。点击某一商品的图片或名称可查看商品详细说明，点击"购买"可放入购物车中，然后点击购物车中的"去收银台"完成支付，最后就可以等着接收所购买的商品了。

建设一个既方便顾客又安全可靠的网上商店，并保持正常的运营状态也不是很容易的，商品种类越多，经营范围越大，付款方式越多，难度也越大。但建成后的优点也很多，各种营销活动都可依托网上商店进行，十分方便。所以此种形式适合于有一定实力的商家，对中小企业来说特别是对小企业来说并不是十分理想的。

2. 通过第三方网站开展网络营销。所谓第三方网站是指买方和卖方之外的第三方所建的网站，在这类网站中为买卖双方进行信息交换提供了一个平台。有些中小企业可以通过第三方网站开展销售活动，但销售活动多是间接的，即通过第三方网站获得客户需求信息，真正的销售可以脱离第三方网站由买卖双方直接进行。如阿里巴巴网站（www.alibaba.com）就是这样一个企业和企业之间的交易平台，企业可以发布商品供求信息，以阿里巴巴网站为媒介使供需双方匹配，开篇案例中的小陈就是通过阿里巴巴开展网络营销的。还有一些所谓网上商城的第三方网站，让有意在网上销售者入驻商城，形象的说法叫租用柜台或开设专卖店，然后把商品目录上传上去，并做必要设置。而且多数网上商城还可代理完成网上接收顾客付款的业务。如新浪商城（mall.sina.com）、e 国商城（www.eguo.com）、6688（www.6688.com）都是这样的网上商城。这类第三方网站是面向最终消费者的，或称企业对顾客的网站，也简称为 B2C。

这种做法比较简单，只需在第三方网站上注册成为会员即可利用其所提供的手段和资源开展销售活动，适用于实力不强的中小企业甚至个体经营者。由于网上的供需信息量很大，所以也非常适合在第三方网站上寻找潜在客户。

3. 电子邮件销售。向潜在顾客发送电子邮件，向其传播销售商品的目录及促销信息等，以达到销售的目的。在邮件中含有可直接点击的超链接或联系电话、邮箱等，方便顾客完成购买。这种方式的关键是要有一份潜在顾客邮箱列表，既要知道邮件发给谁，还要知道邮件接收者是否是潜在顾客，否则效果不佳。操作不当会被当作垃圾邮件而遭封杀，所以要慎用。这种方式犹如电话直销或上门推销，但成本会大大降低，对个体经营者和中小企业都十分合算。

(二）网络广告宣传

企业的广告宣传是非常重要的促销手段，对树立企业和品牌的形象是十分重要的，但广告需要很大投入，且每种广告面向的宣传对象又不同，面对日益增加的上网者，网络广告自然成了企业青睐的宣传手段。网上广告也有多种类型，最多的是网站上发布的广告。

1. 在网站上发布的广告。常见的在网站上发布的广告有：图标广告，见图17-2。旗帜广告，见图17-3。二者的区别主要在尺寸大小上，旗帜广告更宽更扁，容纳的内容也更多。其他在网站发布的广告还有文字广告，如同报纸上的分类广告，仅有一行或几行文字作简要的说明和联系方式，但可以通过鼠标点击而引出更详细的内容。还有主页型的广告，占据一个完整的屏幕，有时这样的广告持续一定时间后会自动隐去。弹出式广告，打开一个网页时自动打开一个窗口，在窗口内显示广告而不干扰主窗口的内容。

图 17-2

图 17-3

现今在这类广告中，大部分都采用走马灯式的变换图像或 Flash 动画形象，有的还会发声，也有的使用更加精美的视频录像。但一般来说，广告越精美，所需要的数据量也越大，因此打开也会越慢，从而会让上网者感到不耐烦，所以应该在广告的精美程度和打开时间方面加以平衡。

2. 通过邮件发送的广告。这与通过邮件发布销售信息很相似，事先需收集邮

第十七章　发展网络营销

箱列表，把广告信息制成邮件发送。邮件广告可以是文字式，也可是更美观的网页式。邮件广告中也含有指向广告主网页的超链接，只要收信人点击一下就可直达广告主的网页，以发现更多信息。其好处和缺点与通过邮件进行销售类似，可以做到一对一的宣传，但弄不好会被认为是垃圾邮件。

3. 在数字期刊上发布的广告。把广告夹带在一些数字期刊中，随数字期刊发出，这与夹在报纸杂志中的广告是相似的，但目前数字期刊还不甚普及，所以这类广告目前也不多。

还有一些其他的网络广告，如桌面媒体广告、公告栏广告、搜索引擎广告等，这里就不再一一介绍了。

网络广告总的优点是费用低，传播区域广，制作和修改方便，也有一定的生动性，比报纸杂志上的平面广告要强。而且广告信息传送是互动的，广告受众可通过点击鼠标有选择的观看，这样做的好处是可以向感兴趣者提供大量翔实而图文并茂的信息，对无兴趣者又没有太大的骚扰。但最大的不足是覆盖的受众群体不全面，对不上网的人毫无作用。

（三）网络市场调研

利用网络的覆盖范围广和快捷的特点，可以大大缩短调研的时间，并降低调研成本。

1. 网上问卷调查。把调研中的问卷制作成网页，向网站的访问者开放，让有兴趣的访问者填写，也可以制作成邮件，向事先选定的邮箱中发送。这种调研会大大节省费用，而且若在问卷收集过程中发现问卷设计上的不当之处，可以随时修改。

2. 网上二手资料的搜索。互联网上有大量二手资料，在调研时可充分利用，常见的网上二手资料获取有两种渠道。一种是用雅虎、百度、搜狐等搜索工具，通过关键词搜索。在这种方法中，除了熟练使用搜索工具外，对关键词的精选是很重要的，若关键词过于宽泛，会选出大量无关的信息，而词义过窄则会漏掉有价值的信息。另一种获取二手资料的渠道是使用网上的专业数据库，所谓专业数据库是有些公司收集了大量的专业资料和数据，给互联网的访问者提供数据查询的服务，但这种查询服务是有偿的，一般需要付费才能获得。

（四）提供网上的信息咨询和服务

在销售之前可以通过网络向潜在顾客提供自己商品的有关信息，例如商品类型、规格、性能、技术参数、商品的使用保养知识等，帮助顾客理性挑选商品。顾客在哪一家商店挑选商品时感觉自信心强，就可能在该商店购买商品，而在购买后的使用中越满意则越可能再次购买。销售之后可通过网络提供必要的技术支持和售后服务，这会提高售后服务便捷性并降低服务成本，许多网站会提供操作手册和常见故障的处理方法。

（五）加强客户关系管理

在网上记录每位顾客购买商品的种类、数量、所提出的服务请求等，长期积累后用软件分析，找出每位顾客的需求特点，然后根据其特点提供有针对性的服务，会使顾客更满意，从而成为长期顾客。网上顾客的会员账号、姓名、联系方式、送货地址、购买了何种商品等都在订单上，其他如退货率、投诉率、购买周期等也很容易由计算机自动统计。当同一位顾客再次光临时，就能识别出来，从而针对其购买特点推荐他喜欢的商品或服务。

二、怎样做网络营销

在第一部分中介绍了许多网络营销可以做而且会做得比传统营销更好的事情，接下来就是怎样做的问题。但无法详细介绍每一件事情，一是篇幅所限，二是目前很难总结出行之有效的方法，只能提出一些原则，参考这些原则，成功的可能性会大一些，并不排除其他方法的有效性，读者也会创造出一些新颖而有效的方法，这也是新生事物的魅力之所在。

（一）如何选择在网上销售的产品

鉴于网络信息传播特点及商品配送难易程度，与传统销售相比有些产品在网上销售可能效果不很好，有的产品效果会更好。判断产品是否适宜网上销售时可参考以下原则。

1. 网上销售商品的消费群体中上网者众多。若一种商品的消费者大多不上网，网上销售必定不好，所以商品消费群体中上网者越多，该商品在网上销售的效果也会越好。一般而言，比较时尚和流行的商品，其消费者也会是经常上网的人，也更可能在网上获得好的销售效果，例如书籍、光盘等。

2. 消费者可以根据网上信息做出购买决定的商品。有些价值比较高的商品，者有些单纯靠文字和图形介绍难以做出评价，必须亲身体验或观察实物才能判断是否满意的商品，在网上销售难以获得较好的效果，因为顾客很难仅凭网上提供的信息就能做出购买决定，当然销售效果也不会好。

3. 便于配送的商品。因为送货是否及时，在送货过程中商品是否会受到损坏都是顾客很关心的问题，所以不方便送货或在送货过程中易受损的商品是不适合在网上销售的。

4. 商品标准化程度高，性能稳定，对配套设施要求不高的商品。标准化程度高、性能稳定并对配套设施要求不高的商品，顾客买回家即可使用，或仅需少量的帮助即可使用，使用过程中不大会涉及太多的其他设施，因此顾客一般可以自行解决购买后的安装操作等问题，不需过多的培训和指导。

（二）网上销售商品的定价

1. 低于网下销售价格。网上销售可以减少批发商或代理商等的中间流通环节，甚至可以实现直销，因此会节省可观的流通和经营费用，把所节省费用让利给顾客自然是吸引顾客的好办法。

2. 与网下销售价格相等。这样做的目的一般是避免冲击网下销售和自相竞争。当网上销售无法完全取代网下销售时，盲目地使网上价格低于网下价格，自然会干扰网下的正常销售，特别是当总销售量不能扩大时，会造成自相竞争压价的情况。所以在这种情况下应该与网下售价相同。

3. 按产品定制进行个性化定价。针对特定顾客的特定要求而专门制造符合该顾客要求的商品叫产品定制，按照不同的定制情况制定不同的价格，就是一种个性化定价，就像裁缝量体裁衣一样。

4. 差别定价。对不同类型的消费者、不同购买时间的购买者、不同地域的购买者给出不同的价格就是差别定价。例如会员价和非会员价、按不同购买金额给以不同的折扣等。

（三）商品配送渠道的选择

商品送货是很关键的一环，也是影响企业在网上形象的重要因素，因此在选择送货渠道时应该十分慎重。常见的送货渠道选择方式如下：

1. 自建配送渠道。所有送货的问题都由自己解决。自建配送渠道应有以下几个条件之一：（1）网上销售的地域范围较小，如在本市之内，送货成本不高；（2）网上销售顾客数量不多，但每一顾客的购买量较大，主要是企业之间的交易；（3）顾客集中，也可降低送货的成本；（4）自建配送渠道也要求企业规模较大，或送货量较大，不会使所建立的配送系统负荷率过低。

2. 多家企业以会员制形式联合建立配送系统。这一般是在多家企业的商品可以混合配送的情况下才可以，通常所建立的配送系统独立运营，多家企业只是出资方，配送系统本身也有盈利。原因多半是一家企业的送货量较少，规模效应不足，而几家企业的联合则有足够的送货量使规模效应得以充分发挥。

3. 使用第三方物流企业。越来越多的企业将会倾向选择第三方物流企业作为送货的渠道。因为专业物流企业专业化程度高，送货规模大，送货成本分摊到单位货物上就小了。因此这样的企业有条件建立覆盖范围大的配送网络，通过优化，送货效率也会很高，如世界著名的 UPS 公司。

（四）网上促销活动

网上促销有多种目的：（1）发布促销信息活动的信息；（2）说服消费者相信促销活动对消费者有好处；（3）收集消费者的反馈信息；（4）引发消费者的购买欲望，创造新的需求；（5）维持原有的客户，保持销售量稳定。网上促销形式与传统促销没有大的差别，只不过是充分利用了互联网这一信息传播的媒介罢了。常见的促销形式如下所述。

1. 广告促销。通过网络广告，达到销售促进的目的。网络广告有各种形式，已在第一部分中介绍过了，这里不再赘述，只是要强调促销广告要直接面向某一商品而进行销售方面的宣传。

2. 网络销售促进。这是直接在销售网站上进行的促销活动。具体地讲又可以有以下形式：有奖促销、网上赠品促销、网上优惠促销、电子邮件促销等方式。

3. 网站推广。这是指通过网站推广提高网站知名度和对网上营销商品的了解，吸引更多的人访问自己的网站，自然网站上销售量也会增加。

4. 网上公共关系活动。以互联网为中介与客户沟通，吸引用户与企业保持良好关系，提升顾客忠诚度，塑造良好的企业形象，达到促销目的。

（五）网络营销与传统营销的结合

多数企业不会完全转到网络营销，总还有传统营销活动，所以使网络营销与传统营销相结合是很重要的。在结合时要注意对传统营销的业务流程进行改造，或称业务流程重组，而不要仅仅机械地把手工操作改成计算机网络操作。因为有些传统营销业务流程在设计时并没有考虑互联网信息的传播特点，而是考虑如何适应人的

第十七章　发展网络营销

信息处理能力，因此机械地改为计算机网络操作，不能充分发挥网络营销的优势，弄得不好也许还会造成混乱。

三、通过第三方网站建立网上专卖店

通过第三方网站建立网上专卖店是技术力量不足的中小企业首选的方式。下面说明如何在 6688 网上商城中建立网上专卖店。6688 提供了两种建店工具，一是供个体户使用的网上个人柜台，二是供企业使用的 E 点通网上专卖店。下面介绍 E 点通的建店应用。

（一）建立网上专卖店的步骤

1. 获得建立专卖店的软件。首先要登录 www.6688.com 的主页，如图 17-4，下载建站工具软件。

图 17-4

如果还不是会员，点击顶部的"帮助"（在图 17-4 中注明）会显示帮助网页，再点击帮助网页顶部的"注册"显示注册网页，填写购买者个人数据，点击右下角的"确认"完成注册。注册完成后再回到主页，点击图 17-4 中注明的

"用 E 点通建立独立网站",接着在下一个网页中有三种选择:购买光盘;下载安装工具,在线购买序列号;联系业务专员或代理。这里以下载安装工具为例说明。直接点击"下载安装工具,在线购买序列号"然后找到"方式二",见图 17-5。点击图中标明的下载建站工具的超链接即可下载。点击图中下部标明"购买"的按钮,会出现购物车的页面,点击其中的"收银台",这时要输入前面注册的会员账户名和口令,选择付款方式并点击"下一步",再选择送货方式,可选择"E-mail——发送",如果需要发票也同时在"需要发票"处打勾,点击"下一步",进入最后确认网页,检查无误后点击标明"就这么定了"的按钮,完成购买。购买完成后,序列号以电子邮件的方式发到注册会员时所填写的邮箱中,可到邮箱中查看。

图 17-5

2. 安装建站工具软件。下载的建站工具软件解压缩后有两个文件,一个是"6688E 点通安装程序.EXE",另一个是"msxml3.msi",用鼠标双击"6688E 点通安装程序.EXE"即可启动安装程序,然后按照安装程序的提示,可很容易的完成安装。

3. 建立网上专卖店。安装完成后会在桌面上建立一个快捷方式,其图标如图 17-6,另外也可在开始菜单栏中找到,如图 17-7。可以通过这两种方式启动建站工具"6688E 点通"。

第十七章　发展网络营销

图 17-6　　　　　　　　图 17-7

启动时计算机必须已经联接互联网，否则会有提示，且不能正常工作。首次使用时必须输入所购买的序列号及校验码，输入后点击"确定"按钮。出现如图 17-8 的对话框。若使用 6688 所提供的二级域名，即网站名第一部分自己命名，后半部分自动以 6688.com 补充，应选择"使用免费的 6688 二级域名请输入："并输入自己的专卖店名，如 abc，则网站名为：abc.6688.com，在空白处只需填 abc 即可。若 abc 这一名称已被他人占用时，系统会给出提示，应该另选一个。若已经申请了独立域名，应选择"其他域名"，并在第二个空白处填上所申请的域名，并且通知发放域名的服务商把自己的域名指向 203.81.25.162。

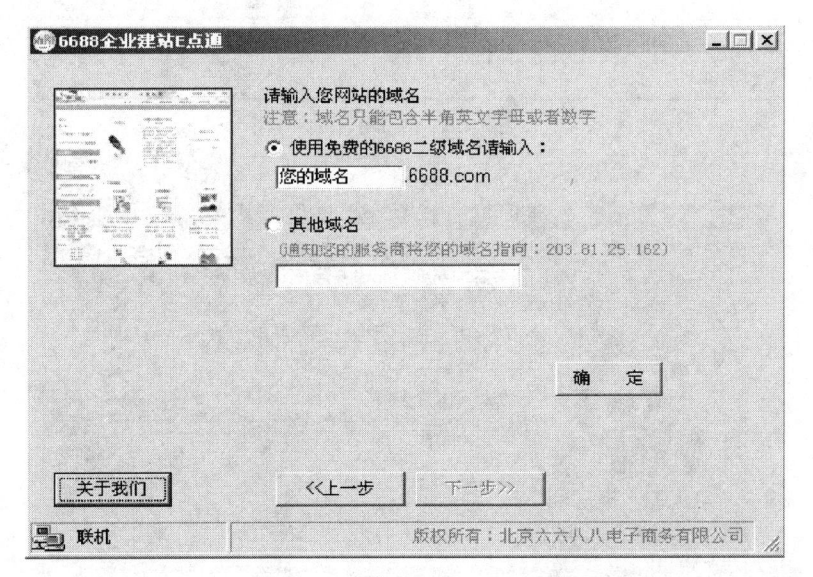

图 17-8

这一切完成后，点击"确定"。即会出现如图 17-9 所示的对话框，按提示输入必需的内容。输入后点击"确定"进入下一步。下一个对话框中仅有的操作是点击"马上开通"按钮，点击之后即可建立初始的专卖店的网站，同时出现如图 17-10 的对话框。在对话框中通知建店者站点将在 5 分钟内开通，初始用户名 admin，初始密码为 topbiz，以及激活码。激活码必须永久保存，今后 6688 在提供售后技术支持服务或者更改自己网站域名时要用到激活码。初始用户名和初始密码必须在首次登录后修改。最后点击"结束"按钮，初始网站就已经建立了。

图 17-9

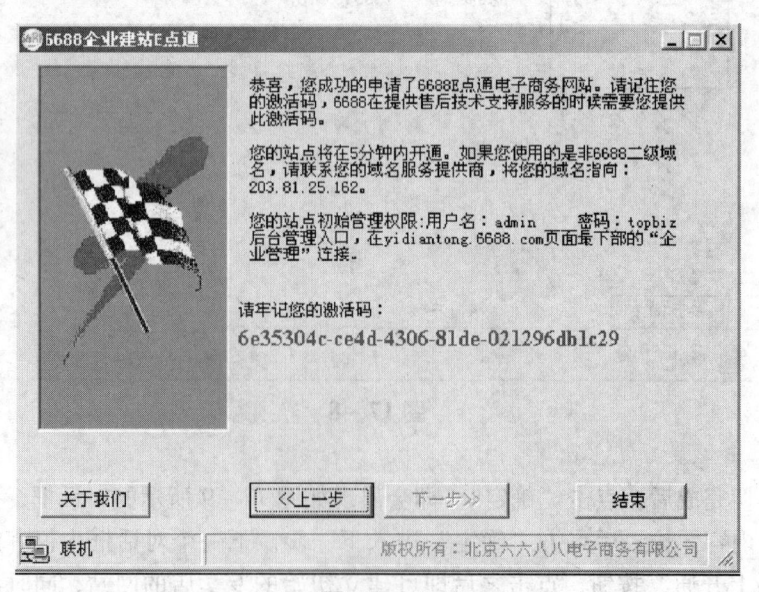

图 17-10

第十七章　发展网络营销

在浏览器地址栏中输入建站时的域名,如上例中 abc.6688.com,可进入已建立的专卖店网站,但只能看到空白的框架。若注册 20 分钟后仍无法打开新注册的网站时,需先断开网络再重新上网。

4. 修改用户名和登录密码。 建立网站后应立即修改初始用户名和登录密码,才能保证安全。可直接在图 17-4 中点击上部的"卖家登录",在显示的网页右侧会有图 17-11 的登录提示,输入初始用户名及密码即可登录。登录后页面如图 17-12 所示,点击左边"系统管理"下的"更改密码"出现右侧的更改提示,按提示输入后点击"提交"按钮即可更改。

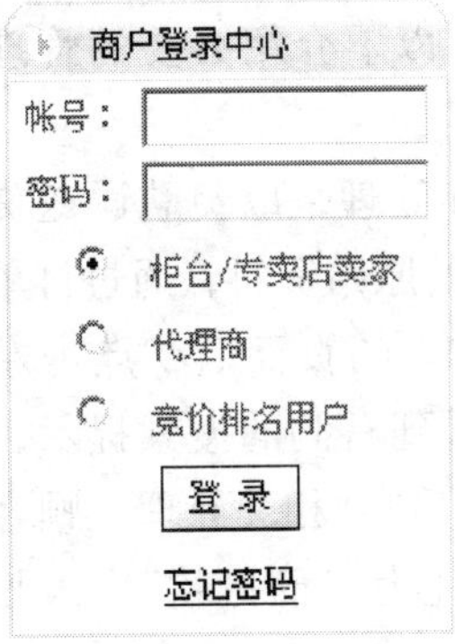

图 17-11 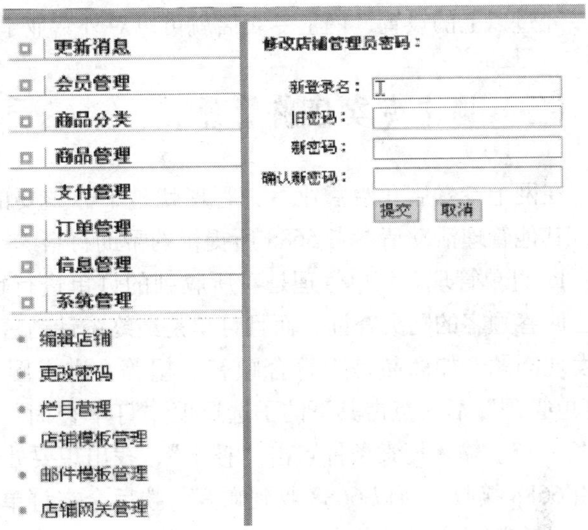　　　　　　图 17-12

5. 输入其他专卖店的其他数据。

(1) 在图 17-12 中"系统管理"下的"栏目管理"中设置自己专卖店网页的各种栏目。

(2) 在"店铺模板管理"中从 6688 为建店者预备的专卖店网页样式模板中选择自己所喜欢的样式。

(3) 在"编辑店铺"中输入自己店铺的信息。

(4) 在左边点击"商品分类"设置自己专卖店中商品的类型,要注意与 6688 所预定的商品分类一致。

(5) 点击左边的"商品管理",再点击"添加商品",输入要在网上销售的商品,输入商品后点击"商品管理"下的"普通商品库存管理",输入普通商品库存量,点击"数字卡库存管理"输入数字卡库存量。还可以点击"推荐商品"设置哪些是新上架商品，哪些是主推商品，哪些是特价商品，还可观察本店商品销售排行。

（6）点击左边"支付管理"设置支付方式及邮局汇款地址，银行转账账号等信息。

（7）同样在"支付管理"下设置送货方式。

（8）为快速生成回复顾客的邮件，可点击左侧"系统管理"中的"邮件模板管理"，这里有发给顾客的"注册成功"、"订单成功"、"找回密码"、"订单取消"、"订单退款"、"订单发货"和"订单收款"的邮件模板，以后系统可自动生成这类邮件。

经过以上的设置，网上专卖店就可以对外营业了。

（二）网上专卖店的管理

在网上专卖店开始营业后，管理就是十分重要的了。以下介绍必要的管理操作，其他管理活动请参考6688所提供的帮助材料。

1. 订单管理。订单管理是对所收到的订单进行审核和处理，以免耽误送货和无法回答顾客的购买查询，而且订单是最终统计销售业绩的原始资料，通过订单也会发现问题，如商品是否符合顾客期望等。进入图17-12的页面后，点击左侧"订单管理"后再点击其下的子选择项"订单查询"，会看到右侧的搜索提示，见图17-13。输入搜索条件点击"搜索"，找出想要处理的订单做相关处理。顾客付款由6688接收，所以6688收到顾客付款后会在订单上标注为"已付款"，未收到顾客付款其标注是"未付款"。所以作为专卖店的管理者，只处理标注为"已付款"的订单即可。订单处理有以下几种情况：

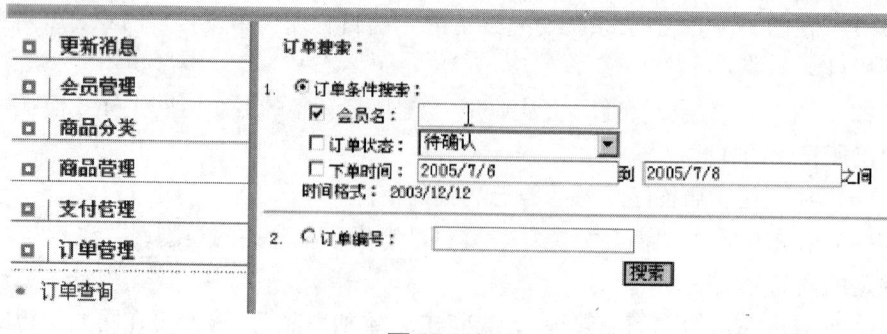

图 17-13

第十七章　发展网络营销

（1）订单审核。未审核的订单其状态被标注为"待确认"，而审核是看订单是否合乎要求，所订购的商品是否有货等，如果没有问题可以直接点击订单底部的"审核通过"，订单状态会被标注为"已确认"。如果订单不合要求或无法满足，应点击底部的"作废"使订单作废，订单状态被标注为"作废订单"。

（2）对审核过的订单的处理。对"已确认"的订单，点击底部的"发货"按钮可以将订单状态设置为"已发货"，当然此时必须伴随实际的物理发货。而对审核未通过而已收款的订单应点击底部的"退款"按钮将款退回给顾客，实际退款操作由6688完成。

（3）对已发货和已收款订单的处理。这是已经处理完毕的订单，为防止被错误修改，应点击底部的"冻结"按钮，将订单状态设置为"已冻结"。

2. 会员管理。点击图17-13中左侧的"会员管理"可以随时添加会员，对会员的级别，会员应享受的折扣率进行修改。

3. 商品管理。与（一）中第5步——输入其他专卖店数据相同，随时更新商品种类、商品库存、商品的不同状态（如新上架商品、推荐商品、特价商品等），还可查看销售排行。

4. 信息管理。在图17-12中点击左边的"信息管理"可以查看顾客对商品的评论，并可做出答复；可以在自己的专卖店网页中发布新闻，可以增加、修改或删除友情链接，可以提交广告文字和图片，可以增加帮助信息以方便顾客购物，还可以查看本专卖店的上网流量。

E点通还提供了一些其他的很有用的管理功能，如用户自定义网站首页（封面）的功能，网站管理员可自行设计并上传FLASH、图片或HTML格式的页面作为网站首页。这里就不一一介绍了。建立专卖店的学习更多的应该从实践中学习，这里只是一个入门，而且只是针对6688而介绍的，但其他的也是大同小异，只要耐心实践是不难掌握的。

● 本章小结 ●

本章主要介绍了开展网络营销的一些初步知识，大致从三个方面作了简单的介绍。

1. 网络营销能做些什么，企业可以考虑从哪些方面介入网络营销。这主要包括网上销售、网络广告宣传、网上调研、网上信息咨询和服务以及通过网络加强客户关系管理。

2. 如何做网络营销的问题。主要有：选择适合网上销售商品的原则，网上定价策略选择，配送渠道选择，主要的网上促销措施，网络营销与传统营销结合的问题。

3. 介绍了如何利用第三方网站开展网络营销，具体是以 6688 网站的 E 点通为例，说明了在第三方的网上商城中开设自己专卖店的过程，以及建立专卖店后的经营管理的操作过程，这对在其他第三方网站上开展网络营销会有一定的借鉴和启发作用。

▶ 思考题

1. 网上销售有几种方式？各适用于何种条件？
2. 除了网上销售外，网络营销还可为企业做哪些营销活动？
3. 试分析图书、家具、花卉是否适合在网上营销？其理由是什么？
4. 针对本章开篇案例的情况，请回答下列问题。
（1）你认为该案例中的网上销售应采用何种定价策略？其理由是什么？
（2）你认为应选择何种商品配送渠道？并请说明理由。
（3）你认为可以采取哪些网络促销的活动？你所选择的促销活动与传统的网下促销活动相比有何优势？
5. 请根据自己的经历或资料文献描述一个网络营销与传统营销相结合的例子。
6. 请登录 6688 网站，熟悉其建站的步骤。如有条件可创建一个网上专卖店或网上柜台，亲身体验一下网络营销。

▶ 案例应用

Stormhoek 是英国的一家小葡萄酒厂家，其产品是 "freshness matters" 牌葡萄酒。"新西兰有最好的酿造白葡萄酒的技术，但南非的葡萄比较好"，而 Stormhoek 的葡萄酒据称就是这两者的结合。该厂家的葡萄酒在英国许多大小商场均有销售，但由于企业规模小，没多少钱，Stormhoek 没有在英国投放任何广告。然而 Stormhoek 对互联网上所流行的博客却很重视，其网站就是一个博客的聚集。Stormhoek 在尝试新的营销方式，想通过与博客们的互动来影响公司内部的交流、公司的文化，进而影响公司的销售。最近他们做了一个小试验。

Stormhoek 给博客们送出了大约 100 瓶葡萄酒。只要博客满足以下两个条件：

1. 住在英国、爱尔兰或法国，此前至少三个月内一直写博。读者多少不限，可以少到 3 个，但必须是真正的博客。
2. 已到了法定的饮酒年龄。

然后给 Stormhoek 发一封邮件，在邮件题目上注明 "Blogger's Wine Freebie 2345"，附上自己的博客地址，及自己的真实姓名和接收地址，就可收到一瓶

第十七章　发展网络营销

Stormhoek 生产的葡萄酒。但并不要求接收这瓶葡萄酒的人在自己的博客中为 Stormhoek 作宣传，可以说 Stormhoek 的好话，也可以说 Stormhoek 的坏话，也可保持沉默不作任何评论。

试验的结果据 Stormhoek 目标，送酒前在 google 上以关键词"Stormhoek"进行搜索只得到 500 条资料，而两个月后再搜索却找到了 20 000 余条资料。在这两个月中，他们自己估计有 30 万人通过博客之间的互动开始知道这家公司。

这项活动产生的滞后效应还很难具体估量，但 Stormhoek 自己统计，在不到 12 个月的时间里，葡萄酒销量翻了一番。

这一试验给营销者的启发是：

第一，在传统的市场营销和广告模式中，我出钱满大街告诉你，瞧，这是我的产品，这就是你要的东西。而在博客营销中则是，嘿，这是你我都感兴趣的东西，我们一起来关注它，谈论它吧！

第二，网络并不专属于数码产品及相关产品，传统行业也大有用武之地。

第三，手头紧的小公司可以善用博客，而且应该善用博客，因为费用很低，像 Stormhoek 的营销成本只相当于 100 瓶自己生产的葡萄酒。

第四，传统市场营销和广告的目标直接指向销售，在博客营销中，销售不是直接目标，但可能最终会受到影响。

▶ 问题

1. 这一试验是在英国做的，在我国会有同样的效果吗？不管回答"是"或"否"都请说明理由。
2. 如果你是 Stormhoek 的营销者，接下来你会采取什么措施？
3. 如果你是一家传统企业的营销者，你想做类似的试验吗？你打算怎样做？
4. 请对上一试验所总结的四点启发给出你的评论。

参 考 文 献

1. ［美］杰拉尔德·L·曼宁：《当代推销学——建立质量伙伴关系》，电子工业出版社2002年版。
2. 苏比哈什·C·贾殷（Subhash C. Jain），吕一林、雷丽华主译：《国际市场营销》（第六版），中国人民大学出版社2004年版。
3. ［美］菲利普·R·凯特奥拉（Philip R. Cateora）、约翰·L·格雷厄姆（John L. Graham），周祖城、赵银得、张璘译：《国际市场营销学》，机械工业出版社2005年版。
4. ［英］罗杰·贝内特、吉姆·布莱斯，刘勃译：《国际营销》，华夏出版社2005年版。
5. 徐剑明：《国际营销实务与案例》，机械工业出版社2004年版。
6. ［美］Warren J. Keegan［M］，《全球营销管理》（第七版），清华大学出版社2004年版。
7. ［德］赫尔曼·西蒙：《隐形冠军》，经济日报出版社2005年版。
8. Philip Kotler, Marketing Management Analysis, Planning, Implementation & control sixth Edition, prentice-hall Inc, 1997.
9. 陈启杰：《市场调研与预测（第二版）》，上海财经大学出版社2004年版。
10. 陈祝平、陆定光：《服务营销管理》，电子工业出版社2002年版。
11. 戴维·W·克雷文斯、奈杰尔·F·皮尔西：《战略营销》，机械工业出版社2004年版。
12. 菲利浦·科特勒、托马斯·海斯、保罗·N·布卢姆：《专业服务营销》，中信出版社2003年版。
13. 菲利浦·科特勒，梅汝和、梅清豪、周安柱译：《营销管理》，中国人民大学出版社2001年版。
14. 菲利浦·科特勒：《营销管理》，上海人民出版社2003年版。
15. ［美］菲利浦·科特勒等著，郭国庆等译：《营销管理》，中国人民大学出版社1997年版。

参考文献

16. [美] 菲利浦·科特勒等著，何永祺等译：《营销管理》，科学技术文献出版社1991年版。
17. [美] 菲利浦·科特勒著，梅汝和等译：《营销管理》，上海人民出版社1990年版。
18. [美] 菲利浦·科特勒著，梅汝和等译：《营销管理》，上海人民出版社1997年版。
19. [美] 菲利普·科特勒著，梅汝和等译：《营销管理》，上海人民出版社1999年版。
20. 甘碧群等编著：《市场学通论》，武汉大学出版社1987年版。
21. 郭国庆：《市场营销学（第三版）》，中国人民大学出版社2005年版。
22. 郭国庆编著：《市场营销学》，武汉大学出版社2004年版。
23. 郭国庆编著：《市场营销学通论》，中国人民大学出版社2003年版。
24. 郭国庆等主编：《市场营销新论》，中国经济出版社1997年版。
25. 国家统计局编：《中国统计年鉴（2000）》，中国统计出版社2000年版。
26. 何志毅主编：《战略管理案例》，北京大学出版社2001年版。
27. 胡正明主编：《市场营销管理》，山东人民出版社1997年版。
28. 晁钢令：《市场营销学》，上海财经出版社2003年版。
29. 纪宝成：《市场营销学教程》，中国人民大学出版社1989年版。
30. 邝鸿主编：《现代市场学》，中国人民大学出版社1989年版。
31. 邝鸿、郭国庆编著：《市场学原理》，中国展望出版社1989年版。
32. 邝鸿编著：《市场学概论》，中央广播电视大学出版社1987年版。
33. 中国市场总监业务资格培训考试指定教材编委会编著：《市场营销学原理》，电子工业出版社2000年版。
34. 刘利兰：《市场调查与预测》，经济科学出版社2001年版。
35. 刘向晖：《网络营销导论》，清华大学出版社2005年版。
36. 卢国志、刘忠诚：《新编电子商务概论》，北京大学出版社2005年版。
37. 卢泰宏：《营销在中国》，广州出版社2001年版。
38. 陆少俐编著：《市场营销学》，企业管理出版社2001年版。
39. 吕一林编：《现代市场营销学》，清华大学出版社2000年版。
40. 罗国民等著：《绿色营销》，经济科学出版社1997年版。
41. 罗真等编著：《销售学原理与应用》，中国财政经济出版社1982年版。
42. 迈克尔·波特：《竞争优势》，华夏出版社2001年版。
43. [美] 迈克尔·波特著，陈小悦译：《竞争优势》，华夏出版社1997年版。
44. [美] 迈克尔·波特著，陈小悦译：《竞争战略》，华夏出版社1997年版。

45. 梅清豪编著：《21世纪新营销》，上海世界图书出版公司出版社2000年版。
46. 彭星闾等主编：《市场营销学》，中国财政经济出版社2000年版。
47. 沈根荣等编著：《绿色营销管理》，复旦大学出版社1998年版。
48. 唐·E·舒尔茨：《整合行销传播》，中国物价出版社2000年版。
49. 万后芬等主编：《市场营销学教程》，高等教育出版社2000年版。
50. 王方华：《市场营销学》，上海人民出版社2003年版。
51. 吴建安主编：《市场营销学》，高等教育出版社2000年版。
52. 吴建安：《实用推销学》，中国商业出版社1997年版。
53. 吴健安：《市场营销学（修订版）》，安徽人民出版社2002年版。
54. 吴健安编著：《市场营销学（第二版）》，高等教育出版社2004年版。
55. 吴健安等：《现代推销学》，东北财经大学出版社2000年版。
56. 吴健安等编著：《市场营销学》，高等教育出版社2000年版。
57. 吴之为：《现代推销学——理论·实务·案例》，首都经济贸易大学出版社1999年版。
58. 易开刚：《现代推销学》，上海财经大学出版社2004年版。
59. 张平茂等编著：《网络营销》，河北人民出版社2001年版。
60. 朱品峰：《银行营销100》，海天出版社2003年版。
61. 陈红华：《超市促销的问题透析》，载《商场现代化》2003年第7期。
62. 王旗、李伟：《从消费者行为分析角度探寻明星广告的成功因素》，载《企业经济》2003年第2期。
63. 王敏：《促销策略的新变化》，载《经济论坛》2003年第8期。
64. 荀启吸：《关于增强广告效果的思考》，载《重庆工学院学报》2002年第1期。
65. 高定基：《联合促销；商战中的双赢战车》，载《经营与管理》2003年第3期。
66. 张军、刘巽：《企业如何打好"联合促销"牌》，载《哈尔滨商业大学学报（社会科学报）》2003年第3期。
67. 李先国、任锡源：《商家应如何运用折价促销》，载《成人高教学刊》2002年2期。
68. 《市场营销》杂志（人大复印报刊资料）。
69. 《销售与市场》、《市场营销导刊》等杂志。
70. 白崇贤：《我策划了康师傅》，载《创业家》2003年第9期。
71. 陈向群：《建设银行发展战略和市场定位探析》，载《当代经济》2006年

参考文献

第 12 期。

72. 瞿瑛瑛：《市场定位中的博弈之道》，载《技术经济与管理研究》2007 年第 11 期。

73. 科利华：《"醉翁之意"在哪里》，载《读报参考》1999 年第 1 期。

74. 刘雪琴：《浅议如何运用 CI 策划进行市场定位》，载《集团经济研究》2007 年第 2 期。

75. 孙家杰：《中小型旅行社的市场分析与定位》，载《沿海企业与科技》2007 年第 1 期。

76. 唐明义：《服务营销：企业竞争的宠儿》，载《行为科学》1998 年第 11 期。

77. 赵忠世：《新的市场定位与中西部地区农行信贷工作的形势和任务》，载《农村金融研究》2007 年第 2 期。

78. 周建民：《知识经济时代的营销革命》，载《商业经济研究》2000 年第 1 期。

79. http：//www.cb.com.cn 中国经营报网。

80. http：//www.cescn.com 中国企业战略咨询网。

81. http：//www.eeo.com.cn 经济观察报网。

82. http：//www.emkt.com.cn 中国营销传播网。

83. http：//www.globalmarketing.cn 国际营销传播网。

84. http：//www.vmc.com.cn 中国市场营销管理网。

后　　记

在发展社会主义市场经济的进程中，广大成长型中小企业越来越显示出其不可替代的重要性，中小企业在经济发展中占据半壁江山早已是有目共睹的事实。为促进中小企业特别是成长型中小企业快速、持续、健康发展，山东省人民政府转发了省经贸委等部门关于实施促进中小企业成长计划的意见，要求结合我省实际，确定组织实施促进中小企业成长计划。

企业生产经营管理是一项复杂的系统工程，工作千头万绪，促进企业良好发展最根本的是提高经营管理者的素质。为此，省经贸委制定了系列培训计划，系统地有计划地为成长型中小企业提供专业培训，提高中小企业主要经营者和管理人员的业务素质。现在，呈现在读者面前的《中小企业市场开发五日通》就是为满足培训需要而编写的系列教材之一。

市场营销学教材汗牛充栋，比比皆是，但是未必适合中小企业经营管理人员培训需要。本书编写充分考虑到中小企业生产管理的实际，使培训内容能更好地与中小企业实际情况相结合，使经营管理人员能更好地用于实际工作。本教材显著地体现了以下特点：

1. 针对性强。本书编写突出了中小企业特点，全书内容都是立足于怎样适用于中小企业市场营销活动而编写的。

2. 实用性突出。本书主要侧重于如何将产生于市场营销实践的理论和方法更好地用于中小企业市场营销实际工作，侧重于营销实务的阐述。

3. 体裁新颖。本书一改通常的市场营销著作规范严谨的经院著作面孔，以既严肃又活泼的新面孔展现在读者面前，其中各种营销案例占全书三分之一以上，尤其适合中小企业经营管理人员阅读。

4. 前瞻性好。本书充分考虑到市场的变化和发展对市场营销实践提出的新课题，因此采用超前的眼光考虑未来的市场实际，使本书内容在时间上有较大跨度，使中小企业经营管理人员每次阅读都会有新的收获。

本书内容共十七章，分六篇论述，分别是：基础篇、分析篇、谋略篇、谋术篇、管理篇和拓展篇。每章都是以开篇案例为先导，将读者由营销实例引入所要讨

后 记

论的营销问题中，在阐释营销原理、方法与策略后，给出思考以及案例应用，使得营销原理、方法与策略的论述紧紧与营销实例相结合，便于读者理解、思考、拓展，起到学以致用的效果。

本书框架设计及写作提纲拟定均由山东经济学院陆少俐教授负责，贾应贤、周萍两位副教授任副主编。山东经济学院市场营销教研室的7名教授、副教授、博士及海外留学归来的学者合作编写。具体分工是：

陆少俐：第一、二、四、七、八、九、十章；

周萍：第三、十二章；

贾应贤：第五、十七章；

毕继东：第六、十一章；

杜岩：第十三、十四章；

王晓辉：第十五章；

于仁竹：第十六章。

最后，由主编对全书内容进行总纂。

山东行政学院徐晓鹰教授仔细地审阅了本书初稿，提出很多有益的意见和建议，作者均欣然采纳，使本书增色不少，特此致谢。

本书写作过程中参阅了国内外大量市场营销著作、文献，不一一列出，谨向这些文献、著作的作者表示诚挚的谢意。

尽管作者付出了努力，但由于成书过程比较仓促，错误、疏漏在所难免，恳请专家和广大读者批评指正。

陆少俐

2007年3月

责任编辑：吕　萍　马金玉
责任校对：徐领弟
版式设计：代小卫
技术编辑：潘泽新

中小企业市场开发五日通

主编　陆少俐

经济科学出版社出版、发行　新华书店经销

社址：北京市海淀区阜成路甲28号　邮编：100036

总编室电话：88191217　发行部电话：88191540

网址：www.esp.com.cn

电子邮件：esp@esp.com.cn

汉德鼎印刷厂印刷

永胜装订厂装订

787×1092　16开　22印张　430000字

2007年7月第一版　2007年7月第一次印刷

印数：0001—8000册

ISBN 978-7-5058-6424-5/F·5685　定价：35.00元

（图书出现印装问题，本社负责调换）

（版权所有　翻印必究）